Die große Chronik-Weltgeschichte

von den Anfängen bis zur Gegenwart

Die Reihe im Überblick

Band 1: Vom Urknall zu den ersten Lebensformen (13,7 Mrd.–292 Mio.)
Band 2: Die Zeit der Saurier und die Urahnen des Menschen (292 Mio.–40 000)
Band 3: Homo sapiens und frühe Hochkulturen (40 000–1000 v. Chr.)
Band 4: Griechenland und die klassische Antike (1000–323 v. Chr.)
Band 5: Rom und der Hellenismus (323–27 v. Chr.)
Band 6: Blüte und Krise des Römischen Kaiserreichs (27 v. Chr.–313)
Band 7: Vom Niedergang Roms zum Zeitalter der Karolinger (313–800)
Band 8: Orient und Okzident im Aufbruch (800–1204)
Band 9: Blüte und Herbst des Mittelalters (1204–1492)
Band 10: Europas Sprung in die Neuzeit (1492–1648)
Band 11: Absolutismus, Aufklärung und Revolution (1648–1793)
Band 12: Neuordnung Europas und Restauration (1793–1849)
Band 13: Industrialisierung und nationaler Aufbruch (1849–1871)
Band 14: Das imperiale Zeitalter (1871–1914)
Band 15: Der Erste Weltkrieg und seine Folgen (1914–1932)
Band 16: Nationalsozialismus und Zweiter Weltkrieg (1933–1945)
Band 17: Die Teilung der Welt (1945–1961)
Band 18: Vom Kalten Krieg zur Koexistenz (1961–1973)
Band 19: Das Ende des Ost-West-Konflikts (1973–1989)
Band 20: Die neue Weltordnung (1990 bis heute)

Die große Chronik-Weltgeschichte

von den Anfängen bis zur Gegenwart

BAND 8

Orient und Okzident im Aufbruch

Wissenschaftliche Beratung

- Prof. Dr. Knut Görich, Lehrstuhl für Mittelalterliche Geschichte, Ludwig-Maximilians-Universität, München
- Prof. Dr. Hans-Michael Körner, Lehrstuhl für Didaktik der Geschichte, Ludwig-Maximilians-Universität, München
- Prof. Dr. Reinhold Leinfelder, Generaldirektor des Museums für Naturkunde der Humboldt-Universität zu Berlin
- Prof. Dr. Winfried Schulze, Lehrstuhl für Geschichte der frühen Neuzeit, Ludwig-Maximilians-Universität, München
- Dr. Rainer Vollkommer, Leiter des Landesmuseums für Vorgeschichte, Dresden
- Prof. Dr. Andreas Wirsching, Lehrstuhl für Neuere und Neueste Geschichte, Universität Augsburg

Projektleitung: Detlef Wienecke-Janz
Projektmanagement: Annette Grunwald, Andreas Schmid
Text und Redaktion: Johannes Ebert, Alexandra Minisdorfer
(txt redaktion & agentur, Lünen/Bonn),
Dr. Andreas Braun, Michael Dultz, Dr. Kai Lückemeier, Michael Solka
Dr. Matthias Herkt, Dr. Martin-Andreas Schulz (Wissen Media Verlag)
Korrektorat: Wolfgang Pekowski
Bildredaktion: Svenja Schumann, Stephanie Grote (Wissen Media Verlag),
Traute Schürmann-Baetzel (txt redaktion & agentur, Lünen)
Fachberatung Bild: Dr. Matthias Herkt, Dr. Martin-Andreas Schulz
Grafikredaktion: Dr. Matthias Herkt
Grafische Konzeption: Stephan Piper (txt redaktion & agentur, Lünen)
Layout, Satz: Stephan Piper, Thomas Semmler, Julia Schmitz

Herstellung: Joachim Weintz
Einbandgestaltung: HTG Werbeagentur, Bielefeld
Druck: MKT PRINT, Ljubljana/Slovenija

ISBN 978-3-577-09068-1

INHALT

INHALT

Ottonen retten Kaisertum

INHALT

INHALT

INHALT

ORIENT UND OKZIDENT IM AUFBRUCH

800 – 1204

WIKINGER KARL DER GROSSE BYZANZ ERIK DER ROTE
BUCHMALEREI ROMANIK FATIMIDEN MAGYAREN

ANGKOR VAT TOLTEKEN ANASAZI SONG-DYNASTIE
RECONQUISTA INVESTITURSTREIT KREUZZÜGE SALADIN

ORIENT UND OKZIDENT IM AUFBRUCH

Der sogenannten karolingischen Renaissance, einer Bildungsbewegung mit Rückbezug auf die christliche Spätantike, verdankt Europa nach der langen Zeit der Völkerwanderungen wichtige kulturelle Impulse. Unter den Erben Kaiser Karls des Großen kommt es zur Teilung des mächtigen Frankenreichs. In seiner Osthälfte werden die sächsischen Ottonen wenig später das Kaisertum der deutschen Könige begründen. Am Rande Europas erlebt das Byzantinische Reich eine kulturelle Blütezeit, die 1204 mit seiner Einnahme durch die Kreuzfahrer endet.

Ein glanzvolles Ereignis gleich zu Beginn überstrahlt das ganze 9. Jahrhundert: Im Westen gibt es mit der Krönung Karls des Großen im Jahr 800 wieder einen römischen Kaiser. Der letzte weströmische Kaiser Romulus Augustulus war im Jahr 476 schmählich abgesetzt worden. Der Frankenkönig Karl erhält mit der feierlich Krönungszeremonie in der Basilika des heiligen Petrus in Rom den kirchlichen Segen und wird damit zur bestimmenden europäischen Herrschergestalt am Jahrhundertbeginn. Die Kaiserkrönung des Franken markiert die Ablösung Roms von der bisherigen Bindung an den Kaiser von Byzanz: Mit dem Vorrecht zur Krönung eines mächtigen Kaisers gewinnt auch der Bischof von Rom an Prestige und Ansehen – spätere Streitigkeiten um die Zuordnung weltlicher und geistlicher Macht waren noch nicht absehbar.

Karl der Große hat die idealtypische Aufgabenteilung zwischen Kaisertum und dem Heiligen Stuhl in Rom folgendermaßen erläutert: »Unsere Sache ist es, nach Maßgabe der göttlichen Hilfe allüberall die Kirche Christi vor Einbrüchen der Heiden und Verwüstungen durch die Ungläubigen nach außen gewendet mit der Waffe zu verteidigen, im Innern aber durch Vertiefung der christlichen Glaubenslehre zu befestigen; euer ist es, Heiligster Vater, wie Moses mit zu Gott erhobenen Händen unsere Kriegerschaft zu unterstützen, damit durch eure Mittlerschaft, von Gott geführt und als sein Geschenk, die Christenheit überall den Sieg über die Feinde seines heiligen Namens davontrage.«

Karl der Große, »christlicher Kaiser des Abendlands«

In seiner Rolle als Kaiser greift Karl der Große auf ganz unterschiedliche Traditionslinien zurück, die sich aus römischen, frühchristlichen und fränkischen Quellen speisen. Zum christlichen Erbe gehört, dass er mit Berufung auf die Lehren des Augustinus seine Herrschaft von Gott ableitet. Die fränkische Tradition greift er auf, indem er den fränkischen und langobardischen Königstitel beibehält; als Herrscher über zwei Königreiche verfügt er damit weiterhin über eine starke und durchsetzungsfähige Hausmacht. An die römische Spätantike knüpft er an, indem er die Restauration des westlichen Kaiserreichs zum Programm erhebt. Einige römisch-deutsche Kaiser wie Otto III. und Friedrich I. Barbarossa werden in der Tradition Karls des Großen ihre Herrschaft ebenfalls explizit dieser »Renovatio Imperii« widmen.

Mit der Annahme des römischen Kaisertitels verbindet Karl der Große einen universalen Herrschaftsanspruch. Die Verschmelzung von christlichen, fränkischen und römischen Traditionen in Karls Kaisertum zählt zu den entscheidenden Weichenstellungen im europäischen Mittelalter und legt in kulturgeschichtlicher Hinsicht die Basis für die weitere Entwicklung des Abendlandes. Karls Losung von der »Erneuerung des Römischen Weltreichs« stößt in Konstantinopel allerdings auf Befremden, da sie den exklusiven Anspruch der byzantinischen Kaiser als einzige legitime Nachfolger der Imperatoren Roms berührt. Zusätzliche Schärfe gewinnt der Konflikt durch die konkurrierenden Interessen in Dalmatien und Venetien. Erst als der unbeugsame byzantinische Kaiser Nikephoros I. im Jahr 811 auf einem Feldzug gegen die Bulgaren fällt und sein Schwiegersohn als Michael I. den Thron besteigt, kommt es zu einer Verständigung zwischen Ost und West: Karl erlangt die gewünschte Anerkennung durch den byzantinischen Kaiser, verzichtet aber dafür im Gegenzug freiwillig auf die umstrittenen Gebiete im Norden und Osten der Adria.

Karolingische Renaissance bringt Licht ins Dunkel

Innenpolitisch gelingt es Karl, die Sachsen und Bayern in sein Reich einzubinden und eine vorbildliche Verwaltung aufzubauen. Fast noch bedeutsamer ist die kulturelle Erneuerung, die nach der dunklen Völkerwanderungszeit das Abendland erfasst. Da sich diese Erneuerungsbewegung an den Vorbildern der christlichen Spätantike orientiert, wird sie von der Nachwelt die Bezeichnung karolingische Renaissance erhalten. Um das Bildungsniveau in seinem Reich zu heben, lässt Kaiser Karl in den Klöstern, den Horten

Karl der Große, König der Franken und röm. Kaiser, prägt eine Epoche (Büstenreliquiar, Domschatz Aachen, um 1349).

des Wissens und der Gelehrsamkeit, eine Bildungsreform durchführen. Flankiert wird diese Maßnahme von der Einführung einer vereinfachten Schrift – der karolingischen Minuskel, die sich bis zum Hochmittelalter über ganz Europa verbreitet – und einer neuen Sensibilität für korrektes Latein. In den großen Abteien wie Aachen, Tours, Metz, Fulda, Corvey und Reims werden Buchwerkstätten gegründet, in denen Evangeliare und Psalter entstehen, die heute zu den Prunkstücken der mittelalterlichen Buchmalerei zählen und deren Einbände kostbare Edelmetalle und Schnitzereien aus Elfenbein schmücken. Der allgemeine kulturelle Aufschwung manifestiert sich auch in anderen Künsten und Disziplinen wie der Baukunst, der Wandmalerei und Plastik.

West- und ostfränkisches Reich sind territorial annähernd identisch mit dem künftigen Frankreich und Deutschland.

Die Enkel Karls des Großen, der 814 stirbt, verspielen die Einheit des aus beispielloser Expansion entstandenen Reichs. Dem fränkischen Mittelreich mit Burgund und Italien ist nur eine kurze Existenz vergönnt, das Westfranken- und das Ostfrankenreich, dessen Herrscher Karl III. sogar noch einmal große Teile des Frankenreichs vereinigen kann, werden trotz innerer Konflikte stabile politische Einheiten. Sie nehmen in politischer und kultureller Hinsicht eine sehr unterschiedliche Entwicklung, allerdings sind ihre Grenzen mit denen der künftigen Nationalstaaten Frankreich und Deutschland schon annähernd identisch.

Bedrohte Küsten – Wikinger auf Raubzug

Die gefürchtetsten Kämpfer des Kontinents dienen allerdings weder dem Kaiser noch seinen Erben, sondern fallen von ihrer skandinavischen Heimat aus immer wieder über die Küstengebiete Nord- und Westeuropas her, wobei sie die Bevölkerung mit ihren Streitäxten und Kettenpanzern in Angst und Schrecken versetzen. Ihre strategische Überlegenheit verdanken die Wikinger im Wesentlichen zwei Dingen: ihrer blitzhaften Angriffstaktik und ihren bemerkenswert schnellen und wendigen Schiffen, den »Drachenbooten«, die sie aufgrund ihres geringen Tiefgangs bis direkt an die Küste und sogar die Flüsse hinauf manövrieren können. Ihre Beutezüge führen die Nordmänner seit dem späten 8. Jahrhundert nach England, wenig später auch nach Kontinentaleuropa. Während der inneren Wirren im Frankenreich stoßen sie über die Seine und den Rhein bis weit ins Landesinnere vor. Opfer ihrer Überfälle werden u. a. die Städte Hamburg, Köln, Trier, Paris, Toulouse und Sevilla.

Darüber hinaus treten die Wikinger auch als geschickte Kaufleute und Händler in Erscheinung. Sie unterhalten ein umfangreiches Fernhandelsnetz auf den europäischen Wasserwegen, das sie durch Herrschaftsbildungen abzusichern suchen. Vor allem die schwedischen Wikinger in Russland, die Waräger, gründen eine ganze Reihe bedeutender Stützpunkte wie den Handelsposten Nowgorod, der sich in der Blütezeit der Hanse zu einem Drehkreuz des europäischen Handelsverkehrs entwickeln wird. Teile der Waräger ziehen über die großen osteuropäischen Flüsse bis hinunter zum Schwarzen Meer und begründen durch ihre Verschmelzung mit der slawischen Oberschicht das spätere Russische Reich.

In Südeuropa sehen sich die Menschen unterdessen einer Bedrohung anderer Art gegenüber: Von Nordafrika kommend, überfallen arabische Heerscharen, die Aghlabiden, plündernd italienische Städte. Diese Dynastie tunesischer Araber hatte um 800 ausgehend von Tunesien ein mächtiges nordafrikanisches Reich errichtet, das der gesamten Region einen bedeutenden wirtschaftlichen Aufschwung bringt. Mit dem Sturz durch die Dynastie der Fatimiden endet die Epoche der Aghlabiden im Jahr 909.

Blüte des byzantinischen Christentums

Trotz mehrerer Angriffe der Bulgaren und Russen, die sogar die Hauptstadt bedrohen, ist das Byzantinische Reich im 9. Jahrhundert relativ ungefährdet. Nachdem der lang anhaltende »Bilderstreit«, bei dem es um die Frage der Zulässigkeit bildlicher Darstellungen von Christus, Maria und den Heiligen ging, 843 auf der Synode von Konstantinopel nach über 120 Jahren zugunsten der Bilderverehrer entschieden wird, erlebt Byzanz eine kulturelle Blütezeit. Großartig präsentiert sich vor allem die Ikonenmalerei. Mosaiken, wie sie vor dem »Bilderstreit« die Kirchen schmückten, werden durch figürliche Darstellungen ersetzt oder ergänzt. Strenge Regeln gelten für die Gestaltung dieser Kunstwerke. Und auch die Ikonostase, die mit Ikonen besetzte Wand zwischen Gemeinde- und Altarraum, die sich im 9. Jahrhundert durchzusetzen beginnt, zeigt einen klar gegliederten Aufbau.

Byzantinische Ikonenmalerei: Der Erzengel Gabriel (Peribleptos-Kirche in Ohrid, Tempera auf Holz, 12. Jh.)

Ein bedeutendes und zugleich zukunftsweisendes Ereignis ist die Missionierung Mährens und weiter Teile des Balkans durch die beiden orthodoxen Mönche Methodios und Kyrillos – dem Namenspatron der kyrillischen Schrift –, durch die das byzantinische Christentum nach Osteuropa gelangt. Verdienste erwerben sich die beiden »Slawenapostel« aber nicht nur durch ihre missionarischen Bemühungen, sondern mehr noch dadurch, dass sie die Evangelien und Psalter in die Sprache der Heiden übersetzen und damit die erste slawische Schriftsprache, das »Altkirchenslawisch«, entwickeln. Noch stärker als auf dem Balkan wird das Erbe Konstantinopels im künftigen Russland tradiert; selbst noch in Zeiten, in denen Byzanz längst an die Türken gefallen ist.

Niedergang der Tang und Aufstieg der Khmer

China, über lange Jahre ein weltoffenes Reich, in dem Kunst, Kultur und Wissenschaften in hohen Ehren standen, erlebt im 9. Jahrhundert ein unrühmliches Kapitel seiner Geschichte. Die Anhänger des Bud-

Der Buddhismus breitet sich von Indien nach Südostasien aus (Shwezigon-Pagode in Bagan/Myanmar, 11. Jh.).

dhismus fallen in Ungnade. Kaiser Wu Tsung unterdrückt aber nicht allein die Religionsausübung des Buddhismus und lässt Tausende seiner Klöster und Schreine zerstören, sondern verfolgt auch die Anhänger anderer Religionen, etwa des Islams, des Zoroastrismus und des Manichäismus. Hintergrund dieser autoritären Politik ist eine Finanzkrise des Landes. Die Macht der Tang-Dynastie verfällt zusehends. Die Unzufriedenheit der verarmten Schichten äußert sich in Volksaufständen, die Grenzen des Landes werden von äußeren Feinden bedroht.

Indochina hatte jahrhundertelang unter dem Einfluss Indiens gestanden. Über Handelswege waren auch der Hinduismus und der Buddhismus in die Region gelangt, u. a. nach Funan, das erste große Reich in Südostasien. Zum historischen Nachfolger von Funan entwickelt sich nun das Reich der Khmer. Um 800 einigt Prinz Jayavarman II. die zahlreichen Parteien des Khmer-Volkes, die sich zuvor die Herrschaft in Kambodscha streitig machten. Unter Jashovarman I. dehnt sich das Reich der Khmer noch vor dem Ende des Säkulums bis nach Südchina, Vietnam und Birma aus. Von der indischen Kunst inspiriert, schaffen die Khmer in ihrer Blüteperiode einige der herrlichsten Kunst- und Bauwerke der Welt. Noch heute zeugen 72 Tempel und Monumente von der Pracht der einstigen Khmer-Metropole Yashodharapura, dem späteren Angkor, das zu seiner Blütezeit etwa eine Million Einwohner zählt. Eine Zentralregierung herrscht über ein streng organisiertes und verwaltetes Volk, das über ein ausgeklügeltes Netz von Wasserwegen verfügt und vom Reisanbau lebt.

Die Khmer-Metropole Angkor in Kambodscha beherbergt zu ihrer Blütezeit etwa eine Million Menschen.

Das »dunkle Jahrhundert«

Kultureller Niedergang und Missstände in der Kirche sind die Ursachen dafür, das 10. Jahrhundert als »Saeculum obscurum«, dunkles Jahrhundert, zu apostrophieren. Der Papst verfügt zwar über besonderes Ansehen, aber noch lange nicht über die Machtfülle eines Oberhaupts der zentralistisch organisierten und auf Rom ausgerichteten Kirche. Das Papsttum wird zum Spielball rivalisierender Adelsfamilien. Die Nachfolger Petri werden inhaftiert, vertrieben, geblendet und ermordet, wie z. B. Johannes X., der im Jahr 928 wahrscheinlich einem Anschlag in der Engelsburg zum Opfer fällt. Vorwürfe über angebliche moralische Verworfenheit der Päpste fügen dem Papsttum einen schweren Ansehensverlust zu. Von Johannes X. heißt es, er sei auf Betreiben seiner einflussreichen Geliebten zum Papst gewählt worden.

Zu Beginn des 10. Jahrhunderts war das Kaisertum zu einer Würde herabgesunken, um die Fürsten aus Burgund und Italien stritten. Als Nachfolgestaaten des Karolingerreichs bilden sich das west- und ostfränkische Reich, ein norditalienisches Königreich und die Königreiche von Hoch- und Niederburgund. Im künftigen Frankreich lösen die Kapetinger die Karolinger ab, während sich in Deutschland ein neues Herrschergeschlecht anschickt, das universale Kaisertum Karls des Großen zu erneuern.

Sachsen werden Kaiser

Im ostfränkischen Reich gelangt die Krone im Jahr 919 in die Hände des sächsischen Adelsgeschlechts der Liudolfinger, das später nach seinen bekanntesten Vertretern den Namen Ottonen erhalten wird. In der Mitte des 10. Jahrhunderts gelingt es König Otto I., das ostfränkische Reich und Italien unter seiner Herrschaft zu vereinen. Otto ist Vormund des jungen burgundischen Königs und hat durch die Hochzeit mit dessen Schwester Adelheid auch familiäre Bande an das Haus Burgund geknüpft. Durch die Ehen seiner Schwestern verfügt Otto außerdem über gute

Verbindungen zum westfränkischen Reich und zum Herzog von Franzien. Als 954 der westfränkische König Ludwig IV. und 956 Hugo von Franzien stirbt, übernehmen die ottonischen Schwestern die Herrschaft über die noch unmündigen Nachfolger. König Ottos Einfluss auf die europäische Politik wird dadurch grenzübergreifend.

Otto I. zieht über die Alpen und erlangt 951 die norditalienische Königskrone. Kurz darauf initiiert sein um das Erbe bangender Sohn Liudolf im Reich einen Aufstand gegen den Vater, den Otto erst nach Jahren niederschlagen kann. Schließlich besiegt er 955 an der Spitze eines vereinten deutschen Heeres die Ungarn auf dem Lechfeld. Schon direkt nach der Schlacht sollen ihm seine Soldaten als Kaiser gehuldigt haben.

Ottos Popularität wächst in der Folgezeit auch im Ausland, Großfürstin Olga von Kiew bittet ihn im Jahr 958 um die Entsendung christlicher Missionare. Den letzten Anstoß zur Kaiserkrönung im Jahr 962 gibt schließlich Papst Johannes XII., als er den Sachsenherrscher um Hilfe gegen seine Feinde bittet und sich damit in die Abhängigkeit des ostfränkischen Monarchen begibt.

Ein Jahr nach der Kaiserkrönung setzt Otto I. Papst Johannes XII. wegen seiner Ausschweifungen und seines verräterischen Verhaltens ab. Ihm selbst ist es unterdessen gelungen, die Macht der Herzöge im Reich zu brechen und seine Herrschaft auf die Bischöfe zu stützen. Wie Otto I., der von der Nachwelt den Beinamen »der Große« erhält, versuchen auch seine Nachfolger Otto II., Otto III. sowie Heinrich II. mit wechselnder Intensität, die mit der Kaiserkrone verbundene Herrschaft in Italien durchzusetzen letztendlich allerdings ohne bleibenden Erfolg.

Magyaren bedrohen Europa

Die jahrhundertelangen Auseinandersetzungen des Abendlandes mit kriegerischen Stämmen aus dem Osten erreichen im 10. Jahrhundert einen vorläufigen Höhepunkt. Die von den türkischen Ogusen aus ihrer alten Heimat vertriebenen Petschenegen wandern nach Westen und verdrängen damit ihrerseits die finnougrischen Magyaren, die aus ihren ursprünglichen Siedlungsgebieten nördlich des Schwarzen Meeres in das heutige Ungarn wandern. Im Jahr 896 besetzen sie das Pannonische Becken und starten von dort aus ihre berüchtigten Raubzüge nach Europa. Sie fallen in das Abendland ein, plündern und verwüsten ganze Landstriche. Die fränkischen Könige stehen dem Treiben der Invasoren so hilflos gegenüber, dass sie mehrfach vor den heranstürmenden Horden sogar ihre Pfalzen räumen müssen.

Den kriegerischen Magyaren kann erst 955, mit dem Sieg auf dem Lechfeld, endgültig Einhalt geboten werden.

Die Magyaren stellen den bedeutendsten Anteil der ethnisch uneinheitlichen Ungarn und bilden die Führungsschicht. In kleinen, beweglichen und unabhängig voneinander operierenden Reiterkontingenten kämpfend, verbreiten die Krieger mit ihrer Ausdauer, ihrer Fertigkeit als Bogenschützen und vor allem ihren Plünderungen und Brandschatzungen Angst und Schrecken. Letztendlich führt die Bedrohung durch die Ungarn dazu, dass sich die deutschen Fürsten, von denen nicht wenige auf die Seite des abtrünnigen Liudolf getreten waren, sich letztendlich unter seinem Vater, Kaiser Otto I., vereinen. Der Sieg auf dem Lechfeld gegen das ungarische Heer im Jahr 955 befreit das Reich von einer ernsten Bedrohung und begünstigt darüber hinaus Ottos Aufstieg zur Kaiserwürde.

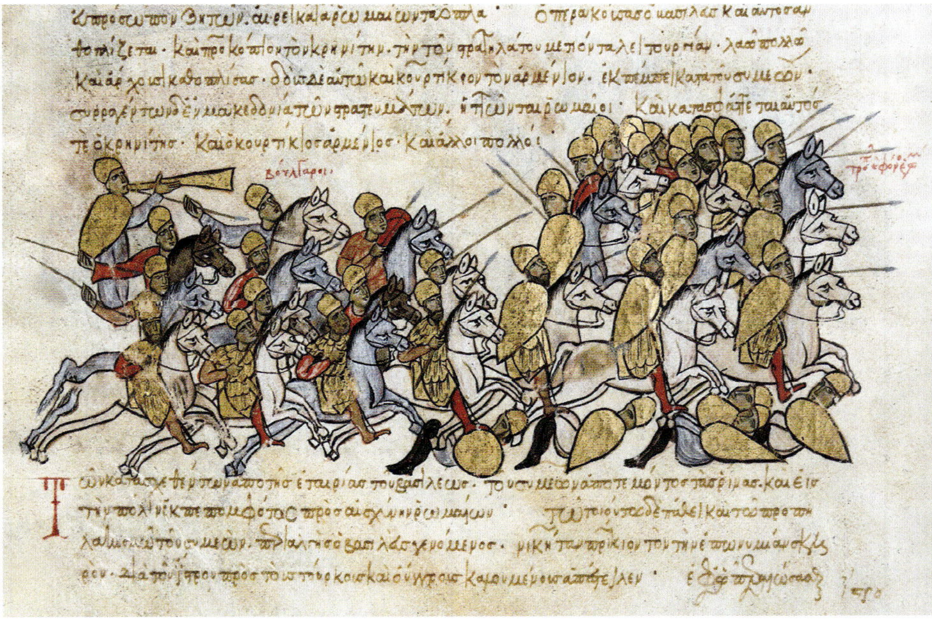

Schlacht zwischen Magyaren und den Bulgaren unter ihrem christlichen Herrscher Simeon I. (Miniatur, 14. Jh.)

Wikinger gründen Reiche

Nachdem die skandinavischen Wikinger die Britischen Inseln schon seit Jahrzehnten überfallen, ohne auf ernsthaften Widerstand zu stoßen, bleiben sie nach einem weiteren Überfall um das Jahr 850 erstmals den Winter über dort. Um 870 entstehen die ersten britischen Wikingersiedlungen, fast gleichzeitig lassen sich die ersten Nordmänner auch auf Island nieder.

Im Jahr 872 vereinigt der Wikinger Harald Schönhaar die norwegischen Stammesherrschaften zu einem ersten Königreich, 911 gründet der Wikingerfürst Rollo im westfränkischen Reich die Normandie. Dem französischen König sichert er im Gegenzug Schutz vor weiteren Wikingerüberfällen zu. Der erste britische Herrscher, der den Wikingern ernsthaft die Stirn bieten kann, ist Alfred der Große, der König von Wessex, dem mächtigsten der englischen Teilreiche. Nach einem ersten Sieg fügt er den Wikingern 878 an der Spitze eines vereinigten angelsächsischen Heeres eine vernichtende Niederlage zu. Als sein Sohn Edward 899 auch noch große Teile der Wikingerflotte zerstört, scheint die Invasionsgefahr endgültig gebannt.

Diejenigen Nordmänner, die auf der Insel bleiben, beugen sich der britischen Oberhoheit bedingungslos. Rund 100 Jahre lang kann sich die angelsächsische Herrschaft konsolidieren. Diese innenpolitische Ruhe verspielt der paranoide König Aethelred II., der 1002 ein Massaker an seinen dänischen Untertanen befiehlt und damit Sven Gabelbart, den König von Dänemark und Norwegen, auf den Plan ruft. Nach langjährigen

Kämpfen mit wechselnden Erfolgen wird England 1016 unter Gabelbarts Nachfolger Knut I., dem Großen, dem kurzlebigen dänischen Nordseereich einverleibt.

Spaltung der islamischen Welt

Nachdem das Kalifat in Bagdad seine Macht vorübergehend bis an die Grenzen der abendländischen Welt – und zum Teil sogar darüber hinaus – ausgedehnt hat, beginnt im 10. Jahrhundert eine Periode des langsamen Niedergangs. Zerwürfnisse unter den arabischen Dynastien bringen rivalisierende Fürstentümer hervor. Die Emire wehren sich nachdrücklich gegen die Oberherrschaft des Kalifen und versuchen ihn zu stürzen.

In Ägypten gelingt es um die Mitte des 10. Jahrhunderts der Familie der Ichschididen, den Einfluss des Kalifats abzuschütteln und autonom über ihr nordafrikanisches Reich zu herrschen. Kurz darauf überfallen die – nach ihrem eigenen Ursprungsmythos von Fatima, der Tochter des Propheten Mohammed abstammenden – Fatimiden das Land, und gründen eine Siedlung, aus der später die Stadt Kairo hervorgeht.

Die Einheitlichkeit der islamischen Herrschaft unter dem Kalifat in Bagdad zerfällt in rivalisierende Fürstentümer.

Weitere Emirate entwickeln sich in der Folgezeit entlang der Grenzen des arabischen Großreichs. Die wichtigsten von ihnen sind das Reich der Ghasnawiden im östlichen Persien, Turkmenistan, Afghanistan, Pakistan und Indien sowie das Reich der Bujiden in Mesopotamien und Syrien. Den Bujiden gelingt es, den abbasidischen Kalifen in Bagdad zu einem Marionettenherrscher zu degradieren. In Südspanien steigen die Omaijadenemire von Córdoba im Jahr 929 zu Kalifen auf.

Song beenden die Zeit der Wirren

Nach Jahrhunderten politischer und kultureller Blüte bricht in China mit dem Zerfall des Tangreichs eine Zeit der Wirren an. Chinesische Generäle und Invasoren nehmen die weitere Entwicklung im Reich der Mitte in die Hand. Die tungusischen Kitan besetzen die Region um Beijing und gründen die Liao-Dynastie. Eine Periode der Kleinstaaten wird erst um 960 von General Zhao Kunangyin beendet, der die Song-Dynastie proklamiert. Der Militär ernennt sich selbst zum Kaiser Tai Tsu und begründet die Song-Dynastie, die bis 1279 in China herrscht. »Erst der Norden, dann der Süden« lautet die politische Linie des Songherrschers. Er erobert zunächst die benachbarten Kleinstaaten, dann den reichen, aber militärisch schwachen Süden.

Die Politik der Song-Zeit steht im krassen Gegensatz zu jener der Tang. Verwaltung und Armee werden einer Zentralregierung unterstellt, das wirtschaftliche Zentrum des Staates verschiebt sich in die Provinzen südlich des Jangtsekiang. Durch Deichbauten wird die Anbaufläche des Landes vergrößert. Schon bald kommt es zu einer neuen Blüte der Wirtschaft und Kultur im Süden Chinas. In den Städten entsteht ein neuer Mittelstand aus Kaufleuten und Handwerkern. Deren Handwerkskunst und Erfindergeist beschleunigen die Entwicklung des neuen Reichs. Die Technik der Druckkunst erlaubt die Gründung von Bibliotheken. Der Neokonfuzianismus führt zur Rückbesinnung auf fast vergessene Traditionen und zur Vergeistigung des Lebens. Chinas herrschende Kreise vertauschen den militärisch-politischen Expansionsdrang der Tang-Zeit mit einem meditativen Traditionalismus und einem weitgehenden Rückzug aus der Politik. Statt gegen feindliche Stämme, etwa die Dschurdschen oder Mongolen zu kämpfen, erkaufen sie sich mit Tributzahlungen Frieden.

Papst und Kaiser kämpfen um die Vorherrschaft

Einer der prägenden Konflikte des europäischen Hochmittelalters ist der als »Investiturstreit« bekannt gewordene Konflikt zwischen dem deutschen König- bzw. Kaisertum und dem Papst. Dieser Konflikt, der in der zweiten Hälfte des 11. Jahrhunderts eskaliert, hat eine längere Vorgeschichte, denn schon lange zuvor gibt es zunehmende Kritik an den Missständen in der Kirche. Zum Zentrum der Reformbewegung wird das 910 gegründete Benediktinerkloster Cluny in Burgund, von dem die Erneuerungsbewegung den Namen »cluniazensische Reform« erhält. Die Kirchenkritiker verurteilen ganz allgemein die Verweltlichung des Klerus, die vor allem in dem als Simonie bezeichneten Handel mit Kirchenämtern und in der Tolerierung der Priesterehe (Nikolaitismus) in Erscheinung tritt.

Die Macht der salischen Kaiser stützt sich auf die Reichskirche, die für übertragenes Reichsgut zur Hilfe verpflichtet ist. Unter dem Einfluss der cluniazensischen Reform kommt es in der zweiten Hälfte des 11. Jahrhunderts zum offenen Kampf zwischen Papst und Kaiser um den Vorrang weltlicher oder geistlicher Gewalt. Sein konkreter Anlass ist der Streit um das Recht auf Investitur, auf Einsetzung der Bischöfe. Nachdem König Heinrich IV. den Papst 1076 von einer deutschen Synode für abgesetzt erklären lässt, antwortet Papst Gregor VII., ein engagier-

Ruine der Burg Canossa, Schauplatz der spektakulären Bußgeste König Heinrichs IV. gegenüber Papst Gregor VII.

ter Verfechter der Kirchenreform, mit der Verhängung des Kirchenbanns. Um sein Königtum zu retten, muss Heinrich 1077 den berühmten Bußgang nach Canossa antreten und den Papst um Vergebung bitten. Die Auseinandersetzungen sind aber noch nicht beendet. Erst durch das Wormser Konkordat (1122) kommt es zu einem Kompromiss, der den Einfluss des Kaisers auf die Investitur schwächt. Das lockert die Abhängigkeit der Reichskirche, was die Entstehung geistlichen Fürstentümer im Reich begünstigt.

England wird europäische Großmacht

Aufgrund der Ausdehnung ihres Herrschaftsbereichs haben die deutschen Könige, die seit 962 auch die Kaiserkrone tragen, großes Gewicht in Europa. Mit dem Tod Heinrichs II. im Jahr 1024 geht die Herrschaft des sächsischen Kaiserhauses in Deutschland zu Ende und es beginnt die Epoche der Salier. Unter den Salierherrschern Konrad II. und Heinrich III. nimmt das Reich unbestritten den ersten Rang unter den christlichen Staaten Europas ein. Die Stärke des deutsch-römischen Kaisertums wurzelt im Lehnswesen und im Bündnis mit der Geistlichkeit – anders als in Frankreich, wo die großen Vasallen oft mächtiger sind als der König. Die westfränkischen Nachfahren Karls des Großen tragen zwar noch immer die Krone, aber ihr Reich hat sich in zahllose kleine Adelsherrschaften aufgelöst. Auch als Hugo Capet nach dem Ende der Karolinger 987 die Dynastie der Kapetinger begründet, ändert sich an der Schwäche der französischen Zentralgewalt zunächst wenig.

Zum mächtigsten Vasallen des französischen Königs entwickelt sich im 11. Jahrhundert der normannische Herzog Wilhelm,

Bei Hastings schlagen 1066 die französischen Normannen die Engländer (Teppich von Bayeux, um 1077).

der 1066 durch seinen Sieg bei Hastings die englische Krone erringt und damit die dänische Herrschaft über das angelsächsische Territorium endgültig beendet. Mit den Normannen beginnt der Aufstieg Englands zu einer europäischen Macht, der sich 1072 auch Schottland beugen muss. Wilhelm schafft in England ein auf das Königtum bezogenes zentralistisches Staatsgefüge, indem er die alten Grafschaften auflöst und als Lehen an normannische Gefolgsleute vergibt. Um das Jahr 1000 wurden Normannen von rivalisierenden Fürsten als Söldner nach Süditalien gerufen, wo 1130 das normannische Königreich entstand.

König Stephan I. christianisiert Ungarn und wird 1083 heiliggesprochen (Reiterstandbild Budapest, 1906).

Einführung des Christentums in Nord- und Osteuropa

In Skandinavien vollzieht sich parallel zur staatlichen Entwicklung die Ausbreitung des Christentums, die in Schweden um 1000 unter Olaf III. Skötkonung beginnt und an der sich besonders die norddeutschen Bistümer beteiligen. In Dänemark setzt die Christianisierung unter Knut dem Großen ein, der zum christlichen Glauben konvertiert, bis 1016 England gewinnt, drei Jahre später von seinem Bruder Harald II. auch den dänischen Thron übernimmt und schließlich auch noch Norwegen und den Süden Schwedens erobert. Das von Knut geschaffene Nordseereich fällt nach seinem Tod 1035 allerdings rasch wieder auseinander.

Anders als in West- und Mitteleuropa verläuft der Prozess der Reichsbildung in Osteuropa zunächst zögerlich und wechselhaft. Hier kann sich die Konsolidierung der Machtverhältnisse erst nach dem Sieg des Christentums über die heidnischen Naturreligionen durchsetzen. In Russland gelingt dem Nachfolger des christlichen Großfürsten Wladimir I., Jaroslaw dem Weisen, bis 1036 eine erneute innere Festigung des Kiewer Reichs. Nicht zuletzt erreicht er dies durch den Ausbau des Bildungswesens, die Festigung der Kirchenorganisation und die Kodifizierung der gewohnheitsrechtlichen Traditionen. Unter seinen Nachfolgern zerfällt das Reich jedoch bald in rivalisierende Fürstentümer. Polen erreicht zu Beginn des 11. Jahrhundert mit Boleslaw I. Chrobry seine kirchliche Unabhängigkeit, doch wankt die innenpolitische Entwicklung zwischen Phasen der inneren Konsolidierung (bis 1034), der territorialen Expansion und lang anhaltender innerer Wirren. Unter Boleslaws Sohn Mieszko II. zerfällt Polen wieder in Teilreiche und muss sich 1033 der deutschen Oberhoheit beugen. Auch Ungarn, das unter dem zum Christentum bekehrten Stephan I. immer wieder in Kämpfe mit den heidnischen Steppennomaden verstrickt ist, muss sich im Jahr 1044 infolge dynastischer Streitigkeiten in Lehnsabhängigkeit vom deutschen Reich begeben.

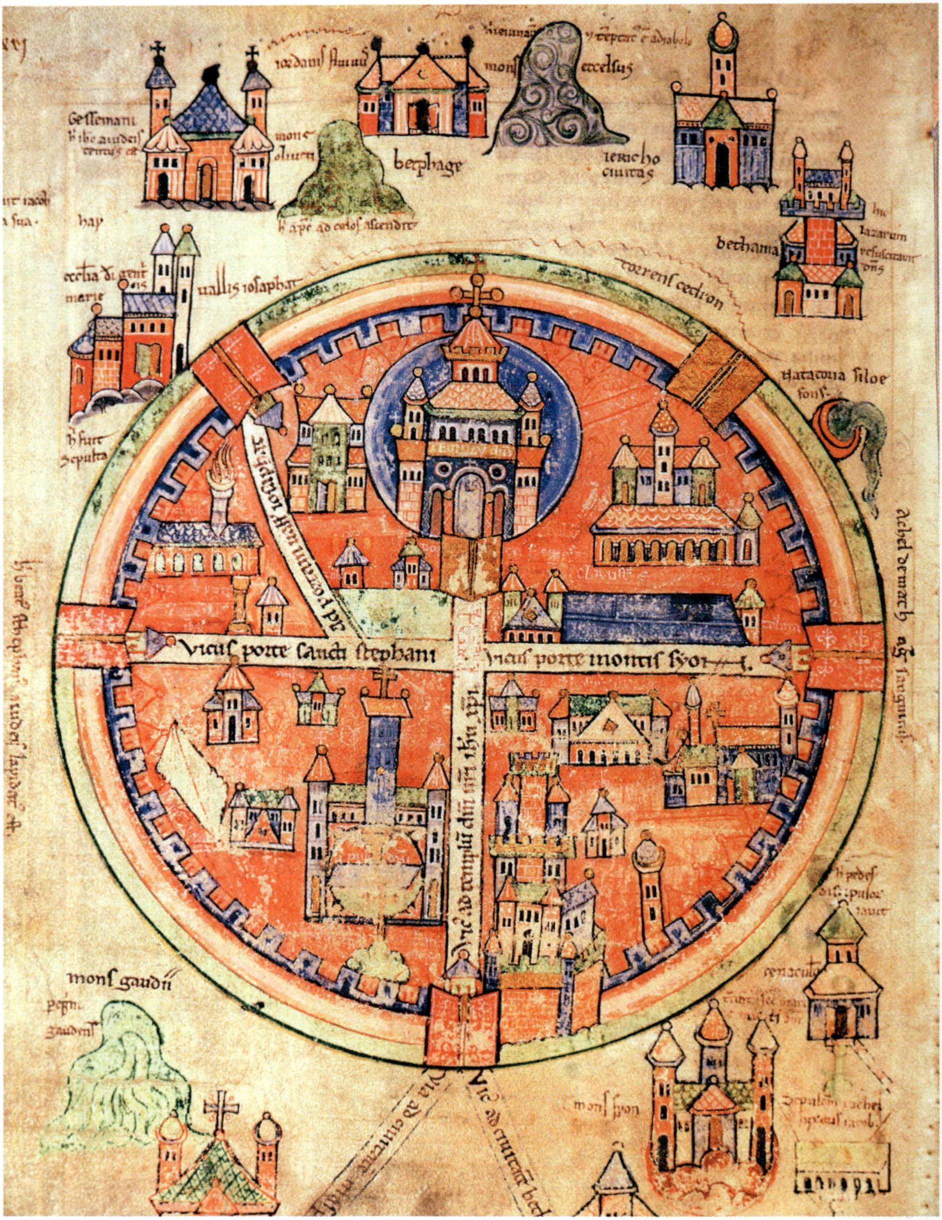

Stadtplan von Jerusalem (Illustration aus der »Historia Hierosolymitana« von Robert dem Mönch, um 1099)

Kirchenspaltung im Osten und Reconquista im Westen

Um die Mitte des 11. Jahrhunderts spitzt sich der seit dem Ausbruch des Bilderstreits schwelende Konflikt zwischen der byzantinischen und der römischen Kirche so stark zu, dass Papst Leo IX. den Patriarchen von Konstantinopel, Michael Kerullarios, 1054 bannen lässt. Mit der Gegenbannung des Papstes durch den Patriarchen ist das bis in die Gegenwart bestehende Morgenländische Schisma, die Trennung von lateinischer und griechischer Kirche, besiegelt. Die ostkirchlichen Patriarchate Konstantinopel, Alexandria, Antiochia und Jerusalem spalten sich ab. Politisch bringt die Schlacht von Mantzikert, in der der Seldschukensultan Alp Arslan die Byzantiner 1071 vernichtend schlägt, eine Wende für den anatolischen Raum: Byzanz kann die Bildung türkischer Fürstentümer in Kleinasien nicht mehr verhindern.

Auf der Iberischen Halbinsel erfährt die Reconquista, die christliche Rückeroberung des Landes, einen Aufschwung, als das Kalifenreich von Córdoba 1031 zerfällt. Der Kampf gegen die Nachfolgestaaten des Kalifats erhält durch den Sündenablass für alle Kämpfer gegen die Mauren einen Kreuzzugscharakter. Kastilien kann im Zuge der Reconquista seine Führungsrolle als erste spanische Macht durchsetzen, wodurch sich die Grundlagen moderner spanischer und portugiesischer Staatlichkeit ausbilden.

Beginn der Kreuzzüge – Begegnung mit dem Islam

Als Jerusalem im Jahr 1071 in die Hände der Seldschuken fällt, sendet Byzanz – ungeachtet der Kirchenspaltung – einen dringenden Hilferuf gen Westen und veranlasst damit Papst Urban II., die Christenheit auf der Synode von Clermont-Ferrand 1095 zu einem Kreuzzug gegen die »Ungläubigen« aufzurufen. Bereits im folgenden Jahr bricht ein gewaltiges Heer aus französischen, lothringischen, normannischen und flämischen Rittern unter der Führung von Gottfried von Bouillon zum 1. Kreuzzug auf.

In Syrien und Palästina entstehen in der Folgezeit mehrere Kreuzfahrerstaaten: die Grafschaften Edessa und Tripolis (1098), das Fürstentum Antiochia (1098) sowie das Königreich Jerusalem (1099). Mehr als eine von innen und außen bedrohte prekäre Existenz ist ihnen allerdings nicht beschieden. Im Jahr 1291 fällt Akkon als letzte christliche Bastion an die Mameluken.

Die Kreuzfahrerheere der bis 1270 insgesamt sieben großen Kreuzzüge sind in ihrer Kampfkraft ausgesprochen unterschiedlich. Besonders dramatisch verläuft ein achter Kreuzzug, der sogenannte Kinderkreuzzug von 1212, auf dem die meisten der von religiösem Eifer erfüllten Jugendlichen aus Frankreich und Deutschland elend zugrunde gehen oder in die Sklaverei geraten.

Während der Kreuzzüge entstehen neue, von Rittern gegründete Orden: die Templer, die Johanniter und, als letzter, der Deutsche Orden. Ihre ersten Aufgaben sind die Kranken- und Pilgerversorgung, doch zur eigentlichen Hauptaufgabe wird der bewaffnete Kampf. Die historischen Gewinner der Kreuzzugsbewegung sind vor allem die italienischen Seestädte Pisa, Venedig und Genua. Die Kreuzfahrerstaaten können sich nur durch immer neuen Nachschub aus dem Westen halten. Für die kontinuierliche Verbindung sorgen die gut ausgerüsteten Handelsflotten der Kommunen, denen der Orienthandel zu wirtschaftlicher Blüte und politischer Bedeutung verhilft. Viele Errungenschaften der arabischen Kultur erhält Europa über Sizilien und Spanien vermittelt.

Politischer Wandel in Asien

Chinas unter den Songherrschern auf Frieden bedachte Außenpolitik führt im 12. Jahrhundert im Inneren zu einer kulturellen und auch wirtschaftlichen Blüte. Der Staat zieht sich von preis- und marktüberwachenden Funktionen zurück und führt stattdessen Handelsabgaben ein. Seit dem Jahr 1024 war das erste staatliche Papiergeld in Gebrauch, das sich aus Wechseln und Lagerscheinen entwickelt hatte. Im nachfolgenden Säkulum wird die chinesische Kultur durch die aus dem Norden einfallenden Dschurdschen immer stärker in den Süden abgedrängt. Die neuen Machthaber legen den Grundstein für das neue China mit dem Zentrum Beijing (Peking).

Das Reich von Mali wird im 13. Jh. das führende Staatswesen Afrikas (Reiterskulptur aus Djenne).

In Japan verlieren Kaisertum und Hofadel in Kyoto weiter an Einfluss. Parallel zu dem schleichenden Niedergang des Fudschiwara-Clans, welcher seit 858 die Vormundschaft über den Kaiser ausübt, bildet sich mit den Taira und den Minamoto in den Provinzen der Kriegeradel heraus. Aus ihm entwickelt sich die Kriegerkaste der Samurai. In Nordindien gelingt es der türkischen Ghasnawiden-Dynastie unter Mahmud von Ghasni, die allmähliche Islamisierung großer Teile des Subkontinents einzuleiten. Im Süden erobern die Truppen der Chola-Dynastie unter Radschradscha dem Großen den Norden Ceylons, dringen bis zum Gangesgebiet vor und bedrängen Birma und Sumatra. Die aus Zentralasien stammenden Birmanen gründen um 1057 im Monreich mit Pagan die Hauptstadt ihres ersten Staates und übernehmen von den Mon den Hinayana-Buddhismus und eine reiche Kultur.

In Afrika beginnt um 1100 die erste Blütezeit des am oberen Nil entstandenen muslimischen Reichs Mali. Es hat durch den Handel mit Gold und Salz großen Reichtum erlangt und dehnt sich bis zum 14. Jahrhundert weit nach Norden aus.

Aufbruchstimmung im Abendland

Fortschritte in Handwerk und Landwirtschaft, Aufstieg der Städte, Verbreitung der Geldwirtschaft und Aufschwung des Handels sowie Erweiterung des Wissens und ein deutliches Bevölkerungswachstum bescheren Europa eine kulturelle und politische Blütezeit. Der Gegensatz zwischen Kaiser und Papst setzt sich im Konflikt des Staufers Friedrich Barbarossa mit den Päpsten seiner Zeit fort. Sechs Italienzüge sollen die Herrschaft des Kaisers im Süden stabilisieren. Die zunehmende Kritik an der Verweltlichung der Kirche bedroht das Ansehen des Papsttums: Sogenannte Ketzerbewegungen wie die Waldenser oder Katharer haben großen Zulauf, weil sie das Ideal frühchristlicher Armut vertreten.

England, Frankreich und Spanien entwickeln sich zu Nationalstaaten, Italien und Deutschland »verspäten« sich.

Europa ist territorial stark zersplittert, doch die entstehenden Königreiche sind die Vorläufer der späteren Nationalstaaten. Die Stellung des Königs erfährt allerdings nicht überall dieselbe Stärkung: rasch in England, das unter Heinrich I. eine straffe Neuorganisation erfährt – was die Autorität des Königs erheblich anwachsen lässt –, langsamer in Frankreich, das unter Ludwig VI. eine Zeit des Friedens und wachsender innerer Stärke erlebt. Portugal löst sich von Aragon und wird ein eigenes Königreich, in Spanien stärkt die Reconquista Einheitstendenzen, je mehr die Bedrohung durch das Kalifat von Córdoba nachlässt. Nur in den beiden »verspäteten Nationen« Italien und Deutschland scheitert die staatliche Einigung, weil eine durchsetzungsfähige Zentralmacht aus historischen Gründen fehlt.

Minnelyrik und Romanik – Kultur verbindet Europa

Während im weltlichen Leben der neue Stand des Ritters aufsteigt, begünstigt durch die Kreuzzüge und die beginnende Idealisierung des Rittertums in der Troubadour- und Minnelyrik, wird das Mönchtum mehr denn je zum Träger der kulturellen Entwicklung im Abendland. Die Klostergründungen neuer Orden wie der Kartäuser oder Zisterzienser überziehen Europa mit einem feinmaschigen Netz kleiner und kleinster Kulturzentren. Mönche vermitteln neue Kenntnisse und Anbaupflanzen in der Landwirtschaft, verbessern die Vieh- und Fischzucht, fördern den Deichbau an der Nordsee und beginnen mit dem Weinbau im Rheingau. Darüber hinaus werden Klöster auch zu Kristallisationspunkten neuer Techniken im Kunsthandwerk. Die »Schedula Diversarum Artium« (Handbuch verschiedener Künste), ein Werk von Roger von Helmarshausen, der als Goldschmied und Mönch im Kloster lebt, beschreibt die Bau-, Mal-, Bildhauer- und Buntglastechnik seiner Zeit.

Der erste gesamteuropäische Kulturstil, die Romanik, erblüht zu voller Schönheit; ihre mächtigen Bauten überragen englische und französische, deutsche und italienische Städte. Die klassischen griechischen Philosophen werden ins Lateinische übersetzt und zur Grundlage der neuen Theologie, der Scholastik. Aus dem Arabischen werden Schriften zur Physik, Medizin, Mathematik und Astronomie im Westen bekannt.

Die berühmte »Domschule von Chartres« übersetzt Platon und arabische astronomische Werke; ihr gehören viele herausragende Gelehrte an. Auch die Buchmalerei erreicht in dieser Zeit ein nie dagewesenes Niveau. Neu ist die Gründung von Universitäten wie Bologna, in England wird das »Studium generale« eingerichtet, eine Vorform der späteren Universität. Zur gleichen Zeit setzen sich technische Neuerungen wie der Räderpflug und der Vorläufer des Magnetkompasses durch. Außerdem bürgert sich die Papierherstellung ein – um das Jahr 1150 ar-

Dom von Speyer (ab 1030): Der Stil der Romanik erstreckt sich über das ganze römisch-christliche Europa.

beitet die erste Papiermühle in Spanien – und die Wollbearbeitung macht ebenfalls große Fortschritte.

Motto der Zeit – Stadtluft macht frei

Inbegriff dieses allgemeinen kulturellen und wirtschaftlichen Aufschwungs ist ein jahrtausendealtes, in Kontinentaleuropa allerdings keineswegs gleichmäßig verbreitetes Phänomen: die Stadt. »Kommune – ein neues, hassenswertes Wort«: Dieser Ausruf des französischen Abtes und Geschichtsschreibers Guibert von Nogent charakterisiert den unaufhaltsamen Aufstieg der Städte und den zornigen Widerstand des Adels dagegen. Der blühende Handel verschafft den Bürgern ein neues Selbstbewusstsein. Viele Städte nehmen ihre Verwaltung selbst in die Hand; neben der Burg, der Kathedrale und dem Bischofspalais, in dem sich die ehemaligen Herren verschanzen, wachsen neue Gebäude: die Halle, in der Stadtbeamte die ein- und ausgehenden Waren kontrollieren, das Zollgebäude, in dem der Wert der Produkte geschätzt wird, das Zunfthaus, in dem sich die straff organisierten Handwerksinnungen versammeln, und nicht zuletzt auch das Rathaus, von dem aus die Kommune regiert wird und neben dem sich die öffentliche Stadtwaage befindet.

Dass die Bürger auch militärische Wehrlosigkeit und die Abhängigkeit von fürstlichem Beistand hinter sich gelassen haben, wird den Feudalherren bewusst, als die lombardische Kommunalmiliz 1176 bei Legnano dem Ritterheer Kaiser Friedrich Barbarossas eine vernichtende Niederlage beibringt. Gerade die Städte Oberitaliens, im lombardischen Bund organisiert, erreichen einen Höhepunkt ihrer Entwicklung. Sie stützen ihren Einfluss auf die Handelsgesellschaften, den neuen Geldhandel, der die Gründung der ersten Banken bewirkt. Doch auch im Norden bilden sich Gilden und Handelsgesellschaften, deren bedeutendste die 1161 gegründete »Gemeinschaft der Kaufleute des Römischen Reichs, die Gotland besuchen« ist – ein Vorläufer der Hanse. Die neue Schicht der Patrizier bildet sich heraus, eine Gruppe vermögender Familien in den Städten.

Kreuzzug gegen Byzanz

Gegen Ende des 12. Jahrhunderts erreicht die Kreuzzugsbewegung ihren vorläufigen Tiefpunkt. Unzählige Ritter aus ganz Europa sind gefallen, jedoch ist Jerusalem seit der Rückeroberung durch Sultan Saladin 1187 wieder in muslimischer Hand. Auch zu der Einigung zwischen der römischen und der griechisch-orthodoxen Kirche ist es nicht gekommen; das Aufeinandertreffen von Byzantinern und Kreuzrittern hat die Differenzen eher noch verstärkt. Papst Innozenz III. setzt sich die Rückeroberung Jerusalems zum Ziel. Jedoch ist das Kreuzfahrerheer kleiner als erwartet. Venedig, das Schiffsbau und Transport zugesagt hat, deckt seine Kosten, indem es den Kreuzzug im eigenen Interesse nach Konstantinopel umlenkt.

1202 bricht das Kreuzritterheer auf, im Sommer 1203 erreicht es Konstantinopel, im Frühjahr 1204 beginnt der Hauptangriff auf die Stadt, die nach ihrem Fall eine Mord- und Plünderungswelle – von Christen an Christen – erlebt. Dem von den Kreuzrittern daraufhin ins Leben gerufenen lateinischen Kaiserreich ist keine große Dauer beschieden. In den folgenden Jahrzehnten werden die Eroberer sukzessive zurückgedrängt, der letzte lateinische Kaiser wird 1261 gestürzt. Das Byzantinische Reich wird erneuert, kann aber nie wieder an den Glanz früherer Tage anknüpfen; viele seiner kostbarsten Kunstschätze sind ohnehin schon in Venedig, wo sie sich bis heute bewundern lassen. Nach dem schändlichen Überfall auf Byzanz kommt es noch zu drei großen Kreuzzügen, die allerdings schon frühzeitig scheitern.

Belagerung Konstantinopels durch die Kreuzfahrer des 4. Kreuzzugs 1203 (französische Buchmalerei, um 1490)

9. Jahrhundert

»Muspilli« schildert Weltuntergang

Bruchstück aus dem »Muspilli«: Der Dichter hält sich konsequent an den Zeilenstil, d. h. die Sätze bzw. Satzglieder enden am Zeilenschluss.

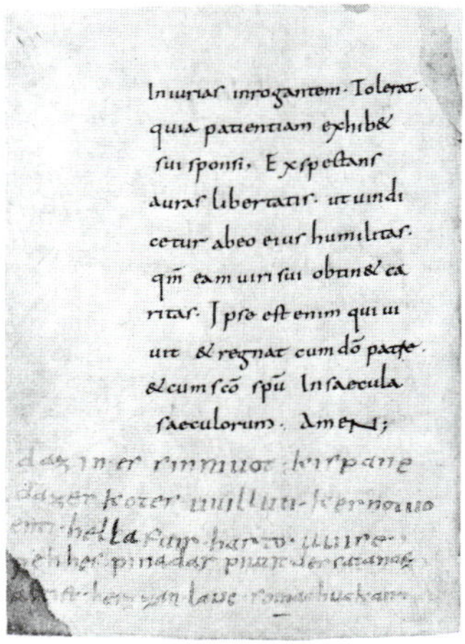

Iniurias inrogantem. Tolerat.
quia patientiam exhibet
sui sponsi. Expectans
auras libertatis. ut uindi
cetur ab eo eius humilitas.
quem eam uiri sui obtinet ca
ritas. Ipse est enim qui ui
uit et regnat cum deo patre
et cum sco spu in saecula
saeculorum. Amen;

In Bayern entsteht das »Muspilli« (Weltenbrand), ein Gedicht vom Schicksal des Menschen nach dem Tod. Das Gedicht schildert im ersten Teil den Weltuntergang. Darauf wird ein Kampf zwischen dem Propheten Elias und dem Teufel (Antichristen) beschrieben. Elias wird verwundet, sein Blut tropft auf die Erde. Es folgt das Jüngste Gericht. Die Menschen werden in Gerechte und Sünder geteilt: Die einen werden von den himmlischen Heerscharen in den Himmel geführt, die anderen vom Gefolge des Teufels in die Hölle.

Das Werk ist in bayerischer Mundart verfasst und hat über 100 Langzeilen. Es ist eines der letzten Gedichte mit Stabreim. Die Verse reimen sich nicht auf der letzten Silbe, sondern die betonten Wörter in zwei oder mehreren Versen haben gleiche Anfangsbuchstaben.

804

Unterricht in Klosterschulen

Im Kloster Fulda gründet der Geistliche und Gelehrte Hrabanus Maurus die erste planmäßig aufgebaute Klosterschule. Damit hält das Bildungswesen Einzug in Westeuropa.

Karl dem Großen waren wiederholt Klagen der Bischöfe über die schlechte Bildung der Mönche vorgetragen worden. Im Sinne des Kaisers verfasst Hrabanus Maurus ein Lehrbuch, das die Ausbildung der Geistlichen festlegt: Im Alter von fünf Jahren erhalten die Schüler zunächst Elementarunterricht im Lesen, Schreiben und Rech-

Ein Lehrer unterrichtet Grammatik in einer Klosterschule (Buchmalerei aus dem mittelalterlichen Codex Vindobonus).

Otgarius, Bischof von Mainz, segnet Hrabanus Maurus, der ihm von Alkuin, dem Leiter der fränkischen Hofschule, vorgestellt wird (Miniatur, 10. Jh.).

nen. Geschrieben wird erst mit Griffeln auf Wachstafeln, später mit Federn auf Pergament. Da es wenig Bücher gibt – jedes Exemplar wird von Mönchen per Hand geschrieben –, beansprucht das Auswendiglernen einen großen Teil der Zeit. Nach dem Elementarunterricht beginnt das »Trivium« mit den Unterrichtsfächern Grammatik, Rhetorik und Dialektik (Disputationsübungen). Dann folgt das »Quadrivium« mit den Einzelfächern Arithmetik, Geometrie, Musik und Astronomie. Ziel der Ausbildung ist die Qualifikation für ein geistliches Amt. Der Musikunterricht wird wegen des Bedarfs an Choralsängern besonders gefördert. Die Vermittlung römisch-antiken Gedankenguts zwingt die Schüler zum ausgiebigen Studium der lateinischen Sprache, die auch als Unterrichtssprache verwendet wird. Da die Klosterschulen nicht nur adlige Schüler aufnehmen, sondern eine an den Fähigkeiten orientierte Auslese vornehmen, bilden sie für viele die einzige Möglichkeit des sozialen Aufstiegs. Im Zuge der karolingischen Bildungsreform kommt es zu einer Vereinfachung der Schrift. Die karolingische Minuskel wird eingeführt, die besser lesbar und einfacher zu erlernen ist als ihre Vorgänger. Sie breitet sich über ganz Europa aus. Ferner führt eine Neuordnung der Amtssprache zu einer Vereinfachung des Lateinischen.

800: Der angelsächsische Erzbischof Hygeberht von Lichfield tritt von seinem Amt zurück. Sein Nachfolger wird Aldwulf.

802: In Kambodscha übernimmt Jayavarman II. den Thron der Khmer. Er drängt den Einfluss der javanesischen Herrscher zurück und legt den Grundstein für das Reich von Angkor.

803: Das seit dem 6. Jahrhundert im Donauraum existierende Awarenreich wird von den Franken endgültig vernichtet. Die fränkische Ostmark grenzt nun an das Reich der Bulgaren.

Um 804: Fränkische Bischöfe verbieten die gemeinsame Ausbildung von Jungen und Mädchen in den Klöstern des Reichs.

804

Münster wird Missionszentrum

Ein junges Kloster in Westfalen wird von Kaiser Karl dem Großen zum Bistum ernannt und mit Stadtrechten versehen. Damit beginnt die Geschichte der Stadt Münster (nach »Monasterium«, Kloster).

Gegründet wurde das Kloster im Jahr 793 vom Missionar Liudger. Dieser erhielt eine umfangreiche Bildung und wurde u. a. vom Gelehrten Alkuin unterrichtet. Als Erwachsener erhält Liudger den Auftrag, die Friesen und Sachsen zu missionieren. Im Münsterland gründet Liudger mehrere Pfarrkirchen sowie die Klöster Helmstedt und Werden und das Frauenkloster Nottuln. 805 wird er vom Kölner Erzbischof zum ersten Bischof des Bistums in Münster geweiht. Mit der Einrichtung des Bistums verfolgt der Kaiser das Ziel, das Christentum in die sächsischen Gebiete zu tragen und die Sachsen in sein Reich zu integrieren. Das Kloster liegt besonders günstig am Schnittpunkt mehrerer Fernhandelswege. Schon vor seiner Gründung befand sich an dieser Stelle der sächsische Ort Mimigernaford.

Die Siedlung Münster hat seit dem 12. Jahrhundert städtischen Charakter und macht sich 1278 weitgehend unabhängig vom Bischof, erlangt jedoch nie die volle Reichsfreiheit. Das Bistum Münster wird im Laufe der Zeit durch zahlreiche Gebietserwerbungen zum größten geistlichen Fürstentum des Reichs.

804

Haithabu, Stolz der Wikinger

Wikingerschwert aus Haithabu: Die archäologischen Funde aus der frühmittelalterlichen Siedlung zeugen von den weit reichenden Handelsbeziehungen und den Fertigkeiten des örtlichen Handwerks.

Die Siedlung Haithabu auf der jütländischen Halbinsel wird mit einer Befestigung verstärkt. Der kleine Ort an der Ostsee entwickelt sich binnen weniger Jahre zu einem der wichtigsten Häfen des Nordlandhandels und wächst zur größten Stadt der Wikinger heran.

Haithabu liegt an der Schleimündung südlich der heutigen Stadt Schleswig. Durch Schlei und Treene können die Schiffe von hier aus sowohl die Nord- als auch die Ostsee befahren. Auf diesen Wegen werden vor allem Pelze und Sklaven umgeschlagen. Die Importe aus Skandinavien werden mit Fertigprodukten und Münzen bezahlt. Das Kunstgewerbe blüht. Metall, Keramik, Glas, Leder, gedrechseltes oder gebötterchertes Holz werden in der Siedlung in Handwerkshäusern hergestellt. Der Hafen bildet das Herz der Stadt. Ein unter der Wasseroberfläche angelegter Befestigungsring lässt feindliche Schiffe auflaufen und hält sie von den Anlegestellen fern.

Der legendäre Reichtum Haithabus lockt viele Reisende an die Schlei. Sogar ein Araber besucht das Tor zum Norden Europas. Sein Reisebericht wird zu einer wichtigen Quelle über das Leben in der Wikingerzeit.

Die ehemalige Umwallung der Wikingersiedlung Haithabu ist heute noch gut erkennbar.

805

Fresken der karolingischen Malerei

Das Kloster Sankt Johann in Müstair (Schweiz) wird unter dem Namen »Tuberis« erstmals urkundlich erwähnt. Es liegt am Schnittpunkt wichtiger Handels- und Heereswege. Anfang des 9. Jahrhunderts entsteht hier ein karolingischer Freskenzyklus mit 892 in Register aufgeteilten Bildfeldern.

Mitte des 20. Jahrhunderts legen Restauratoren den größten noch erhaltenen Freskenzyklus frei, der in romanischer Zeit aus der Mode gekommen und überdeckt worden ist. In matten, warmen Tönen schimmern noch immer die Malereien, für die einst rötliche und gräuliche Erdfarben angerührt wurden. Die Künstler bringen keinen ornamentalen Freskenschmuck auf den Kalk, sondern fast ausschließlich szenische Darstellungen. Sie visualisieren das Leiden Christi, denn ihm ist die Müstairer Kirche geweiht. Johannes der Täufer wacht als Schutzpatron über das Kloster. Während die Fülle der Bilder zunächst verwirrt, offenbart sich bei genauerem Hinsehen ein klug durchdachtes, harmonisches Gesamtgebilde.

805: Byzantinische Truppen besiegen die Südslawen bei Patras und stellen die Herrschaft Konstantinopels auf der Peloponnes wieder her.

Um 805: Karl der Große lässt drei Heeresabteilungen nach Böhmen einrücken, das unter die Oberherrschaft des Frankenreichs kommt.

805

Pfalzkapelle wird geweiht

Die Aachener Pfalzkapelle verfügt über einen achteckigen Innenraum. Der an byzantinisch-ravennatische Vorbilder anknüpfende Bau steht im Zeichen der Erneuerung der Antike im christlichen Geist.

Bischof Odo von Metz weiht die Kapelle der karolingischen Kaiserpfalz in Aachen. Das Gebäude ist der erste große, komplett mit einer Kuppel überwölbte Steinbau nördlich der Alpen. Die Kapelle besteht aus einem achteckigen Hauptraum und einem durch Pfeilerarkaden davon abgetrennten 16-eckigen Umgang. Vorbild ist die Kirche San Vitale in Ravenna. Allerdings ist die Pfalzkapelle, in der die Bauteile deutlicher voneinander getrennt sind, schlichter und wuchtiger. Der Kaiser nimmt am Gottesdienst auf einem Thron im Obergeschoss teil, das über einen von Treppentürmen flankierten Portalbau im Westen der Kirche erreichbar ist.

Wie viele frühmittelalterliche Herrscher verfügt Karl der Große über keine feste Residenz. Er zieht stattdessen von Pfalz zu Pfalz, um dort Recht zu sprechen oder Gesandte zu empfangen. Die Aachener Pfalz wurde in den letzten Jahren des 8. Jahrhunderts errichtet und ist nach römischer Tradition streng schematisch angelegt. Ein Quadrat von fast 120 m Seitenlänge liegt ihr zugrunde. Die durch das Torhaus laufende Via principalis teilt das Gelände in zwei Hälften; in ihrer Verlängerung orientieren sich östlich die an die Pfalz anschließenden Bauten. Im Norden liegt die Königshalle, im Süden die Pfalzkapelle, dazwischen steht ein Verbindungsbau mit dem Torhaus, in dessen Obergeschoss sich der Gerichtssaal befindet.

Der Pfalzkapelle ist im Westen ein Atrium vorgelagert, in der Nordwestecke des Geländes befinden sich zwei eingeschossige Holzhäuser als Wohnungen für die Bediensteten. Im Nordosten stehen Wohnbauten, an die sich wohl der Wohnpalast des Kaisers anschließt. Im Osten liegen Badeanlagen über warmen Quellen. Sie sind ein Grund dafür, dass Karl Aachen als Aufenthaltsort bevorzugt. Nach seinem Tod wird die Aachener Pfalzkapelle die letzte Ruhestätte von Karl dem Großen.

Um 806: Die Kaiser der Tang-Dynastie in China geben Eigenwechsel heraus, um der Münzknappheit zu begegnen.

808: Kaiser Karl der Große erlässt Kapitularien, die die Kleiderordnung festlegen. Kleidung gilt seit der römischen Antike als Standeszeichen.

808

Danewerkanlage schützt die Dänen

Der dänische König Göttrik lässt das Danewerk errichten, das Dänemark vom Karolingerreich trennt. Die Befestigungsanlage zieht sich durch den Süden Jütlands von der Schleimündung an der Ostsee bis zu Treene und Eider an der Nordsee. Über eine Länge von mehr als 30 km erstreckt sich das mit Holzpalisaden und Gräben verstärkte Verteidigungssystem. Später wird die Anlage mit einer Feldsteinmauer verstärkt, die bis zu sieben Meter hoch ist. An anderen Abschnitten schützt eine rund sieben Meter hohe und etwa zwei Meter breite Backsteinmauer den Wall. Das gesamte Bollwerk verfügt nur über ein Tor, das sogenannte Wieglesdor, durch das der Ochsenweg führt, ein mittelalterlicher Landweg, der das heutige Hamburg mit dem Gebiet um die dänische Stadt Viborg verbindet. Die Wallanlage sichert nicht nur die dänische Südgrenze, sondern dient auch zur Sicherung des über die Halbinsel verlaufenden Verkehrs

Noch in den kriegerischen Auseinandersetzungen des 19. Jahrhunderts – ganz besonders im Deutsch-Dänischen Krieg von 1864 – kommt dem Danewerk eine wichtige strategische Bedeutung zu.

24. März 809

Legendärer Kalif stabilisiert das Abbasidenreich

Während eines Feldzuges gegen Aufständische kommt der Kalif Harun Al Raschid ums Leben. Mit seinem Tod endet eine der kulturell glanzvollsten Epochen des islamischen Mittelalters. Sie wird später in den Märchen aus »Tausendundeiner Nacht« verklärt. Das führerlose arabische Reich versinkt im Bürgerkrieg.

Förderer der Künste

Unter Harun Al Raschids Herrschaft, die im Jahr 786 begann, entfaltete sich das Reich der Abbasiden zur vollen Blüte. Der Spross der Abbasiden-Dynastie entwickelte schon früh eine Neigung zum Kulturellen. Der Überlieferung zufolge förderten Harun Al Raschid und seine Frau Zobeide vor allem die Künste. Das Herrscherpaar holte Dichter, Sänger und Gelehrte aus aller Welt an den Hof nach Bagdad und förderte sie finanziell. So kam es am Tigris zu einem Austausch von späthellenistischem, arabischem, christlichem, persischem und indischem Gedankengut. Die Beschenkten dankten es mit Lobpreisungen. Auf diese Weise entstand ein märchenhaftes Bild Haruns, der von seinen Günstlingen den Beinamen »der Gerechte« (Al Raschid) erhielt. Zu den zahlreichen Legenden, die sich um seine Person ranken, zählt die Geschichte, dass sich der Herrscher in Begleitung seines Großwesirs gern unerkannt in die Gassen Bagdads begab, um sich über die Nöte seiner Untertanen zu informieren. In vielen Episoden der Märchensammlung »Tausendundeine Nacht« spielt Harun eine heldenhafte Rolle, die zur Idealisierung seiner Person beitragen.

Isolation im Prunkpalast

Die Wirklichkeit sah jedoch anders aus. Traditionsgemäß hielt Harun Al Raschid in seinem prächtigen Palast in Bagdad Hof, der einer Trutzburg mitten in der Stadt glich. Der Außenwelt blieb das politische Zentrum des islamischen Weltreichs verschlossen. Einzig hohe Würdenträger und Palastdiener wurden bis zum Kalifen vorgelassen.

Harun unterhielt gute Beziehungen zu den Herrschern in Byzanz und Aachen. Einhard, der Biograf Karls des Großen, berichtet, dass Harun Al Raschid dem fränkischen Kaiser einen Elefanten als Geschenk übersandt haben soll. In seinem Reich musste sich Harun gegen die Barmakiden behaupten. Der ostiranische Clan hatte dem Kalifen die Zügel in der Innenpolitik aus der Hand genommen. Sie bauten die zentrale Reichsverwaltung aus, indem sie zivile, oftmals nichtarabische Beamte einsetzten. Der Kalifenhof zerfiel in zwei Parteien: Die Befürworter der Barmakiden

809: Auf dem Weg ins angelsächsische Northumbria wird ein päpstlicher Gesandter von Wikingern entführt und erst gegen Zahlung eines hohen Lösegeldes wieder freigelassen.

810: Kaiser Karl der Große führt deutsche Bezeichnungen für die Himmelsrichtungen der zwölfteiligen Windrose ein. Die Windrose war nach dem Rückzug der Römer in Mitteleuropa in Vergessenheit geraten. Erst durch den Kontakt mit dem Kalifenreich gelangt sie wieder ins Bewusstsein der Europäer.

Um 810: Am Kalifenhof in Bagdad schreibt der persische Mathematiker Mohammed Ibn Musa Al Chwarismi ein Buch über mathematische Gleichungen. Das arabische Wort »Al Jabr« (Algebra) wird zum allgemein üblichen Begriff für Gleichungsrechnungen.

begünstigten den nachgeborenen Kalifensohn Abd Allah Al Mamun, die Anhänger des Kalifen wollten dagegen Harun Al Raschids ersten Sohn, Mohammed Al Amin, als Nachfolger. Während einer Pilgerfahrt nach Mekka 802 legte Harun die gemeinsame Thronfolge seiner drei Söhne fest. Auf der Rückreise kam es zum Putsch gegen die Barmakiden. Der Patriarch der Wesirfamilie sowie seine Söhne wurden gefangen genommen. Damit wollte Harun seine Thronfolgeordnung absichern. Dennoch bricht der Konflikt mit den Barmakiden nach dem Tod des Herrschers im März 809 offen aus. Es kommt schließlich zum Bürgerkrieg, in dessen Verlauf Bagdad verwüstet und das Reich geteilt wird.

Der Abbasidenkalif Harun Al Raschid, unter dessen Herrschaft das Kalifat eine kulturelle Blütezeit erlebt, zu Besuch in einem Badehaus (persische Buchmalerei, 15. Jh.)

ARABIENS GOLDENE ÄRA

Höhepunkt der islamischen Kunst und Kultur

Mit der Regierungszeit des vielfach verklärten Kalifen Harun Al Raschid beginnt eine der bedeutendsten Epochen der arabischen Geschichte: das islamische Mittelalter. Kunst und Wissenschaft stehen in hoher Blüte. Viele der abbasidischen Kalifen versuchen sich selbst als Gelehrte und fördern die Wissenschaften großzügig.

Die Periode, die später verklärend mit den Märchen aus »Tausendundeiner Nacht« in Verbindung gebracht wird, beginnt 762 mit der Verlegung der islamischen Hauptstadt von Damaskus nach Bagdad. Harun Al Raschid regiert sein Weltreich vom Zentrum der »Runden Stadt« aus, einem Komplex aus Palast- und Moscheegebäuden, um den sich ein zwei Kilometer breiter, freier Platz erstreckt. Bagdad wird rasch zum Handelszentrum der arabischen Welt; so vermengen sich Einflüsse aus aller Welt in der Stadt. Arabische und persische, späthellenistische, christliche und indische Ideen, Vorstellungen und Gedanken werden ausgetauscht und weiterentwickelt.

Bagdad wird zum Mekka der Wissenschaften, auch der Naturheilkunde: Alraunfrüchte (Buchmalerei, 14. Jh.).

Fremde Einflüsse

»Sucht das Wissen und sei es in China, denn die Suche nach Wissen ist eine Pflicht für jeden Muslim.« Dieser Ausspruch des Propheten Mohammed kennzeichnet einen der wichtigsten Grundsätze der frühen islamischen Kultur, die sich ohne die Übernahme zahlreicher antiker Traditionen nicht auf diese Weise hätte herausbilden können. Bereits die Omaijadenkalifen im 7. und 8. Jahrhundert, vor allem jedoch die Abbasiden sind um das Wissen der Antike bemüht. Kalif Abd Allah Al Mamun, der Sohn von Harun Al Raschid, lässt die Texte des Aristoteles aus Konstantinopel beschaffen. Zudem beauftragt er die Übersetzung zahlreicher griechischer Werke aus den Bereichen der Medizin, Naturwissenschaften und Philosophie. Dadurch werden die Muslime beispielsweise mit der Heilkunst des bedeutenden antiken Arztes Galen und dem astronomischen Wissen des Ptolemäos bekannt. Al Mamun ist es auch, der im Jahr 828 die erste Akademie der Wissenschaften (»Haus der Weisheit«) in Bagdad einrichtet. Unter derart günstigen Bedingungen schaffen arabische Gelehrte bald bahnbrechende Werke und etablieren ein hoch differenziertes islamisches Wissenschaftssystem.

Al Fargani schreibt die »Elemente der Astronomie«, ein Werk, das später ins Lateinische übersetzt und zum Leitfaden für Astronomen und Geografen des Mittelalters wird. Ein 30-bändiges Werk des Mediziners Abu Al Razi fasst das gesamte bekannte Wissen der Heilkunde zusammen.

»Al Hawi« (Behältnis der Medizin) wird zur maßgeblichen Enzyklopädie auch für die Ärzte des mittelalterlichen Abendlandes. Im Bereich der Mathematik gehen ebenfalls von Bagdad neue Impulse aus. Mohammed Ibn Musa Al Chwarismi schreibt eine Aufgabensammlung nieder, in der erstmals der Begriff »Algebra« auftaucht. Vom Namen des Gelehrten leitet sich der Begriff Algorithmus ab. Andere arabische Mathematiker erkennen den hohen Nutzwert des indischen Zahlensystems und fügen ihm die charismatische Zahl Null hinzu.

Al Chwarismi ist es auch, der in seine astronomischen Studien den Quadranten einführt und damit die Entwicklung des Astrolabiums verbessert. Ebenfalls in Bagdad wird die bekannteste und effektivste Sternwarte der bekannten Welt eingerichtet, die den arabischen Sternkundlern bislang ungeahnte Erkenntnisse über die Planeten offenlegt. Unter den frühen Abbasiden etabliert sich zudem eine islamische Jurisprudenz, die auf vier Rechtsschulen aufbaut: die Hanafiten, die Malikiten, die Schafiiten und die Hanbaliten.

Dichter im Reich des Kalifen

Wie die Wissenschaft fördern die abbasidischen Kalifen auch die Dichtkunst. Männer wie Abu Nuwas, der Lieblingsdichter Harun Al Raschids, schaffen eine neue Form von Versepen, in denen der Ausdruck von Gefühlen eine wichtige Rolle spielt. Zu den beliebtesten Themen zählen die Liebe, die Jagd, Gärten und ganz allgemein die Lebensfreude. Viele Verbote des Korans werden in den Versen übertreten: Die Dichter preisen den Genuss des Weines oder besingen die Schönheit des menschlichen Körpers. So ist Muslim Ibn Al Walid für seine erotischen Verse, Abbas Ibn Al Ahnaf für seine Liebesgedichte berühmt. Ibn Al Rumi glänzt durch Beschreibung alltäglicher Ereignisse und überliefert damit der Nachwelt ein detailliertes Bild des Lebens im Bagdad des 9. Jahrhunderts.

Die Medizin erhält bahnbrechende Impulse: Zubereitung von Arznei in einer Apotheke (Miniatur aus Bagdad, 1224).

811

Venedigs Aufstieg beginnt

Die schwer zugängliche Insel Rialto, die inmitten der venezianischen Lagune liegt, wird der neue Regierungssitz des Dogen. Fortan bilden die das Gebiet zerteilenden Priele die Kanäle der Stadt. Die damit einhergehende Vergrößerung von Venedig ist sichtbares Zeichen einer wachsenden Macht und Bedeutung.

Seit 715 genoss Venedig weit reichende Handelsprivilegien. Zunächst Umschlagplatz des auf den vorgelagerten Lagunen gewonnenen Salzes, entwickelte sich bald ein blühender Handel mit Holz und Getreide, Seide und Sklaven. Die Venezianer handelten mit den am Po liegenden Städten und in den Umschlaghäfen des Byzantinischen und islamischen Reichs. Als wichtiger Knotenpunkt zwischen Byzantinischem Reich, Orient und fränkischem Kaisertum erlebt Venedig in der Folgezeit einen beispiellosen Aufstieg als Handelszentrum. Mehr als 700 Jahre lang beeinflusst die Stadt Europas Wirtschaft, Wissenschaft und Kunst.

Markusplatz und Dogenpalast: Dieser kolorierte Holzschnitt zeigt die Lagunenstadt, wie sie Ende des 15. Jh. ausgesehen hat.

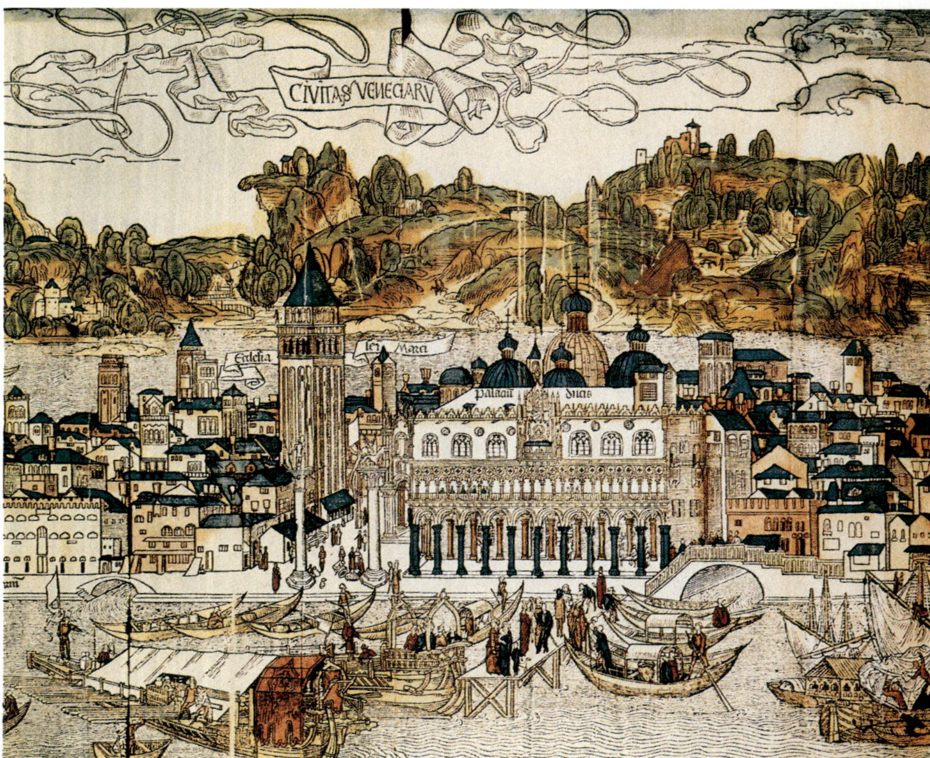

811

Bulgaren töten den Kaiser

Der byzantinische Kaiser Nikephoros I. fällt in der Schlacht gegen die Bulgaren. Die schon besiegt geglaubten Bulgaren steigen erneut zu einer Bedrohung für Konstantinopel auf. Krum, Khan der pannonischen Bulgaren, hatte die Festungslinie überrannt, die die Byzantiner schützen sollte.

811 brach Kaiser Nikephoros zu einem Vergeltungsfeldzug auf. Er verfolgte die flüchtenden Bulgaren bis in die Berge bei Pliska. Dort können diese ihre Feinde jedoch umzingeln und niedermachen. Nikephoros wird vermutlich direkt zu Beginn der Schlacht getötet. Die Nachricht über Nikephoros' Tod versetzt den Rest der Truppe in Panik und lässt die Byzantiner flüchten. Der Legende zufolge fertigt Krum aus dem Schädel des Nikephoros einen Trinkbecher an.

Krum, der Khan der Bulgaren, feiert seinen Sieg über den byzantinischen Kaiser Nikephoros I. (Miniatur, um 1345).

812

Byzanz akzeptiert Karl als Kaiser

Mit militärischem Druck erzwingen die Franken die Anerkennung des karolingischen Kaisertums durch Byzanz. Im Vertrag von Aachen erkennen sich der byzantinische Kaiser Michael I. und der fränkische Kaiser Karl der Große gegenseitig in ihren Ämtern an. Bis zur Krönung Karls im Jahr 800 war der Kaisertitel an den Herrscher in Konstantinopel gebunden. Ostrom sah seither die Krönung als widerrechtlich an. Für die damalige Welt war es ein unbestreitbarer Grundsatz, dass es nur ein einziges Kaiserreich geben konnte, ebenso wie eine einzige christliche Kirche. Der Konflikt kann erst durch den Vertrag beigelegt werden. Er stellt die Verhältnisse der Spätantike wieder her: Bis zum Untergang Westroms 476 herrschten ein weströmischer und ein oströmischer Kaiser.

HANDEL IM MITTELALTER

Wirtschaftsmetropolen entstehen

Die zunehmend friedlichen Verhältnisse zwischen den europäischen Großreichen führen im 9. Jahrhundert zu einer Intensivierung des Handels. Günstig gelegene Siedlungen entwickeln sich zu Wirtschaftszentren und überregionalen Umschlagplätzen, an denen gleichermaßen Gebrauchs- wie Luxusgüter den Besitzer wechseln.

Marco Polo auf Reisen; die Flüsse werden seit jeher auch als Handelswege genutzt (Buchmalerei, um 1412).

Im Norden Europas werden Birka am schwedischen Mälarsee und die Wikingerstadt Haithabu an der Schlei in Norddeutschland zu Anziehungspunkten für Kaufleute aus allen Teilen Europas. Haithabus Ruf als Knotenpunkt für den Handel zwischen Skandinavien und dem Schwarzen Meer dringt bis nach Arabien. Die Waren finden ihren Weg von Haithabu über die Binnengewässer Osteuropas bis nach Konstantinopel und von dort weiter nach Süden. Getauscht werden Güter wie Silber, Seide und Wein. Auch Lavagestein aus der Vulkaneifel ist eine beliebte Ware, denn aus ihm lassen sich hochwertige Mahlsteine herstellen, die nur wenig Abrieb produzieren und das Mehl nicht verunreinigen.

Jahrmärkte und Messen

Die Bedeutung und das Wachstum von Orten wie Birka und Haithabu beruhen auf ihrer Funktion als Treffpunkt für Kaufleute. Diese können aus Erfahrung abschätzen, zu welcher Zeit ihre Handelspartner am jeweiligen Zielort anzutreffen sind. Der Charakter solcher jahreszeitlich abgehaltenen Märkte im Nord- und Ostseeraum dürfte jenen Messen ähnlich sein, die im fränkischen Reichsgebiet zuerst für das Jahr 634 in Saint Denis bei Paris überliefert sind. Solche Messetermine fallen oft mit kirchlichen Festen zusammen, bei denen ohnehin eine große Zahl von Menschen zusammenströmt; so sind auch die Frankfurter Messen des späten Mittelalters aus einem zu einer Kirchweihe abgehaltenen Markt entstanden.

Warenumschlagplatz Venedig

Im mediterranen Raum entwickelt sich mit Venedig eine der später mächtigsten Städte des Mittelalters zur Handelsmetropole. Die Lagunenstadt besteht bereits seit dem 5. Jahrhundert und wurde von Venetiern gegründet, die sich vor den Ostgoten und Hunnen auf die gut zu verteidigenden Inseln in der Adria flüchteten. Jetzt wird Venedig zur Brücke zwischen den vier Eckpunkten der Wirtschaftswelt: Arabien, Konstantinopel, dem slawischen Raum und dem karolingischen Reich. Da der Kaiser in Konstantinopel der wichtigste Handelspartner der Venetier ist, treten politische Autonomiebestrebungen hinter den wirtschaftlichen Interessen zurück. Vom Caput Adriae können die in Venedig umgeschlagenen Güter sowohl verschifft als auch über Land weitergeleitet werden. Der durch den Norden Italiens fließende Po wird zu einer der bedeutendsten Handelsrouten für die Venetier. Handelsgüter sind Seide, Pelze, Sklaven, Waffen, wertvolle Tuche und Duftstoffe.

Währung in Gold und Silber

Der Aufschwung des Handels basiert nicht zuletzt auf der hohen Stabilität des Geldes. Zwar herrscht in vielen Regionen noch immer der Tauschhandel vor, doch gewinnen Gold- und Silbermünzen immer mehr an Bedeutung. Gültiges Zahlungsmittel in den europäischen Städten und Häfen ist der Silberdinar. Er hat den Platz der vorher dominanten Goldmünze eingenommen. Nur im arabischen und Byzantinischen Reich bleibt Gold weiterhin das Hauptzahlungsmittel.

Binnengewässer sind seit jeher wichtige Handelsrouten: Urlauber in Mecklenburg-Vorpommern im Nachbau eines mittelalterlichen Holzkahns.

28. Januar 814

Ludwig I. regelt Thronfolge

In Aachen stirbt Kaiser Karl der Große. Sein Sohn Ludwig I., der Fromme, folgt ihm auf den fränkischen Thron. Mit der »Ordinatio Imperii« stellt Ludwig 817 eine Regel vor, mit der die Reichseinheit gewahrt und das Werk seines Vaters fortgesetzt werden soll.

Die Kaiserkrönung Karls im Jahr 800 schuf das Problem der Thronfolge. Bislang wurde das fränkische Königreich unter den Nachkommen aufgeteilt. Die Kaiserwürde hingegen ist unteilbar. Karl der Große musste sich mit diesem Problem nicht auseinandersetzen, denn von seinen drei Söhnen Karl, Pippin und Ludwig überlebte nur Ludwig den Vater. Dieser wurde auf Befehl Karls 813 zum Mitkaiser gekrönt.

Ludwig ist ebenfalls Vater dreier Söhne: Lothar, Pippin und Ludwig. Damit stellt sich zum ersten Mal das Nachfolgeproblem. In der »Ordinatio Imperii« löst Ludwig das Dilemma auf diplomatische Weise: Die Kaiserkrone soll dem ältesten Sohn zukommen, in diesem Fall Lothar. Die jüngeren Söhne erhalten nach altem fränkischem Brauch Teilreiche und regieren als Könige. Während Pippin und Ludwig lediglich die Herrschaft über unwichtige Randgebiete zugeteilt wird, erhält Lothar I. die wichtige Mitte des Reichs mit Italien, das für das Kaisertum besondere Bedeutung hat. Ferner ordnet Ludwig der Fromme an, dass die Außenpolitik nur vom Kaiser bestimmt und nicht von den Königen beeinflusst werden darf. Es scheint, als sei damit die Einheit des Reichs gesichert. Im Verlauf der Jahre bildet die »Ordinatio Imperii« jedoch Anlass zu ständig wechselnden Kämpfen, in denen der Einheitsgedanke letztlich an der Rivalität innerhalb des Königshauses scheitert.

Ludwig I., der Fromme, bemüht sich um eine Reform von Reich und Kirche: idealisierte Darstellung als Soldat Christi (Miniatur, 9. Jh.).

820

Verstärkte Beutezüge der Wikinger

Die Wikinger landen vor der britischen Küste auf der Isle of Man und errichten dort das erste nordische Königreich außerhalb Skandinaviens.

Die britischen Herrscher erkennen, dass sich hinter den nordländischen Piraten ein politisch ernst zu nehmender Gegner verbirgt. Auch in Irland werden die Nordmänner sesshaft. Zwar gelingt es ihnen nicht, sich dauerhaft im Inneren der Insel niederzulassen, dennoch besiedeln sie Teile der Ostküste. Irland und die Isle of Man sind zunächst die einzigen Orte, an denen die Wikinger sesshaft werden. Noch immer hängen sie eher dem Piratentum als der Politik an: Die schnellen Drachenboote tauchen so unvermittelt vor den Küsten auf, dass keine ernsthafte Verteidigung möglich ist. Die Wikinger legen an, plündern und brandschatzen und sind blitzschnell wieder verschwunden. Die angelsächsischen Stützpunkte erleichtern den Wikingern ihre Beutezüge. Skandinavische Plünderungszüge bei den Nachbarn in Mittel- und Westeuroa sind aus allen Zeiten bekannt. Durch die technischen Verbesserungen an den Schiffen und durch die politischen Entwicklungen können die Wikinger – auch von den neuen Stützpunkten aus – die Plünderungen in einem solchen Umfang ausdehnen, dass sie schließlich das »Zeitalter der Wikinger« in der europäischen Geschichte einleiten.

816: Das Konzil von Aachen verbietet Geistlichen den Besuch von Theateraufführungen, auch wenn sie religiösen Inhalts sind. Die Kirche steht der Schauspielkunst grundsätzlich kritisch gegenüber.

818: Kaiser Ludwig der Fromme hebt das Todesurteil gegen seinen Neffen Bernhard auf, der sich als König von Italien gegen ihn erhoben hatte. Statt mit dem Tod bestraft Ludwig seinen Verwandten mit Blendung, an deren Folgen der König schließlich doch stirbt.

820

Einhardskreuz gestiftet

Für die Abteikirche Sankt Servatius im heutigen Maastricht stiftet Einhard, der ehemalige Ratgeber Karls des Großen, ein silbernes Kreuz, dessen Form als bedeutender kunstgeschichtlicher Rückgriff auf die Antike gilt. Einhard ist seit 815 Laienabt dieser Abtei. Das Kreuz besitzt einen silbernen Untersatz in Form eines römischen Triumphbogens. Die figürlichen Arbeiten am Einhardskreuz bieten zum ersten Mal einen entwicklungsgeschichtlich bedeutsamen Einblick in die frühmittelalterliche Goldschmiede-Kunst.

Um 820

Buch gegen Aberglauben

Erzbischof Agobard von Lyon verfasst das Buch »Über Hagel und Donner«, in dem er vor allem aus wirtschaftlichen Erwägungen gegen den Aberglauben in der Bevölkerung argumentiert. Statt den Zehnten an die Kirche abzuführen, wie es im Frankenreich vorgeschrieben ist, gäben die Bauern die Abgabe an Wundertätige, die ihnen versprechen, Ernte und Menschen vor Gewittern zu schützen. Christen seien abergläubischer als Heiden, beklagt der Bischof. Agobard, der mehrere Bücher verfasst, gehört zu den besten Stilisten seiner Zeit.

820

Plan von Sankt Gallen skizziert ein Musterkloster

Heito, Bischof von Basel, zeichnet mit roter Tinte den Plan eines Idealklosters auf Pergament und sendet den Entwurf an den Abt Gozbert im Kloster Sankt Gallen. Die Zeichnung wird als »Klosterplan von Sankt Gallen« berühmt und stellt ein Idealbild des frühen benediktinischen Klostermodells dar. Der Grundriss dient als Vorlage für den zehn Jahre später beginnenden Umbau.

Sankt Gallen ist aus einer Einsiedelei des heiligen Gallus entstanden, die der Wandermönch 612 südlich des Bodensees errichtet hatte. Schon der erste Abt des Klosters, Otmar, gründete neben dem Kloster eine Schule, eine Herberge für die Armen sowie ein Aussätzigenspital. Seither wird er als Armenvater und Schutzpatron für Schwangere verehrt.

Das Idealkloster umfasst eine Fläche von 214 x 148 m und ähnelt in der Zahl seiner Gebäude einer kleinen Stadt oder einem Gutshof. Allein für die Kirche ist eine Länge von 124 m vorgesehen. Nichts zeugt mehr von den ursprünglich kargen Klausen der Mönche.

Kreuzgang zur Besinnung

Im Mittelpunkt eines Benediktinerklosters soll sich nach dem vorliegenden Plan die Klausur befinden, eine vierflügelige Anlage mit Kreuzgang. Der Kreuzgang trägt seinen Namen nach den Kreuzprozessionen, die in ihm stattfinden. Der überdachte, gewölbte Bogengang dient den Mönchen auch als Ort der Entspannung und Meditation. Daran schließt sich die Kirche an, meist liegt sie nördlich vom Kreuzgang. Gästehaus, Schule und Abtwohnung befinden sich nördlich und östlich davon. Ein Krankenbereich – die Klosterregeln des Benedikt von Nursia legen den Mönchen die Krankenpflege besonders ans Herz – ist ebenso vorgesehen wie ein Gästehaus und ein Friedhof. Handwerkliche und landwirtschaftliche Nutzgebäude befinden sich im südlichen Teil des Klosterareals. Heitos Klosterplan von Sankt Gallen wird zwar nie komplett verwirklicht, die karolingische Strenge seines Aufbaus spiegelt sich aber fortan in allen westeuropäischen Abteigründungen wider.

Autarke Klöster

Die klösterlichen Nutzgebäude belegen den Unabhängigkeitswillen der Benediktiner: Das Kloster soll eine autarke Institution sein und sich selbst versorgen können. Um ihren Eigenbedarf an Lebensmitteln zu decken, bauen die Mönche insbesondere Obst, Kräuter und Gemüse an. Außerdem fertigen sie viele Gegenstände des täglichen Gebrauchs aus Holz an. Das Material ist preisgünstig und überall verfügbar. Da Holz

Um 820: Tahir Ibn Al Husain, Statthalter des Kalifen in Khorasan, begründet eine eigene Dynastie. Die sunnitischen Thiriden sind vom Kalifenreich faktisch unabhängig und erkennen dessen Oberhoheit nur noch formal an.

821: Im Vertrag von Chang'an gewährt das chinesische Kaiserreich dem Reich von Tibet die Selbstständigkeit.

822: In der Kälteperiode des Jahres sind die Ströme Rhein, Donau und Elbe mit einer derart starken Eisdecke überzogen, »dass über 30 Tage lang Frachtwagen wie auf einer Brücke herüber- und hinüberfahren« (aus einer Chronik). Der Eisgang am Rhein verursacht erhebliche Schäden.

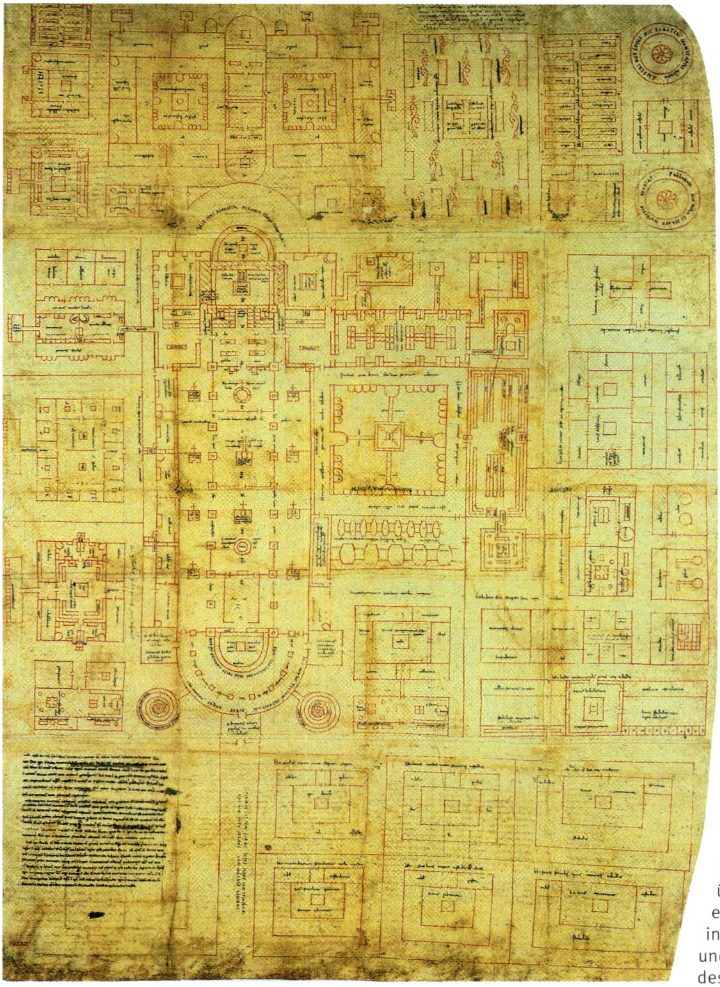

Der Klosterplan von Sankt Gallen, angelegt mit roter Tusche auf einer Pergamentrolle, ist aus fünf Stücken zusammengenäht. Die Zeichnung ist etwa 77 x 112 cm groß. Der Plan gilt als einzige bedeutende architektonische Zeichnung in Europa zwischen dem Ende des Römischen Reichs und dem 13. Jh. Er überliefert der Nachwelt einen einzigartigen Einblick in die Wirtschafts-, Sozial- und Architekturgeschichte des Frankenreichs.

jedoch mehrere Jahre nach dem Fällen trocknen muss, ist eine vorausschauende Vorratswirtschaft notwendig, um die Materialbedürfnisse des Klosters decken zu können. Für die wenigen Güter, die eingeführt werden müssen, steht in Sankt Gallen eine gut gefüllte Klosterkasse zur Verfügung. Ihre Gebäude errichten die Mönche immer häufiger aus Steinen. Die Steinbaukunst entsteht zunächst in der Sakralarchitektur. Von dort aus strahlt sie auf die sich entwickelnden Städte Europas ab. Insbesondere in kälteren Regionen bietet der Steinbau eine verbesserte Wohnkultur. Seit 750 verfügt die Abtei über Besitztümer im Breisgau und im Thurgau, die ihr von König Pippin dem Jüngeren übereignet worden sind.

822

Kloster nach Osten verschoben

Das karolingische Westwerk der Klosterkirche Corvey ist bis heute erhalten, während ein Großteil der restlichen Kirche nach Zerstörungen im Dreißigjährigen Krieg neu aufgebaut werden muss.

Kaiser Ludwig der Fromme lässt die Benediktinerpropstei Hethis an der Somme in die Nähe von Paderborn verlegen, um im Osten des Reichs über eine Glaubensbastion zu verfügen. Damit entsteht eines der berühmtesten karolingischen Klöster: die Abtei Corvey bei Höxter. Die Mönche von Hethis hatten die ungünstige Lage ihres Stifts beklagt. Die neue Anlage erhält ihren Namen nach Corbie, dem Mutterkloster von Hethis. Kaiser Ludwig stiftet dem Kloster die Reliquien des heiligen Vitus und macht es damit zu einem bedeutenden Wallfahrtsort. In Nachbarschaft der Abtei entsteht eine Siedlung.

823

Michael II. schlägt Aufstand nieder

Vor den Mauern Konstantinopels scheitert ein Aufstand des slawischstämmigen Gegenkaisers Thomas. Der Usurpator fällt in die Hände der Byzantiner und wird nach grausamer Folter hingerichtet.

Thomas war ein Offizier und ehemaliger Waffengefährte von Kaiser Michael II. In den östlichen Gebieten des Byzantinischen Reichs war es ihm gelungen, eine große Anhängerschaft um sich zu versammeln. Als Thomas sich zur Bilderverehrung bekannte, erhielt er weiteren Zulauf von kleinasiatischen Religionsgemeinschaften, die das Bilderverbot des byzantinischen Hofes nie akzeptiert hatten. Der Aufrührer gab sich als widerrechtlich entthronter Kaiser Konstantin VI. aus und trat als Beschützer der Armen auf. Schließlich krönte der Patriarch von Antiochia Thomas zum Gegenkaiser. Unter dessen Führung zogen die Volksmassen gegen die Hauptstadt, um Michael abzusetzen. Im Dezember 821 begannen die Rebellen mit der Belagerung von Konstantinopel, konnten es aber nicht einnehmen. Michael II. ersuchte die Bulgaren um Hilfe. Khan Omurtag griff ein und führte die Entscheidung zugunsten Michaels herbei.

822: In Córdoba ernennt Emir Abd Ar Rahman II. den Gelehrten Sirjab zum obersten Hofmusiker. Unter seinem Einfluss erlebt die andalusische Musikkultur eine Blütezeit.

Der Mönch Georgius aus Venedig baut im Auftrag von Kaiser Ludwig eine Windorgel für den Aachener Dom. Zuvor waren nur Orgeln bekannt, die mithilfe von Wasserkraft betrieben wurden.

824: Mit der Muroji-Pagode entsteht in Japan erstmals ein Tempel mit fünf Stockwerken anstelle der bisher üblichen drei.

825

König Egbert eint Britannien

In der Schlacht von Ellendun besiegt der angelsächsische König Egbert das Heer König Beornwulfs von Mercia. Egbert kann als erster Regent die großen Reiche der Britischen Insel vereinen. Die angelsächsische Heptarchie befindet sich auf dem Weg zur Gründung eines gemeinsamen Staates.

Bevor Egbert König von Wessex wurde, war er vom König des Reichs Mercia, dem mächtigen Offa, verbannt worden. Egbert lebte einige Zeit im Frankenreich und genoss die Unterstützung des karolingischen Kaisers Karl des Großen. Nach Offas Tod 796 wurde Egbert zum rechtmäßigen Thronfolger von Wessex ernannt und kehrte als König in die Heimat zurück. Dort konnte er u.a. mit der Einnahme von Cornwall erste militärische Erfolge feiern.

Die Schlacht von Ellendun (Wroughton in Wiltshire) gilt als Wendepunkt in der britischen Geschichte, denn mit ihr endet der Aufstieg Mercias. Militärisch gestärkt zieht Egbert anschließend gegen das Königreich Kent, das die Oberhoheit von Wessex anerkennen muss. East Anglia wirft daraufhin selbstständig das Joch von Mercia ab. Beornwulf wird erschlagen. Damit ist für Egbert der Weg nach Mercia frei. 829 vereinigt er Mercia und alle Gebiete südlich des Humber zu einem gemeinsamen Reich und erhält den Titel »Bretwalda« – einziger Herrscher Britanniens. Nur noch Northumbria bleibt als einziges größeres Gebiet von Wessex unabhängig. Fast ganz Britannien ist damit unter einem König vereint.

Aber die Reichseinheit kann nur ein Jahr aufrechterhalten werden. Bereits 830 erobert Wiglaf den Thron von Mercia zurück und teilt das Großreich Britannien damit erneut.

Egbert von Wessex errichtet das Großreich Britannien (Darstellung des 18. Jh.).

826

Dänenkönig verbreitet Christentum

Taufbecken von Jelling in Dänemark (11./12. Jh.); mit der Taufe des dänischen Königs erreicht das Christentum auch Nordeuropa.

Der dänische Teilkönig Harald Klak (»Schmutzfleck«) wird in Ingelheim bei Mainz getauft. Harald ist der erste nordische Herrscher, der zum Christentum konvertiert und es nach Skandinavien trägt. Um Thronansprüche gegen die Söhne seines Vorgängers, des dänischen Königs Göttrik, durchzusetzen, suchte er Hilfe bei Ludwig dem Frommen. Für seine Unterstützung verlangte Ludwig, dass Harald sich taufen lässt. Harald willigt ein und erhält zur Belohnung ein großes Lehen an der Wesermündung. Mithilfe Ludwigs des Frommen gelingt es ihm, nach Dänemark zurückzukehren. Zu seinen Begleitern zählt der Missionar Ansgar. Schon bald muss Harald jedoch erneut aus Dänemark nach Norddeutschland fliehen.

827

Araber fallen in Italien ein

Arabische Heerscharen setzen von Nordafrika über und erobern in nur einem Jahr Kreta, Sizilien und Unteritalien. Die Invasion bedeutet für die Byzantiner eine empfindliche Niederlage, denn das wankende Großreich am Bosporus verliert erneut wichtige Territorien.

Der Sieg der Araber stärkt zudem Unabhängigkeitsbestrebungen innerhalb des Kalifats: Die Eroberer stammen aus Tunesien und gehören der Dynastie der Aglabiden an. Die Aglabiden sind zwar formell dem Kalifat unterworfen, regieren ihr Reich mit der Hauptstadt Kairouan aber weitgehend autonom. Gegen Ende des 8. Jahrhunderts ließen die Kalifen in Tunesien und im östlichen Teil Algeriens die Grenzmark Ifriqiya errichten. Die Aglabiden wurden mit der Sicherung des Gebietes betraut. Sie erreichten rasch weitgehende Autonomie von Bagdad. Ifriqiya erlebt unter ihrer Herrschaft einen wirtschaftlichen Aufschwung.

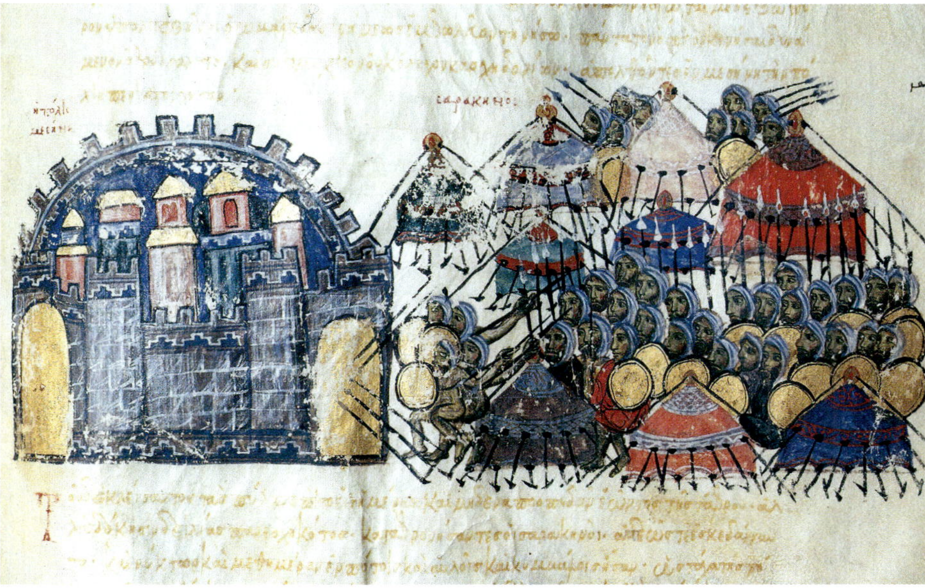

Arabische Invasion in Italien: Angriff der Sarazenen auf Messina (byzantinische Buchmalerei, 2. Hälfte 13. Jh.)

Der große militärische Druck, dem Byzanz in seinen asiatischen und seinen europäischen Teilen seit dem ausgehenden 6. Jahrhundert ausgesetzt war, bewirkt umfassende Reformen der Verwaltung. Militärische und zivile Verwaltungsstrukturen der Provinzen werden immer mehr zusammengeführt.

Um 828

Heiliger errichtet Klause

Der heilige Meinhard errichtet seine erste Zelle auf dem Etzel (Zürichsee, Schweiz). Meinhard trägt eine Wunder vollbringende Madonnenfigur mit sich. Nach sieben Jahren verlässt er den Etzel wieder und zieht in den »Finsteren Wald« bei Einsiedeln, wo er eine Klause und eine Kapelle errichtet. Die Kapelle St. Meinrad auf dem Etzelpass erinnert heute noch an die Einsiedelei des Meinhard.

828

Heiliger Markus in Venedig

In dem von Arabern besetzten Alexandria werden die Überreste des heiligen Markus gestohlen und nach Venedig gebracht. Dort weist heute u. a. der Name Markusplatz auf den Aufbewahrungsort der Reliquien des Stadtpatrons hin. Der Heilige war nach der Überlieferung der Verfasser des Markusevangeliums. In frühchristlicher Zeit galt er auch als erster Bischof von Alexandria.

826: In China erlangt Kaiser Wenzong mit Unterstützung der Eunuchen die Macht am Kaiserhof.

827: Gradmessungen arabischer Gelehrter in Mesopotamien ergeben einen Abstand von 11 016 km von den Polen zum Äquator. Der heute gültige Wert liegt bei 10 001 km.

Um 830

In Osteuropa entsteht Großmähren

Im Gebiet der mährischen Slawen beginnt sich ein Reich zu formieren, das unter dem Namen Großmähren die Geschichte Osteuropas entscheidend beeinflussen wird. Als Karl der Große 796 das Awarenreich zerstört hatte, belohnte er die in Mähren lebenden Stämme für ihren militärischen Beistand und verlieh ihnen einen Teil des ehemals awarischen Territoriums als Lehen. Damit gelangten die Mährer in ein Abhängigkeitsverhältnis zum Frankenreich. Einige Fürsten versuchten die Autonomie zu erkämpfen. 833 gelingt es dem Fürsten Mojmir, die Region um Nitra zu besetzen. Im Gebiet Großmährens entsteht eine blühende Handwerkskunst.

832

Hamburg als Vorposten Roms

Statue des heiligen Ansgar, dessen Fest am 3. Februar gefeiert wird, auf der Trostbrücke in Hamburg

Der Missionar Ansgar wird von Papst Gregor IV. zum Erzbischof von Hammaburg geweiht. Aus der Erzdiözese geht später die Stadt Hamburg hervor.

Bereits 810 begannen die Franken mit der Errichtung einer Festungsanlage in der Nähe der Alstermündung. Der Stützpunkt wurde nahe der alten sächsischen Ortschaft Ham errichtet, von der sich der spätere Name der Hammaburg ableitet: »Ham« bedeutete in der Sprache der Sachsen Sumpfland und Küstengebiet. 825 wurde Hammaburg schließlich fertiggestellt. Die Festung ist von einem hölzernen, mit Sand gefüllten Palisadenwerk von fünf bis sechs Meter Höhe umgeben. Im Innern befindet sich eine quadratische Fläche von 130 m Seitenlänge. In der Mitte der Anlage erhebt sich bereits seit 812 eine Holzkirche. Von hier aus sollte die Missionierung Nordeuropas erfolgen. Der Geistliche Ansgar, der zwischen 827 und 830 schon Bekehrungsreisen zu den Dänen und Schweden unternommen hatte, wurde 831 zum Bischof Hammaburgs geweiht. Trotz vieler Fehlschläge gab Ansgar die Missionierung nicht auf. Wegen seiner Verdienste erhält er die Beinamen »Apostel des Nordens« und »Apostel Skandinaviens«. 845 verlegt er seinen Sitz nach Bremen.

834

Kaisersöhne demütigen den Vater

Die Söhne Ludwigs I., des Frommen, setzen ihren Vater wieder als Kaiser ein, nachdem sie ihn zuvor gewaltsam abgesetzt hatten. Ludwig hatte 829 Karl den Kahlen, einen Sohn aus zweiter Ehe, in die Nachfolgeregelung einbezogen und ihm einen eigenen Reichsteil zugewiesen. Damit waren die Rechte seiner Thronerben Lothar, Ludwig und Pippin beschnitten.

831 und 833 zettelten die drei Söhne daraufhin Aufstände gegen den Kaiser an. Am Höhepunkt der Auseinandersetzungen lief das Heer Ludwigs 833 auf dem »Lügenfeld« bei Colmar zu den Söhnen des Kaisers über. Ludwig wurde schließlich 834 in Soissons gefangen gesetzt. Er muss öffentlich seine Sünden bekennen und wird daraufhin wieder als Kaiser eingesetzt. Das erzwungene Sündenbekenntnis ist eine tiefe Demütigung für Ludwig. Zugleich überspannen die Kaisersöhne damit den Bogen, die Zustimmung zu ihrer Politik schwindet. Die Reaktionen richten sich vor allem gegen Lothar, der nach Italien ausweicht. Zu einer Beruhigung der Situation kommt es nicht, da Ludwig weitere Schritte einleitet, um Karls Erbe zu vergrößern.

Der Kaiser des Frankenreichs löst durch die Übertragung eines Reichsteils an seinen jüngsten Sohn eine schwere Krise aus: Ludwig der Fromme und Karl der Kahle (Glasmalerei, Basilika Saint Denis in Frankreich).

834

Schiffsgrab der Wikinger

Norwegische Wikinger bestatten zwei Frauen in einem reich geschmückten, 22 m langen Schiff und bedecken es mit Torf. Das Grab von Oseberg (westlich des Oslofjords) gilt heute als die bedeutendste Schiffsbestattung aus der Wikingerzeit.

Das Osebergschiff wurde zwischen 815 und 820 erbaut. Zur Beisetzung wurde es an Land gezogen und in einer Grube versenkt. Bei den Toten handelt es sich um zwei Frauen im Alter von 50 bis 60 Jahren und von 20 bis 30 Jahren. Die Schiffsbestattung einer Frau ist in der Wikingerzeit unüblich und lässt den hohen gesellschaftlichen Rang mindestens einer der Toten erkennen. Vermutlich handelt es sich bei der älteren Toten um

Aus den 1980er-Jahren stammt dieser Nachbau des Osebergschiffes. Die Wiederherstellung des Wikingerschiffs gilt als Meisterleistung der Restaurationstechnik.

eine Sklavin, da der Knochenbau Mangelerscheinungen erkennen lässt. Die Mitbestattung von Sklaven oder Dienern ist bei Schiffsbestattungen der Wikinger durchaus üblich.

Der jungen Toten werden reiche Beigaben ins Grab gelegt. Ein prachtvoll verzierter Wagen, vier Schlitten und ein Sattel deuten darauf hin, dass die Adlige zu Lebzeiten oft gereist sein muss. Drei Ochsen und zehn Pferde begleiten die Verstorbenen ins Totenreich. Auch sie sind ein Zeichen immensen Reichtums. Waffen, die Männern in der Regel mit ins Grab gelegt werden, werden in dem Schiff nicht gefunden. Stattdessen Haushaltsgegenstände, Küchenutensilien und Gewandverzierungen – alles Objekte, die die Besitzerin als Verwalterin eines großen Haushaltes ausweisen.

Das Schiff selbst ist in der typischen offenen Form der Drachenboote gebaut. Die Spitzen der beiden geschwungenen Steven sind mit zwei kunstvoll verzierten Drachen- oder Pferdeköpfen bestückt. Als das Schiff 1903, mehr als 1000 Jahre nach der Beisetzung, entdeckt wird, befindet es sich dank günstiger klimatischer und geologischer Verhältnisse in einem bemerkenswert guten Erhaltungszustand. Der Fund ist eine archäologische Sensation und wirft ein erhellendes Licht auf das Leben sowie die Verhältnisse in der Welt der Wikinger.

Um 840: In Turkestan setzt sich die Herrscherdynastie der Karachniden durch, die gegen Ende des 1. Jt. erhebliche Macht erlangen.

Der Heilkundige Fukuoshi Omura verfasst die erste japanische Schrift zur Chirurgie, das »Chi-so-ki«.

Die Araber erobern die Stadt Tarent auf dem italienischen Festland, nachdem sie bereits fast ganz Sizilien kontrollieren.

10. April 837

Halley'scher Komet kommt

Der Halley'sche Komet nähert sich auf Sichtweite der Erde. Mit nur 5 Mio. km Abstand kommt er der Erde wesentlich näher als bei seiner letzten Sichtung im Jahr 607, als er 13,4 Mio. km von der Erdoberfläche entfernt war. Der Komet kehrt periodisch alle 76 Jahre in Erdnähe zurück und kann dann mit bloßem Auge beobachtet werden. Benannt ist er nach dem englischen Physiker Edmond Halley, der um 1720 die Bahn des Kometen bestimmen kann. Seit dieser Zeit ist es möglich, das Auftauchen des Kometen im Voraus zu berechnen.

840

Mercia versinkt im Streit

Nach dem Tod von König Wiglaf von Mercia und seiner Bestattung im Kloster von Repton wird sein Enkel Wigstan neuer Herrscher des angelsächsischen Reichs. Er kehrt dem Thron jedoch noch im selben Jahr den Rücken und geht ins Kloster. Die Regentschaft überträgt er seiner Mutter und Witwe Wiglafs, Elfleda. Als der Adlige Berhtric um die Hand Elfledas anhält, verhindert Wigstan die Ehe. Daraufhin wird er von dem unglücklichen Freier ermordet. In den Folgejahren führen u. a. weitere Thronstreitigkeiten zum Machtverlust von Mercia.

840

Das Uigurenreich geht unter

Auf dem Gebiet der heutigen Mongolei erobern die Kirgisen das Reich der Uiguren und zerschlagen es. Die Geschichte einer der politisch bedeutsamen Mächte Zentralasiens endet damit. Das Uigurenreich bestand seit rd. 100 Jahren.

Wegen seiner Auseinandersetzungen mit Tibet verbündete es sich mit den Tangherrschern in China, die ebenfalls in Kämpfe mit den Tibetern verwickelt waren. 832 wurde der Uigurenherrscher Qasar Tegin von seinen Ministern ermordet. Das Reich stürzte in eine Krise. Der Minister Kürebir rebellierte gegen den Thron und ging ein Bündnis mit dem türkischen Stammesbund der Shatuo ein. Zugleich wurde die Lage an den Nordgrenzen kritisch. Dort kam es seit 20 Jahren immer wieder zu Angriffen der nomadisierenden Kirgisen. 839 spitzte sich die Lage für die Uiguren zu, als ein harter Winter einen Großteil des Viehs vernichtete. General Külük Baga lief zu den Kirgisen über und griff sein Heimatland an. Der Thronerbe, Prinz Wuzong, wird von den Invasoren getötet.

Um 840: Der Schriftgelehrte Samuhel erstellt das »Quedlinburger Evangeliar«, eines der bedeutendsten karolingischen Werke der Buchkunst. Der ebenfalls prachtvolle Einband stammt aus dem 13. Jh. Es geht auch als »Samuhel-Evangeliar« in die Annalen der Kunstgeschichte ein.

841: Normannen gründen auf Irland den Vorläufer der Stadt Dublin und errichten ein Reich.

842: Japanische Musiker schreiben ein Musikstück für die fünfsaitige Biwa-Laute in Notenschrift nieder. Es handelt sich um das älteste Beispiel der sogenannten Togaku-Musik, einer Stilrichtung, deren Harmonie und Rhythmik an die chinesische Musik der Tang-Dynastie angelehnt ist.

10. August 843

Vertrag teilt Frankenreich

Nach jahrelangen blutigen Bruderkämpfen um die Thronnachfolge vereinbaren die Enkel Karls des Großen eine Teilung des riesigen Frankenreichs. Der Vertrag von Verdun gilt als Ausgangspunkt der späteren territorialen Gestalt Deutschlands und Frankreichs, die in der Folgezeit aus dem ostfränkischen und dem westfränkischen Reich hervorgehen.

Schon zu Lebzeiten Kaiser Ludwigs des Frommen war es zu heftigen Auseinandersetzungen zwischen dem Herrscher und seinen vier Söhnen gekommen. Weil Ludwig seinen jüngsten Sohn Karl den Kahlen aus zweiter Ehe in die Thronnachfolge einbeziehen wollte, erhoben sich die älteren Söhne Lothar, Pippin und Ludwig gegen den Vater und setzten ihn gefangen. Lothar, dem die Kaiserwürde übertragen wurde, erwies sich jedoch als unfähig zur Regierung des gesamten Reichs. Seine Brüder setzten deshalb ihren Vater 834 wieder als Regenten ein. Mit Ludwigs Tod am 20. Juni 840 brach der Thronfolgestreit erneut mit voller Härte aus. Lothar pochte auf sein Recht, zum Kaiser ernannt zu werden, wie es Ludwig der Fromme in der Nachfolgeregelung »Ordinatio Imperii« festgeschrieben hatte. Sein Neffe Pippin II., Sohn des zwischenzeitlich verstorbenen Bruders Pippin I., schloss sich ihm an. Am 25. Juni 841 kam es bei Fontenoy nahe Auxerre zum blutigen Kampf gegen die ebenfalls verbündeten Brüder Ludwig den Deutschen und Karl den Kahlen. Ludwig und Karl gewannen die Schlacht unter hohen Verlusten. Lothar ließ Pippin II. als Verbündeten fallen. Da vor allem der Adel einen hohen Blutzoll zahlen musste und durch den Thronfolgestreit auch finanziell geschwächt wurde, drängte die Aristokratie auf eine Einigung.

Am 10. August 843 versammeln sich die Brüder in Verdun, um einen Teilungsvertrag auszuhandeln. Die Vorverhandlungen zu diesem Vertrag wurden zuvor von 110 Gesandten der betroffenen Herrscher in der Basilika St. Kastor zu Koblenz geführt. Karl der Kahle erhält das Westreich zugesprochen, das durch die Flüsse Rhône, Saône, Schelde und Maas begrenzt wird. Lothar I. erhält das Mittelreich mit den Kaiserstädten Aachen und Rom. Ludwig der Deutsche soll über die östlichen Reichsgebiete herrschen. Obwohl das riesige Reich Karls des Großen damit geteilt ist, bleibt die formelle Einheit gewahrt. Der Vertrag von Verdun dient ausschließlich der Gliederung des Gebietes in Zuständigkeitsbereiche. Um die Politik des Gesamtreichs festzulegen, treffen die Brüder zu den sogenannten Frankentagen zusammen. Der Vertrag von Verdun ist allerdings kein Modell für die Zukunft. Die Enkel Karls sind ständig darauf bedacht, ihre Machtstellung innerhalb des Reichs zu vergrößern. Unter ihren Söhnen kommt es später erneut zu Teilungen des Gebietes, die schließlich zum Zerfall des Frankenreichs führen. So wird bereits 855 das Mittelreich Lothars I. unter dessen Söhnen aufgeteilt.

Im Vertrag von Verdun wird Lothar I., dem ältesten Sohn Ludwigs des Frommen, das Mittelreich zugesprochen (Buchmalerei, 9. Jh.).

DIE KAROLINGER-DYNASTIE

Das Erbrecht beschleunigt den Abstieg auf Raten

Das Kaisertum Karls des Großen versinnbildlicht eine neue Einheit des christlichen Abendlandes. Nach dem Tod des charismatischen Herrschers verhindert allerdings das nach fränkischer Tradition fehlende Primat der Erbfolge die Aufrechterhaltung der Reichseinheit.

Beinahe zerfällt das gewaltige Reich Karls des Großen mit dem Tod des Kaisers (814). Wie schon zu Chlodwigs Zeiten im 6. Jahrhundert hat auch Karl der Große die Teilung des Territoriums unter seinen Erben vorgesehen, so wie es alter fränkischer Brauch ist. Von seinen Söhnen überlebt jedoch nur Ludwig der Fromme den Vater. Die Reichseinheit bleibt eine weitere Generation lang gewahrt. Als Ludwig durch einen Unfall erkrankt, regelt er seine Nachfolge erstmals nicht in der fränkischen Teilungstradition. Zwar soll das Reich unter seinen Söhnen aufgeteilt werden, aber der älteste Erbe, Lothar I., wird zum Mitkaiser erhoben und verfügt damit über die höchste Regierungsgewalt. Die jüngeren Söhne Ludwig der Deutsche und Pippin müssen sich mit den Königreichen Bayern und Aquitanien begnügen. Sie unterstehen zudem der Regierungsgewalt des Kaisers. Damit ist die Erbfolgeregelung, nach der bislang alle Königssöhne gleich behandelt wurden, zugunsten des älteren Thronerben umgestoßen.

Bruderkriege um das Reich

Aber die von Ludwig dem Frommen angestrebte sogenannte Ordinatio Imperii, die Übergabe der Kaiserwürde an den ältesten Sohn, hat nicht den gewünschten Erfolg und zeigt bereits kurz nach dem Tod Ludwigs Zeichen des Verfalls. Die Zeit der karolingischen Expansion ist beendet. Die Enkel Karls des Großen richten ihre machtpolitischen Ambitionen auf die Ausschaltung der Rivalen. Erstes Fanal der nun folgenden Bruderkämpfe ist die Schlacht von Fontenoy, in der Ludwigs Söhne am 25. Juni 841 ihren Zwist erstmals offen austragen. Der Schlacht folgt 843 der Vertrag von Verdun. Die Übereinkunft der

Mit der Kaiserkrönung Karls des Großen befinden sich die Karolinger auf dem Gipfel der Macht (Miniatur, 14. Jh.).

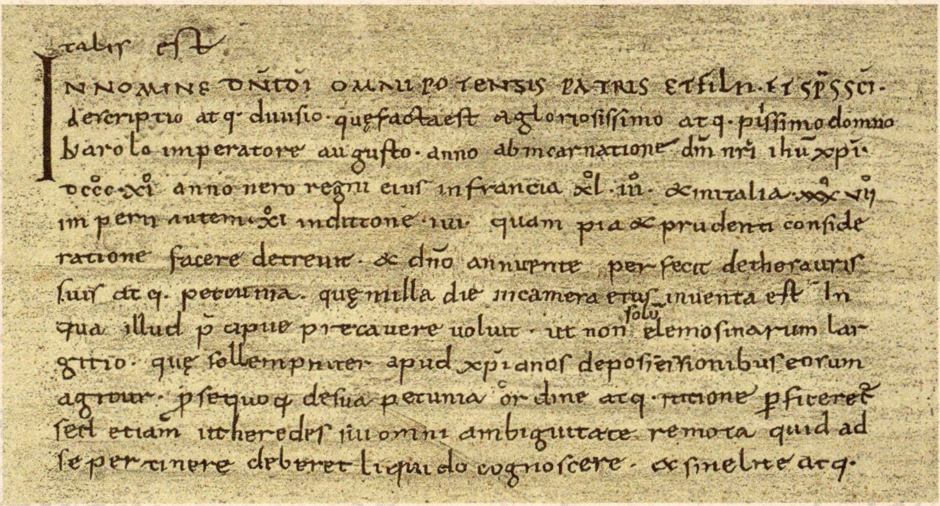
-tabit est.
IN NOMINE DNI OMNIPOTENTIS PATRIS ET FILII ET SPS SCI.
descriptio atq. divisio quae facta est a gloriosissimo atq. piissimo domno
Karolo imperatore augusto. anno ab incarnatione dni nri ihu xpi.
dccc.xi. anno vero regni eius in francia xl.iii. et in italia xxxvi.
imperii autem xi. indictione iiii. quam pia et prudenti conside
ratione facere decrevit. et dno annuente perfecit de thesauris
suis atq. pecunia. quae in illa die in camera eius inventa est. In
qua illud p cipue praecavere voluit. ut non solu elemosinarum lar
gitio. quae sollempniter apud xpianos de possessionibus eorum
agitur. p se quoq. de sua pecunia ordine atq. ratione pficeret
sed etiam ut heredes sui omni ambiguitate remota quid ad
se pertinere deberet liquido cognoscere. et sine lite atq.

Ein schwieriger Erbfall: Das Testament Karls des Großen von 811 (aus der »Vita Caroli Magni« von Einhard, um 835)

Brüder zerreißt das Frankenreich erstmals in drei große Teile: das Westreich, das Mittelreich mit dem kaiserlichen Anspruch und das Ostreich. Die Gliederung des Karlsreichs erfolgt nach wirtschaftlichen Gesichtspunkten. Jeder der drei Herrscher – Kaiser Lothar I., König Karl II., der Kahle, und König Ludwig der Deutsche – ist bemüht, möglichst große Reichtümer anzuhäufen.

In den folgenden Jahrzehnten entstehen immer neue Teilreiche. Der Vertrag von Mersen (870) lässt das italienische Teilreich zugunsten West- und Ostfrankens schrumpfen. Der Vertrag von Ribémont (880) legt erneut die Grenze zwischen Ost- und Westreich fest. Das ehemalige Gesamtreich Karls des Großen ähnelt um die Mitte des 9. Jahrhunderts einem Flickenteppich. Dann gelingt es Karl III., dem Dicken, die Franken noch einmal unter seiner Regierung zu einen. Als er 887 vom Thron gestoßen wird, ist der letzte Versuch, die Reichseinheit zu retten, gescheitert.

Unter Ludwig I., dem Frommen, ist das Frankenreich noch geeint: Weihinschrift des Oratoriums von S. Donato während der Regierungszeit Ludwigs I.

Als letzter männlicher Karolinger erlangt Arnulf von Kärnten die Kaiserwürde. Seine Herrschaft muss er gegen zahlreiche, mittlerweile erstarkte Adelsherrschaften behaupten. Aber Arnulf zieht eine großfränkische Restaurationspolitik gar nicht in Erwägung. Er verlangt von den übrigen Herrschern, dass sie seine Oberhoheit anerkennen und behauptet sich im ostfränkisch-lothringischen Raum als König. 896 lässt Arnulf sich zum Kaiser krönen. Sein Sohn, der sechsjährige Ludwig (das Kind), hält den ostfränkischen Thron bis zu seinem Tod 911. Dann erlischt die Dynastie der Karolinger nach fast 150 Jahren endgültig.

844

Beutezüge der Wikinger

843: Auf der Synode von Konstantinopel wird unter der Schirmherrschaft der Kaiserin Theodora der Bilderstreit beigelegt. 730 hatte Kaiser Leon III. Bilder christlicher Thematik verboten, um der Heiligenbild-Verehrung ein Ende zu bereiten. Nun ist die in Byzanz traditionell weit verbreitete Bilderanbetung wieder gestattet und die hoch stehende Kunst der Ikonografie wird weiter entwickelt. Zur Erinnerung wird von der griechisch-orthodoxen Kirche jedes Jahr das »Fest der Rechtgläubigkeit« begangen.

Die Wikinger erobern Lissabon und Sevilla, eines der Zentren des Emirats von Córdoba. In den folgenden Jahren versetzen normannische Kriegszüge auch die Bevölkerung des Frankenreichs in Angst und Schrecken.

Überbevölkerung und innenpolitische Machtkämpfe sind die Gründe für den Aufbruch der dänischen, schwedischen und norwegischen Wikinger. Sie begeben sich auf die Suche nach Land und nach den Schätzen des europäischen Kontinents. Die flache und moderne Bauweise ihrer Segelschiffe erlaubt ihnen das Befahren der Flüsse, u.a. der Elbe, des Rheins, der Seine, Garonne und Loire. Normannische Schiffe gelangen bis ins Mittelmeer. 859 landen sie auf Mallorca sowie in der Provence und stoßen nach Marokko und in die Toskana vor.

Schwerter, Steigbügel und Speerspitze der Wikinger aus dem 8. Jh.: Ihre überfallartigen Raubzüge verunsichern die Bevölkerung und erschüttern die alten Herrschaftsverhältnisse.

844

Religiöse Toleranz in China endet

Der chinesische Kaiser Wu Tsung verbietet die buddhistische Religion. Das blühende religiöse Leben Chinas erleidet einen schweren Rückschlag. Der Buddhismus war seit Beginn des 6. Jahrhunderts Staatsreligion im Reich der Mitte.

In der Aneignung von Kirchenschätzen erkennt die Regierung eine Möglichkeit, die leeren Staatskassen zu füllen. Klöster werden beschlagnahmt, Anhänger des Buddhismus verfolgt. Mehr als eine Viertelmillion Geistliche verlieren ihre Ämter. Dasselbe Schicksal trifft die Manichäer, Nestorianer und Taoisten, die in China religiöse Minderheiten bilden. Die Säkularisation kündigte sich seit Jahren an. Anhänger des Konfuzianismus polemisierten gegen die buddhistischen Mönche, weil diese sich in den Klöstern von den Pflichten am Staat zurückziehen würden.

Der Buddhismus wird in China ab sofort verfolgt: Reliquienbehälter mit Reliefszenen aus der Buddhalegende (Tang-Dynastie).

Um 844

Scoten und Pikten werden Schotten

Der Scote Kenneth I. McAlpin vereint die nordbritischen Stämme in einem Reich namens Alba. Damit beginnt die Geschichte Schottlands.

Alba erstreckt sich über weite Teile des heutigen Zentral- und Südschottlands. Kenneth' Vater Alpin hatte die feindlichen Pikten besiegt. Als Alpin kurz nach ihrer Unterwerfung ermordet wird, führt der Sohn sein Werk fort. Durch eine geschickte Heiratspolitik und erfolgreiche Eroberungszüge bindet er Scoten und Pikten aneinander. Als die Wikinger in Britannien einfallen, wird Alba vom Süden der Insel isoliert, kann aber den Nordmännern trotzen. Der gemeinsame Feind schweißt Pikten und Scoten zu einer Kampfgemeinschaft zusammen, die alte Feindschaft wird beigelegt. Als die Wikinger 849 das Kloster Iona angreifen, lässt Kenneth I. die Reliquien des heiligen Kolumban nach Dunkeld verlegen, das sich zum religiösen Zentrum der Schotten entwickelt.

847
Sunnitenverfolgung endet

Dschafar Al Mutawakkil besteigt als zehnter Kalif der Abbasiden den Thron. Der neue Kalif versucht den starken türkischen Einfluss in Heer und Verwaltung einzuschränken. Unter Al Mutawakkil stellt die arabische Inquisition ihre Tätigkeit ein. Sie war unter Kalif Al Mamun ins Leben gerufen worden, um den Einfluss der Sunniten zu beschränken.

848
Bestrafung eines Irrlehrers

Der Theologe Gottschalk von Orbais wird auf einer Synode als Irrlehrer entlarvt, öffentlich ausgepeitscht und zu lebenslanger Kerkerhaft verurteilt. Seine Bücher werden verbrannt. Trotz der Strafe will er nicht abschwören. Gottschalk behauptet, dass auch die bösen Taten derjenigen Menschen, die zu Verdammnis prädestiniert sind, von Gott im Voraus festgelegt sind.

18. August 849
Christliche Kräuterkunde

Frauen bei der Arbeit im Kräutergarten: mittelalterliches Titelbild des von Walahfried Strabo im 9. Jh. verfassten Werks »Hortulus«; der Dichter und Theologe war Hofkaplan bei Kaiser Ludwig dem Frommen und Erzieher Karls des Kahlen.

Der Schriftsteller und Benediktiner Walahfried Strabo ertrinkt auf einer Reise in der Loire. Er hinterlässt der mittelalterlichen Welt bahnbrechende Erkenntnisse der Theologie und Naturkunde und beeinflusst die Dichtkunst. Strabo (lat. »der Schielende«) wuchs im Kloster Reichenau auf, das er seit 838 als Abt leitete. Weil er im Nachfolgestreit um den karolingischen Thron die Partei Lothars I. ergriffen hatte, wurde er 839 von Ludwig dem Deutschen verbannt. Nach Lothars Niederlage erhielt Strabo sein Amt in Reichenau zurück und diente als Botschafter zwischen Ludwig dem Deutschen und Karl dem Kahlen.

Der Geistliche verfasste kunstvolle Gedichte in Latein. In der »Vision von Wettin« beschreibt er Hölle, Fegefeuer und Paradies in Versform. Zu Strabos bedeutendsten Werken zählt ein Buch über die Kunst der Gärtnerei, der »Hortulus«. Darin beschreibt er in 444 Hexametern 23 Blumen und Kräuter mitsamt ihrer christlichen Bedeutung und ihren Heilkräften. Demnach ist die Lilie das Sinnbild für Christus und hilft gegen Schlangengift. Fenchel nützt den Augen, lockert Blähungen und vertreibt Keuchhusten. Die Schwertlilie lindert Blasenschmerzen. 841 vollendete er ein Buch über karolingische Kirchengeschichte.

Um 850: Die »Pseudoisidorischen Dekretalien« erscheinen, eine der wichtigsten kirchenrechtlichen Fälschungen des Mittelalters. Unter dem Pseudonym Isidor Mercator werden falsche Papstbriefe und Konzilsbeschlüsse aus dem 1. bis 8. Jh. veröffentlicht, die die Stellung der Bischöfe gegenüber weltlichen Herrschern stärken sollen.

Um 850

Ghana – Drehscheibe des Handels

Im Westsudan steht das Reich von Ghana auf dem Höhepunkt seiner Macht. Sein Herrschaftsgebiet erstreckt sich vom oberen Niger bis zum mittleren Senegal und nördlich bis in die Saharazone. Die Hauptstadt Ghana ist Zentrum des afrikanischen Salz- und Goldhandels.

Arabische Geografen berichteten von einem sagenumwobenen Goldland und lösten damit einen Handelsstrom von Nordafrika in den Sudan aus. Der Warenaustausch lässt das Reich erblühen. Die Karawanen reisen 15 Tage, bis sie die Hauptstadt erreichen. Obwohl die Bewohner meist Naturreligionen anhängen, steht der Islam bei ihnen in hohem Ansehen: In der Stadt – rd. neun Kilometer von der Königsresidenz entfernt – stehen zwölf Moscheen. Der moderne Staat Ghana ist nicht identisch mit dem alten Handelsreich, das geografisch einige tausend Kilometer nordwestlich des heutigen Staatsgebietes von Ghana liegt. Das heutige Ghana sieht sich jedoch durch seinen Namen in der Tradition des legendären Landes. Als Nachfolger des alten Reichs von Ghana entsteht später das mittelalterliche Reich von Mali.

Eine Salzkarawane durchquert die Sahara. Das Gebiet gehörte früher zum Reich von Ghana, das einen florierenden Handel mit Salz und Gold betrieb.

Um 850

Gewichtsuhren sind noch ungenau

Pacificus, ein in Verona lebender Priester, konstruiert als Erster Räderuhren, die von Gewichten angetrieben werden. Ein sich über einen Seilzug langsam senkendes Gewicht setzt dabei das Räderwerk in Gang.

Dass diese frühen Räderuhren nicht besonders genau arbeiten, wird verständlich, wenn man bedenkt, dass das sinkende Gewicht eine beschleunigte Bewegung bewirkt, sofern diese nicht durch eine Hemmung regelmäßig unterbrochen wird. Dieser Hemmungsmechanismus wird allerdings erst Ende des 13. Jahrhunderts erfunden.

29. September 855

Frankenreich gespalten

Kaiser Lothar I. auf dem Thron: Der Versuch, nach dem Tod seines Vaters Ludwig des Frommen die Oberhoheit im Gesamtreich zu behaupten, scheitert am Widerstand seiner Brüder. Stattdessen gewinnt der Adel immer mehr Macht (Buchmalerei, 9. Jh.).

Mit dem Tod des fränkischen Kaisers Lothar I. bricht ein neuer Thronfolgestreit um das karolingische Erbe aus. Die Reichseinheit zerfällt nun endgültig. Lothar verbrachte seine letzten Lebensjahre zurückgezogen als Mönch im Kloster Prüm (Eifel). Dort wird er auch begraben. Seine Gebeine werden im Jahr 1721 beim Neubau der Prümer Abteikirche (Sankt-Salvator-Basilika) in den neuen Hochaltar umgebettet.

Lothar I. beherrschte das 843 mit dem Vertrag von Verdun geschaffene Mittelreich, das sich von der Nordsee bis nach Rom erstreckte. Gegenüber dem West- und dem Ostreich seiner Brüder kam Lothars Teilreich die größte Bedeutung zu, weil es die Kaiserstädte Aachen und Rom umfasste und Lothar zudem den Kaisertitel trug. Dieser geht nun auf Ludwig II. über, dessen Gebiet sich auf Italien beschränkt. Lothar II. erbt das nördliche Drittel des Mittelreichs, das den Namen Lotharingien erhält. Karl bekommt Burgund und die Provence. Damit ist das ehemals Westeuropa beherrschende Reich Karls des Großen in fünf Teile gespalten.

Obwohl die Wiederherstellung der Reichseinheit von fast allen karolingischen Regenten angestrebt wird, bleibt sie nur noch ein Wunschtraum. Die Macht der Teilkönige des Kaisers schrumpft zu dieser Zeit zusehends. Um sich während der zahllosen Kriege die Unterstützung der Adligen zu sichern, hatten die Herrscher zu viele Versprechungen machen müssen. Diese Versprechungen zogen meist auch die Schenkung von Lehen nach sich. Damit zerstören die Karolinger selbst die finanzielle Grundlage ihrer Herrschaft. Die Macht der Monarchen schwindet zugunsten der Aristokratie.

856

Reconquista verbucht Erfolge

Der asturische König Ordoño I. erringt einen bedeutenden Sieg gegen die Mauren, die seit dem Beginn des 8. Jahrhunderts den größten Teil des heutigen Spaniens besetzt halten. Die Reconquista – die Rückeroberung der Iberischen Halbinsel von den Arabern – hat begonnen.

Der christliche Widerstand gegen den Islam weitet sich in der Folgezeit weiter nach Süden aus. Die von Ordoño eroberten Gebiete León und Astorga werden von den Asturiern besiedelt.

Im Osten seines Reichs lässt Ordoño eine Grenzmark befestigen, die wegen ihrer vielen Burgen den Namen Kastilien erhält. Dem ersten kastilischen Markgrafen Rodrigo gelingt schließlich die Ausdehnung des Gebietes bis zum Duero. Den Mauren stehen damit zwei Reiche gegenüber.

Der Apostel Jakobus kommt den christlichen Rittern 844 in der Maurenschlacht von Clavijo zu Hilfe (Relief des Monasterio de San Marcos in León, 1712).

856

Tula wird zum Zentrum der toltekischen Kultur

Getrieben vom Hunger, zieht das Volk der Nahua vom Norden Mexikos Richtung Süden. Dort vermischt es sich mit den kriegerischen Tolteken und es entsteht – nördlich des heutigen Mexiko City – die Stadt Tula. Der Völkerzug markiert den Beginn der nachklassischen Periode Mittelamerikas.

Suche nach Nahrung

Klimaveränderungen hatten in der Heimat der Nahua zu einer allmählichen Austrocknung des Bodens geführt und den Stämmen die Nahrungsgrundlage entzogen. In mehreren Wellen strömten die Menschen nach Süden, auf der Suche nach dem legendenumwobenen Tollán, der »Insel der Glücklichen«. Vermutlich ist Tollán mit der altamerikanischen Stadt Teotihuacán (»Ort der Götter«) im zentralmexikanischen Hochland identisch, die nach jahrhundertelanger Blütezeit in der Mitte des 8. Jahrhunderts zerstört und aufgegeben wurde.

Auf ihrer Wanderung stießen die Nahua auf die versprengten Nachkommen der Teotihuacán-Bewohner, die Erben der zentralamerikanischen Zivilisationen. Neuankömmlinge und Alteingesessene vermischten sich rasch. Die Nahua nannten die zivilisierten Gemeinschaften »Tolteca« (Städter, Handwerker) und vereinten sich mit ihnen. In der Nähe des ehemaligen Teotihuacán errichten die Tolteken nun eine neue Stadt. Tollán (Tula) wird zum Zentrum der toltekischen Kultur. 30 000 Einwohner finden in Tula Platz.

Die Gesellschaft der Tolteken ist von Kriegern dominiert und unterscheidet sich damit von der Organisation der Stadt Teotihuacán, die von Priestern regiert wurde. An der Spitze des Herrschaftssystems steht ein Gottkönig. Er gilt als Mensch gewordener Quetzalcoatl, die gefiederte Schlange, eine der wichtigsten Gottheiten der mesoamerikanischen Kulturen.

Die Entstehung Tulas und die Herausbildung der toltekischen Kultur bedeutet für die nördlichen Stämme Mittelamerikas auch den Schritt vom dörflichen Leben zur städtischen Gesellschaft. Während in den Dörfern nur wenige Handwerker benötigt werden, um die Gemeinschaft mit dem Notwendigen zu versorgen, verlangen die großen Zentren eine Vielzahl von Spezialisten. Goldschmiede, Gerber, Töpfer, Schmiede oder Federflechter sind erforderlich, um in einer Stadt von der Größe Tulas den Bedarf an Alltagsgegenständen zu decken.

Durch die Einnahme zahlreicher Städte der Maya, darunter Chichén Itzá, vermischt sich auch die Mayaarchitektur mit dem noch nicht eigenständig ausgeformten Baustil der Tolteken. Als ursprünglich

856: Karlmann führt als Verwalter der östlichen Mark Ostfrankens die fränkische Hufenverfassung ein. Erst der Besitz von vier Hufen (etwa 120 bis 160 Joch) berechtigt zum Wehrdienst, was eine höhere soziale Stellung bedeutet.

Das im 5. Jh. v. Chr. gegründete Capua in Kampanien wird Hauptstadt eines langobardischen Fürstentums.

toltekisch gelten in Tula vor allem die charakteristischen Säulen und arkadenartigen Hallen. Weitere künstlerische Leistungen der Tolteken sind halb liegende Figuren (Chacmol) sowie Relieffriese mit Adler- und Jaguarfiguren als Symbole kriegerischer Tapferkeit.

Tempel des Quetzalcoatl

Die großen Säle liegen in der Stadt um einen zentralen Hof gruppiert, sind von Säulenreihen umzogen und mit weitläufigen Vorbauten versehen. Der Hof ist zugleich soziales wie religiöses Zentrum der Stadt. Das bekannteste erhaltene Gebäude ist der Tempel des Quetzalcoatl, die Morgenstern-Pyramide. Auf deren Plattform steht eine Gruppe von steinernen Kriegern, die Atlanten.

Tula erlebt nach 980 eine Blütezeit. In dieser Zeit kommt es in der Stadt aber auch zur Rebellion. Die Atlanten der Morgensternpyramide werden in Teile zerlegt, bevor man sie rituell vergräbt. Durch diese Maßnahme bleiben die imposanten toltekischen Statuen der Nachwelt erhalten.

Die fünf Meter hohen Atlanten des Morgensterntempels in Tula tragen während der Blütezeit der Siedlung das Dach der Tempelanlage. Sie bestehen aus jeweils vier aufeinandergesetzten Basaltblöcken und sind zu Ehren der toltekischen Kriegerkaste errichtet worden.

858

Adelsfamilie stellt neuen Tenno

857: Ein erster Bericht über die sogenannte Kriebelkrankheit (»Antoniusfeuer«) in Westeuropa beschreibt die Gefahr des Verlustes brandiger Gliedmaßen durch den Verzehr von Getreide, das durch den Mutterkornpilz verseucht ist.

858: Photios erhält das Bischofsamt von Konstantinopel. Während seiner Amtszeit versucht er die Zweigewaltenlehre durchzusetzen: Der Patriarch soll neben dem Kaiser das Byzantinische Reich mitregieren.

Nach dem Tod des japanischen Kaisers Montoku wird die Regentschaft erstmals einem Adligen übertragen. Mit Yoshifusa Fudschiwara beginnt der Aufstieg der Fudschiwarafamilie zum mächtigsten Clan in Japan. Der japanische Kaiser besaß bis dahin u. a. durch den Taihokodex, der Japan unter eine Beamtenverwaltung gestellt hatte, große politische Macht. Unter den Fudschiwara werden die Befugnisse des Tennos beschnitten. Schon seit Jahren beeinflusste die Adelsfamilie die Regierungsangelegenheiten. Mehrere Fudschiwarafrauen heirateten in die kaiserliche Familie ein. Im Ringen um die Kaisergunst gelang es dem Clan, alle konkurrierenden Aristokratenfamilien sowie die mächtige buddhistische Priesterschaft auszuschalten. 857 erhielt Yoshifusa Fudschiwara den Titel des Großkanzlers.

Mit dem Tod des Kaisers bietet sich nun die Gelegenheit, ein Familienmitglied auf den japanischen Thron zu heben: Seiwa, der neunjährige Enkel Yoshifusas, wird Tenno. Der Großkanzler Yoshifusa selbst übernimmt das Amt des Regenten und leitet damit die japanische Politik. Die Fudschiwarafamilie dominiert danach bis in das 12. Jahrhundert hinein die kaiserliche Regierung in Japan.

858

Papst verbietet Scheidung

Der fränkische König Lothar II. von Lotharingien beschuldigt seine Ehefrau Teutberga des Inzests mit ihrem Bruder, um sich von ihr trennen und stattdessen seine Geliebte Waldrada heiraten zu können.

Der Gedanke, dass die Ehe unauflöslich ist, setzt sich im Verlauf des 9. Jahrhunderts immer mehr durch. Damit wird jedoch die bisher übliche Ehepolitik des Adels blockiert. Die Herrschenden besiegeln oftmals wechselnde Koalitionen durch neue Ehen. Ebenso erschwert ist der früher übliche »Frauenwechsel«, wenn kein Thronfolger geboren wird oder die Ehefrau politisch zu aktiv ist. Um dennoch eine Lösung der Ehe herbeizuführen, sind schwerwiegende Gründe erforderlich.

Lothar II. will sich von der kinderlosen Teutberga trennen, um Waldradas Sohn zu legitimieren. Als Beweis für den Inzest legt Lothar die Aussage des königlichen Beichtvaters vor, Teutberga habe ihm das Verbrechen gestanden. Sie streitet das jedoch ab, und die Synode von Aix im Januar 860 beschließt, die Ehe nicht aufzulösen. Lothar lässt nach einigen »Unterredungen« eine neue Synode zusammenkommen. Am 15. Februar 860 gesteht Teutberga diesem Gremium schließlich den Inzest sowie die Abtreibung eines Kindes. Die Ehe wird daraufhin geschieden, und Lothar heiratet Waldrada. Nun wendet sich Teutberga an Papst Nikolaus I., der eine eigene Untersuchungskommission entsendet. Diese lässt sich von Lothar überzeugen und bestätigt die Scheidung 862 und ein zweites Mal im darauf folgenden Jahr. Der Papst teilt die Meinung der Kommission jedoch nicht und beruft seinerseits eine eigene Synode. Dort erklärt er Lothars erste Ehe für gültig und zwingt ihn, Teutberga wieder zu sich zu nehmen. Die ost- und westfränkischen Könige Ludwig der Deutsche und Karl der Kahle unterstützen den Papst, denn falls Waldradas Sohn nicht legitimiert wird, erben sie Lothars Reich. Bei dem Versuch, die Dinge in Rom selbst zu regeln, stirbt Lothar 869 ungeschieden und ohne Erben.

Mit seiner Entscheidung in dieser Ehefrage legt Nikolaus I. entscheidende Weichen für die europäische Politik. Der Papst ist zwar die höchste Instanz der westlichen Kirche, aber was ein Papst bestimmt, kann von seinem Nachfolger widerrufen werden. So fallen die kirchlichen Entscheidungen mitunter sehr unterschiedlich aus. In Fragen der Ehe besteht fortan jedoch allgemein die Tendenz, keine Scheidungen mehr zuzulassen. Wenn eine Ehe dennoch aufgelöst wird, dürfen die Partner nicht wieder heiraten. Auch eine kinderlose Ehe muss bestehen bleiben, Kinderlosigkeit ist also kein Scheidungsgrund mehr. Das hat vor allem für den Adel fatale Folgen. Hauptnutznießer ist dagegen die Kirche, denn viele Kinderlose überschreiben ihr ihren Besitz.

Papst und Kirche treten entschieden für die Unauflösbarkeit der Ehe ein: mittelalterlicher Text über den Ehebruch (aus: Decretum Gratiani, Inkunabel, 1473).

859

Waräger am Ladogasee

Nowgorod ist der bedeutendste Stützpunkt der Waräger: Blick auf die am Ufer des Wolchow gelegene Sophienkathedrale.

Aus Schweden stammende Wikinger fallen in das Gebiet am Ladogasee ein und unterwerfen die dort ansässige Bevölkerung, die fortan zu Tributzahlungen verpflichtet wird. Das dünn besiedelte Land zieht die Wikinger auf der Suche nach neuem Lebensraum an. Nach der im 12. Jahrhundert verfassten Nestorchronik markiert dieses Ereignis den Beginn der russischen Geschichte.

Die einfallenden Nordmänner nennen sich Waräger und – nach ihrer schwedischen Heimatregion Roslag in Uppland – Rus. Die Rus suchten bereits seit rund 20 Jahren Osteuropa heim, indem sie mit ihren schnellen und wendigen Drachenbooten von der Ostsee über die Flüsse ins Landesinnere vorstießen. Auf der Wolga und durchs Schwarze Meer dringen die Waräger bis nach Byzanz vor. Die wikingische Landnahme im Osten bedroht schließlich die Grenzen des Byzantinischen Reichs. Am 23. Juni 860 greifen die Rus Konstantinopel an. Die Metropole kann die Attacke zwar abwehren, aber ein großer Teil des heutigen Westrusslands fällt in die Hände der Waräger.

Den Grundstein für die Entstehung des russischen Reichs legt schließlich der schwedische Wikinger Rurik (Hrörek):

Er gründet 862 im heutigen Westrussland die Siedlung Nowgorod. Die schwedische Kolonie am Ladogasee entwickelt sich schnell zu einem bedeutenden Handelsposten. Rurik ist Stammvater der nach ihm benannten Dynastie der Rurikiden. Von Nowgorod aus herrscht Rurik über das Gebiet zwischen Newa und Oka.

Nicht nur in Russland, auch im äußersten Norden Europas besetzen die Nordmänner weite Gebiete. Hier finden sie ähnliche klimatische und landschaftliche Lebensbedingungen wie in ihrer Heimat vor. Die Färöer, die Orkney- und Shetland-Inseln sowie die Hebriden waren schon im 7. und 8. Jahrhundert normannisch geworden. 860 kommen die Normannen nach Island. Norwegische Wikinger gründen dort 874 die heutige Hauptstadt Reykjavík. Die wikingische Besiedlung Islands gilt als letzte große Landnahme des frühen Mittelalters.

Die Wikinger sind nicht die bärenstarken Riesen, als die sie oft mystifizierend dargestellt werden. Infolge von besonders in den kalten und langen Wintern herrschender Nahrungsknappheit leiden viele von ihnen vielmehr an Mangelerscheinungen, die sogar zum Tod führen.

859: In der arabischen Stadt Fes (Marokko) wird die Karwijin-Moschee mitsamt ihrer berühmten Moscheeschule eingeweiht.

Im arabischen Emirat Córdoba wird der Priester Eulogius hingerichtet. Er hatte sich an den öffentlichen Beleidigungen des Propheten Mohammed beteiligt sowie die sich anschließenden Ereignisse niedergeschrieben. Auf Befehl des Emirs waren zahlreiche Privatpersonen und Geistliche hingerichtet worden. Sie sind als »Märtyrer von Cordóba« in die Stadtgeschichte eingegangen.

859

Etablierung der Zaiditen im Jemen

Im Jemen gründet Jahja Ibn Al Hussain die schiitische Dynastie der Zaiditen. Die Familie stellt die jemenitischen Herrscher bis 1962, als die Monarchie wegen der konservativen Herrschaft der Könige gestürzt und damit auch die Zaiditen-Dynastie beendet wird. Der König ist gleichzeitig das religiöse Oberhaupt des Landes.

Die Dynastie beruft sich auf Zaid Ibn Ali, den Urenkel Mohammeds. Er war nach Auffassung der Zaiditen der letzte legitime Nachfolger des Propheten. Unter den Abbasidenkalifen hatten sie sich mehrfach erfolglos erhoben, um ein autonomes Reich zu errichten. Im Jemen finden sie aufgrund der Krise des Kalifats schließlich eine günstige Situation für die Errichtung eines selbstständigen Herrschaftsgebietes vor.

Die Zaiditen regieren den Jemen über 1100 Jahre lang: die jemenitische Stadt Shihara.

WENDIGE DRACHENBOOTE

Wikinger sind Meister der Schiffsbautechnik

Als nach zwei Jahrhunderten die großen Machtkämpfe im west- und mitteleuropäischen Raum enden, bricht im 9. Jahrhundert von Skandinavien aus eine neue Gefahr über die abendländische Welt herein: Die Wikinger, auch Normannen genannt, versetzen Europa auf ihren schnellen Booten in Angst und Schrecken.

Nach ersten Überfällen auf angelsächsische Inseln gelten die Nordmänner zunächst nur als Piraten. Als es ihnen jedoch gelingt, kleine Reiche in Irland und Britannien einzurichten, müssen die europäischen Höfe erkennen, dass sie einem viel ambitionierterem Gegner gegenüberstehen. Bei ihren Überfällen gehen die Wikinger stets nach derselben wirkungsvollen Taktik vor: Sie tauchen von See kommend urplötzlich an den Küsten auf und überrennen Weiler, Dörfer, Städte und die mit Kirchenschätzen gefüllten Klöster. Bevor sich Gegenwehr formieren kann, ziehen die Nordmänner wieder ab. Auf diese Weise zieht sich im 9. Jahrhundert eine Spur der Verwüstung durch ungezählte Siedlungen, die in Küstennähe oder an Flüssen liegen. Zweimal stoßen sie auf der Seine bis nach Paris vor, der Rhein dient ihnen als Schifffahrtsweg für ihre Kaperfahrten, und in den folgenden Jahrhunderten dringen die Normannen bis nach Spanien, Italien und Nordafrika vor.

25 Mann Besatzung an Bord

Die gefürchteten Überraschungsangriffe der Wikinger können auch dank ihrer überlegenen Schiffsbautechnik erfolgen. Die sogenannten Drachenboote sind anderen Schiffen durch ihre Wendigkeit weit überlegen. Da sie nur einen geringen Tiefgang von etwa einem Meter haben, können sie direkt bis an die Küsten manövriert werden. Die Bauweise der Schiffe ist symmetrisch. Ihr Vordersteven entspricht dem Achtersteven. Somit ist es nicht notwendig, die Boote nach einem Überfall zu wenden, um wieder ablegen zu können. Die Größe der wikingischen Kriegsschiffe ist beachtlich. Drachenboote erreichen Längen von über 30 m und bieten etwa 25 Mann Besatzung Platz. Bei ungünstigen Windverhältnissen oder bei Flussfahrten kann auf die Ruder zurückgegriffen werden. Spezielle Ruderer gibt es nicht, die Krieger legen zur Fortbewegung selbst Hand an. Sie sitzen dabei auf schmalen Planken und können ihre Schilde in der Schiffswand befestigen, um sich vor Pfeilbeschuss zu schützen. Die Schiffe sind sehr niedrig gebaut, die

Die Drachenboote sind robust und vielseitig einsetzbar: Wikinger beim Schiffsbau (Darstellung auf dem Teppich von Bayeux, 11. Jh.).

Je nach Wetterlage können die Wikingerschiffe durch ein Segel oder Ruder angetrieben werden (Nachbau).

Schiffswand liegt nur knapp über dem Wasser. Da zudem keine Aufbauten existieren, ist das Deck und die Besatzung Sturm und Regen ausgesetzt.

Neben den Drachenbooten existieren noch zwei weitere wikingische Schiffstypen: kleine Fährschiffe und bauchige Handelsschiffe. Gerade Letztere treiben die wikingische Expansion neben den Drachenbooten voran.

Nordmänner auf Handelsfahrt

Der Handel mit anderen Regionen ist für die Nordleute lebenswichtig. Schon ihr Name deutet auf ihre ursprüngliche Intention hin. Wenn sie in See stechen, unternehmen sie eine »viking«, eine Handelsfahrt. Die kleineren und weniger wendigen Frachtschiffe der Wikinger verfügen über einen Stauraum, der in die Mitte des Decks eingelassen ist.

Kaum ein anderes Volk des frühen Mittelalters besitzt ein derart dezidiertes Wissen über den Schiffsbau wie die Wikinger. Der Kiel der Wasserfahrzeuge wird stets aus einem Stück gearbeitet. Aufgrund der Längen der Schiffe von über 30 m muss das Holz aus hohen Bäumen geschlagen werden. Die Stämme müssen zudem gerade gewachsen sein, da der Kiel andernfalls Verformungen aufweist. Diese Tatsache macht eine geplante Forstwirtschaft notwendig. Bäume müssen gesetzt und gepflegt werden, um die Materialien liefern zu können. An den Kiel setzt man Spanten und Steven an, sodass ein Schiffsskelett entsteht. Zuletzt werden in Klinkerbauweise die Planken montiert. Die Zwischenräume verstopft man mit einem Gemisch aus Hanf und Teer, der sogenannten Kalfaterung, die das Eindringen von Wasser verhindert.

863

Patriarch exkommuniziert den Papst

Papst Nikolaus I. erklärt den Patriarchen von Konstantinopel, Photios, für abgesetzt, weil seine Erhebung dem Kirchenrecht widerspreche. Mit dem Photianischen Schisma werden die Gegensätze sichtbar, die schon seit Jahrhunderten das Verhältnis von West- und Ostkirche überschatten. Photios, der 858 zum Nachfolger des Patriarchen Ignatius ernannt wurde und einer der bedeutendsten byzantinischen Theologen ist, erklärt seinerseits 867 den Papst für exkommuniziert. 869 wird zur Schlichtung ein Konzil in Konstantinopel einberufen, das die Absetzung von Photios bestätigt. Der Papst hat damit sein Ziel, mehr Macht über die Ostkirche zu erhalten, erreicht.

863

Mission der Slawenapostel

Die Mönche Kyrillos und Methodios werden vom byzantinischen Kaiser Michael III. mit der Missionierung Großmährens beauftragt. Die Christianisierung der Slawen steht am Beginn einer eigenständigen Kultur in Osteuropa.

Der slawische Fürst und Herrscher Großmährens, Rastislaw, hatte Konstantinopel im Jahr 860 um Unterstützung bei der Missionierung seines Reichs gebeten. Rastislaws Beweggründe waren politischer Natur. Bislang ging die Bekehrung der Slawen von der römisch-katholischen Kirche aus, die in enger Verbindung mit dem Karolingerreich steht. Die Missionare trugen die fränkische Kultur nach Großmähren, und die slawische Bevölkerung wurde über den Glauben zusehends latinisiert. Um dieser Entwicklung Einhalt zu gebieten, verlangt Rastislaw nun Geistliche, die der slawischen Sprache mächtig sind und der orthodoxen Lehre anhängen. Die Reisen Kyrillos' und Methodios' sind von großem Erfolg gekrönt. Da die Missionare aus Makedonien stammen und in der Nachbarschaft slawischer Bevölkerungsgruppen aufgewachsen sind, können sie die Slawen in deren Muttersprache bekehren. Noch bevor sie mährisches Gebiet betreten, erarbeiten sie ein Alphabet für die noch schriftlose Sprache. Bis heute trägt die »glagolitische Schrift«, eine Vorform der in Russland und Südosteuropa verwendeten Schrift, den Namen des jüngeren der beiden Missionsbrüder: kyrillisch. Kyrillos und Methodios übersetzen die Bibel und die Gottesdienstliturgie, die sich in der neuen Schrift rasch verbreiten.

Als die beiden Brüder 863 in Großmähren ihre Arbeit aufnehmen, geraten sie nach den ersten Erfolgen rasch in die Streitigkeiten zwischen Rom

860: Auf Java entsteht das Hindureich von Majapahit, das im 13. Jahrhundert zur Vormacht über Indonesien aufsteigt.

Erstmals erreichen die Wikinger Island. Vor ihnen waren bereits irische Mönche auf die Insel gekommen. Die wikingische Landnahme Islands findet jedoch erst zehn Jahre später statt.

862: Erstmals greifen die Magyaren, die aus der Ukraine verdrängt werden, fränkisches Gebiet an.

Das Evangeliar der Königin Mlke von Waspurakan entsteht. Das Werk ist eines der bedeutendsten Zeugnisse armenischer Buchkunst.

Der russische Ort Rostow findet erstmals urkundliche Erwähnung. Er steigt im 10. Jh. zu einem bedeutenden Fürstensitz auf.

und Byzanz, die beide die neu missionierten Gebiete der Slawen für sich beanspruchen. Die bayerischen Bischöfe betrachten die griechischen Missionare als Eindringlinge, das Slawische könne – im Gegensatz zum Hebräischen, Griechischen oder Lateinischen – keine gottesdienstliche Sprache sein. Dennoch reisen Kyrillos und Methodios drei Jahre lang durch Großmähren. Obwohl Rom die Slawenmission weiterhin kritisiert, kann es die Mönche nicht von ihrem Tun abhalten, da sie unter dem Schutz des byzantinischen Kaisers stehen.

867 muss Papst Hadrian II. die Bekehrungsarbeit in Großmähren anerkennen. Die beiden Missionare leben mittlerweile in einem griechischen Kloster in Rom, wo der schwer erkrankte Kyrillos 869 stirbt. Methodios wird im selben Jahr zum Erzbischof von Pannonien ernannt und führt das Werk fort. Von den bayerischen Bischöfen wird Methodios ohne Rücksicht auf seine Stellung als päpstlicher Legat 870 abgesetzt und zu drei Jahren Klosterhaft verurteilt. Zwar erreicht Papst Johannes VIII. drei Jahre später die Freilassung des von ihm eingesetzten Bischofs, doch wird die slawische Liturgie untersagt. Die Brüder werden nach ihrem Tod als Slawenapostel verehrt, die durch ihre erfolgreiche Missionierung den Grundstein für die Bildung national-orthodoxer Kirchen im Osten gelegt haben. Durch die Arbeit der beiden Missionare festigt sich auch die Herrschaft der großmährischen Fürsten. Nach Rastislaws Tod gelangt im Jahr 870 Svatopluk an die Macht. Er kann das Reich zu seiner größten Ausdehnung führen und dringt bis zum heutigen Magdeburg und Krakau vor.

Kyrillos und Methodios entwickeln eine eigene slawische Schrift und missionieren den Osten (Ikone, Veliko Tarnovo/Bulgarien, 19. Jh.).

24. September 867

Kaisermord in Byzanz

Der byzantinische Mitregent Basileios I. ermordet seinen Gönner Kaiser Michael III. nach einem Festgelage im Schlaf. Als neuer Kaiser begründet er die makedonische Dynastie, die Byzanz zur Blüte führt. In der Folgezeit entwickelt sich das Kaiserreich zur stärksten Macht im Orient.

Byzanz findet wieder zur alten Stärke zurück. Basileios feiert militärische Siege gegen die Araber, die das Reich durch ihre Attacken geschwächt hatten. Damit einher geht ein kultureller Aufschwung, der sich insbesondere in der Sakralarchitektur niederschlägt. Das griechische Kreuz wird zum Grundriss der Kirchen im Reich. Dieser klassische Typus der byzantinischen Kathedrale bleibt bis ins 13. Jahrhundert verbreitet. Um 880 lässt Basileios die Theodorakirche in Konstantinopel errichten. Das Gotteshaus steht mit seiner eleganten Architektur im Kontrast zu den sonst eher wuchtigen Sakralbauten und wird oft kopiert.

Die Herrschaft des Basileios dauert 19 Jahre. Er stirbt 886 an einem Fieber, das er sich nach einem schweren Jagdunfall zuzieht: Bei der Jagd verfängt er sich mit seinem Gürtel im Geweih eines Hirschs und wird vom Pferd gezogen. Sein Diener kann ihn mit einem Messer losschneiden. Basileios vermutet jedoch, dass der Diener ihn ermorden wollte und lässt ihn hinrichten.

Basileios I. kniet vor Christus. Der Kaiser leitet eine Blütezeit des Byzantinischen Reichs ein (Mosaik in der Hagia Sophia, Konstantinopel).

868

Erstes gedrucktes Buch erscheint

In China wird erstmals auf der Welt ein Buch gedruckt. Es handelt sich um das »Diamantsutra«, ein buddhistisches Sutra mit Illustrationen.

Der Buchdruck im Reich der Mitte geht auf den Druck von Holzstichen im 5. Jahrhundert zurück. Ein Text aus der »Geschichte der Sui« um 600 sagt dazu Folgendes: »Außerdem fertigen sie [die Priester] mit Holz Abbilder, auf denen sie Sternbilder, die Sonne und den Mond gravieren. Während sie den Atem einhalten, ... drucken sie [sie] ab.«

Das Bedürfnis, Bücher zu drucken, kommt in China im Verlauf des 9. Jahrhunderts auf. Es führt schließlich zur Entwicklung eines Druckverfahrens mit Druckstöcken. In der Tang-Zeit entzünden sich gelehrte Dispute an der Frage der Authentizität alter Texte. Man beschließt, die als richtig erkannten Fassungen in Stein zu gravieren. Ab dem Jahr 837 entstanden derartige gemeißelte Aufzeichnungen. Dem bekannten Holzdruck folgend, werden in späterer Zeit auch steinerne Druckplatten in Spiegelschrift gefertigt, um die kulturell bedeutenden Schriften vervielfältigen und als Volksdrucke verbreiten zu können. Das erwähnte Sutra ist mit Abstand das früheste Werk dieser Art. Zu einer ersten Buchdruckblüte kommt es erst im 10. Jahrhundert.

868: Ahmad Ibn Tulun, bisher Stellvertreter des Statthalters des Kalifen, schwingt sich am Nil zum selbstständigen Herrscher auf und löst Ägypten faktisch vom Kalifat (Herrschaft der Tuluniden).

869: Das orthodoxe Katharinenkloster am Berg Djebel Musa auf der Sinai-Halbinsel wird erstmals als Bischofssitz bezeugt.

Wikingerheere dringen erstmals über die Themse nach Südengland vor. Große Teile Nordenglands werden bereits von ihnen kontrolliert.

9. August 870

Lotharingien fällt an Nachbarreiche

Der Vertrag von Mersen (in der Nähe des heutigen Maastricht, Niederlande) teilt die Erbschaft Kaiser Lothars II. Dieser war ein Jahr zuvor, im August 869, wegen seines Ehestreits nach Rom zu Papst Hadrian II. gereist und auf der Rückreise gestorben. Der Vertrag von Mersen ist für die spätere politische Entwicklung Frankreichs und Deutschlands von großer Bedeutung. Der westfränkische König Karl der Kahle und der ostfränkische König Ludwig der Deutsche übernehmen Lothars ehemaliges Herrschaftsgebiet Lotharingien. Ludwig II., der Bruder des Verstorbenen, geht bei der Aufteilung leer aus. Sein Königreich Italien bleibt in den alten Grenzen bestehen. Das ostfränkische Reich umfasst nun Thüringen, Sachsen, Bayern, Alemannien und Friesland. Seine Westgrenze entspricht über weite Strecken der des modernen deutschen Staates. Zum Westfrankenreich gehören neben Burgund noch Aquitanien und Septimanien. Mit Ausnahme der Bretagne erstreckt es sich über das Gebiet des heutigen Frankreichs mit Teilen der Beneluxstaaten, der Schweiz und Österreichs.

872

Byzanz bekämpft die Paulikianer

Byzantinische Truppen besiegen die Paulikianer und vertreiben sie nach Thrakien. Die gnostisch geprägte Religionsgemeinschaft entstand um 650 und übernahm die Lehre des Kirchengründers Marcion. Die Sekte stammt ursprünglich aus Armenien. Während der vergangenen Jahrzehnte wuchs der Einfluss der Paulikianer derartig, dass sie eine ernste Bedrohung für das Patriarchat in Konstantinopel wurden.

874: Chinesische Kaufleute segeln nach Japan und etablieren eine feste Handelsroute zwischen den asiatischen Reichen.

Norwegische Wikinger gründen auf Island die heutige Hauptstadt Reykjavík. Die wikingische Besiedlung Islands gilt als letzte große Landnahme des frühen Mittelalters.

875: Der norwegische Wikinger Gunnbjørn entdeckt Grönland. Ab 982 wird die Insel unter Erik dem Roten besiedelt.

Um 872

Ein König für ganz Norwegen

Harald Schönhaar zerschneidet die Fesseln des Riesen Dofri, der nach der Legende sein Pflegevater wird (Buchminiatur, um 1387).

Der wikingische Adlige Harald Schönhaar (Haarfagri) vernichtet in der Schlacht am Hafrsfjord seine letzten Widersacher. Danach krönt er sich selbst zum ersten König Norwegens. Harald ist ein Nachkomme der Ynglinger, eines alten schwedischen Königsgeschlechts. Nachdem er Aufstände gegen seine Herrschaft in Uppland niederschlagen konnte, war es ihm gelungen, weite Teile Westskandinaviens zu vereinen. Mit dem Sieg am Hafrsfjord erreicht Harald sein Ziel, ein eigenständiges, großes Königreich zu schaffen.

Seine Eroberungszüge und die hohe Besteuerung führen

aber zur Flucht vieler Wikingerhäuptlinge aus dem Land. Dadurch erhalten die dänischen Reiche auf den Britischen Inseln großen Zulauf. Auch die Besiedlung Islands fällt in die Regierungszeit Harald Schönhaars und ist vermutlich auf diesen Auswanderungsstrom zurückzuführen. Die wirtschaftliche Macht des neuen Königreichs wird durch den Schiffshandel der Wikinger gesichert. Harald selbst regiert nur in seiner Heimat, im Südwesten des Reichs. In den übrigen Regionen herrschen Häuptlinge unter seiner Oberhoheit. Dieses administrative System von Provinzregierungen ermöglicht und festigt die Herrschaft des Königs über ein weites Territorium.

Um 875

Kerzenuhr zählt die Stunden

Der angelsächsische König Alfred der Große bedient sich einer Kerzenuhr zur Zeitmessung. Um dem Zeitablauf exakt folgen zu können, gibt es im 9. Jahrhundert bereits verschiedene Möglichkeiten.

Sonnenuhren gelten als das älteste bekannte System zur Zeitmessung. Sie sind jedoch witterungsabhängig und somit nur begrenzt einsetzbar. Das gleiche gilt auch für die seit dem Jahr 422 v. Chr. bekannten Wasser-Auflaufuhren. Im Norden Europas lässt das raue Klima das Wasser oft gefrieren. Benediktiner konstruieren deshalb die Kerzenuhr für die kalte Jahreszeit, weil sie genaue Zeitangaben für ihre Gebetsperioden benötigen. Die Kerzen weisen in regelmäßigen Abständen Markierungen auf. Da Kerzenuhren nach dem Abbrennen sofort ersetzt werden müssen, ist eine Nachtwache für ihren Betrieb unerlässlich.

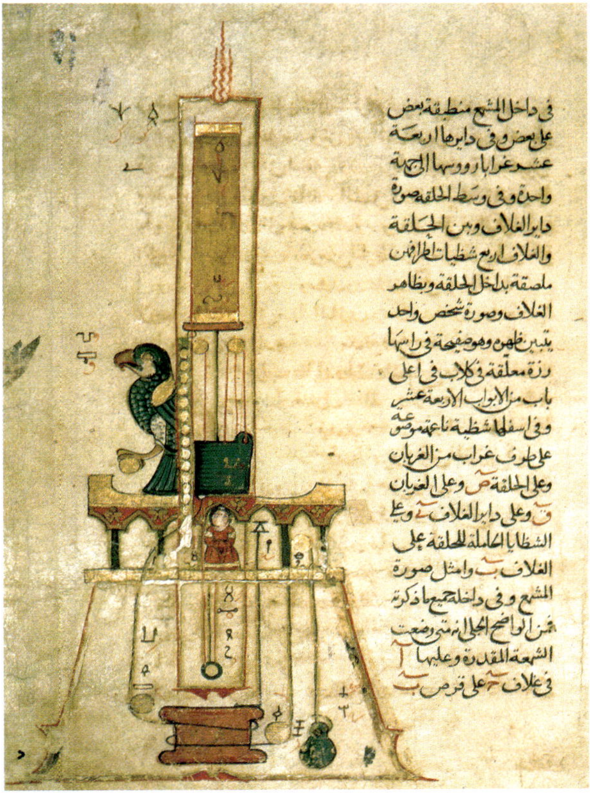

Kerzenuhr aus dem Orient: An der Kerze sind Gewichte befestigt, die beim Abbrennen herunterfallen und einen Mechanismus auslösen, der stündlich eine andere Figur zeigt (Illustration aus dem Automatenbuch des Al Jaziri, 12. Jh.).

875
Aufstieg der Samaniden

Der Samanide Nasr wird Gouverneur von Transoxanien. Unter seiner Herrschaft beginnt der Aufstieg des Gebietes um Buchara und Samarkand. Die Samaniden lösen sich von der Oberherrschaft der Kalifen und errichten ein halbautonomes Reich im Iran. Der Aufstieg der Samaniden ist der Beginn einer eigenständigen iranisch-islamischen Kultur.

28. Juni 876
Teilung von Ostfranken

Nach dem Tod des ostfränkischen Königs Ludwig des Deutschen wird sein Reich unter seinen Söhnen aufgeteilt. König Karlmann, der bisherige Beherrscher der Ostmark, erhält Bayern und die südöstlichen Marken, Ludwig der Jüngere bekommt Mainfranken, Thüringen und Sachsen, Karl der Dicke herrscht fortan über Alemannien.

878
Wessex drängt Dänen zurück

Alfred, der König von Wessex, besiegt in der Schlacht von Ehtandun (Edington) die Dänen. Nach mehreren Niederlagen gegen die aufstrebenden Nordmänner können die Angelsachsen endlich einen wichtigen Sieg verbuchen, der die Britischen Inseln vor der vollständigen Eroberung durch die Wikinger bewahrt.

Die angelsächsischen Reiche waren durch die Einfälle der Dänen zusehends erschüttert worden. York (Jorvik) fiel 867 in dänische Hand. Northumbria hatte ebenfalls seine Eigenständigkeit an die Normannen verloren. Das mächtige Mercia – seit Jahrzehnten Konkurrent von Wessex im Ringen um die Vorherrschaft in Britannien – war 870 von den Wikingern überrannt worden. Damit standen die Dänen direkt an der Grenze zu Wessex, wo im folgenden Jahr, nach dem Tod seiner älteren Brüder, Alfred auf den Thron kam. Verzweifelt bemühte er sich, der wikingischen Bedrohung Herr zu werden, wurde aber wiederholt geschlagen. Nach der Niederlage bei Wilton gab Alfred den Widerstand zunächst auf und schloss einen Waffenstillstand mit den Dänen. Nach fünf Jahren Frieden griffen die Wikinger jedoch 877 erneut zu den Waffen. König Alfred harrte in seiner Festung in Somerset aus und sammelte unbemerkt ein großes Heer, mit dem er den Wikingern sieben Wochen nach Ostern entgegentrat.

Mit dem Sieg bei Edington ist die Gefahr für Wessex zwar nicht gebannt, aber der Normannenherzog Guthrum erklärt sich zu Verhandlungen bereit. Im Frieden von Wedmore erkennen sich die Herrscher gegenseitig Gebiete zu. Die Dänen erhalten das Siedlungsgebiet nördlich der Linie Chester–London, das fortan

14.6.877: Kaiser Karl der Kahle erlässt das »Capitulare Carisiacense«: Vasallen erhalten darin Zugeständnisse hinsichtlich der Erblichkeit ihrer Lehen.

878: Die Reliquien der heiligen Eulalia werden aus dem spanischen Mérida ins westfränkische Reich überführt. Anlässlich dieses Ereignisses entsteht ein Loblied auf die Märtyrerin – das erste Zeugnis der französischen Literatur.

Danelagh genannt wird. Es umfasst die späteren Grafschaften Leicestershire, Lincolnshire, Nottinghamshire und Yorkshire – die dichtest besiedelten Regionen der Britischen Inseln. Guthrum zieht aus der Niederlage von Edington auch persönliche Konsequenzen und lässt sich taufen. Alfred beansprucht neben Wessex die Reiche Sussex und Kent sowie einen geringen Teil Mercias für sich. Die neu hinzugewonnenen Gebiete werden Wessex als Shires (Verwaltungsbezirke, die einem Grafen unterstehen) angegliedert und verlieren damit ihre Unabhängigkeit. Obwohl nur ein Drittel der angelsächsischen Reiche von den Wikingern unbesetzt bleibt, ist die Zusammenlegung der südlichen Territorien ein Grundstein der angelsächsischen Monarchie.

Alfred ahnt, dass der Frieden brüchig ist, und bereitet sein Reich auf weitere Kämpfe mit den Wikingern vor. Um den seekriegstüchtigen Dänen wirkungsvoller entgegentreten zu können, lässt der König die Flotte ausbauen. Da die Wikingerschiffe nur als Landungsboote taugen, konzentriert sich Alfred auf den Bau von Kriegsschiffen, die den Feind angreifen können, bevor er die Küste erreicht hat. Im angelsächsischen Süden errichtet die Bevölkerung Befestigungsanlagen. Rückgrat der Heeresreform wird das Fyrd, das Volksaufgebot. Bislang war es die Pflicht aller wehrfähigen Männer von Wessex, zur gleichen Zeit einen dreimonatigen Militärdienst abzuleisten. Um die Zeit der Wehrfähigkeit des Landes zu verlängern, teilt Alfred das wehrpflichtige Volk in zwei Gruppen, von denen jeweils ein Kontingent für drei Monate zur Verteidigung des Landes abgestellt wird.

Obwohl sich Dänen und Angelsachsen als Feinde gegenüberstehen, treiben sie dennoch regen Handel miteinander. Durch den intensiven Warenaustausch gelangen auch dänische Kultureinflüsse in die angelsächsischen Reiche.

Alfred der Große verteidigt die Unabhängigkeit von Wessex, von wo aus die Rückeroberung Englands gegen die Dänen betrieben werden kann (Buchmalerei, 14. Jh.).

880

Glasmalerei auf Kirchenfenstern

Um 880: Im indischen Bhubaneswar entsteht der Tempel von Brahmeswara. Das gigantische Heiligtum besteht aus zwei miteinander verbundenen Gebäuden. Der kleinere Komplex dient als Versammlungshalle für die Gläubigen. Der größere Bau stellt das Allerheiligste dar. Innen und außen sind die Gebäude mit reicher Steinmetzarbeit verziert.

Erstmals findet die Kunst der Glasmalerei eine schriftliche Erwähnung. Ratpert, ein Mönch im Kloster von Sankt Gallen, erwähnt das neue, vermutlich aus der Schweiz stammende Dekorationshandwerk in einem Gedicht. Darin beschreibt er die prächtigen Fenster der 875 errichteten Fraumünsterkirche in Zürich. Das Glas ist nach den Angaben von Ratpert nicht aus farbig geblasenen Stücken zusammengesetzt, sondern dient als Oberfläche für eine Bemalung. Bunte Kirchenfenster sind bereits seit dem frühen 5. Jahrhundert belegt. Der Dichter Aurelius Prudentius Clemens verglich beispielsweise um 405 die Bogenfenster der Paulskirche in Rom mit Wiesen voller Frühlingsblumen. Diese bunten Fenster sind jedoch aus verschiedenfarbig hergestellten Teilen zusammengefügt.

880

Im Spätherbst der Tang-Dynastie

Ein Volksaufstand erschüttert das chinesische Herrscherhaus. Im Verlauf der Auseinandersetzungen muss der Kaiser fliehen. Nach drei Jahrhunderten neigt sich die Herrschaft der Tang ihrem Ende entgegen.

Nach knapp 300 Jahren neigt sich die Herrschaft der Tang ihrem Ende entgegen: Tonstatuette eines Kamels mit einem Reiter aus der Tang-Zeit (618–906).

China wurde während der Tangherrschaft zu einem weltoffenen Staat. Trotzdem war das Reich innenpolitisch wiederholt von schweren Auseinandersetzungen gekennzeichnet. Der Adel bekämpfte die reiche Beamtenschaft und die regionalen Führer wurden durch Landhäufungen immer reicher. Die Provinzgouverneure sicherten sich enormen Machtzuwachs.

Im Verlauf des 8. Jahrhunderts nahmen die Probleme in dem kulturell hoch stehenden Reich immer mehr zu. Im Westen von China berennen die Araber die Grenzen, während gleichzeitig im Osten Tibeter und zentralasiatische Stämme ins Land eindringen. Das Volk lebt im Elend. Als die Gouverneure der Außenbezirke sich von der Zentralregierung lösen, ist der Niedergang der Tangherrschaft nicht mehr aufzuhalten.

882

Warägerfürst erobert Kiew

Der Warägerfürst Oleg vereint die Fürstentümer Nowgorod und Kiew. Mit diesem Akt beginnt das erste Kapitel der langen Geschichte Russlands.

Nach dem Tod des Fürsten Rurik hatte Oleg die Herrschaft über Nowgorod, ein Fürstentum schwedischer Wikinger – Rus genannt –, übernommen. Im Zuge einer äußerst expansionistischen Politik errang Oleg schließlich die Herrschaft über Smolensk und machte Kiew zur Hauptstadt seines neuen Reichs. Die Stadt ist der geografische Mittelpunkt eines ausgedehnten Gebiets, das zwischen der Ostsee und dem Byzantinischen Reich liegt. Innerhalb ihres großen Herrschaftsbereichs, des künftigen Russlands, kontrollieren die Rus den gesamten Handel, der vornehmlich über Binnengewässer abgewickelt wird. Nowgorod, ursprünglich die Keimzelle des Warägerreichs, wird künftig von einem Statthalter verwaltet.

Oleg unterwirft in den folgenden Jahren die slawischen und finnischen Stämme im Osten und Westen und behauptet sich als unangefochtener Herrscher. Die neuen Fürstentümer entwickeln sich aus sogenannten Gorods, festungsartigen Anlagen, die ursprünglich als Warenmagazine dienten. Im Innern der Festungswälle entstehen kleine städtische Zentren. Ein Feldzug gegen Konstantinopel im Jahr 911 bringt Oleg hohe Tributzahlungen ein. Außerdem schließt der Fürst mit dem Byzantinischen Reich einen Handelsvertrag ab, der den Warägern zu mehr Wirtschaftskraft verhilft und eine neue Handelsroute zwischen der Ostsee und der arabischen Welt begründet.

Runen-Gedenkstein aus der Zeit der Waräger, die im 9. Jh. von Skandinavien aus das spätere Russland besiedeln

885/86

Wikinger stehen vor Paris

Auf der Seine tauchen die Drachenboote der Wikinger auf. Ziel der Nordmänner ist Paris, das den Invasoren 40 Jahre zuvor schon einmal zum Opfer gefallen war. Im Bemühen, die Seinestadt zu retten, schickt Kaiser Karl der Dicke den Wikingern zunächst eine große Streitmacht entgegen, kann sich jedoch nicht zum offenen Kampf entschließen. Die Heere belagern sich monatelang. Erst als der Winter hereinbricht, suchen die Kontrahenten eine Einigung. Karl kauft die Stadt frei und gesteht den Wikingern Plünderungen jenseits der Seine in Burgund zu. Dieses Zugeständnis an den Feind führt 887 zu seiner Absetzung.

Die Wikinger sind Ende des 9. Jahrhunderts das Schreckgespenst Westeuropas. 844 fiel Sevilla in die Hand der Normannen, ein Jahr später brannten sie die Hammaburg (Hamburg) nieder, 856 ging die Stadt Tours in Flammen auf. Auch entlang des Rheinufers vernichteten die Nordmänner 882 zahlreiche Ortschaften und Städte. Seit der Tributzahlung von Paris sehen die Eindringlinge jedoch von der Vernichtung ihrer Angriffsziele ab.

Die Nordmänner überfallen Westfranken: Drachenboot der Wikinger (angelsächsische Buchmalerei, British Library, London, 11. Jh.).

11. November 887

Karl III. büßt die Krone ein

Auf dem Reichstag zu Tribur wird Kaiser Karl III., der Dicke, von den ostfränkischen Fürsten entmachtet. Der gesundheitlich stark angeschlagene Kaiser hatte sich als unfähig erwiesen, die Überfälle der Sarazenen, Slawen und Wikinger auf das Reich abzuwehren.

Karl war im Jahr 881 als erster Ostfranke von Papst Johannes VIII. zum Kaiser gekrönt worden. Der Papst erwartete als Gegenleistung Hilfe gegen die Angriffe der Sarazenen, wurde aber von Karl nicht unterstützt. 884 gelang es Karl nach dem Tod König Karlmanns von Westfranken, die beiden großen Reichsteile noch einmal zu vereinigen. Als der Kaiser den Wikingereinfall in Paris trotz deutlicher Überlegenheit nur gegen ein Lösegeld abwehren kann, entzieht ihm die Aristokratie ihre Unterstützung. Karl hatte das Wikingerheer vor Paris schon eingeschlossen, nutzte aber diesen Vorteil militärisch nicht aus. Seine hohen Lösegeldzahlungen und seine Eingeständnisse zum Abzug der eigenen Truppen wurden von der Bevölkerung als Verrat und Feigheit betrachtet. Sein Neffe Arnulf von Kärnten, Sohn Karlmanns, folgt Karl III. schließlich auf den ostfränkischen Thron. Mit dem Machtverlust Kaiser Karls III. beginnt die endgültige Auflösung des karolingischen Großreichs.

885: Der indische König Aparjita von Palawa fällt in einer Schlacht gegen die aufstrebende Chola-Dynastie. Mit ihm endet die 300-jährige Geschichte des Reichs von Palawas, dessen Vormachtstellung in Südindien nun von Chola (auch Tscholareich) übernommen wird. Die Chola-Herrscher machen Madras zu ihrer Hauptstadt.

888: Berengar, der Markgraf von Friaul, wird König in Italien. Obwohl er ein Enkel des Karolingers Ludwig I. ist, etabliert er ein eigenständiges lombardisches Königreich.

888

Burgund fällt in der Hand der Welfen

Rudolf I., der Sohn des Grafen Konrad von Auxerre, wird in Saint-Maurice (Schweiz) zum anerkannten König von Hochburgund gekrönt und begründet damit die Geschichte des welfischen Burgunderreichs. Die Herrschaft über das Gebiet zwischen Jura und den Penninischen Alpen, über die sogenannten transjuranischen Länder, war durch die Absetzung des führungsschwachen Kaisers Karl III., des Dicken, vakant geworden. Rudolfs Vater Konrad hatte sich als Gefolgsmann von Lothar II. von Lotharingien östlich des Juras niedergelassen und als erster Anspruch auf Hochburgund erhoben. Konrad wurde zum Stammvater der burgundischen Linie der Welfen.

Nur wenige Wochen nach seiner Krönung in Saint-Maurice lässt sich Rudolf I. im Frühjahr 888 in Toul zum König krönen, was seinen Anspruch auf Lotharingien bekräftigen soll. Seine Königsherrschaft in Lotharingien ist aber nicht von langer Dauer. Bereits im Oktober wird Rudolf von dem ostfränkischen Karolinger Arnulf von Kärnten gezwungen, Lotharingien wieder abzutreten.

889

Angkor wird zur Metropole des Khmerreichs

König Jashovarman I. lässt im kambodschanischen Angkor den Bayontempel errichten und etabliert die Stadt endgültig als Zentrum des Khmerreichs. Angkor wird zu einer der größten Städte der Welt.

Ideale Lage

Die Pläne für die Anlage der kolossalen Stadt gehen auf Jashovarmans Vorgänger, Indravarman I., zurück. Bereits unter seiner Herrschaft hatte sich das Reich der Khmer erheblich ausgedehnt. Die Stadt Angkor entsteht rd. 20 km von der Hauptstadt Hariharayala entfernt. Indravarman hatte bei der Suche nach einem geeigneten Platz für die neue Stadt die Vorzüge des Geländes erkannt: Die Ebene verfügt über große Wasserressourcen und bietet der Landwirtschaft fruchtbaren Boden. Um die Stadt vor den häufig auftretenden Überschwemmungen zu schützen, ließ der Herrscher ein komplexes System künstlicher Seen und Kanäle anlegen, mit denen die Bewässerung gut

In der Mitte der mächtigen Sakralanlage von Angkor Vat erhebt sich der Haupttempel in Form einer terrassenförmigen Pyramide.

kontrolliert werden konnte. Die gewaltige Stadt wird von einer Einfriedung umgeben, die ein gewaltiger mythologischer Fries ziert. Wie die Mauer sind auch alle Tempel in Angkor verschwenderisch mit Plastiken ausgeschmückt.

Bislang waren alle Khmerherrscher darauf bedacht, ihre Residenzen an oder auf Geländeerhebungen zu errichten. Ihrem Glauben nach sind die Berge Sitz der – mit den Königen verwandten – Götter. Angkor liegt jedoch in einer Ebene. Um dennoch ihren gottgleichen Herrschaftsanspruch sichtbar zu machen, lassen die Khmerkönige über Jahrhunderte monumentale Tempel in der Stadt errichten, die wie Berge über die übrigen Gebäude hinausragen. Die kosmologische Bedeutung der Gotteshäuser wird an den sie krönenden Schreinen deutlich. Diese sind gleichermaßen mit Bildern der Götter und der Könige samt Familie versehen.

Apsaras, nymphenähnliche Halbgöttinnen der Khmer-Mythologie, sind Teil der Reliefs, die von der Geschichte der Khmer erzählen. Sie unterweisen die Menschen in der Kunst des Tanzes.

Erbaut für die Ewigkeit

Der Bakongtempel von 881 markiert den Beginn einer neuen sakralen Bautätigkeit der Khmer. Das Gotteshaus, noch in der alten Hauptstadt errichtet, entsteht in der erstmals praktizierten Steinbauweise, die bald die Ziegelbautechnik verdrängen wird. Die Tempel werden für die Ewigkeit gebaut: Als Baumaterial kommen Sandstein und Laterit zum Einsatz, während die Häuser der Menschen Holzbauten sind.

Nach seinem Regierungsantritt führt Jashovarman I. die Architektur seiner Vorgänger zur Perfektion. Er erhebt Angkor zur Residenz. In der Mitte der Stadt wird der Zentraltempel errichtet, der die Mitte des Reichs symbolisiert. Etwa 100 Jahre später leben eine Million Menschen in Angkor. Berühmt wird die Stadt vor allem durch die riesige Tempelanlage Angkor Vat aus dem 12. Jahrhundert. Im insgesamt etwa 1000 km^2 großen Gebiet von Angkor entsteht in den einzelnen Herrscherperioden eine Fülle von Tempeln, von denen heuten noch 72 Bauwerke erhalten sind.

891

Franken besiegen Wikinger

Der ostfränkische König Arnulf von Kärnten erringt einen historischen Sieg über die Wikinger. Bei Leuwen an der Dyle gelingt es Arnulfs Truppen, die Normannen in den Fluss zu treiben. Die skandinavische Gefahr für das Ostfrankenreich ist damit gebannt. Arnulfs Aufstieg zum letzten Kaiser des karolingischen Geschlechts beginnt.

Nach dem Tod Ludwigs des Deutschen 876 erhielt Arnulf von seinem Vater Karlmann die Markgrafschaften Kärnten und Pannonien. Das ungarische Gebiet war erst kurz zuvor deutsch besiedelt worden. Im Frühjahr 882 huldigte Arnulf gemeinsam mit dem bayerischen Adel Karl III., dem Dicken, der als Kaiser die großen Reichsteile Ost- und Westfranken noch einmal vereinen konnte. Als Karl 887 wegen Unfähigkeit entmachtet wurde, wählte die Aristokratie Arnulf zum König des Ostfrankenreichs. Das gesamte Frankenreich bestand zu dieser Zeit aus fünf Herrschaftsgebilden: aus dem westfränkischen Reich, dem ostfränkischen Reich, dem welfischen Königreich Hochburgund, dem Königreich Niederburgund sowie dem Königreich Italien. Arnulf

Arnulf von Kärnten ist der erste Kaiser, der sich nicht um die Zusammenführung der einzelnen Reichsteile bemüht hat, um das Weltreich Karls des Großen wiederherzustellen (Miniatur, 1. Viertel des 11. Jh.).

erkannte alle Nebenkönige an, verzichtete aber vom Anspruch her nicht auf die Oberhoheit im Gesamtreich.

Nach dem Sieg über die Wikinger zieht Arnulf 892 gegen seinen Erzfeind, den Mährerfürsten Svatopluk. Bereits 883 und 884 war es zwischen den Herrschern zu schweren Kämpfen gekommen, als die Slawen die Pannonische Mark der Franken verwüsteten. Arnulf war 884 von Kaiser Karl gezwungen worden, einem Frieden mit Svatopluks großmährischem Reich zuzustimmen. Als Svatopluk ihm nun den Vasalleneid verweigert, zieht Arnulf mit einem Heer aus Franken, Bayern, Alemannen und Ungarn nach Mähren. Trotz des enormen Aufgebots wird die Strafexpedition in den Osten ein Misserfolg. Erst nach Svatopluks Tod im Herbst 894 schließen Mährer und Bayern Frieden. Ein Jahr später unterwerfen sich Arnulf auch die böhmischen Könige.

Zweimal führt Arnulf ein Heer nach Italien. Zunächst, weil sich der Langobardenkönig Guido von Spoleto 891 von Papst Stephan V. zum Kaiser krönen ließ. Dann erobert Arnulf 894 die Lombardei und entreißt sie dem unrechtmäßigen Kaiser. 896 nimmt er Rom ein. Dort lässt er sich von Papst Formosus zum Kaiser krönen. Obwohl er nach einem Schlaganfall gelähmt ist, regiert er sein Reich drei Jahre lang vom Krankenbett aus. Als Arnulf 899 stirbt, hinterlässt er ein gefestigtes Königtum. Die Idee von der Reichseinheit geht hingegen verloren.

892: Kalif Al Mutadid verlegt den Hauptstadtsitz des Reichs nach Bagdad zurück. Seit 836 war Samarra Residenzstadt der Kalifen.

894: Der angelsächsische König Anarawd von Gwynedd flüchtet sich zu König Alfred dem Großen, als sein Reich von den Wikingern verwüstet wird. Er bittet Alfred um Hilfe und unterwirft sich dessen Herrschaft. König Alfred nutzt die Situation und zwingt Anarawd dazu, sich zum Christentum zu bekehren.

896: Das »Georgslied« entsteht, eine der ältesten erhaltenen deutschen Legendendichtungen.

894

Bulgaren gegen Byzanz

Simeon I., der Große, seit 893 Khan der Bulgaren, siegt über ein byzantinisches Heer. Simeon wird der bedeutendste Fürst des ersten bulgarischen Reichs. Der byzantinische Kaiser Leon VI. ruft die Ungarn gegen Simeon zu Hilfe, der daraufhin ein Bündnis mit den Petschenegen eingeht. Nach einem neuerlichen Sieg der Bulgaren 896 wird das Byzantinische Reich tributpflichtig. Während seiner Herrschaft kann Simeon I. die Bulgaren zu einem festen Reichsverband vereinen.

896

Landnahme der Magyaren

Die Magyaren dringen unter ihrem Führer Árpád in das Pannonische Becken vor. Durch eine der letzten Landnahmen des Mittelalters beginnt die Geschichte Ungarns. Die Magyaren lebten im Wolgagebiet und dienten als Hilfstruppen im byzantinischen Heer. Um Konstantinopel zu schwächen, hetzte der Bulgarenkhan Simeon die Petschenegen gegen die Magyaren auf und veranlasste diese zur Flucht. Der lombardische König Berengar I. unterliegt den Magyaren 899.

4. April 896

»Dunkles Zeitalter« – die Schwäche des Papsttums

Nach dem Tod von Papst Formosus stürzt das Papsttum in eine zwei Menschenalter währende dunkle Geschichte, deren Grundzüge durch Machtkämpfe, politische Intrigen und Verbrechen bestimmt werden.

Spielball des Adels

Die Art und Weise, wie Formosus' Nachfolger Stephan VI. – nach einem zweiwöchigen Intermezzo von Bonifatius VI. – sein Amt antritt, offenbart sowohl die tiefe Zerrissenheit der politischen Situation in Rom als auch die Kraftlosigkeit der vormals so eindrucksvollen religiösen Autorität des Papsttums. Stephan VI. lässt den Leichnam seines Vorgängers aus dem Grab reißen und hält ein Totengericht, das Formosus nachträglich für abgesetzt erklärt. Seine Leiche wird im Tiber versenkt. In den folgenden 60 Jahren wechseln 20 Päpste auf dem Thron. Bei seinem Amtsantritt hatte Formosus die Lage in Rom in einem Brief an den Erzbischof von Reims, Fulko, als nahezu hoffnungslos geschildert: »Allenthalben sprießen Irrlehren und Zwist und niemand ist, der ihnen begegne.« In der Tat, die Situation der Kirche war bestürzend: Konstantinopel zerriss sich in Glaubenskämpfe, in Afrika stritten Bischöfe und verlangten einen Entscheid aus Rom. Formosus wollte mit einer Synode abhelfen und bat die französischen Bischöfe um Unterstützung, doch diese verweigerten sich. Formosus suchte einen politischen Partner, doch das Frankenreich ist längst zerfallen. Der Papst wandte sich an den deutschen König Arnulf, der 895 Rom erstürmte und sich von Formosus zum Kaiser krönen ließ. Wenige Monate später fegte ein Volksaufstand in Rom Formosus aus dem Amt. In der Folgezeit sind die Päpste ein Spielball der römischen Adelsparteien.

Die Tiara, die dreifache Papstkrone, ist seit dem 14. Jh. belegt. Sie symbolisiert die Oberhoheit geistlicher Macht über weltliche Autorität – ein Anspruch, der im 9./10. Jh. nicht eingelöst werden kann (Marmoreinlegearbeit vor der Sixtinischen Kapelle in Rom).

Verlust der Autorität

Als das Frankenreich Ludwig des Frommen im Vertrag von Verdun 843 in das west- und ostfränkische Reich geteilt wurde, begann auch der Verfall der bis dahin einheitlichen Reichskirche. In Westfranken gewannen aufgrund der politischen Wirren, in denen das Ansehen

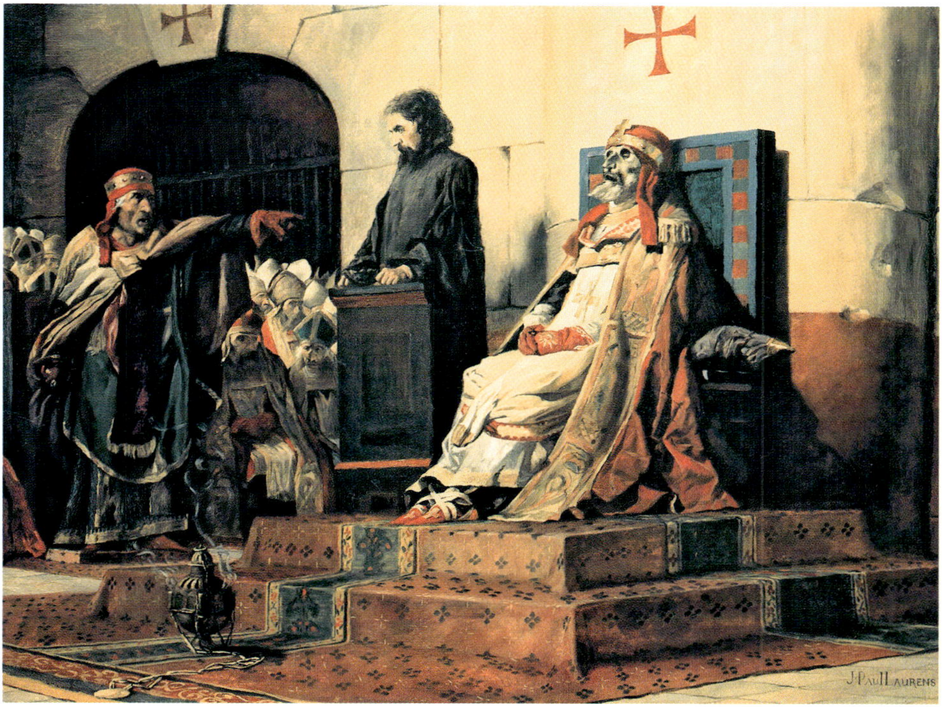

der Königsmacht schwand, die Gebietsherrscher – Herzöge und Grafen – an Einfluss. Kirchengüter und Klöster wurden von den Adligen nach eigenem Machtdünken aufgeteilt. Unter Karl dem Kahlen erzwangen die Adligen häufig Reichsklöster als Lehen. Das Klostergut wurde bald erblicher Besitz der Adligen. Auch im ostfränkischen Reich wuchs der Einfluss der Stammesherzogtümer. Anders als im Westen standen Bischöfe und das Königshaus eng zusammen. Der Einfluss Roms als einer religiösen Autorität war gleichwohl unbedeutend. Die päpstlichen Weisungen wurden vielfach ignoriert. Kirchliches Eigentum wird in der Folgezeit überall in Europa geplündert oder fällt in die Hand des Adels. Dieser behandelt Bistümer und Klöster wie Privateigentum.

In Rom entwickelt sich eine eigenartig zwiespältige Situation. Die Päpste, verstrickt in Intrigen und sittliche Verfehlungen, verlieren ihre moralische Autorität als geistliches Oberhaupt. Dessen ungeachtet besteht die Institution des Papsttums fort und muss aller berechtigten Verachtung zum Trotz in gewisser Weise respektiert werden. Die Verwaltung der abendländischen Kirche hat ihr Zentrum in Rom. Von dort wird die Gründung von Klöstern anerkannt, werden Bistümer bestätigt und kirchliche Erlasse abgefasst, deren Geltung niemand bezweifelt.

Grausiges Spektakel und Beleg für die Verworfenheit des Papsttums in dieser Zeit: Papst Stephan VI. lässt seinen Vorgänger Formosus exhumieren und Gericht über ihn halten (historisierendes Gemälde von Jean-Paul Laurens, 1870).

900

Ein kränkelndes Kind auf dem Thron

Um 900: Der arabische Astronom Albatentius berechnet eine unregelmäßige Schiefe der Erdumlaufbahn um die Sonne (Ekliptik). Zudem führt er die Sinus- und Kotangensfunktion ein.

900: Gorm dem Alten gelingt die erste staatliche Konstituierung Dänemarks. Er legt die Grundlage eines starken mittelalterlichen Reichs.

Im Alter von sechs Jahren tritt der fränkische Kaisersohn Ludwig das Erbe seines Vaters Arnulf von Kärnten an. Die ostfränkische Aristokratie ernennt Ludwig zum König des Ostfrankenreichs. Für den unmündigen und stets kränkelnden Ludwig regiert Erzbischof Hatto von Mainz. Ein weiterer Berater ist Bischof Salomo von Konstanz. Die Unmündigkeit des letzten Karolingers – mit dem Beinamen »das Kind« geht er in die Geschichte ein – führt zum Erstarken der Herzöge. Statt von einem starken König wird das Ostfrankenreich von zahlreichen Adligen beherrscht; es zerfällt in mehrere Stammesherzogtümer. Diese Entwicklung wird durch die äußere Bedrohung des Reichs durch die Ungarn begünstigt, der das Königtum nicht konsequent entgegentreten kann.

Um 900

»Wolkenvolk« greift Zapoteken an

Die kriegerischen Mixteken fallen aus der mexikanischen Bergregion in das fruchtbare Tal von Oaxaca ein und verdrängen die Zapoteken aus ihrer Metropole Monte Albán. Nach rund 1000 Jahren kultureller Blüte beginnt für die indianische Kultstätte der Niedergang. Obwohl sich die Zapoteken dem »Volk der Wolken« entgegenstellen, werden sie in dieser Region von den Mixteken verdrängt. Den Ausbau Monte Albáns, das auf einer gut zu verteidigenden Bergspitze liegt, führen die neuen Herrscher nicht fort. Die Bauten werden aufgegeben.

Ruinen der Zapotekenhauptstadt Monte Albán (spanisch für »weißer Berg«); der zapotekische Name »Danipaguache« bedeutet so viel wie »heiliger Berg«. Die Azteken bezeichnen Monte Albán als Ocelotepec (»Jaguarberg«).

Um 900

Vorläufer des Fotoapparats

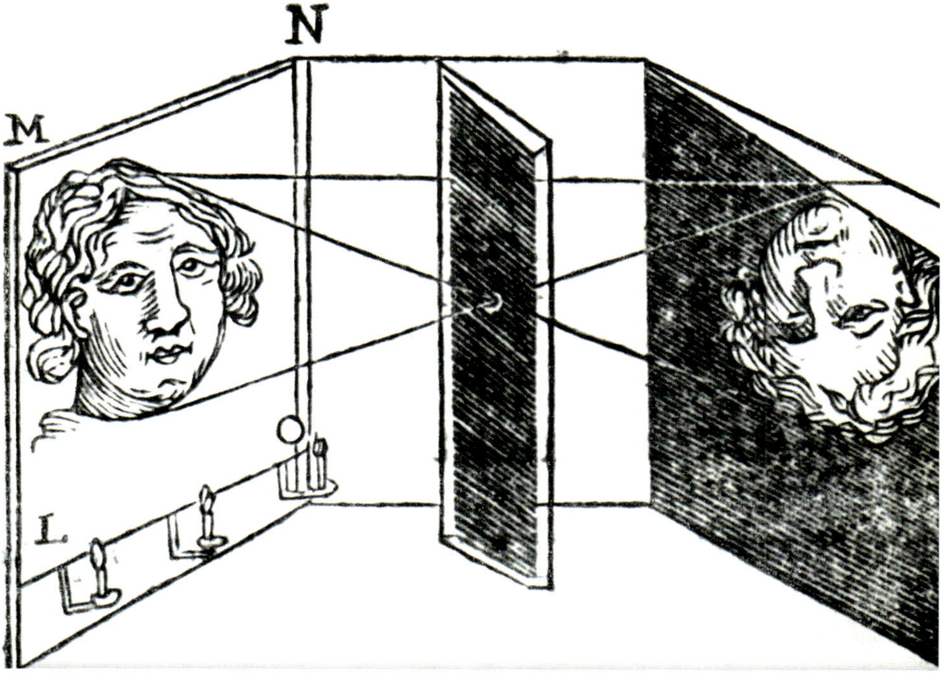

Darstellung des Prinzips einer Camera obscura (lat. »dunkle Kammer«). Das optische Gerät wird bis ins 19. Jh. u. a. als Zeichenhilfe verwendet (Funktionszeichnung der Camera obscura von Giambattista della Porta, 1597).

Arabische Forscher entwickeln die Camera obscura und entdecken damit das optische Grundprinzip der Fotografie. Die Camera obscura hilft den Astronomen bei der Beobachtung der Sonnenbahn. Sie ermöglicht es, Sonnenfinsternisse oder Sonnenflecken zu erkennen, ohne die Augen zu schädigen. In klaren Nächten lassen sich mit der Camera obscura sogar Strukturen auf der Oberfläche des Mondes erkennen. Der Apparat ist ein geschlossener, innen schwarz ausgeschlagener Kasten, der eine Mattscheibe enthält oder dessen Rückseite aus einer Mattscheibe besteht. Gegenüber der Scheibe befindet sich ein kleines Loch. Treffen von einem Gegenstand reflektierte Lichtstrahlen auf das Loch des Kastens, werden sie von den Lochrändern derart gestreut, dass auf der Mattscheibe ein auf dem Kopf stehendes Bild erscheint.

Die Camera obscura wird stetig weiter entwickelt. Girolamo Cardano erwähnt im 16. Jahrhundert die Anbringung einer Konvexlinse im Fensterrahmen eines verdunkelten Raumes. Er rät dazu, Konvexspiegel hinter der Linse anzubringen, damit das Bild vergrößert und seitenrichtig erscheint.

Um 900

Chinesen nutzen Windenergie

Im Gebiet um Beijing treiben die ersten Windräder Mühlenwerke an. Die Windräder bestehen aus einer senkrechten Achse, an deren oberen Ende zwölf verstellbare Segel befestigt sind, deren Fläche je nach anfallender Windstärke verändert werden kann. Die Achse bewegt direkt den oberen von zwei Mahlsteinen. Der Gedanke, Windmühlen zu bauen, geht sehr wahrscheinlich auf die buddhistischen Gebetsmühlen zurück, die zunächst als kleine Handtrommeln durch Schleudern oder durch Drehen von Hand in Rotation gesetzt wurden, um Gebetstexte in ihrem Inneren gen Himmel zu schicken. Um einen Dauerbetrieb zu gewährleisten, stattete man die Gebetsmühlen bald mit kleinen Windrädern aus.

906

Großreich der Tang zerfällt

Nach fast 300 Jahren geht in China die Tang-Dynastie unter. Damit endet eine der bedeutendsten Epochen im Reich der Mitte. Die Herrschaft der Tangkönige hatte China eine wirtschaftliche und kulturelle Blütezeit gebracht. Das ehemals mächtige China zerfällt in Kleinstaaten. Bereits gegen Ende des 9. Jahrhunderts zeigte die Herrschaft der Tang erste

Musikanten bei Hofe (Ausschnitt aus einer Bildrolle, Zeit der Fünf Dynastien, 907–960)

Auflösungserscheinungen. Um die Grenzen zu sichern, hatte das Kaiserhaus an den Außenposten des Reichs Militärgouvernements eingerichtet, die von Generälen weitgehend autonom geführt wurden.

Diese Kleinfürsten versuchten mehrmals die Zentralherrschaft an sich zu reißen. Zuletzt vertrieb der Rebell Huang Chao den Kaiser 880 aus der Hauptstadt Chang'an. Die Revolte wurde zwar mithilfe türkischer Truppen niedergeschlagen, die einstige Autorität der Tang konnte jedoch nicht wieder hergestellt werden. Als die Dynastie 906 ausstirbt, bricht in China ein neues Zeitalter an: Die Zeit der Fünf Dynastien und Zehn Königreiche. Der Süden zerfällt in mehr als ein Dutzend Kleinstaaten, von denen aber nur zehn weitere Erwähnung finden. Da es nun keinen »Himmelssohn« als Zentralherrscher mehr gibt, der den Handel durch staatliche Monopole lähmt, beginnt im Süden Chinas rasch eine wirtschaftliche Blüte. Der Norden kann seine Einheit bewahren, die Wudai-Zeit, das Zeitalter der Fünf Dynastien, beginnt dort. Das nördliche China bleibt jedoch durch Kämpfe zwischen verarmten Bauern, Handwerkern, Kleinhändlern und der Oberschicht wirtschaftlich rückständig. Die Zeit der Fünf Dynastien und Zehn Königreiche geht erst mit der Gründung der Song-Dynastie im Jahr 979 zu Ende.

901: Die »Rikkokushi« wird in Japan vollendet. Dabei handelt es sich um eine sechs Bücher umfassende Reichsgeschichte, die seit 712 im Auftrag der Kaiser (Tenno) verfasst wurde. Sie ist in chinesischen Zeichen verfasst, da die Japaner keine vergleichbar hochstehende Schriftsprache besitzen.

905: Das zur Spanischen Mark Westfrankens gehörende Navarra erlangt unter Graf Sancho I. seine Unabhängigkeit. Sancho erhebt sich zum König, wählt Pamplona zur Hauptstadt und leitet die Christianisierung der Basken ein.

Um 908

Kleriker lehrt die Weltgeschichte

Der Gelehrte Regino von Prüm verfasst eine Weltchronik. Regino musste 899 auf sein Amt als Abt in Prüm verzichten und zog sich in das Kloster St. Maximin in Trier zurück. Die hier entstandene Weltchronik ist wahrscheinlich als Lehrbuch für König Ludwig das Kind gedacht. Sie beginnt mit der Geburt Christi und reicht bis zum Jahr 906. Später wird sie von einem Mönch des Klosters St. Maximin bis zum Jahr 967 ergänzt. Neben der Chronik veröffentlicht Regino musikalische und juristische Schriften.

Regino leitete die Abtei von Prüm. Er ist Geschichtsschreiber, Musiktheoretiker und Kanonist (Kupferstich von Nicolas de Larmessin, 1682).

909

Hochkultur der Maya endet

Zeugnis der Maya-Kultur in Mexiko: Stele aus spätklassischer Zeit (7./10. Jh.) vor dem Nordgebäude des Nonnenvierecks in Uxmal

In Tonina, im südlichen Gebiet der Maya-Kultur, bearbeiten Steinmetzen eine Stele und meißeln ein Datum des Mayakalenders ein, das dem christlichen Jahr 909 entspricht. Die Bildhauerarbeit im mexikanischen Tiefland ist das letzte datierbare Zeugnis der Hochkultur. Sie markiert das Ende der mayanischen Hochklassik.

In Zentren wie Tikal (heutiges Guatemala) waren über Jahrhunderte hinweg kulturelle Meisterleistungen vollbracht worden. Kennzeichnend sind u.a. prunkvolle Bauten, vor allem Tempelanlagen, die das Bild der Mayastädte prägen. Die während der gesamten Hochklassik andauernde Bautätigkeit wird nun innerhalb kurzer Zeit abgebrochen. Auch der Stelenkult wird nicht weiter betrieben. Er gilt als typisches Merkmal der Hochklassik. An markanten Punkten wurden Steine aufgestellt, die mit Reliefs geschmückt und mit einem Datum versehen waren. In der nun einsetzenden Zeit der Abwanderung werden viele Stelen gewaltsam zerstört. Die verschlungenen Stilelemente der Maya erhalten zusehends einfachere Formen. Auch die prächtige Keramik, die durch ihre Vielfarbigkeit auffiel, wird jetzt schlichter gefertigt.

Nachdem die Bautätigkeit eingestellt worden ist, setzt die Entvölkerung der Städte ein. Mit den Zentren verlieren auch die umliegenden landwirtschaftlichen Regionen ihre Bedeutung und veröden. Ein weites Gebiet im zentralen Tiefland verwandelt sich von einer blühenden Hochkultur in eine menschenleere Ödnis.

Die Gründe für den Niedergang der südlichen Maya-Kultur bleiben in der Forschung jahrelang Gegenstand von Spekulationen. Die zerstörten Stelen scheinen auf eine Revolte gegen die mächtige Priesterkaste hinzudeuten, eine Auflehnung gegen das ausufernde Bauprogramm der Herrschenden, das die unteren Schichten in die Tat umsetzen mussten. Neue Untersuchungen werfen ein anderes Licht auf das Rätsel. Die wachsenden Städte benötigten immense Mengen an Nahrung, die durch die Bauern im Umland produziert wurden. Der Brandrodungsbau der Maya fraß sich immer weiter in den Regenwald hinein. Weil ständig Flächen überbewirtschaftet wurden, mussten neue Anbaugebiete erschlossen werden. So entstand ein Wanderbauerntum, das sich von den Zentren entfernte. Vermutlich entwickelten sich neue Herrschaftsgebiete, deren Fürsten unabhängig von der Zentralregierung wurden. Als Folge dieser Zersplitterung in kleine politische Einheiten brachen Kriege und Wirtschaftskrisen über die Maya herein. Die Mayastädte im Norden Mexikos sind von dieser Entwicklung nicht betroffen und werden zum Ausgangspunkt der Nachklassik.

909

Fatimiden errichten Emirat

Ubayd Allah Al Mahdi erhebt sich zum Emir von Tunis und setzt die Aghlabiden als Herrscher in Nordafrika ab. Damit beginnt die Geschichte der ismailitisch-schiitischen Fatimiden-Dynastie. Ihr Name geht auf Fatima zurück, die Tochter des Propheten Mohammed, von der die Fatimiden ihre Abstammung herleiten.

Mit den Fatimiden bricht in Nordafrika eine unruhige Zeit der Revolution an. Schon die Aghlabiden haben sich weitgehend vom abbasidischen Kalifen in Bagdad gelöst und eine eigenständige Politik betrieben. Die Fatimiden treiben die Unabhängigkeitsbestrebung noch weiter. Sie bezeichnen die Abbasidenherrscher als Usurpatoren und lehnen selbst ihre formale Anerkennung ab. Es ist das erklärte Ziel der Fatimiden, den Herrscher in Bagdad zu stürzen und selbst die Kalifenwürde zu erlangen. Zu diesem Zweck beginnen die fatimidischen Emire mit der Expansion nach Osten. Die Eroberung Ägyptens geht jedoch nur langsam voran und kann erst 969 abgeschlossen werden. Im 10. und 11. Jahrhundert erlebt Ägypten unter den Fatimiden eine große Blütezeit. Im Innern müssen die Fatimiden gegen Widerstände der sunnitischen Bevölkerung ankämpfen, die sich gegen die schiitische Prägung der islamischen Lehre zur Wehr setzt.

Elfenbeinstatue aus dem ägyptischen Fustat mit typischen Merkmalen der islamischen Kunst zur Zeit der Fatimidenherrschaft (10.–12. Jh.)

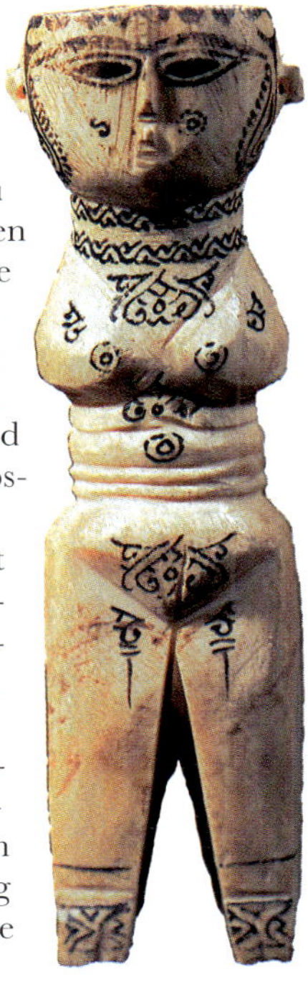

910

Angelsachsen bauen Burgen

König Eduard der Ältere lässt einen Gürtel von Befestigungsanlagen um das angelsächsische Wessex errichten. Die Festungen liegen nur einen Tagesmarsch voneinander entfernt. Damit erhalten die Angelsachsen nach jahrzehntelangem Krieg gegen die Dänen eine starke strategische Position. Mit den sogenannten Burghs entsteht eine Verteidigungslinie, die den Wikingern ein weiteres Vordringen unmöglich macht.

Eduard beginnt einen Zermürbungskrieg gegen die Invasoren. Bereits 909 unternahm er einen Feldzug gegen das von den Dänen beherrschte East Anglia. Nach erfolgreichem Kampf gelang es ihm gemeinsam mit seiner Schwester, Prinzessin Aethelflaed von Mercia, die Reliquien des heiligen Oswald zu erobern, die schließlich in Gloucester beigesetzt werden. Im Jahr 910 besiegt Eduard in der Schlacht von Tettenhall die wikingischen Könige von York. Die gegnerischen Herrscher kommen dabei ums Leben. Neuer Regent von York wird der Däne Ragnall Ivarsson. Jedes von Eduard eroberte Territorium wird künftig durch Burghs gesichert. Innerhalb von zehn Jahren können die Dänen weit zurückgedrängt werden. König Eduard beherrscht schließlich ganz Mittelengland.

Um 910

Reform geht von Cluny aus

Herzog Wilhelm von Aquitanien gründet in Burgund das Kloster Cluny. Wenig später wird die Abtei zum Ausgangspunkt einer Reformbewegung, die die gesamte Geistlichkeit Europas erfasst. Der erste Abt des Klosters, Berno von Baume, entwickelt auf Grundlage der benediktinischen Regeln neue Verhaltensnormen für Mönche. Damit versucht er gegen die Verweltlichung des Klosterlebens vorzugehen, die im Verlauf der vergangenen Jahrzehnte überhandgenommen hat. Sie ist u. a. daran erkennbar, dass viele Priester verheiratet sind. Die Verbannung ins Kloster wird von Königen und Fürsten oft als Strafe verhängt. Viele dieser Mönche und Nonnen halten sich nicht an die klösterlichen Normen, sondern trachten nach weltlichem Vergnügen.

In Cluny wird das oberste Gebot von der alten benediktinischen Trias Schweigen, Gebet und Arbeit bestimmt, doch stärker als zuvor tritt die Arbeit zurück hinter das Gebet und das Schweigen. Unter Berno dürfen sich die Mönche während der Hauptzeit des Tages nur mit Zeichensprache untereinander verständigen. Zum ersten der sechs Gottesdienste täglich erheben sich die Mönche

909: Die Liangherrscher in China verlegen ihren Herrschaftssitz nach Luoyang.

910: Auf dem Lechfeld wird ein Reichsheer unter dem ostfränkischen König Ludwig dem Kind von den Ungarn vernichtend geschlagen.

In Nordwestspanien wird das Königreich von León gegründet.

schon um 1.45 Uhr von ihren Stroh- oder Bindenmatten. Die Regel von Cluny ist stark auf die sinnliche Erfahrung abgestellt. Es ist nicht so sehr die strenge Mönchsregel, die aus dem burgundischen Kloster eine Reformbewegung hervorbrechen lässt, die das gesamte Abendland neu prägt. Es ist der Geist einer Kirche, die sich abwendet von der Verweltlichung und zu ihrer eigentlichen Bestimmung zurückkehrt, ein geistliches Leben zu führen.

Alle Klöster, die vom Mutterkloster ausgehend gegründet werden, bleiben eng an Cluny gebunden. Zum ersten Mal entsteht somit ein wirklich durchorganisierter Orden. Eine gezielte Stärkung der Klosterwirtschaft sichert den Mönchsgemeinschaften die Existenz und die politische Unabhängigkeit. Das Klostergut wird ausgedehnt und gegen Übergriffe durch weltliche Fürsten abgesichert.

Ein wesentlicher Angriffspunkt der kluniazensischen Reformer ist die sogenannte Simonie, die Käuflichkeit von geistlichen Ämtern, und deren Folge, die sogenannte Laieninvestitur. Der weltliche Herrscher, der einen geistlichen Titel gekauft hat, kann einen Mann seiner Wahl zum Bischof machen. Im Verlauf des 11. Jahrhunderts, als der Investiturstreit entbrennt, entwickelt sich die Simonie zum Politikum.

Rekonstruktionsmodell der dritten Abteikirche des Klosters von Cluny; die größte Kirche des Mittelalters wird 1811 weitgehend zerstört.

24. September 911

Konrad beerbt die Karolinger

911: Nach dem Tod von Aethelred II. von Mercia übernimmt seine Ehefrau, Prinzessin Aethelflaed, die Regierungsgeschäfte über den größten Teil von Mercia. Ihr Bruder, König Eduard der Ältere, besteht jedoch darauf, die Stadt London unter seine Herrschaft zu stellen.

912: Mit der Annahme des Emirtitels durch Abd Ar Rahman III. beginnt die Hochphase der Mauren in Córdoba. Der bedeutendste der spanischen Omaijadenherrscher fördert Kultur und Wissenschaft und leitet außenpolitisch eine neue Phase der Nordexpansion ein.

Als König Ludwig das Kind im Alter von 18 Jahren stirbt, ist die karolingische Linie der ostfränkischen Herrscher endgültig erloschen. Die Tendenzen zur Ausbildung mächtiger unabhängiger Stammesherzogtümer verstärken sich weiter.

Zum neuen König des ostfränkischen Reichs wird Konrad I., Herzog von Franken, gewählt. Dieses Ereignis markiert einen wichtigen Schritt hin zur Entstehung des mittelalterlichen deutschen Reichs. Bevor es zur Wahl Konrads kommt, stehen Franken, Sachsen, Bayern und Schwaben vor der Entscheidung, ob sie sich dem Westfrankenreich anschließen sollen. Dort herrscht noch ein Karolinger: Karl der Einfältige. Lotharingien schließt sich Karl an. Die Adelsversammlung des Ostreichs entscheidet sich jedoch für die Autonomie. Sie trägt die Krone dem Sachsenherzog Otto an, der die Königswürde wegen seines hohen Alters jedoch ablehnt und stattdessen auf den Frankenherzog verweist. Am 10. November wird Konrad in Forchheim zum Herrscher bestimmt. Er regiert ein Gebiet, das im Westen vom Rhein und im Osten von der Elbe, der Saale und dem Böhmerwald begrenzt wird.

911

Normandie fällt an die Nordmänner

Der westfränkische König Karl der Einfältige übereignet dem Wikingerfürsten Rollo ein Gebiet an der nordfranzösischen Küste. Das Lehen erhält nach den Nordmännern die Bezeichnung Normandie.

Seit Jahrzehnten stellte die Seinemündung eine Gefahr für das Westfrankenreich dar. Immer wieder drangen Wikinger ins Landesinnere vor, belagerten und plünderten Klöster, Dörfer und Städte.

Mehrfach fiel die Stadt Paris in die Hände der Skandinavier. Als die Drachenboote bis nach Chartres vorstoßen, einigen sich die Kontrahenten nach einer Schlacht auf die Abtretung des Küstengebietes. Im Gegenzug für den Erhalt des Lehens soll Rollo die Seine vor weiteren Wikingerzügen schützen.

Der Normanne hält zunächst Wort und schlägt einige marodierende Banden vor der Küste zurück. Dann bricht er jedoch seinen Eid und unternimmt selbst Plünderungsfahrten ins Binnenland. Bis zu seinem Tod im Jahr 924 erobert er ein Gebiet, das im Westen bis an die Vire heranreicht. Nachdem die Normandie an die Wikinger gefallen ist, konzentrieren sich die weiteren Angriffe der Dänen und Norweger in der Folgezeit vornehmlich auf die benachbarte Bretagne.

912

Kaiserwirren in Byzanz

Mit dem Tod des byzantinischen Kaisers Leon VI. bricht in Konstantinopel eine Zeit unsicherer Herrschaftsverhältnisse an. Obwohl der Adoptivsohn des Verstorbenen, Konstantin VII., bereits im Jahr zuvor zum Mitregenten ernannt worden ist, wird zunächst sein Onkel Alexander Kaiser des Byzantinischen Reichs.

Als Alexander bereits 13 Monate später stirbt, besteigt der siebenjährige Konstantin als rechtmäßiger Erbe den Thron. Der Patriarch Nikolaos Mystikos leitet zunächst die Regierung für den Unmündigen. In den Folgejahren erschüttern immer wieder Auseinandersetzungen mit dem Bulgarenkhan Simeon I. das Reich. Dies ist auf die unnachgiebige Haltung von Konstantins Mutter Zoe zurückzuführen, die nach Nikolaos die Regierungsgeschäfte übernimmt und zu großem Einfluss gelangt. Der General Romanos Lekapenos kann die Bulgarengefahr schließlich auf diplomatischem Weg unter Kontrolle bringen. 919 wird Konstantin Romanos' Schwiegersohn. Zeit seiner Regentschaft wird Konstantin von Romanos und dessen Nachfolgern dominiert.

Die Bulgaren greifen Konstantinopel an (Miniatur in der Chronik des Johannes Skylitzes, 11. Jh.).

Um 912

Baustil wird mozarabisch

Mönche, die aus dem kulturell hoch stehenden Emirat von Córdoba nach Nordspanien kommen, führen dort den sogenannten mozarabischen Stil ein, der sich v. a. in der Architektur niederschlägt. Er zeichnet sich durch eine Vereinigung christlich-romanischer Bau- und Ornamentformen mit arabischen Formen aus (z. B. Kloster San Miguel de la Escalada).

916

Nomaden erobern China

Von Nordostchina fallen die Kitan im Reich der Mitte ein. Der mongolische Stammesverband gründet ein autonomes Herrschaftsgebiet, aus dem 937 das Reich von Liao hervorgeht. An der Spitze der Kitan steht der selbst ernannte Kaiser Apaoki. Durch seine Eroberungszüge erstreckt sich das Kitanreich von der Mongolei über die Mandschurei bis nach Korea.

917

Wikinger besiedeln Irland

Eine Wikinger-Flotte landet an der irischen Westküste. In dem Gebiet, wo der Liffey in die Irische See mündet, gründen die Skandinavier eine befestigte Siedlung, aus der die Stadt Dublin hervorgeht. Die Lage ist gut gewählt. Nach Süden hin bilden die Wicklow Mountains eine natürliche Grenze. Die Nordmänner fassen damit zum zweiten Mal Fuß in Irland. Be-

Nach der Gründung durch die Wikinger beherrscht Dublin bald die Irische See. Heute spannt sich die O'Connell Bridge über den durch die Stadt fließenden Liffey.

reits im Jahr 841 ließen sich die Skandinavier an den irischen Gestaden nieder, wurden jedoch von Truppen der Reiche Brega und Leinster vertrieben. Nach ihrer Rückkehr können die Wikinger ihre irische Kolonie nun länger halten.

Dublin entwickelt sich zum Handelszentrum der Irischen See und wächst zu einer wohlhabenden Stadt heran. Wie in anderen normannischen Handelsorten, etwa Haithabu im heutigen Schleswig-Holstein, lassen sich auch in Dublin zahlreiche Handwerker nieder. Gerber, Kammmacher, Schnitzer, Böttcher und Drechsler verkaufen ihre Erzeugnisse über die zahlreichen Handelsrouten bis auf das europäische Festland. Neben Wohnhäusern werden Tierpferche, Lagerhäuser, Werkstätten und Latrinen angelegt. Um die schlammigen Straßen passierbar zu machen, belegt man sie mit Bohlen. Der durchwässerte Baugrund der Gebäude muss mit Rasensoden haltbar gemacht werden. Dublin kann seine Vormachtstellung über die Irische See bis ins Jahr 994 behaupten.

914: Unter dem Herrscher Wang Jian besiegen die Truppen des chinesischen Reichs Shu das gegnerische Nanzhaoreich im Westen der heutigen Provinz Sichuan.

915: König Berengar I. von Italien wird von Papst Johannes X. zum Kaiser gekrönt. Seine Kaiserherrschaft ist aber aufgrund seiner schwachen Machtbasis nur nomineller Art.

918

Bulgarenkhan Simeon I. wird Zar

Simeon I. nimmt den Titel »Zar der Bulgaren und Selbstherrscher der Griechen« an. Damit bringt er seinen erweiterten Herrschaftsanspruch deutlich zum Ausdruck.

Unter der Regierung Simeons gelangt ein Großteil des Balkans unter bulgarische Gewalt. Sein großes, letztlich aber vergebliches Ziel ist es, das Byzantinische Reich zu erobern und zu erneuern. Trotz mehrerer Kriegszüge gegen Byzanz bleibt ihm die byzantinische Kaiserkrone verwehrt. Um die Eigenständigkeit Bulgariens gegenüber Konstantinopel zu sichern, gründet er das erste von Byzanz unabhängige Patriarchat. Trotz der politischen Feindschaft mit den Byzantinern fördert Simeon aber deren Kultur in seinem Reich und lässt die Hauptstadt Preslav prachtvoll ausbauen. Nach einem militärischen Erfolg gegen die Serben 924 erfährt das durch die langen Kriege erschöpfte Reich aber einen raschen Verfall.

Unter Simeon I. erfährt das bulgarische Reich eine Blütezeit: Ein Gesandter des bulgarischen Zaren wird in Nordafrika von dem arabischen Herrscher Phatlum empfangen (Buchmalerei, 2. Hälfte des 13. Jh.).

918

Resolute Herrscherin von Mercia

918: In Nordkorea gründet der Feldherr Wang Kon das Reich von Koryo, das dem heutigen Korea seinen Namen verleiht. Es löst die Herrschaftsdynastie von Silla ab.

Um 920: Angeregt durch die Staatslehre des Griechen Platon verfasst der türkische Denker Mohammed Al Farabi das Werk »Musterstaat«.

924: Fürst Tomislaw schließt die seit Mitte des 9. Jahrhunderts bestehenden Unabhängigkeitsbestrebungen der Kroaten (Slawen) gegenüber Byzanz und den Franken mit der Gründung eines eigenständigen Königreichs ab.

Aethelflaed, die Witwe von Aethelred und Herrscherin von Mercia, stirbt. Die Königstochter bewährte sich zu Lebzeiten als großartige Strategin. Zusammen mit ihrem Bruder, König Eduard dem Älteren, leitete Aethelflaed die Vereinigung und Sicherung Englands ein.

Sie errichtete Burgen gegen die dänischen Heere in Mittelengland und gegen Einfälle der Iren und Normannen aus dem Nordwesten. Außerdem ließ sie Chester, Bridgnorth, Tamworth, Warwick, Runcorn und Stafford erbauen. Darüber hinaus initiierte Aethelflaed die Wiederherstellung der alten Römerwälle. Sie eroberte sowohl Derby als auch Leicester und kämpfte gegen die Wikinger, während Eduard weiter in den Süden und Osten vorstieß. Auch Schotten und Waliser mussten sich ihr beugen. Damit leitete sie die Unterwerfung der nördlichen Gebiete unter Eduard ein. Im Jahr 919 annektiert Eduard schließlich das Königreich von Mercia, das damit endgültig seine Unabhängigkeit verliert.

919

Heinrich I. eint das Reich

Als erster Sachse wird Heinrich I. zum ostfränkischen König gewählt. Während seiner Herrschaft gelingt es ihm, die Selbstständigkeit der Ostfranken gegenüber dem westfränkischen Reich zu untermauern und das ostfränkische Reich zu einen. Heinrich I. geht als Gründer des deutschen Reichs in die Geschichte ein.

Der Sachsenherzog tritt die Nachfolge des verstorbenen Konrad I. an, gegen den er 912–915 Krieg um Thüringen geführt hatte. Konrad vergab seinem Widersacher auf dem Sterbebett und ernannte ihn zum neuen König. Der Legende nach erreichte Heinrich die Nachricht im Wald beim Vogelfang. Als »Heinrich der Vogler« wird er über Jahrhunderte einer der populärsten deutschen Könige. Das deutsche Reich gleicht bei Konrads Tod einer Föderation von Fürstentümern. Im Mai bestätigen die Adligen der beiden Herzogtümer Sachsen und Franken die Wahl Heinrichs. Die ebenfalls mächtigen Herzogtümer Schwaben und Bayern verweigern ihre Anerkennung. Heinrich bemüht sich deshalb, Schwaben und Bayern unter seine Herrschaft zu bringen und beide Gebiete dem Reich einzugliedern. Der schwäbische Herzog Burchard I. wird 919 unter die Oberhoheit Heinrichs gezwungen. Im selben Jahr erhebt sich Arnulf der Böse, der Herzog Bayerns, gegen den König und macht selbst Thronansprüche geltend. Nach zwei Kriegen zwingt Heinrich den Bayern in die Knie. Arnulf gesteht seinem Widersacher die Königswürde zu, behält aber volle Regierungsfreiheit über sein Herzogtum. Einen weiteren Erfolg erzielt Heinrich am 7. November 921, als er die Westgrenze gegenüber dem benachbarten Frankenreich sichert. Als »Rex Francorum Orientalum« (König der Ostfranken) erkennt er gegenüber Karl dem Einfältigen, dem »Rex Francorum Occidentalum« (König der Westfranken), die Unantastbarkeit der gemeinsamen Grenze an. Um das Reich gegen Einfälle zu schützen, lässt der König alle Ansiedlungen im äußeren Grenzbereich befestigen. Damit die Orte wehrhafter werden, sorgt Heinrich dafür, dass die Bevölkerungszahl in den Zentren steigt. Er verlegt Märkte und Gerichtsstände an ausgewählte Plätze wie Augsburg oder Regensburg. Die Entwicklung der mittelalterlichen Stadt nimmt ihren Anfang.

925 besiegt Heinrich Giselbert, den König Lotharingiens, das sich 911 vom Reich abgespalten hatte. Giselberts Anspruch auf das Herzogtum wird vom König zwar anerkannt, aber Lotharingien muss dem Reich wieder beitreten. Der Rhein wird somit von einem Grenzfluss zu einer wichtigen Verbindung zwischen dem Norden und dem Süden des ostfränkischen Reichs.

Heinrichs Regentschaft ist ganz von sächsischen Traditionen geprägt. Um sich von den Karolingern zu distanzieren, verzichtet er auf die Königssalbung und führt fünf Jahre lang keine Hofkanzlei.

Ein Sachse besteigt den Frankenthron: Denkmal Heinrichs I. im sächsischen Merseburg.

925

Reich von Navarra ist gefestigt

Landschaft in Navarra: Durch die Lage als Pufferstaat zwischen dem islamischen Spanien und den fränkischen Gebieten spielt Navarra später eine entscheidende Rolle bei der Reconquista, der Rückeroberung der Iberischen Halbinsel von den Mauren.

In Nordspanien stirbt König Sancho I. Garcés, Gründer des Reichs von Navarra. Sancho hatte den Ebro überquert und Najera sowie weite Gebiete von La Rioja erobert. Zentrum des Reichs ist Pamplona. Die Stadt war 711 von den Arabern erobert und besetzt worden. Aber den baskischen Adligen war es gelungen, eine weitgehend autonome Herrschaft in der Region zu errichten. Ende des 9. Jahrhunderts nahm das Reich von Pamplona diplomatische Beziehungen zum benachbarten Asturien auf. Sancho I. gründete dann das Reich von Navarra.

2. Mai 926

Märtyrerin rettet St. Gallen

Die Reklusin Wiborada rettet St. Gallen und wird von heidnischen Ungarn erschlagen.

Viele gottgeweihte Jungfrauen und Witwen gehen seit dem 10. Jahrhundert einen neuen Weg, der Welt zu entsagen: Sie lassen sich in kleine Zellen einmauern und leben dort für mehrere Jahre oder für ihr ganzes Leben als sogenannte Reklusinnen. Bei den Zeitgenossen stehen diese Frauen in hohem Ansehen. Man schätzt ihre Weisheit, ihre Kenntnisse und ihre besondere Gabe, in die Zukunft zu sehen. Auch Wiborada, die sich 916 einschließen ließ, ist prophetisch veranlagt. Sie verkündet den Mönchen von St. Gallen den Einfall der Ungarn und die Zerstörung des Klosters. Auf ihren Rat hin werden die Kirchenschätze und die wertvolle Bibliothek rechtzeitig in Sicherheit gebracht.

928

Papst vom Adel abhängig

Papst Johannes X. gerät in Gefangenschaft. Er war 914 auf Betreiben des römischen Adels, vor allem der mächtigen Familie Theophylakts und Theodoras der Älteren, Papst geworden. Nach einem zeitgenössischen Bericht soll er in einem Liebesverhältnis zu Theodora gestanden haben.

Die ersten Jahre seines Papsttums standen ganz im Zeichen der Auseinandersetzungen mit den Sarazenen, die Mittelitalien durch fortgesetzte verheerende Überfälle heimsuchten. An den militärischen Erfolgen gegen die Sarazenen hatte er durch Bündnisse mit den italienischen Herrschern und Byzanz, aber auch durch eigenes Eingreifen in die Schlachten entscheidenden Anteil. 915 konnte Johannes den König von Italien, Berengar I., zum Kaiser krönen. Nach dessen Ermordung 924 versuchte der Papst seine Stellung zu festigen, indem er sich mit dem neuen König von Italien, Hugo von der Provence, verbündete und eng mit seinem einflussreichen Bruder Petrus zusammenarbeitete. Diese Bestrebungen zu einer eigenständigen Politik des Papstes beunruhigten Marozia, die Tochter Theophylakts und Theodoras der Älteren. Seit Theophylakts Tod war Marozia uneingeschränkte Herscherin über Rom. Johannes' Bruder Petrus wurde 927 vor den Augen des Papstes erschlagen, der Papst selbst im Mai 928 abgesetzt und auf der Engelsburg eingekerkert. Johannes X. bleibt dort mehrere Monate, bis er Mitte 929 in Gefangenschaft ermordet wird. Die Umstände seines Todes verdeutlichen erneut die Schwäche des Papsttums. Die Vergabe des Papstamtes wird seit Beginn des Jahrhunderts von den einflussreichen römischen Senatorenfamilien bestimmt. Auch die folgenden Papstwahlen werden vor allem von den Frauen dieser Familien bestimmt, die enormen Einfluss auf die geistliche und weltliche Politik dieser Zeit haben. Das bringt jener Ära den Beinamen »Dirnenherrschaft« oder »Pornokratie« ein.

Johannes X. bemüht sich vergeblich, in dem durch Machtkämpfe zersplitterten Italien die päpstliche Autorität aufrechtzuerhalten (Holzschnitt, 1588).

929

Heinrich I. festigt die deutsche Reichseinheit

Der ostfränkisch-deutsche König Heinrich I. erlässt die Quedlinburger Hausordnung, mit der er die Unteilbarkeit des Reichs festlegt. Der Monarch bestimmt seinen zweiten Sohn Otto zum Nachfolger und legt den Grundstein für das Königtum der Ottonen. Ottos Brüder werden mit Herzogtümern entschädigt. Damit stellt sich Heinrich gegen die Tradition der Franken, nach der das Reich unter allen Söhnen zu gleichen Teilen aufgeteilt werden muss.

Reichseinheit bewahrt

Heinrich trifft noch weitere Vorkehrungen: Er verheiratet Otto mit einer angelsächsischen Prinzessin, um der Außenpolitik des Reichs für die Zukunft eine feste Grundlage zu geben. Seinen jüngsten Sohn Bruno bestimmt er für den geistlichen Stand und schafft ihn so als Konkurrenten Ottos aus dem Weg. Auch seine Söhne Thankmar und Heinrich schließt er von der Nachfolge aus.

Seit dem Tod Karls des Großen strebten fränkische Monarchen wiederholt nach einem ungeteilten Reich. Karls Sohn Ludwig der Fromme erließ die »Ordinatio Imperii«, die sich in ihrer Komplexität jedoch nicht durchsetzen ließ. Ludwigs Söhne kämpften um den karolingischen Besitz. Das Reich ihres Großvaters brach Stück für Stück auseinander. Erst zu Beginn des 10. Jahrhunderts gelang es den westeuropäischen Herrschern wieder, große und mächtige Territorien aufzubauen. Einen bedeutenden Faktor der Innenpolitik stellten seit der Mitte des 9. Jahrhunderts die Fürsten dar. Sie bestimmten mehrfach die Königswahlen. Auch Heinrich I. und sein Vorgänger Konrad waren durch den Adel zum König erhoben worden. Die Macht der Fürsten geht zu Lasten des Königtums. Eine Teilung des Reichs würde daher den politischen Einfluss des Monarchen noch weiter einschränken. Zum anderen wären auch die Interessen des Adels in einem gespaltenen Reich nicht ausreichend vertreten. Eine Reichsteilung würde demnach auch den Widerstand der Fürsten nach sich ziehen.

Mit der Quedlinburger Hausordnung hat sich Heinrich I. endgültig als Bewahrer der Reichseinheit und des deutschen Königtums etabliert. Auch nach außen kann er das ostfränkische Reich in seinen Grenzen sichern. Bereits 921 hatten die Herrscher Ost- und Westfrankens den Bonner Vertrag geschlossen. Auf einem bei Bonn im Rhein vertäuten Schiff garantierten Heinrich I. und der westfränkische König Karl der Einfältige die Unantastbarkeit der gemeinsamen Grenze und die Unabhängigkeit ihrer Reiche. In den folgenden Jah-

929: Abd Ar Rahman III. nimmt den Titel »Fürst der Gläubigen« an und macht das maurische Al-Andalus (Andalusien) zum unabhängigen Kalifat. Der Omaijadenemir von Córdoba tritt damit in direkte Konkurrenz zum abbasidischen Kalifen von Bagdad, denn der Kalifentitel beinhaltet den Anspruch auf Einzigartigkeit gegenüber anderen Herrschern. Córdoba erlebt in der Folge einen ungeheuren Aufschwung.

ren löste sich das Westfrankenreich in Vasallenherrschaften auf. Heinrich nutzte 925 die Schwäche des Nachbarn und gliederte Lotharingien ein.

Effektiver Grenzschutz

Die Sicherung der Ost- und der Nordgrenze machte dem König hingegen Probleme. Die Wikinger drangen seit Jahren immer wieder in sein Reich ein. Sie nutzten die großen Flüsse wie Rhein, Elbe und Donau und tauchten unvermittelt vor den deutschen Städten auf. Dramatisch war die Lage vor allem an der Ostgrenze. Von hier fielen die Ungarn über das Reich her. 926 verwüsteten die Magyaren Franken, das Elsass und Alemannien. Heinrich musste vorübergehend auf die Pfalz Werla nördlich des Harzes fliehen und den Invasoren Tribut leisten. Schließlich nimmt sich der König ein Beispiel an der Taktik der Angelsachsen im Kampf gegen die Dänen in Britannien. Er errichtet Burgen entlang der Reichsgrenze und lässt diese stark befestigen. Dadurch gelingt es Heinrich, Ungarn und Wikinger wirksam zu bekämpfen. Neu eroberte Gebiete jenseits der Grenzen werden zu Marken, die von Markgrafen verwaltet und gesichert werden. Dieses bereits unter Karl dem Großen erprobte System bietet den Vorteil, dass sich der König nicht überall selbst um die Verteidigung der Grenzen kümmern muss.

Die Albrechtsburg im sächsischen Meißen wird 929 von König Heinrich I. angelegt. Der heutige Bau im Stil der sächsischen Spätgotik entsteht im 15. Jh. durch den Baumeister Arnold von Westfalen.

930

Parlament der Freien auf Island

Die isländische Landschaft Thingvellir; der historische Parlamentsplatz der Isländer ist eine Ebene, unter der die Europäische und die Amerikanische Kontinentalplatte aneinanderstoßen. Dies wird an Absenkungen und Rissen im Gelände deutlich. Der von den Isländern als eine Art Nationalheiligtum angesehene Ort ist seit 1928 Nationalpark und seit 2004 UNESCO-Weltkulturerbe (Gemälde von Thorarinn B. Thorlaksson, Reykjavik, 1900).

In der wikingischen Kolonie auf Island tritt zum ersten Mal das Althing, das älteste noch aktive Parlament der Welt, zusammen. Mit der Einrichtung dieser politischen Institution endet die Phase der ersten Besiedlung Islands. Ein weitgehend eigenständiges Reich hat sich auf der Insel etabliert.

Das Althing entspricht einer Volksversammlung, an der alle Freien teilnehmen dürfen. Die Isländer treffen sich künftig jährlich für zwei Wochen unter freiem Himmel im Thingvellir. Diese Parlamentsebene befindet sich rund 50 km von Reykjavík entfernt. Auf der Versammlung debattieren die Isländer über Streitfragen und Missstände. Das Althing behandelt all jene Fragen, die nicht in den einzelnen Regionalthingen entschieden werden können. Das Thingsystem stammt aus Skandinavien, wo es bislang jedoch ausschließlich auf Lokalebene abgehalten wurde.

930

»Schwarzer Stein« geraubt

Abu Tahir Suleiman, der Führer der Qarmatensekte, überfällt Mekka, die heilige Stadt des Islams. Die Qarmaten dringen in die Kaaba (arab. »Würfel«) ein und rauben den »Schwarzen Stein« (Hadschar), das bedeutendste Heiligtum der Muslime. Der Meteorit ist in die Ostmauer der sonst leeren Kaaba eingelassen. Nach der islamischen Religion wurde der Stein Adam bei dessen Vertreibung aus dem Paradies übergeben.

Ursprünglich soll der Stein eine helle Farbe gehabt haben. Die Kaaba soll von jedem Muslim einmal im Leben besucht werden. Als Zentrum der Kaaba ist der Stein Ziel aller islamischen Pilger. Dadurch, dass sie sich vor ihm verbeugen und seine Oberfläche küssen, saugt der Stein nach der Lehre Mohammeds die Sünden der Menschen in sich auf – die Erklärung für seine schwarze Färbung.

Der Raub des Heiligtums ist ein schwerer Schlag für die Muslime. Die Qarmaten behalten den Meteoriten mehr als 20 Jahre lang und geben ihn

930: Das im spanischen Hochland gelegene Kastilien erhält den Status einer Großgrafschaft. Hauptstadt des Gebiets wird Burgos.

erst nach Zahlung eines Lösegeldes wieder zurück. Seit dem 9. Jahrhundert entwickelten sich die Qarmaten im Gebiet von Irak, Jemen und Bahrain zu gefährlichen Gegnern des Kalifen. Ihren Namen leiten sie von Hamdan Qarmat ab, der die Sekte in der Mitte des 9. Jahrhunderts anführte.

Die Kaaba, ein mit schwarzem Brokat (Kiswa) bedecktes fensterloses Gebäude in Mekka, wird als zentraler Kultort des Islams verehrt.

Um 930

Versepos über ritterlichen Helden

Der Mönch Ekkehart verfasst im Kloster von Sankt Gallen das »Waltharilied«. Darin beschreibt er in lateinischen Hexametern die abenteuerliche Flucht des ritterlichen Helden Walther von Aquitanien und dessen Geliebter Hildegund von Burgund vom Hof des Hunnenkönigs Attila. Das Versepos spielt in der Zeit der Völkerwanderung. Walther und Hildegund sind Attila von den Königen Aquitaniens und Burgunds zusammen mit dem Recken Hagen als Unterpfand mitgegeben worden, um der Verwüstung ihrer Länder zu entgehen. Später können sie von Attilas Hof fliehen und erreichen nach Verfolgung und Kampf wieder ihre Heimatländer. Nach der Hochzeit mit Hildegund herrscht Walther viele Jahre als König. Als ursprüngliche Quelle für den Text zieht der Verfasser vermutlich ein bekanntes Heldenlied heran.

HOCHWERTIGE BUCHKUNST

Opulente Unikate aus der Klosterwerkstatt

Im 10. Jahrhundert steht die Kunst der Buchfertigung in nie gekannter Blüte. Die mittelalterlichen Bücher enthalten nicht nur wertvolles Wissen, sie gelten wegen ihrer Ausschmückungen auch als kostbare Kunstwerke. So wird der Reichtum eines Klosters nicht zuletzt an der Ausstattung seiner Bibliothek gemessen.

Die Arbeit der Schreiber und Buchillustratoren lässt sich anhand zeitgenössischer Abbildungen genau nachvollziehen. Es sind vorwiegend Mönche, die in eigens dafür hergerichteten Werkstätten gebeugt über den Folianten sitzen. Hauptbeschäftigung der Geistlichen ist es nicht, Texte zu verfassen. Vielmehr gilt ihre Konzentration dem Abschreiben bereits vorhandener Schriften, die auf diese Weise tradiert werden. Auch die Illustration der Bücher ist mönchische Aufgabe. So entstehen prächtige Lehr- und Gebetsbücher sowie anschauliche Bücher für die Missionsarbeit.

Kostbare Materialien: Diese sächsische Buchmalerei verwendet Blattgold auf Pergament (Anfang 10. Jh.).

Die in überwiegendem Maße religiösen Werke werden zu Ehren Gottes mit filigranen Malereien versehen. Große Buchkünstler verstehen es oftmals, einem Werk einen geradezu magischen Gehalt zu geben. Die verschwenderische Bebilderung und Ornamentik dient aber auch einem profanen Zweck. Sie hilft den Missionaren und Priestern, sich bei ihrer Arbeit im Text zurechtzufinden. Die vier Evangelien sind durch Schmuckseiten voneinander getrennt. Ein Initial zu Beginn des Kapitels dient als erste Orientierung für den Benutzer des Buches. Die meist als Miniaturen dargestellten Personen und biblischen Begebenheiten geben in erster Linie den Missionaren eine wichtige Hilfestellung bei der Christianisierung der Menschen in den noch heidnischen Gebieten. Dort unterstützen die farbigen Bilder die Wirkung des Wortes.

Die Bücher des Mittelalters sind Symbole des Wohlstands: Nicht nur die meist reichen Klöster, auch Fürsten, Könige und Kaiser sind auf eine gut bestückte Bibliothek bedacht. Vielfach schreibt man religiösen Büchern magische Fähigkeiten zu, wie ein Beispiel aus Irland zeigt. Als dort im 19. Jahrhundert das legendäre »Book of Durrow« aufgefunden wird, stellt sich heraus: Bauern, in deren Besitz sich das heilige Buch befand, haben dieses über Jahrhunderte hinweg in Behältnisse mit Wasser getaucht und die Flüssigkeit anschließend dem kranken Vieh

Der Federkiel ist das wichtigste Werkzeug: Mönche beim Kopieren von Texten (Miniatur, 13. Jh.).

zu trinken gegeben. Dass sich das wundertätige Werk trotz solcher Behandlung mehr als 1000 Jahre erhalten hat, zeugt von der qualitätvollen Arbeit der Mönche.

Hohes Niveau der Schriftlichkeit

Nachdem das Römische Reich im Westen untergegangen war, geriet die Kunst des Schreibens fast in Vergessenheit. Erst allmählich kam es im fränkischen Reich zur Wiederbelebung der Schriftkultur, die insbesondere mit der Christianisierung einherging. In den verschiedenen Regionen Europas entwickelten sich eigenständige Stile der Buchkunst.

Der keltische Stil stammt aus Irland. Bedeutende Werke der irischen Buchkunst sind mit dem »Book of Lindisfarne«, dem »Book of Kells« und dem »Book of Durrow« – alle nach ihren Fundorten benannt – bis in die Gegenwart erhalten geblieben. Die Evangeliare des frühchristlichen Irlands heben sich durch die Klarheit der Gestaltung von den Büchern des kontinentalen Festlands ab. Vorherrschende Farben sind Grün, Rot, Hellblau, Rosa, Violett und Gelb. Um die Initialen herum sind rötliche Konturpunkte gesetzt, die den Seiten einen rosafarbenen Schimmer verleihen. Bekannt sind die sogenannten Teppichseiten der irischen Werke. Sie zeigen verschlungene Ornamentik in Form von Flechtwerk, die Verwandtschaft mit heidnischen angelsächsischen Tierstilen aufweist. Bemerkenswert sind die Eigenarten in der Verzierung des »Book of Kells«. Hier verwenden die mittelalterlichen Buchmaler die Abbildung menschlicher Köpfe als Dekorelemente – eine Praxis, die bereits in vorchristlichen Jahrhunderten ein typisches Merkmal keltischer Kunst war.

Der keltische Stil ist auch in den Buchwerkstätten der angelsächsischen Königreiche nachweisbar. Dort erblühte im 10. Jahrhundert die sogenannte Winchester-Schule. Ihre Werke zeichnen sich durch eine ähnlich verspielte Ornamentik wie die der keltischen Vorbilder aus. Besonders bemerkenswert sind die extremen Oberlängen der Buchstaben. Der neue Stil hat den Naturalismus der karolingischen Kunst zur Grundlage, zeichnet sich jedoch gleichzeitig durch eine individuelle Gestaltung und einen großen Variantenreichtum aus. Die Winchester-Schule wird später von Einflüssen aus Kontinentaleuropa abgelöst, die sich bis nach Konstantinopel verfolgen lassen. Die östlichen Elemente werden besonders im größeren Detailreichtum der Figuren, wie beispielsweise dem Faltenwurf der Gewänder, deutlich.

933

Heinrich I. besiegt Magyaren

931: Papst Johannes XI. gewährt dem Kloster Cluny in Burgund das Recht, jeden Mönch in die Abtei aufzunehmen, dessen Heimatkloster sich der Durchführung von Reformen verweigert.

932: In einem arabischen Fürstentum in Persien legt sich ein unbekannter regionaler Herrscher den Titel »Sultan« zu. Es ist das erste Mal, dass der Begriff gebraucht wird. Er wird zum Titel für die Herrscher von Kleinkönigreichen (Sultanaten).

Bei Riade an der Unstrut erkämpft ein deutsches Heer unter Führung von König Heinrich I. einen Sieg gegen die Ungarn. Großen Teilen der Armee der Magyaren gelingt es nach der verlorenen Schlacht, zu entkommen. Das Lager der Ungarn wird gestürmt und die Gefangenen dort befreit. Der sächsische Geschichtsschreiber Widukind von Corvey berichtet von dieser Schlacht. Erstmals kann sich der Westen gegen die marodierenden Horden, die seit Jahren weite Teile Westeuropas verwüsten, durchsetzen.

Heinrich I. hatte 926 eine demütigende Niederlage erlitten, als er gegen die Auslieferung eines gefangenen Ungarnführers und hohe Tributzahlungen einen Waffenstillstand erkaufen musste. Darauf reorganisierte der König das Militärwesen im Reich und vereinte die deutschen Fürsten unter seiner Heerführung. Die sächsische Reiterei wurde vergrößert, die Ausbildung der Kavallerie verbessert. Um gegen die mit Pfeil und Bogen kämpfenden Magyaren bestehen zu können, ließ Heinrich die Rüstungen seiner Soldaten verstärken. Kein Pfeil sollte die deutschen Harnische durchdringen. In einer neuen Landesordnung schrieb Heinrich zudem den Bau von Burgen entlang der gefährdeten Gebiete vor. Die Bewohner arbeiteten über Jahre hinweg unentwegt an den Befestigungen. Als Heinrich den Waffenstillstand vorzeitig bricht, überrascht er die Ungarn mit einem schlagkräftigen Heer und uneinnehmbaren Festungen.

An der Unstrut kann der ostfränkische König Heinrich I. die einfallenden Magyaren stoppen. Die Unstrut ist ein linker, etwa 192 km langer Nebenfluss der Saale.

934
Wikingersiedlung Haithabu fällt

Rekonstruiertes Wikingerdorf: Die Siedlung Haithabu liegt günstig an der Schleswiger Landenge, die Nord- und Ostsee voneinander trennt.

Während eines Feldzuges an der Nordgrenze des Reichs erobert König Heinrich I. die Wikingersiedlung Haithabu. Die Normannen verlieren einen ihrer bedeutendsten Handelsstützpunkte. Die an der Mündung der Schlei gelegene Siedlung unterstand der Herrschaft des schwedischen Königs Knuba. Er wird zur Taufe gezwungen und unterworfen. Über Haithabu wird ein Großteil des Nordlandhandels abgewickelt.

935
Ichschididen in Ägypten

Der General Mohammed Ibn Tughdsch, bisher Statthalter des Kalifen von Bagdad, begründet am Nil die Ichschididen-Dynastie und erreicht weitgehende Unabhängigkeit vom Kalifat. Die Dynastie hat aber nur relativ kurze Zeit Bestand. Bereits 969 gelingt es den Fatimiden, einer schiitisch-ismailitischen Dynastie, den letzten Ichschididenherrscher zu stürzen.

935
Japanische Schriftsprache

Der japanische Autor Ki no Tsurayuki verfasst das älteste Prosawerk in japanischer Sprache. Es handelt sich dabei um den Reisebericht »Tosa-nikki«. Bisher wurde ausschließlich Chinesisch als Schriftsprache benutzt. Da die neue Art zu schreiben bis zu diesem Zeitpunkt nur von Frauen betrieben wird, legt sich Ki no Tsurayuki ein weibliches Pseudonym zu.

29. September 935

Brudermord in Böhmen

Im Zuge eines Aufstandes wird Wenzel I., der Herzog von Böhmen, ermordet. Wenzel fällt durch die Hand seines heidnischen Bruders Boleslaw I., der die Revolte mithilfe des Adels angezettelt hat. Sein gewaltsamer Tod lässt den Herzog zum Märtyrer werden. Wenzel, der erste Bauherr des Veitsdoms auf dem Hradschin in Prag und Münzherr des ältesten

Wenzel I. wird von seinem Bruder Boleslaw und Adligen ermordet (Illustration aus dem Codex Guelf, 15. Jh.).

böhmischen Geldes, wird zum Nationalheiligen und Schutzpatron Böhmens. Der Aufstand gegen den Herzog resultiert aus seiner reichsfreundlichen Politik und seiner Förderung der Christianisierung Böhmens.

Wenzel war von seiner Großmutter Ludmilla um 921 zum Herrscher Böhmens ernannt worden. Er verfolgte die politische Linie seiner Vorgänger, insbesondere des ersten christlichen Herzogs der Region, Borzivoy I. Böhmen hatte sich nach dem Zerfall der fränkischen Zentralgewalt den Luitpoldingern in Bayern zugewandt und u. a. seine Beziehungen zum Bistum Regensburg gefestigt. Wenzel führte diese Politik fort und näherte sich noch weiter dem Reich an. Zudem förderte er die Ausbreitung des Christentums in Böhmen. Damit machte er sich jedoch den mächtigen Adel des Herzogtums zum Feind. Die Wenzel untergebenen Fürsten hingen den alten, heidnischen Kulten an. Durch die Ausbreitung der Kirche fürchteten sie um eine Beschneidung ihres Einflusses. In Wenzels Mutter Drahomira fand der Adel eine Verbündete, die als Vormund ihres Sohnes zeitweilig die Regierungsgeschäfte geführt hatte. Zwar agierte Wenzel vorsichtig, aber als er im Jahr 929 König Heinrich I. huldigen musste, schwächte dies seine Position in Böhmen und es brach eine Zeit der politischen Wirren an. Schließlich erheben sich die Adligen unter Führung von Boleslaw und erschlagen Wenzel in seinen Gemächern.

Mit dem Mord an Wenzel beginnt eine Kette national motivierter religiöser Zerwürfnisse, die für die Region lange Zeit typisch bleiben.

935: General Wang Gon begründet im Koryoreich die Wang-Dynastie und vereinigt Korea, das nach dem Untergang des Königreichs Silla um 900 in vier Teile zerfallen war. Mit der Wang-Dynastie wird eine neue kulturelle Blüte in dem asiatischen Land eingeleitet.

936: Die sächsischen Adligen Hermann Billung und Gero richten Grenzmarken gegen die Elbslawen ein, um die Ostgrenze des Reichs gegen weitere Übergriffe zu sichern.

Um 936

Königswitwe als Klostergründerin

Mathilde, Gemahlin König Heinrichs I. und Mutter des deutschen Königs Otto I., gründet nahe der Pfalz von Quedlinburg ein Frauenkloster.

Die Gründung folgt dem Tod Heinrichs I., der auf dem Burgberg in Quedlinburg, dem Standort der heutigen Stiftskirche, bestattet wird. Mathilde selbst leitet das neu gegründete Stift während der ersten 30 Jahre und übergibt es 966 an ihre Enkelin Mathilde, die Tochter Ottos des Großen. Neben der Gründung des Stifts Quedlinburg gehen auch noch Klostergründungen in anderen Gebieten und Besitztümern, so in Pöhlde, Engern und Nordhausen, auf Mathilde zurück. 968 stirbt Mathilde, die aus dem Geschlecht Widukinds des Sachsen stammt, im Quedlinburger Stift. Sie wird in der Stiftskirche beigesetzt.

DIE STAATEN OSTEUROPAS

Rom oder Byzanz – wer macht das Rennen?

Im 10. Jahrhundert geht die Zeit der Landnahmen in Europa allmählich zu Ende. Die Ungarn sind geschlagen, die Wikinger werden auf dem europäischen Kontinent sesshaft. Deutsche und französische Könige treten das Erbe des Frankenreichs an. In Osteuropa entstehen Staaten, deren christliche Ausrichtung große Bedeutung erlangt.

In Russland entstand 882 durch die Vereinigung von Kiew und Nowgorod ein politisches Gefüge, das die großen europäischen Mächte auf sich aufmerksam machte. Das bis dahin isolierte Russland nimmt mit der griechischen wie mit der lateinischen Welt Kontakt auf. Da seine Bevölkerung noch nicht christianisiert ist, wird es für die weitere kulturelle und politische Entwicklung in Europa von unschätzbarer Bedeutung, welcher der beiden christlichen Richtungen sich die neue Macht anschließen wird. Schließlich kann sich Byzanz durchsetzen. Der Kiewer Großfürst Wladimir I. lässt sich 988 nach byzantinischem Ritus taufen und trägt das orthodoxe Christentum in das junge Reich an Don und Dnjepr.

Wenzel I. wird zum Schutzpatron des Landes (Miniatur, Sammlung Lobkowicz, Schloss Nelahozeves, 16. Jh.).

Polen als Vorposten Roms

Ungeachtet aller slawischen Wanderungsbewegungen waren die polnischen Stämme in ihrer Urheimat sesshaft geblieben. Im 9. Jahrhundert war es den Piastenherrschern gelungen, die Stämme zu einem Reichsgefüge zu verbinden. Damit war das mächtige Frankenreich auf den östlichen Nachbarn aufmerksam geworden und versuchte Einfluss zu gewinnen. Als Gero, der Graf der fränkischen Ostmark, 963 das Land zwischen Warthe und Oder dem deutschen Kaiser lehenspflichtig macht und Klein-Polen unterwirft, suchen sich die polnischen Herrscher Verbündete. Der Piastenfürst Mieszko I. heiratet die Tochter des Böhmenherzogs Boleslaw I. und lässt sich 966 nach lateinischem Ritus taufen. Damit stellt sich Polen unter die Autorität Roms und verhindert einen Übergriff des deutschen Reichs.

Christentum in Böhmen und Ungarn

Bis zum Tode seines Fürsten Svatopluk I. 894 war das großmährische Reich die beherrschende Macht des östlichen Mitteleuropas. Svatopluks Reich zerfiel 906 unter den Angriffen der noch heidnischen Ungarn. Die Führung der Tschechen ging an die böhmischen Herzöge aus dem Hause der Premysliden über. Der älteste fassbare Premyslide war Borzivoy I., der sich 874 taufen ließ. Unter seinen Söhnen und seinen Enkeln Wenzel I. und Boleslaw I. tobte ein Familienkrieg zwischen Getauften und Nichtgetauften, der mit Verrat und Mord ausgetragen wurde. Boleslaw ermordete seinen getauften Bruder Wenzel und trat selbst die Herrschaft an. Die Ungarn hatten sich zu Beginn des 9. Jahrhunderts im Karpatenbecken niedergelassen und überfielen von dort die Reiche im Westen. Nachdem der deutsche König Otto I. die Ungarngefahr mit der Schlacht auf dem Lechfeld (955) gebannt hat, wird das umherziehende Volk in Pannonien sesshaft. Dort entwickelt sich ihr Staatsgebilde zu einem Schutzschild gegen die aus dem Osten einfallenden Mongolen und Türken. Großfürst Géza und sein Sohn Wojk, der sich den Namen Stephan I. gibt, lassen sich 975 taufen und schließen ihr Land an die deutsche Kirchenorganisation an. Damit ist den byzantinischen Missionsversuchen Polens, Mährens und Böhmens ein Riegel vorgeschoben.

Stephan I., der Heilige, lässt sich im Jahr 1000 zum ungarischen König krönen (Reiterstandbild in Budapest, 1906).

7. August 936

Otto I. behauptet die Krone

Nach dem Tod von König Heinrich I. wird sein 24-jähriger Sohn Otto in Aachen zum deutschen König gekrönt. Bereits vor der Krönung scheint es über die Frage der Thronnachfolge Auseinandersetzungen innerhalb der Herrscherfamilie gegeben zu haben. Zeitgenössische Quellen berichten, dass Ottos Mutter Mathilde ihren jüngeren Sohn Heinrich bevorzugt hätte.

Zwei Jahre nach Ottos Regierungsantritt bricht im Adel ein Aufstand aus. Die Herzöge Eberhard von Franken, Eberhard von Bayern und Giselbert von Lotharingien erheben sich. Ottos Halbbruder Thankmar schließt sich mit unzufriedenen sächsischen Adligen dem Aufstand an. Aber der König behält die Oberhand. Thankmars Aufgebot wird geschlagen, Thankmar selbst hingerichtet.

Der 1240 geschaffene goldene Reiter vor dem Rathaus in Magdeburg wird als Skulptur Kaiser Ottos I. gedeutet.

939

Vietnam befreit sich von China

In Vietnam führen mehrere Aufstände zur Loslösung des Landes von chinesischer Oberhoheit. Nach mehr als 1000 Jahren hat Vietnam damit seine Autonomie erkämpft.

Seit Jahrhunderten hatten sich die Vietnamesen immer wieder gegen die chinesische Besatzung erhoben. Jetzt können sie die innere Krise Chinas nutzen, um sich vom Reich der Mitte zu lösen. Seit dem Ende der Tang-Dynastie versinkt das Riesenreich in politischen Wirren. Die militärische Kraft reibt sich in den inneren Machtkämpfen auf. Dem vietnamesischen Feldherrn Ngo Quyen gelingt es schließlich, sein Land in die Unabhängigkeit zu führen. Ngo Quyen steigt zum ersten Herrscher über das junge Reich auf. Es dauert jedoch noch rund 50 Jahre, bis der Krieg gegen China endgültig beendet ist und Vietnam auch im Innern zur Ruhe kommt.

Um 940

Bogomilen auf dem Balkan

Das nach dem Tod von Zar Simeon I. geschwächte Bulgarenreich wird von einer neuartigen Sekte überflutet, den Bogomilen (slaw. »Gottesfreunde). Diese berufen sich auf die Lehren des bulgarischen Priesters Bogomil, der eine dualistische Lehre begründete. Gott wird als Schöpfer des Universums, eines einheitlichen, guten Kosmos gesehen. Dieser Kosmos zerbrach aber in eine geistige und eine materielle Welt, das von Gott abgefallene Böse wurde dabei in der Welt der Materie eingeschlossen. Der Ansicht der Bogomilen nach ist die sichtbare, materielle Welt somit das Werk und die Welt des Teufels. Das Auftreten Christi auf Erden sei nicht materiell, sondern als bloßer Schein zu verstehen. Entsprechend lehnen sie die Empfängnis Christi, die Taufe, die Eucharistiefeier, die Verehrung des Kreuzes und die gesamte Organisation der orthodoxen Kirche ab. Die Bogomilen distanzieren sich von der in ihren Augen verweltlichten Kirche, predigen einen asketischen Rigorismus und verfolgen teilweise sozialrevolutionäre Zielsetzungen. Der herrschenden politischen Ordnung gegenüber nehmen die Bogomilen eine ablehnende Haltung ein.

Bogomilenstein von Stolac in Bosnien, wo die Bogomilen im 13.–15. Jh. als Träger des nationalen Widerstandes gegen das ungarische Königtum Rückhalt beim Adel und bei Hofe gewinnen.

941

Konstantinopel hält dem Sturm der Wikinger stand

Eine Flotte der Waräger, der osteuropäischen Wikinger, erscheint am Bosporus und bedroht Konstantinopel. Der Angriff kann abgewehrt werden. Die byzantinische Hauptstadt behauptet sich gegen ihre Feinde und demonstriert, dass sie nach einer Zeit der Krisen wieder zu alter Wehrhaftigkeit zurückgefunden hat. Als die Drachenboote – vom Norden des Schwarzen Meeres kommend – vor Konstantinopel auftauchen, treffen sie auf einen moralisch gestärkten Gegner.

»Griechisches Feuer«

Erst kurz zuvor hatte das Byzantinische Reich den Krieg gegen die arabischen Hamdaniden in Armenien erfolgreich beenden können. Das byzantinische Heer steht nun gut gerüstet für die Verteidigung der Stadt bereit. Die Waräger landeten zunächst an der bithynischen Küste. Von dort aus verwüsteten und plünderten sie ein großes Gebiet entlang des Bosporus. Dann tritt ihnen der byzantinische Feldherr Johannes Kurkuas entgegen. Mehrfach werden die Wikinger geschlagen, schließlich versuchen sie auf dem Seeweg zu fliehen. Aber Admiral Theophanes setzt den Drachenbooten nach. Seine Flotte ist mit der eindrucksvollsten Waffe bestückt, die das Byzantinische Reich aufzuweisen hat: dem »griechischen Feuer«. Dabei handelt es sich um eine brennbare Substanz, die aus Rohren auf feindliche Schiffe geschleudert wird. Die Masse brennt auch im Wasser weiter. Ihre Zusammensetzung gilt als das bestgehütete Geheimnis der byzantinischen Waffenmeister. Die Warägerschiffe werden durch das »griechische Feuer« vollständig vernichtet.

Nach zwei Jahren tauchen die Waräger erneut vor den Grenzen des Byzantinischen Reichs auf. Der Warägerfürst Igor segelt mit einem großen Kontingent bis an die untere Donau. Sein Gefolge wird durch Truppen der Petschenegen verstärkt, eines nomadischen Turkvolkes, das zwischen Wolga und Ural siedelt. Bevor es zu Kampfhandlungen kommen kann, lenkt Byzanz jedoch ein. Ein Unterhändler wird zu den Warägern entsandt. Beide Parteien einigen sich auf einen Vertrag, der den Warägern das Handelsrecht mit Konstantinopel einräumt. Das Abkommen erneuert eine ältere Übereinkunft aus dem Jahr 907. Damals war der Warägerfürst Oleg ebenfalls gegen Konstantinopel gezogen und hatte die militärisch geschwächte Stadt mit einer starken Flotte bedrängt. Die byzantinische Regierung war angesichts der massiven Bedrohung bereit, den Warägern das Handelsprivileg einzuräumen. Da das Abkommen den Wikingern jedoch große

Um 940: In Madrid entsteht der sogenannte Beatus-Kodex, der den Apokalypse-Kommentar des Beatus von Liébana enthält.

940: Ins schweizerische Wallis fallen die Sarazenen ein, die über die Alpen vorgerückt sind.

Vorteile eintrug, wurde es von Konstantinopel schon bald danach wieder gebrochen.

Wichtiger Handelsplatz

Die Metropole am Bosporus ist für die Waräger vor allem als Umschlagplatz attraktiv. Konstantinopel stellt eine Drehscheibe des Handels zwischen Asien und Europa dar. In der Stadt werden kostbare Güter wie Seide, Wein, Goldschmiedearbeiten und exotische Früchte umgeschlagen. Im Tausch für diese Luxuswaren bringen die Waräger u. a. Pelze und Sklaven nach Konstantinopel. Das byzantinische Militär benötigt ständig Nachschub an Söldnern und die Wikinger gelten als geschickte Kämpfer. So kommt es zur sogenannten Warägergarde am Bosporus. Bis zum Ende des Jahrhunderts besteht die Leibwache des byzantinischen Kaisers ausschließlich aus skandinavischen Söldnern.

Die von mächtigen Mauern umsäumte Stadt Konstantinopel kann von den Wikingern nicht eingenommen werden. Die Darstellung ist eine Fantasieansicht und beruht auf anderen Quellen (Holzschnitt, 1493).

941
Gescheiterter Aufstand

Heinrich, der jüngere Bruder des deutschen Königs Otto I., erhebt sich mit einigen Sachsenfürsten erneut gegen den König. Die Verschwörung wird entdeckt. Otto lässt einen Teil seiner Gegner enthaupten, andere schickt er in die Verbannung. Heinrich wird in Ingelheim in den Kerker geworfen. Schließlich gelingt ihm die Flucht. Otto verzeiht seinem Bruder.

945
Englisches Reformkloster

Im angelsächsischen Benediktinerkloster Glastonbury wird (der spätere heilige) Dunstan zum Abt ernannt. Dunstan macht seine Abtei zu einem kirchlichen und religiösen Reformzentrum und zu einem der wichtigsten Klöster Englands im Mittelalter. Als Ratgeber verschiedener Könige hat Dunstan starken politischen Einfluss. Später wird er Erzbischof von Canterbury.

Dezember 945
Bujiden erobern Bagdad

Bagdad, die Hauptstadt des islamischen Kalifats und Sitz des abbasidischen Kalifen, wird von dem bujidischen Heerführer Ahmad besetzt. In dem muslimischen Reich beginnt die Zeit der Bujidenherrschaft. Die Bujiden stammen aus dem nördlichen Iran. Neben Ahmad brachen auch seine beiden Brüder Ali und Hasan zu Eroberungszügen auf. Sowohl der Westiran als auch Irak fielen nach und nach in bujidische Hand. Gestärkt durch die Eroberungen, zog Ahmad schließlich gegen den Kalifen selbst.

Nach der Einnahme von Bagdad bleibt der Kalif zwar im Amt, wird jedoch zu einem Marionettenherrscher degradiert. Die drei Bujidenbrüder nehmen 946 die Titel an, unter denen sie in die Geschichte eingehen werden: Ali wird zum Imad Ad Daula (»Säule des Reichs«), Hasan zu Rukn Ad Daula (»Stütze des Reichs«) und Ahmad zu Mu'izz Ad Daula (»der den Ruhm des Reichs mehrt«). Das Staatsterritorium wird unter den Brüdern aufgeteilt.

Der Fall Bagdads ist ein Sinnbild für die tiefe Krise des Kalifats. Ihr Herrscher musste sich in den vergangenen Jahren verstärkt gegen Autonomiebestrebungen der islamischen Reichsteile zur Wehr setzen. Fast jedes Heer, das ein erobertes Gebiet besetzt hielt, versuchte dort ein autonomes Reich zu errichten. Auf diese Weise verloren die Abbasiden u. a. auch Mesopotamien, die Hauptversorgungsquelle des Kalifats.

Die Bujiden führen das islamische Reich zu neuer Blüte. Sie unterhalten diplomatische Beziehungen zu den Samaniden, den Hamdaniden, den Fatimiden und den Byzantinern. Die bujidischen Emire lassen Hospitäler einrichten und die

942: Auf den Britischen Inseln erhebt sich König Idwal Foel von Gwynedd (auf dem Gebiet des heutigen Wales) gegen die Herrschaft des englischen Throns. Die Rebellion wird niedergeschlagen, der aufständische König stirbt in der Schlacht gegen die Engländer.

943: Im Norden Chinas kommt es zu einer Reihe von Katastrophen. Nachdem eine Dürre die Ernte zum großen Teil vernichtet hat, wird das Land anschließend durch Überschwemmungen verwüstet. Zehntausende fliehen in den Süden.

944: Die Byzantiner erobern das sogenannte Mandylion von den Arabern zurück. Dabei handelt es sich um ein Bild Christi, das der Legende nach Wunder vollbringen kann. Die Reliquie war mit der Einnahme Edessas durch die Araber verloren gegangen.

Infrastruktur ausbauen. Die islamische Philosophie, Theologie und Dichtung erlebt eine Blüte. Wirtschaftlich ist die Zeit der Bujiden zwar durch Aufschwung geprägt, trotzdem reißen aber besonders die Militärausgaben tiefe Löcher in die Staatskasse. Um diese dauerhaften Belastungen zu umgehen, schaffen die Bujiden das sogenannte Iqta'-System, ein spezifisches System der Vergeltung staatlicher, insbesondere militärischer Dienste. Statt mit Geld werden die Staatsdienste mit Land vergolten. Die Ländereien, die zum Teil die Größe ganzer Provinzen umfassen, werden den Armee-Angehörigen für eine bestimmte Zeit zur Verfügung gestellt. Das Land wird aber nicht Eigentum der Staatsdiener und kann auch nicht vererbt werden, sondern fällt an den Sultan zurück. Dieser kann die Besitzer auch nach Belieben austauschen.

Die Bujiden sehen sich als Nachkömmlinge altiranischer Könige an. Durch sie wird die schiitische Richtung des Islams im Iran wiederbelebt; die abbasidischen Kalifen hatten seit Mitte des 8. Jahrhunderts die Sunna vertreten.

Silhouette einer Moschee im nächtlichen Bagdad; die Stadt fällt in die Hände der Bujiden, einer Dynastie islamisch-schiitischer Glaubensrichtung. Die Abbasiden werden entmachtet, der Kalif von Bagdad ist nur noch geistliches Oberhaupt der Muslime.

946

Kämpfe um den französischen Thron

Ludwig IV. kann sich dank der Hilfe des deutschen Königs Otto I. als König von Frankreich halten (Glasmalerei in der Basilika von Saint-Denis, 1890).

Ludwig IV. wird durch militärische Unterstützung seines Schwagers, des deutschen Königs Otto I., wieder als König von Frankreich eingesetzt. Die Revolte gegen den westfränkischen Thron bricht zusammen. Ludwig hatte sich seit dem Tod Wilhelms von der Normandie 942 darum bemüht, als oberster Lehnsherr der Normannen anerkannt zu werden.

Die Normandie war 911 von König Karl dem Einfältigen dem Wikingerfürsten Rollo als Lehen überlassen worden und hatte sich zu einem autonomen Gebiet entwickelt. Mit seinen Bemühungen machte sich Ludwig die Normannen zu Feinden. Gleichzeitig erwuchs ihm in Herzog Hugo von Franzien, der ihm 936 auf den Thron verholfen hatte, ein mächtiger Gegner. Als Ludwig dem Herzog die Bezahlung für den Kampf gegen die Normannen verweigerte, schloss sich Hugo mit diesen zusammen. Er nahm Ludwig gefangen und lieferte ihn den Normannen aus.

949

Araber verlieren Provence

Um 950: Der Perser Abu Al Razi beschreibt ausführlich die Herstellung von Alkohol.

In Nordafrika gründen die Araber die Stadt Algier, die sich zum bedeutenden Hafen und Handelsplatz entwickelt.

Die Sarazenen müssen die im Zuge ihrer Raubzüge nach Norden heimgesuchte Provence endgültig räumen. Die Reconquista, die Rückeroberung der von den Mauren besetzten Gebiete, erringt damit einen wichtigen Sieg.

Die im Süden des westfränkischen Reichs gelegene Provence hatte sich seit dem Ende des 9. Jahrhunderts zu einem eigenständigen Reich entwickelt. 935 schloss sich die Region Burgund an. Wiederholt wurde das Land am Unterlauf der Rhône von den Mauren aus dem Süden heimgesucht. Es gelang den Arabern, sich festzusetzen und im Massiv de Maures Siedlungen anzulegen. Die Grafschaft Fraxinetum, zugleich Name einer Bergfestung, war wichtiger Stützpunkt für ihre Vorstöße. Dieses Vordringen des Islams führte zum Zusammenbruch des Handels zwischen Barcelona und der Tibermündung. Viele Handelszentren waren vom Ruin bedroht. Die Bevölkerung schützte sich gegen Überfälle durch den Bau von Wehrdörfern. Auf schwer zugänglichen Hügeln errichteten die Einwohner Fluchtburgen und Wehrtürme, die sie gegen die Sarazenen verteidigen konnten. Nach dem Erfolg von 949 behaupten sich die Mauren vereinzelt noch bis 983 in den Küstengebirgen Südfrankreichs. Sie hinterließen in der Provence u. a. bedeutende medizinische Kenntnisse.

Mit der Rückeroberung der Provence feiert die Reconquista einen wichtigen Etappensieg: provenzalische Landschaft mit Lavendelfeld.

950

Neuer König von Italien

Nach dem Tod des italienischen Königs Lothar II. übernimmt Berengar II. von Ivrea die Herrschaft. Zunächst lässt er sich gemeinsam mit seinem Sohn Adalbert in Pavia krönen. Anschließend verfügt er die Einkerkerung von Lothars Witwe, Adelheid, weil sie sich seinen Heiratswünschen widersetzt. Ein Versuch der Herzöge von Bayern und Schwaben, Adelheid zu befreien, scheitert.

Um 950

Hospiz in luftiger Höhe

Der Überlieferung nach gründet der heilige Bernhard, später Patron der Bergsteiger und Alpenbewohner, das Hospiz auf dem Großen Sankt Bernhard. Die Passhöhe zwischen Rhônetal und Aostatal verdankt dem Heiligen ihren Namen. Bernhard war nach Aosta zum dortigen Archidiakon Peter geflohen, der ihn zum Priester weihte. Später wird Bernhard als Archidiakon von Aosta Nachfolger Peters.

951

Blütezeit von Andalusien

Das Kalifat von Córdoba drängt die christlichen Kämpfer in Spanien zurück. Nach anfänglichen Erfolgen gerät die Rückeroberung der Iberischen Halbinsel durch die Christen ins Stocken. Geschickt nutzten die Mauren innenpolitische Krisen der christlichen Reiche im Norden Spaniens aus.

Kastilien hatte sich von Asturien-León abgespalten. Der Pyrenäenstaat Navarra steckte noch in den Kinderschuhen. In einem raschen Feldzug machen die Araber Navarra, Asturien-León, Kastilien und Barcelona tributpflichtig. Córdoba hat sich damit eine starke Position erkämpft, denn auch im Süden sind die Grenzen gegen Nordafrika gesichert. Die christlichen Reiche schmerzt vor allem die Niederlage Asturiens, das als Kernland des Widerstandes gegen die islamischen Mauren gilt. Von großer symbolischer Bedeutung ist auch die Wallfahrtsstätte Santiago de Compostela in Nordspanien. Dort sollen die Gebeine des Apostels Jakobus des Älteren gefunden worden sein. Der Ort ist das Ziel zahlloser Pilger aus ganz Europa.

Al-Andalus – so die Bezeichnung für die spanischen Gebiete im arabischen Herrschaftsbereich – erblüht zu einem fruchtbaren kulturellen Zentrum. Zunächst eiferte man noch dem Orient nach. Zu Zeiten des Kalifats von Córdoba – im Jahr 929 waren die Omaijadenemire in Südspanien zu Kalifen aufgestiegen – wird al-Andalus selbst zum Vorbild. In einem Klima religiöser Toleranz arbeiten Muslime, Juden und Christen zusammen an der Übersetzung antiker Werke. Viele der geistesgeschichtlichen Ideen, die die Entwicklung des übrigen Europas bestimmen, finden hier ihren Ausgangspunkt. Für die »barbarischen« Christen aus dem nördlichen Spanien, die staunend vor der Pracht Córdobas stehen, hat man in al-Andalus nur milden Spott oder gar Verachtung übrig.

Córdoba ist von den spanischen Städten am stärksten von der maurischen Herrschaft und Kultur geprägt: Palast Madinat-az-Zahra.

954

Der Kaiser bindet den Klerus ein

Auf dem Reichstag in Arnstadt, etwa 20 km südlich von Erfurt gelegen, betraut König Otto I. geistliche Würdenträger mit weltlichen Aufgaben.

Das Reichskirchensystem, eine umfassende Umstrukturierung des Reichs, wird zu einem der wichtigsten Herrschaftsinstrumente der deutschen Könige und Kaiser im Hochmittelalter. Dass Otto die Geistlichkeit mit hohen Würden wie Lehensvergabe oder Ämtern versieht, geschieht nach außen hin als Respektsbezeugung vor der katholischen Kirche. Das Reichskirchensystem birgt jedoch noch einen weiteren, politischen Aspekt: Da die geistlichen Würdenträger aufgrund des Zölibats keine legitimen Erben haben, fallen ihre Rechte nach ihrem Tod wieder an den König zurück. Damit vermeidet Otto, dass die königliche Zentralgewalt durch die Berücksichtigung von Erbschaftsverpflichtungen geschwächt wird.

Otto I. und seine Gemahlin Editha als Weltenherrscher und Ecclesia (Sitzstatuen, Magdeburger Dom, Mitte 13. Jh.)

955

Siegeszug der Seldschuken beginnt

Der Ogusenfürst Seldschuk erobert Buchara (im heutigen Usbekistan) und begründet die Seldschuken-Dynastie.

Die Ogusen lebten ursprünglich nomadisierend in Turkestan. Seldschuk gilt als erfolgreicher militärischer Anführer. Anfänglich Heide, tritt der Fürst später zum Islam über. Nach dem Tod Seldschuks wandern riesige Nomadengruppen der Ogusen nach Westen. Innerhalb von 100 Jahren gelingt es den Seldschuken, das Kalifat von Bagdad unter ihre Kontrolle zu bringen. Seldschuks Enkel Tugrul beendet in Bagdad die Herrschaft der Bujiden und macht die Stadt unter seinem Sultanat zur Hauptstadt des großseldschukischen Reichs. Die Seldschuken verteidigen im Irak den sunnitischen Glauben gegen den Schiitismus, der bislang die Oberhand hatte.

954: Im indischen Khajuraho wird der Lakshmanatempel errichtet.

1.5.955: Der römisch-deutsche König Otto I. schlägt nach anfänglichen Misserfolgen mit seinem Sieg in der Schlacht bei Mühldorf endgültig den Aufstand des Adels in Bayern nieder.

KIRCHE UND KÖNIG

Die Einbindung der Reichskirche als Machtstütze

Wie Karl der Große baut Otto I. die Reichskirche als Gegengewicht zu den Ambitionen des Adels weiter aus. Er beteiligt den Klerus an der Regierung und stattet ihn mit staatlichem Besitz aus. Das System gründet auf der Verfügungsgewalt des Königs über das Kirchengut und auf der Investitur der Bischöfe und Äbte durch den König.

Im 10. und 11. Jahrhundert sind weltliche und kirchliche Gewalten eng verflochten. Schon seit den Karolingern unterstehen Papst und hoher Klerus dem Schutz des Königs. Die enge Verbindung von kirchlichen Institutionen mit weltlichen Gewalten dient seit dem Ausbau des Reichskirchensystems den deutschen Königen und römischen Kaisern als Instrument zur Sicherung und Festigung ihrer Herrschaft. Die Kaiserkrönung der Karolinger und Ottonen wies diese als rechtmäßige Nachfolger und Herrscher im römisch-deutschen Reich aus.

Ämter und Länder für den Klerus

Ein besonders ausgeklügeltes Reichskirchensystem etablieren die Ottonen. In einem Wechselspiel von Geben und Nehmen bauen sie die Kirche als eine feste Stütze ihrer Macht auf. Otto I. nimmt die alte Gepflogenheit Karls des Großen auf, die Bischöfe und bedeutenden Äbte mit hohen Reichsämtern zu betrauen, deren Erblichkeit wegen des Zölibats nicht zu befürchten ist. Er vermehrt das Kirchengut durch große, meist unkultivierte Gebiete. Im Gegenzug werden die Bistümer und Abteien zu Heeresdiensten und zum Unterhalt des königlichen Hofes herangezogen. Später umfassen die königlichen Landschenkungen ganze Grafschaften. In dieser Entwicklung liegt der Ursprung der geistlichen Landesherrschaft. Die Kirche wird im deutschen Reich – anders als etwa in Frankreich, wo sie eine Beute des hohen Adels zu werden droht – als eigenständiger Machtfaktor etabliert, der dem Staat dienstbar ist. Zugleich schafft Otto ein Bollwerk gegen die machthungrigen Herzöge und Grafen, deren dynastische Bestrebungen die königliche Macht bedrohen.

Otto ernennt die Bischöfe

Otto überträgt den geistlichen Fürsten die königliche Gerichtsbarkeit sowie Zollrechte (Regalien) und gesteht den Gebieten zu, dass sie vor Eingriffen königlicher Beamter sicher sind (Immunität). Zugleich sichert sich Otto

Verbindung zwischen Ottonen und Kirche: Christus-Darstellung mit Otto II., Theophanu und Otto III.

den Einfluss auf die Kirche: Er ernennt die Bischöfe und Reichsäbte, empfängt deren Lehenseid und überreicht ihnen – das wird seit seiner Herrschaft im deutschen Reich üblich – den Bischofsstab. Die kirchliche Wahl wird zu einer bloßen Formsache. Im deutschen Reich entsteht eine geistliche Fürstenwelt, deren Herrschaftsrechte erst beim Reichsdeputationshauptschluss im Jahr 1803 enden. Wie bei Karl dem Großen gibt es Institutionen, die zur Auswahl und Ausbildung für hohe geistliche Ämter dienen. Die künftigen Bischöfe und Reichsäbte werden in der königlichen Hofkapelle auf den Reichsdienst vorbereitet, bevor sie schließlich geweiht werden.

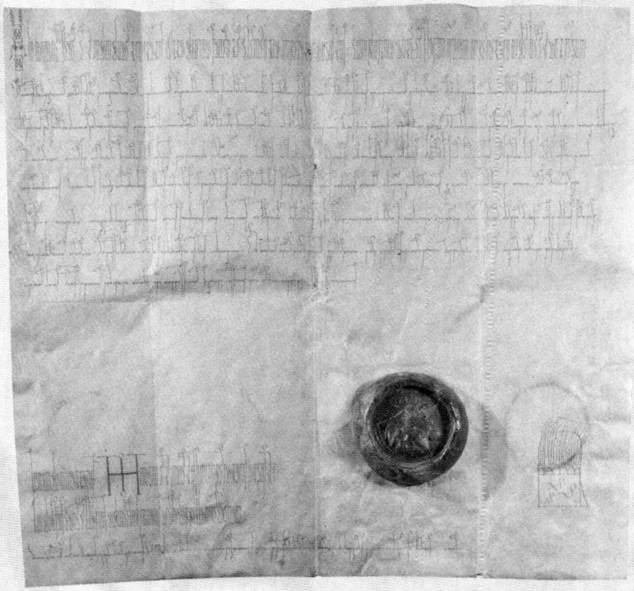

Reichskirche als Machtstütze: Privileg Kaiser Ottos I. für die Moritzkirche zu Magdeburg vom 9.7.965

Auch Päpste werden abgesetzt

Die enge organisatorische und personelle Verflechtung zwischen Reich und Kirche festigt sich unter den Nachfolgern Ottos. Wahrscheinlich schon unter Heinrich II. zu Beginn des 11. Jahrhunderts erhalten die geistlichen Reichsfürsten das Recht, bei der Königswahl mitzuwirken. Jahrhunderte später können die Erzbischöfe von Köln, Mainz und Trier im Heiligen Römischen Reich Deutscher Nation (diese Bezeichnung bürgert sich erst im 15. Jahrhundert ein) dieses Privileg schließlich im Kreis der sieben wahlberechtigten Kurfürsten ausüben.

Das Recht der königlichen Investitur erlaubt es auch, dass beispielsweise König Heinrich III. sich Mitte des 11. Jahrhunderts als geistliches und weltliches Haupt sieht, das auch Christus auf Erden vertritt. Er nennt sich »rex et sacerdos vicarius Christi«, König und Priester, Stellvertreter Christi. Ganz nach seinem Belieben setzt Heinrich III. Päpste ab oder ein. Auch andere christliche Herrscher der Zeit bedienen sich zumindest einiger Elemente des Reichskirchensystems, allerdings wird es nirgends so effizient praktiziert wie im deutschen Reich. Die durch Otto den Großen initiierte Vermischung von Kirchenämtern und Reichsaufgaben führt schließlich zum größten Streit des Mittelalters, dem Investiturstreit. Als Rom 1059 verbietet, Kirchenämter durch Laien zu besetzen und dies wenig später auf die Verleihung des Bischofsamtes durch den deutschen König erstreckt, trifft dieses Verbot nicht nur das kirchenrechtliche Privileg des Königs, sondern wird zu einem wichtigen innenpolitischen Streitpunkt. Eine vom König unabhängige Besetzungspolitik kirchlicher Ämter durch die Kirche gewährt dieser einen erheblichen Einfluss auf die Zusammensetzung der weltlichen Fürstenversammlung. Als das Wormser Konkordat von 1122 den Investiturstreit beendet und sich die kirchliche Autorität gegenüber der weltlichen emanzipiert, ist das ottonische Reichskirchensystem am Ende.

10. August 955

Sieg auf dem Lechfeld – Otto I. schlägt die Ungarn

In einer erbitterten Schlacht besiegt ein vereintes deutsches Heer unter Führung König Ottos I. die Ungarn auf dem Lechfeld bei Augsburg. Nach jahrzehntelangen Kämpfen ist die Bedrohung durch ungarische Invasionen gebannt.

»Heiliger Krieg« beginnt

Mitte Juli glaubten die Ungarn, eine günstige Gelegenheit für einen weiteren Plünderungs- und Eroberungszug im deutschen Reich nutzen zu können. Die deutschen Fürsten waren zerstritten. Otto I. bemühte sich, den aufbegehrenden Adel unter Kontrolle zu halten. Erst im Dezember 954 konnte der König einen lange währenden Streit mit dem Herzog von Schwaben beilegen. Dann aber war es Otto relativ schnell gelungen, die Fürsten gegen den gemeinsamen Feind aus dem Osten einzuschwören. Der König rief zum »Heiligen Krieg« auf, bei dem man nicht nur gegen Feinde des Reichs, sondern gegen Feinde Gottes und des Christentums ziehen werde. Innerhalb von nur vier Wochen sammelte sich ein Heer bei Ulm. Truppen aus allen Teilen des Reichs trafen ein, um die Eindringlinge zu vertreiben. Die Ungarn belagerten bereits Augsburg, das von Bischof Ulrich noch gehalten wurde. Von Ulm aus eilte das Reichsheer der Stadt zu Hilfe und erreichte sie noch rechtzeitig. Die Ungarn zogen sich zunächst vor dem plötzlich auftauchenden Gegner zurück, dann sammelten sich die Heere für die Entscheidungsschlacht.

Am Tag des heiligen Laurentius treffen Ungarn und Deutsche aufeinander. Das deutsche Heer zählt rd. 10000 Panzerreiter. Obwohl die ungarische Reiterei unterlegen ist, gelingt den Magyaren ein erster Erfolg. Ein Teil der ungarischen Truppen kann die böhmische Nachhut überfallen. Andere, aus Schwaben bestehende Einheiten werden vollständig aufgerieben. Otto erkennt die kritische Lage und sendet die fränkische Abteilung unter Konrad dem Roten in den Kampf. Die ungarische Attacke gerät ins Stocken. Der Erfolg der Franken spornt die deutschen Truppen wieder an. Die Ungarn erleiden eine entscheidende Niederlage. Entgegen bisherigen Gewohnheiten lässt Otto die fliehenden Feinde verfolgen und vernichten.

Zum Kaiser ausgerufen

Otto ist der Legende nach mit der heiligen Lanze in die Schlacht gezogen, in die ein Nagel vom Kreuz Christi eingelassen sein soll. Mit dem Sieg gegen die Heiden hat er die göttliche Legitimierung seines Königtums unter Beweis gestellt. Nach dem Kampf soll das Heer ihn zum Kaiser ausgerufen haben. Legitimer Kaiser wird er

957: Unter der Zhouregierung wird in China der Lauf des Flusses Bian für den zunehmenden Schiffsverkehr begradigt und erweitert.

958: Die Fatimiden erobern unter dem Feldherrn Djauhar den westlichen Maghreb.

959: Nach dem Tod von König Edwy besteigt dessen jüngerer Bruder Edgar I. den englischen Thron. Edgar holt den heiligen Dunstan aus der von Edwy verhängten Verbannung zurück und ernennt ihn wieder zum ersten Minister des Landes.

Der byzantinische Kaiser Konstantin VII. arbeitet an mehreren Büchern über die Regierungsgeschäfte. Das Werk »De Administrando Imperii« ist als Leitfaden für seinen Sohn gedacht.

jedoch erst mit der Krönung durch den Papst im Jahr 962.

Um der Gefahr weiterer Einfälle vorzubeugen, lässt Otto im Osten des Reichs neue Markgrafschaften einrichten, die als Pufferzonen zwischen Ungarn und dem Reichsgebiet dienen.

Schlacht auf dem Lechfeld: Nach ihrer Niederlage werden die Ungarn an der Theiß und der mittleren Donau sesshaft (Buchmalerei, 1457).

Um 960

Christentum erreicht Dänemark

Runensteine von Jelling: Die Kultstätte zeugt von den Anfängen des Christentums in Dänemark.

Der dänische König Harald Blauzahn (Blaatand) nimmt für sich und seine Untertanen das Christentum an. Gleichzeitig lässt er in der wikingischen Residenz Jelling auf Jütland zwei Runensteine aufstellen.

Zwischen zwei monumentalen künstlichen Hügeln gelegen, erinnert das Denkmal an die Frühzeit der nordischen Christianisierung. Der größere der beiden Hügel war etwa zwei Jahre zuvor zur Grabstätte des um 940 verstorbenen Königs Gorm des Alten, Haralds Vater, geworden. Aus Anlass seiner Bekehrung zum Christentum lässt Harald Blauzahn den Leichnam seines Vaters nun in eine bei den Runensteinen stehende Kirche umbetten, deren Ornamentik christliche Elemente mit Motiven der nordischen Mythologie mischt.

960

Proklamation der Song-Dynastie

Durch einen Militärputsch gelingt es dem späteren Kaiser Tai Tsu in China, die Macht an sich zu reißen. Er begründet die Song-Dynastie, die das Land bis 1279 beherrscht. Das wirtschaftliche Zentrum des Staates verlagert sich in die Provinzen südlich des Yangzi. Durch umfangreiche Deichbauten werden dort die landwirtschaftlichen Anbauflächen ausgeweitet. Wirtschaftlich und kulturell erlebt China unter der Song-Dynastie eine Blüte. In der gesellschaftlichen Ordnung erreichen die mit höherer Bildung ausgestatteten Zivilbeamten als Träger der Staatsmacht eine herausragende Bedeutung. Neben den Großgrundbesitzern entsteht die neue Schicht der Großkaufleute, die in ihrer Lebensführung den Beamten nahezu gleichgestellt sind. Zugleich bildet sich in den Städten ein Mittelstand aus Handwerkern und Kaufleuten.

960

Ostmark wird Österreich

Nach dem Sieg über die ungarischen Truppen auf dem Lechfeld stellt der deutsche König Otto I. die Ostmark wieder her. Das Gebiet gilt als Keimzelle des späteren Österreichs.

Bereits Karl der Große hatte an den Außenbezirken seines Reichs Markgrafschaften eingerichtet, in denen Markgrafen mit der militärischen Kontrolle der gefährdeten Gebiete betraut waren. Im Gegensatz zur karolingischen Mark sind die Grenzen der neu geschaffenen Provinz zwischen Enns und Traisen nach Osten hin offen. Im südlichen Markengürtel entsteht ferner die Mark an der Drau und der mittleren Mur, die auch »Kärntnermark« genannt wird und die Gebiete der mittleren und oberen Steiermark bis Pitten und Aspang in Niederösterreich umfasst.

Weiter nördlich, im Gebiet von Ostthüringen und Sachsen, kommt es ebenfalls zur Einrichtung von grenzgebietssichernden Marken. Dazu zählen die Marken Lausitz, Merseburg und Zeitz. Auch ganz im Norden des Reichs lässt Otto Marken errichten. Einer Nordmark folgt die Mark der Billunger, die bis nach Schleswig reicht und hier die Grenze zum Königreich Dänemark bildet. Das sächsische Adelsgeschlecht der Billunger ist unter Otto I. mit dem Grenzschutz an der unteren Elbe betraut.

Die Ostmark wird zur Keimzelle von Österreich: In der Schenkungsurkunde Ottos III. von 996 wird erstmals die Bezeichnung »Ostarrichi« erwähnt.

2. Februar 962

Krönung von Otto I. – eine Erneuerung des Kaisertums

Papst Johannes XII. krönt Otto I., den Großen, in Rom zum Kaiser. Die Zeremonie markiert den Beginn des mittelalterlichen deutschen Imperiums, das – in seiner Spätzeit als Heiliges Römisches Reich Deutscher Nation bezeichnet – bis zum Jahr 1806 bestehen wird.

Kampf um Rom

Otto erlangt die Kaiserwürde wie schon Karl der Große nach einem Hilferuf des Papstes. Ausschlaggebend dafür war Ottos Rivale Berengar II. Sowohl Otto als auch der Langobardenkönig strebten die Herrschaft über Rom an. Die Stadt stellte einen unabhängigen Machtfaktor dar, in dem Adelsgruppen um die weltliche Macht fochten. Als »Princeps et Senator Romanus« beherrschte der mächtige Adlige Alberich Rom. Er hatte seinen Sohn als Johannes XII. zum Papst wählen lassen. Als Berengar II. drohte, die Stadt einzunehmen, sah Johannes XII. keinen Ausweg, als den deutschen König Otto um Hilfe zu bitten. Im Gegenzug dafür stellte Johannes XII. Otto die Kaiserkrone in Aussicht. Zehn Jahre zuvor hatte der Pontifex dem deutschen Herrscher den Imperatortitel noch verweigert.

Otto zog im Spätsommer 961 über den Brenner nach Italien, um gegen Berengar vorzugehen. Dieser musste rasch vor den deutschen Angriffen zurückweichen. Von Pavia aus zieht Otto 962 in Rom ein und lässt sich im Alter von 50 Jahren die Krone aufs Haupt setzen. Für ihn bedeutet die Erhebung zum Kaiser eine Erneuerung des Reichs Karls des Großen.

Mit der kaiserlichen Macht ausgestattet, gelingt es Otto, die Zentralgewalt gegenüber den deutschen Fürsten zu stärken. Auch die Beziehungen zum Papsttum werden erneuert. Am 13. Februar des Krönungsjahres unterzeichnen Otto und das Kirchenoberhaupt das »Pactum Ottonianum«. Darin bestätigt der Kaiser die Pippinsche Schenkung und garantiert damit die Unantastbarkeit des Kirchenstaates. Dem Kaiser untersteht dagegen die gerichtliche Oberaufsicht über Rom. Ferner verpflichtet sich der Papst, dem Kaiser einen Treueeid zu leisten.

Konflikte mit den Päpsten

Die Vereinbarung sorgt bald für Uneinigkeit zwischen Otto und Johannes XII. Der Papst beharrt trotz des Vertrages auf der Selbstständigkeit des Heiligen Stuhls. Als Otto protestiert, verbündet sich Johannes XII. mit seinem ehemaligen Gegenspieler Berengar II. Otto lässt Berengar gefangen nehmen und schickt ihn nach Bamberg ins Exil. Den Papst lässt er 963 auf einer Synode in Rom absetzen und erhebt stattdessen seinen

Um 960: Der Mönch Aehtelwold übersetzt die Benediktinerregel in die angelsächsische Sprache.

961: Bischof Landelous hält sich in Basel auf. Der nach ihm benannte Landelous-Stein ist das einzige inschriftlich datierte Steinbildwerk in der Schweiz aus dem 10. Jh.

Die achteckige deutsche Kaiserkrone ist mit 144 Edelsteinen besetzt. Sie stammt wahrscheinlich aus der zweiten Hälfte des 10. Jh.

Parteigänger Leo VIII. zum Kirchenoberhaupt. Zudem fordert der Kaiser den Römern einen Eid ab, nach dem sie vor jeder Papstwahl die Zustimmung von Otto und seinen Nachkommen einholen müssen. Damit ist der deutsche Herrscher am Ziel: Der Papst untersteht endgültig der kaiserlichen Macht.

Nachdem Otto in seine Heimat zurückgekehrt ist, zieht Johannes XII. wieder in Rom ein. Er stirbt am 14. Mai 964. Ohne Ottos Zustimmung wählen die Römer Benedikt V. zu seinem Nachfolger. Daraufhin kehrt der Kaiser im Juni nach Rom zurück. Er vertreibt Benedikt und setzt erneut Leo VIII. ein. Ein Ende der Machtkämpfe mit Rom und dem Heiligen Stuhl gelingt Otto jedoch nicht. Zwischen 966 und 972 führt ihn ein weiterer Italienfeldzug erneut nach Rom, wo er seinen Sohn Otto II. zum Kaiser krönen lässt.

OTTONISCHES KAISERTUM

Die Herrscher des Abendlandes

Seit der Krönung Ottos I. besitzt der deutsche König die Anwartschaft auf den Kaisertitel. Die Kaiserwürde erfordert die Salbung und Krönung durch den Papst. Der Kaiser ist damit Schirmherr der Christenheit sowie des christlichen Glaubens und hat theoretisch die Oberhoheit über alle anderen abendländischen Herrscher.

Die Krönung Ottos I. stellt das Kaiserreich des Abendlandes wieder her, das mit Karl dem Großen begründet wurde und unter seinen Nachfolgern wieder zerfallen ist. Die Kaiserkrone verleiht ihrem Träger Einfluss in Italien und damit einen Zuwachs an Macht und Reichtum. »Kaiser«, vom römischen Titel »Cäsar« abgeleitet, war die Bezeichnung für den höchsten weltlichen Herrscher, den Regenten des Römischen Reichs. Die Geburtsstunde des abendländischen Kaisertums war die Krönung des Frankenkönigs Karl des Großen in Rom am 25. Dezember 800 durch Papst Leo III. Karl nannte sich nach der Krönung »Imperator et Augustus« (Befehlshaber und Erhabener). Der römische Ehrenname Augustus geht mit dem Zusatz »semper« (ewig) auf die römischen Kaiser deutscher Nation, die sächsischen Ottonen, über.

Kaiser Otto II. mit den ihm huldigenden Provinzen Germania, Francia, Italia und Alemannia (Buchmalerei, um 983)

Das Kaisertum bringt dem König einen Vorrang an Würde und Hoheit, jedoch nicht automatisch eine Stärkung seiner Macht. Wenn er auch theoretisch die Oberhoheit über das Abendland beanspruchen kann, hat er niemals die Universalherrschaft inne. Der Kaiser ist als »Advocatus Ecclesiae« (Verteidiger der Kirche) zum Schutz der Christenheit verpflichtet. Stets sind die Kaiser bestrebt, das Kaisertum vom Papsttum unabhängig zu machen. Dem Oberhirten der Christenheit steht die Kaiserkrönung als päpstliches Vorrecht zu. Um dennoch Einfluss auf die Vergabe der Krone zu erlangen, versuchen die Ottonen immer wieder, die Päpste selbst einzusetzen und unter ihre Kontrolle zu bekommen.

Der Kaiser wird, wie bei der Königswahl, von den Großen des Reichs, später den Kurfürsten, gewählt. Der Erzbischof von Mainz als Reichserzkanzler hat innerhalb eines Monats nach dem Ableben des bisherigen Kaisers die Wahl nach Frankfurt am Main auszuschreiben.

Friede mit Byzanz

Als sich nach der Krönung Ottos I. die langobardischen Fürstentümer in Süditalien unter die Oberhoheit des Kaisers stellen, kommt es zum Streit mit dem Byzantinischen Reich, das ebenfalls Ansprüche auf Unteritalien erhebt. Zudem ersteht das Zwei-Kaiser-Problem neu: Byzanz fühlt sich – wie bei Karl dem Großen – durch die Kaiserkrönung provoziert. Aus der Sicht Ostroms handelt es sich bei Otto dem Großen um einen Usurpator. Nach jahrelangen Kämpfen einigen sich die Streitparteien auf der Grundlage der bestehenden Verhältnisse. Welches Ansehen Otto I. am Ende seiner langen Regierungszeit genießt, offenbart der Hoftag von Quedlinburg, der kurz vor dem Tod des alten Kaisers 973 stattfindet. Fürsten und Gesandte aus vielen Ländern kommen zusammen, um dem mächtigsten Herrscher des Abendlandes die Ehre zu erweisen. Sein Sohn und Nachfolger Otto II. hat bald schon mit Aufständen zu kämpfen. Der vorletzte Ottonenherrscher, Otto III., trägt sich – tief von den religiösen Strömungen der Zeit durchdrungen – mit dem Gedanken der »Erneuerung des Römischen Reichs« im christlichen Glauben. Er setzt seinen Vetter Bruno von Kärnten als ersten deutschen Papst (Gregor V.) ein, der nun seinerseits den deutschen König zum Kaiser krönt. Seine eigene Stellung sieht Otto III. mindestens als gleichrangig mit dem Papst an, denn er erwählt die Päpste und beansprucht auch das Recht, über die kirchlichen Güter zu verfügen.

Otto II. heiratet eine byzantinische Prinzessin: Prachturkunde über die Morgengabe für Theophanu.

963

Mönchsrepublik auf dem »Heiligen Berg« Athos

Auf der griechischen Halbinsel Athos gründen orthodoxe Mönche das Kloster Moni Lawra. Noch im selben Jahrhundert werden auf Athos die heute noch bestehenden Klöster Vatopedi und Iviron gegründet. 980 lassen sich auch Benediktinermönche aus Amalfi auf Athos nieder.

Ein Kreis von Einsiedlern

Anders als das mönchische Leben im Westen sind die Klöster der Ostkirche nicht durch bestimmte Orden besetzt. Dennoch gibt es feste Regeln des Zusammenlebens. Die Gemeinschaft des Klosterlebens ist dennoch viel lockerer geregelt als im Westen. Während dort die drei mönchischen Grundtugenden Armut, Keuschheit und Gehorsam sind, setzt der Osten andere Akzente: das Wachen, das Fasten, das Beten und die Tränen. Nicht das gemeinschaftliche Leben steht im Vordergrund, sondern die Versenkung und dadurch die Bemühung, Gott in der Meditation näher zu kommen. Im Grunde wird die Gemeinsamkeit lediglich durch zwei von allen Mönchen im Kloster gefeierten täglichen Gottesdiensten – früh am Morgen und am Spätnachmittag – gewährleistet. Vorge-

Das in den Fels gebaute Kloster Grigorius auf Athos. Gegenwärtig gibt es in der Mönchsrepublik 20 Großklöster.

Ins Gebet versunkener Mönch auf Athos; die Mönche des ersten Klosters Moni Lawra sind Koinobiten (»in Gemeinschaft Lebende«), die sich täglich acht Stunden lang dem Gebet widmen.

schrieben sind außerdem zwei strenge Fastentage in der Woche, an denen es nur eine karge Mahlzeit gibt. Die übrige Zeit des Tages verbringt der Mönch allein. Man nennt diese Form des Klosterlebens das Koinobitentum, das organisierte Zusammenleben von Einsiedlern in lockerer Gemeinschaft.

Heiler und Mystiker

Das Mönchtum hat in der Ostkirche eine große Bedeutung erlangt. Viele Christen schreiben den Mönchen besondere Gaben zu. So sollen sie u. a. fähig sein, Kranke zu heilen. Als ledige Geistliche stehen sie in höherem Ansehen als die verheirateten Priester. Bis zum 13. Jahrhundert sind sie die Spender der Beichte. Das östliche Mönchtum ist von einer tiefen Mystik durchdrungen.

Im 11. Jahrhundert werden zehn weitere Klöster auf Athos gegründet. Viele Mönche aus wohlhabenden Familien bringen ihr Vermögen ein und überlassen den Klöstern ihre Ländereien. Geschenkte Gebiete aus der Hand byzantinischer Kaiser und anderer Fürsten kommen hinzu. Die Mönche der Athosklöster werden zu Großgrundbesitzern. Im Laufe der Jahre siedeln sich russische Mönche an, 1198 beziehen serbische Mönche ein eigenes Kloster. Ein strenges »Typikon«, eine Klosterordnung, wonach der Gesamtleiter des Klosters nichts ohne die Versammlung der anderen Klostervorsteher und diese nicht ohne ihn tun dürfen, ist aus dem Jahr 971/72 bezeugt. Die »Mönchsrepublik« ist nach dem Synodalprinzip der orthodoxen Kirche aufgebaut.

965: Byzanz erobert die Mittelmeerinsel Zypern von den Arabern zurück, verwaltet sie künftig aber mit ihnen gemeinsam.

Das bereits seit dem 7. Jh. bestehende Chasarenreich zwischen Dnjepr und Wolga wird von den Warägern der Kiewer Rus mithilfe der Petschenegen zerschlagen.

966

Christianisierung der Polen

Bis zum heutigen Tag ist das römisch-katholische Christentum in Polen fest verankert: Gläubige vor der Kapelle der Mutter Gottes im berühmten Wallfahrtsort Tschenstochau.

Der erste historisch fassbare Herrscher Polens, Herzog Mieszko, lässt sich taufen. Mieszko gilt als Sohn des legendären Piastenfürsten Ziemomysl. Das fürstliche und königliche Geschlecht der Piasten regiert in Polen noch bis 1370, in Schlesien bis 1675.

Das Christentum hält mit Mieszkos Taufe in einem weiteren osteuropäischen Land Einzug und Polen schließt sich an das christliche Europa an. Mieszko entscheidet sich aus politischen Gründen für die Bekehrung zum katholischen Glauben. Die Einführung des Christentums in Polen wendet den drohenden Zugriff des römisch-deutschen Kaisers auf Mieszkos Territorium ab. Der Piastenfürst hatte die altpolnischen Stämme unter seiner Oberhoheit vereint.

Unter seiner Führung kam es zu einer mehrfachen Bedrohung der Ostmarkgrenzen, die von dem Markgrafen Gero wiederholt zurückgeschlagen werden konnte. Kaiser Otto I. erkannte in dem Nachbarn eine Bedrohung. Da die Polen noch ihre alten Götter verehrten, konnten sie zu einem legitimen Opfer seines Expansionsdrangs werden. Die Taufe Mieszkos nimmt dem Kaiser jedoch die Rechtfertigung zur Eroberung. Da sich der Piastenfürst zudem unter Ottos Oberhoheit stellt, ist ein Angriff damit abgewendet. Im Zuge der Christianisierung erobert Mieszko weitere Besitzungen heidnischer Slawenstämme im Gebiet der Odermündung.

Um auch eine künftige Übernahme durch die Ottonen zu verhindern, übereignet Mieszko sein Land vor seinem Tod dem Papst. Nach Miezkos Tod im Jahr 992 tritt sein Sohn Boleslaw I. Chobry die Nachfolge an. Er führt die Politik seines Vaters erfolgreich fort.

966

Kloster im Meer – Mont-Saint-Michel

Richard I., Herzog der Normandie, stiftet eine Abtei. Das Kloster wird auf einem Felsen errichtet, der der normannischen Küste vorgelagert ist, dem Mont-Saint-Michel. Die Abtei entwickelt sich rasch zu einem kulturellen Zentrum. Kurz nach Gründung des Klosters errichten auch weltliche Siedler Gebäude auf der Insel. Zu Beginn des 8. Jahrhunderts wurde auf dem Eiland eine Kirche errichtet, die ab 1023 durch ein großes Gotteshaus ersetzt wird, das sich bis in die Gegenwart über dem Meer erhebt.

Ins 8. Jahrhundert fällt auch die Abtrennung vom Festland. Während die umliegenden Gebiete durch eine Flutkastastrophe vom Meer fortgespült wurden, hielt der Granitfelsen den Naturgewalten stand.

Kloster Mont-Saint-Michel: Namenspatron des Granitfelsens ist der Erzengel Michael, der dort einen Kampf gegen den Teufel ausgefochten haben soll.

967

Widukind verfasst Sachsenchronik

Im westfälischen Kloster Corvey vollendet der Mönch Widukind sein Werk »Rerum Saxoniarum Libri III«. Die Schrift wird zu einer der bedeutendsten Quellen der Geschichtsforschung. Widukind hatte zunächst damit begonnen, Legenden der Sachsen zusammenzutragen. Der wachsende Ruhm des Stammes unter Kaiser Otto I. veranlasste den Gelehrten, sich intensiver mit der Vergangenheit seines Volkes auseinanderzusetzen. Das Werk beginnt mit der Genese des germanischen Stammes und reicht bis zur Kaiserkrönung Ottos I. im Jahr 962.

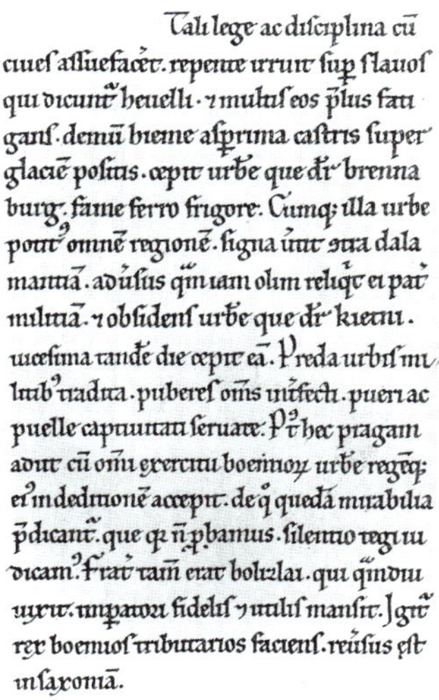

Tali lege ac disciplina cũ
cives assuefacer. repente irruit sup slavos
qui dicunt heuelli · 7 multis eos plus fati
gans. demũ hieme asprima castris super
glacie positis. cepit urbe que dr brenna
burg. fame ferro frigore. Cumq; illa urbe
pot omne regione. signa iunc cora dala
mantiã. adũsus qm iam olim reliqt ei pat
miltiã. 7 obsidens urbe que dr kiem.
uicesima tande die cepit ea. Preda urbis mi
litib tradita. puberes oms intfecti. pueri ac
puelle captiuitati servate. Post hec pragam
adiit cũ omi exercitu boemior urbe regeq;
ei in dedicione accepit. de q queda mirabilia
pdicant. que qa n pbamus. silentio tegi iu
dicam. Frat tam erat bolizlai. qui qndiu
uixit. imperatori fidelis 7 utilis mansit. Igit
rex boemios tributarios faciens. reusus est
in saxonia.

Textstelle über die Kämpfe Kaiser Heinrichs I. gegen die Slawen (Faksimile nach der Handschrift in der Sächsischen Landesbibliothek Dresden)

969

Fatimiden gründen die Stadt Kairo

Die Al-Azhar-Moschee (»die Blühende«) ist Teil der von den Fatimiden gegründeten Palaststadt in Kairo.

Von Westen her rücken die Fatimiden in Ägypten ein und besetzen das Land am Nil. Die neuen Herrscher lassen eine Palaststadt mit Namen Al-Kahira anlegen, aus der das moderne Kairo hervorgeht. Auf einem rechteckigen Grundriss entsteht in drei Jahren eine Anlage von 1250 x 1000 m Seitenlänge. Ein Jahr nach Baubeginn ist die Stadtmauer fertiggestellt. Im Inneren werden zwei Paläste errichtet: der Große Palast für den Herrscher und der Kleine Palast für den Kronprinzen. Mit der Al-Azhar-Moschee und der Al-Hakim-Moschee entstehen ferner zwei beeindruckende islamische Gotteshäuser. 972 zieht der Fatimidenkalif Al-Muizz mit seinem Hofstaat und den Verwaltungsbeamten in die neue Residenz ein.

971

Feudales Grab eines Wikingers

In einem großen Grabhügel in Mammen auf Jütland wird ein dänischer Wikinger bestattet und mit reichen Beigaben zur letzten Ruhe gebettet. Als das Grab im 20. Jahrhundert entdeckt wird, liefert es wichtige Erkenntnisse über die Kunstfertigkeit der Nordmänner. Die Ornamentik der Grabbeigaben geht als Mammen-Stil in die Kunstgeschichte ein. An der Seite des Bestatteten fand sich eine Prunkaxt mit reicher Verzierung. Das Dekor steht in der Tradition der skandinavischen Tierstile mit verschlungenen Mustern, die einen Tierkörper mit Beinen, Kopf und Schwanz darstellen. Die Tiere des Mammen-Stils sind detailliert ausgearbeitet, was auf den Reichtum des Begrabenen schließen lässt. Darauf deutet auch die Tatsache hin, dass die Mammentiere nur vereinzelt vorkommen und nicht in Massenproduktion hergestellt wurden. Sie wurden vorwiegend auf Einzelstücken in Silber gefertigt.

969: Das bulgarische Reich spaltet sich nach der militärischen Niederlage gegen die Kiewer Rus in einen Ost- und einen Westteil auf.

Um 970: Erstmals werden skandinavische Waräger in die byzantinische Palastgarde von Konstantinopel (Warägergarde) aufgenommen.

14. April 972

Kluge Ehepolitik der Ottonen

Otto II., der Sohn von Kaiser Otto I., heiratet die byzantinische Prinzessin Theophanu. Mit dieser Eheschließung wird das westliche Kaisertum der Ottonen vom byzantinischen Kaiser anerkannt.

Otto I. hatte seit seiner Krönung zum Kaiser um die Anerkennung des Byzantinischen Reichs gerungen. Kaiser Nikephoros II. weigerte sich jedoch, die Existenz eines Westkaisers zu akzeptieren. Sein Nachfolger, Johannes Tzimiskes, öffnete sich hingegen für eine Politik der Annäherung. Vier Jahre lang warb Kaiser Otto zunächst um Anna, die Tochter des byzantinischen Kaisers. Aber Byzanz weigerte sich, eine so hochgestellte Persönlichkeit mit dem ottonischen Haus zu verbinden. Stattdessen einigen sich die Reiche auf eine Ehe zwischen Ottos Sohn und der Nichte des byzantinischen Kaisers, Theophanu. Die Hochzeit hat politische Folgen: Byzanz und das deutsche Reich legen ihre Einflusssphären in Italien fest. Benevent und Capua bleiben deutsch, Byzanz behält die südlichen Gebiete Apulien, Kalabrien, Neapel und Salerno. Da Otto II. bereits im Jahr 961 zum Mitkönig ernannt worden ist, erhält auch seine Gattin die Königswürde.

Die Byzantinerin Theophanu, eine gebildete und politisch geschickte Frau, beeinflusst seit ihrer Heirat mit Otto II. die deutsche Politik. Sie drängt ihre Schwiegermutter Adelheid zurück und engagiert sich vor allem in der Außenpolitik. Mit ihrer Heimat Byzanz und mit Russland steht sie in Kontakt und verhandelt mit dem Papst über Frankreich und England.

Eine politische Eheschließung: Otto II. und seine Gemahlin Theophanu (byzantinisches Elfenbeinrelief)

Um 975

Christliche Dramenkunst im Kloster

Hrotsvith (Roswitha) von Gandersheim gilt als erste deutsche Dramatikerin und Dichterin (neuzeitlicher Kupferstich).

Die vermutlich aus einem sächsischen Adelsgeschlecht stammende Kanonisse Hrotsvith von Gandersheim verfasst christliche Dramen.

Hrotsvith trat bereits früh in das Kloster Gandersheim ein und wurde von der Äbtissin Gerberga, einer Nichte Kaiser Ottos I., sorgfältig ausgebildet. Bald begann sie, die Legende der Heiligen als Tischlektüre für ihr Kloster in Verse zu setzen. Später schrieb Hrotsvith sechs Dramen, die die Werke des heidnischen, frauenfeindlichen Dichters Terenz ersetzen sollen. Hrotsviths Dramen berichten vom Sieg christlicher Frauentugenden über heidnische Lasterhaftigkeit und von starken Frauenpersönlichkeiten. Die Kanonisse interessiert sich auch für Politik und Geschichte. Eines ihrer Epen beschreibt die »Taten der Ottonen«, ein anderes Werk die Entstehung des Klosters Gandersheim. Obwohl Hrotsvith in mittelalterlicher Manier ihr Können heruntersetzt, ist sie sich ihrer besonderen Begabung bewusst. Ihre Werke bringen der Literatur neue Impulse und stellen das umfangreichste erhaltene Werk des 10. Jahrhunderts dar.

975

Magyaren werden Christen

Géza, Großfürst von Ungarn, schließt sein Reich an die deutsche Kirche an. Géza stammt aus dem Geschlecht der Arpaden und ist der Sohn des Großfürsten Taksony von Ungarn. Er führt zunächst mehrere Feldzüge gegen Byzanz. Die katholische Taufe Gézas bedeutet eine Annäherung Ungarns an den Westen und stellt zugleich einen schweren Schlag für die Bemühungen von Byzanz um Einfluss in Ungarn dar.

975

Persisches Königsbuch

Der Dichter Firdausi beginnt die Arbeit am persischen Nationalepos »Shah-nameh« (Buch der Könige). Seine etwa 60 000 Verspaare über Leben und Taten der persischen Könige seit Anbeginn der Welt, die er 1010 dem Sultan Mahmud von Ghasni überreicht, basieren auf einer älteren Überlieferung von Sagen und Legenden aus vorislamischer Zeit. Firdausi ist einer der ersten Vertreter der neupersischen Literatursprache.

972: In China werden mithilfe des Schießpulvers erste Feuerwerksraketen gezündet.

973: Otto I., römisch-deutscher Kaiser, löst Böhmen aus der Diözese Regensburg und gründet das Bistum Prag.

974: Der deutsche Kaiser Otto II. unternimmt einen Feldzug gegen den Dänenkönig Harald Blauzahn, der in Nordalbingien eingefallen ist. Kurzzeitig erweitert Otto den deutschen Herrschaftsbereich im Norden bis zur Schlei.

976

Wikinger verlieren Irland

König Brian von Munster beendet die Normannenherrschaft in Irland. Brian entstammt der Fürstenfamilie Dál Cais, deren Herrschaftsgebiet am Unterlauf des Flusses Shannon liegt. Als Nachfolger seines 976 ermordeten Bruders Mathgamain strebt er eine Einigung der Insel unter seiner Führung an und kann die irischen Kleinkönige hinter sich bringen. Damit findet die Geschichte der Wikinger in Irland ihr Ende.

Neben den Normannen beherrschen mehr als 100 Familien, sogenannte Clans, die Insel. Sie besiedeln die fünf Provinzen Uladih (Ulster), Midhe (Meath), Laighin (Leinster), Mumhain (Munster) und Connacht (Connaught). Um seine Herrschaft in Irland durchzusetzen, musste Brian zunächst die Skandinavier vertreiben. Er ließ eine Flotte bauen und besiegte die Normannen auf dem Fluss Shannon. Der Sieg verschafft Munster Ansehen unter den Clans, schürt aber auch Feindschaften, insbesondere mit Ulster, dem mächtigsten irischen Reich, und mit Leinster, das sich mit normannischen Herrschern verbündet hatte. Als 1014 ein gewaltiges normannisches Heer in Clontarf bei Dublin anlegt, ist das Schicksal Brians besiegelt. Der König ist zu alt, um noch persönlich an der Schlacht teilzunehmen. Sein Sohn Murchad zieht für ihn ins Feld. Zwar wird der Feind besiegt, doch dringen versprengte Wikinger in das Heerlager Brians ein und erschlagen den greisen König in seinem Zelt. Auch Brians ältester Sohn und seine beiden Gegner, der König von Leinster und der Jarl von Orkney, finden in der Schlacht bei Clontarf den Tod. Brians Nachkommen gehören unter dem Namen O'Brian bis heute zu den bedeutendsten Familien Irlands.

Treppe zum Kloster des heiligen Fiónán in Munster: Von der südwestirischen Provinz aus befreit König Brian die Insel von den Normannen.

11. Januar 976

Basileios herrscht in Byzanz

Nach dem Tod von Kaiser Johannes I. Tzimiskes besteigt in Konstantinopel Basileios II. Bulgaroktonos (»Bulgarentöter«) den Thron. Er führt das Byzantinische Reich auf den Gipfel seiner Macht, vernichtet das Bulgarenreich und leitet durch die Verheiratung seiner Schwester mit dem Großfürsten von Kiew die Christianisierung Russlands ein.

Mit der Unterstützung ihres Großonkels gelangen die beiden Brüder Basileios und Konstantin zunächst gemeinsam an die Herrschaft. Der 16-jährige Konstantin entpuppt sich jedoch schon bald als schwacher Regent, der wenig Interesse an der Sicherung des Reichs zeigt. Sein zwei Jahre älterer Bruder Basileios stellt hingegen rasch seine Talente als politischer Führer unter Beweis. Der junge Kaiser war im Rahmen seiner Erziehung nicht auf sein hohes Amt vorbereitet worden. Als Sohn des Kaisers Romanos II. war er zunächst Opfer höfischer Intrigen. Man bezweifelte seine Fähigkeit, ein Großreich wie Byzanz führen zu können. Das ruft noch im Jahr der Kaiserkrönung Gegenspieler auf den Plan. Im Sommer lässt sich General Bardas Skleros von seinen Truppen zum Gegenkaiser ausrufen. Skleros gehört einer einflussreichen byzantinischen Familie an und verfügt als ehemaliger Domestikos des Ostens über Einfluss. Die Situation fordert von Basileios II. viel strategisches Geschick. Er schickt dem Widersacher kaisertreue Truppen entgegen, die jedoch von Bardas Skleros besiegt werden. Der Gegenkaiser marschiert weiter auf die Hauptstadt zu. Nun ruft Basileios II. den Bardas Phokas an seine Seite, einen Neffen des früheren Kaisers Nikephoros II. und fähigen Heerführer, der sich selbst einmal gegen den Kaiserthron erhoben hatte. Sein Aufstand war von Bardas Skleros niedergeworfen worden. Die Erzfeinde treffen in einer Serie von Schlachten aufeinander.

Münzbild von Basileios II. und seinem Bruder und Mitregenten Konstantin VIII.

Skleros erzielt zunächst Erfolge, bevor sich das Blatt schließlich wendet. Am 24. Mai 979 treffen die Rivalen in der Pankaleia-Ebene aufeinander. Phokas bezwingt Skleros und schlägt anschließend auch dessen Armee in die Flucht. Skleros überlebt und flieht an den Hof des Kalifen nach Bagdad. Kaiser Basileios hat nach dreijährigem Bürgerkrieg seine erste Prüfung bestanden.

Wenige Jahre später gerät seine Herrschaft erneut ins Wanken, als er sich mit seinem Großonkel, dem Eunuchen Basileios, überwirft, der ihm auf den Thron geholfen hatte. Der Kaiser will die Macht seines

Großonkels beschneiden. Dieser ahnt das Vorhaben seines Zöglings jedoch voraus und schließt ein Bündnis mit Bardas Phokas und anderen Feldherren, das den Sturz des Kaisers zum Ziel hat. Der Monarch erfährt jedoch rechtzeitig von den Winkelzügen seines Großonkels und kommt ihm zuvor. Der Eunuch wird verhaftet und ins Exil geschickt, wo er kurze Zeit später stirbt. Basileios' Alleinherrschaft ist somit gesichert.

978

Das Kiewer Großreich entsteht

Wladimir I. wird Großfürst von Kiew. Er führt das Reich der Kiewer Rus zu seiner bislang größten Ausdehnung. Als Wladimirs Vater Swjatoslaw 972 starb, wurde Wladimir von seinem Halbbruder Jaropolk ins Exil nach Skandinavien gezwungen. Doch schon nach kurzer Zeit kehrte der Verbannte zurück. Mithilfe seines Onkels gelingt es ihm, Jaropolk zu stürzen und sich zum Großfürsten zu erheben. Innerhalb von zwei Jahren konsolidiert Wladimir das Kiewer Reich von der Ukraine bis zum Baltischen Meer. Zudem sichert er die Grenzen gegen die Bulgaren und die Nomaden aus dem Osten. Als sich der byzantinische Kaiser Basileios II. mit der Bitte um militärische Hilfe an Wladimir wendet, fordert der Waräger als Gegenleistung die Kaisertochter Anna zur Frau. Der Kaiser willigt unter der Bedingung ein, dass Wladimir das Christentum in seinem Reich zur offiziellen Religion erhebt. Daraufhin lässt sich Wladimir 988 taufen und verbietet die alten Kulte.

Wladimir I., der Heilige, vollendet die Christianisierung Russlands (Aquarell, 1925).

979

China ist wieder vereint

In den südlichen chinesischen Städten entwickelt sich ein Mittelstand aus Kaufleuten und Handwerkern: Reiter auf einem Geisterpferd (polychrome Holzschnitzerei aus der Song-Zeit).

In China wird das Gebiet der Nördlichen Han in das Reich der Song eingegliedert. Nach dem Ende der Tang-Dynastie 906 war China in viele kleine Herrschaften zerfallen. General Tai Tsu fasste zunächst den Süden unter seiner Herrschaft zusammen. Um sich auf die Eroberung des Nordens vorzubereiten, förderte die Regierung die Landwirtschaft. Ein Deichsystem erweiterte die Anbauflächen des Landes. Zivilbeamte wurden als Träger der Staatsmacht eingesetzt. Schließlich bringen die Song auch den Norden unter ihre Kontrolle.

979: In China erscheint die geografische Enzyklopädie »China und fremde Länder«.

980: Der Astronom Abul Wefa entdeckt die Variation der Mondbahn. Zur Beobachtung der Bewegungen der Himmelskörper konstruiert er einen Quadranten.

981: Der Kalif eröffnet in Bagdad das Adudî-Krankenhaus. Von den 24 angestellten Ärzten erteilen fünf auch theoretischen Unterricht.

982

Wikinger landen in Grönland

Der aus Island stammende und wegen einer Mordtat verbannte Wikinger Erik der Rote stößt im Nordatlantik auf eine riesige Landmasse und gibt ihr den Namen Grönland, »grünes Land«. Bereits um 875 hatte der vom Sturm abgetriebene norwegische Wikinger Gunnbjörn die nach ihm benannten Gunnbjörnschären entdeckt und von dort aus die Südküste der Insel gesichtet. Erik der Rote umsegelt die Südspitze Grönlands und überwintert mehrfach an der Westküste, ehe er 985 in seine Heimat zurückkehrt und dort über das unbekannte Land im Westen berichtet.

Im Folgejahr führt er eine Kolonialexpedition an und gründet an Grönlands Südwestküste eine größere Ansiedlung. Er selbst erbaut ein Haus zwischen dem Eriks- und dem Einarsfjord in Brattahild. Mit Grönland erschließen sich die Wikinger den entscheidenden Vorposten zum Vorstoß auch auf den nordamerikanischen Kontinent. Um 1000 landet Leif Eriksson, der Sohn von Erik dem Roten, an der nordamerikanischen Küste. Er überwintert in »Vinland« (Weinland, an der Nordspitze Neufundlands gelegen) und tritt im darauf folgenden Frühjahr die Heimreise an.

Durch den Zuzug von Menschen aus der isländischen Heimat entstehen auf Grönland mit der Zeit weitere Siedlungen. Durch regen Handel mit dem Mutterland, Viehzucht, Jagd und Fischerei erblüht die Kolonie 400 Jahre lang, verliert schließlich ihre Selbstständigkeit und kommt unter die Herrschaft Norwegens. Der Handel erlahmt zusehends, bis dann der Kontakt zu Europa ganz abreißt. Im 15. Jahrhundert senden nacheinander mehrere dänische Könige Suchexpeditionen nach Grönland, die irrigerweise und sämtlich erfolglos entlang der Ostküste der Insel nach der Kolonie forschen. Erst 1723 gründet der norwegische Missionar Hans Egede an der Westküste mit Godthaab (die spätere Hauptstadt Nuuk) eine neue Siedlung. Der Platz dieser Gründung war der Sommer-Treffpunkt der Inuit. Egede lernt ihre Sprache und verfasst mehrere Werke über seine Forschungen in Grönland.

Reste von Grundmauern (im Vordergrund) einer Wikingersiedlung am grönländischen Eriksfjord; unbewiesen ist, ob das Klima vor 1000 Jahren wirklich weniger rau war als gegenwärtig.

982

Meisterwerk der Sakralkunst

Die Balkenenden des Otto-Mathilden-Kreuzes sind trapezförmig verbreitert. Das Kruzifix ist Teil des Essener Domschatzes. Kaiser Otto II. ist der Onkel von Mathilde II. und des Herzogs Otto von Schwaben, die auf dem Emailleplättchen unter dem leidenden Jesus dargestellt sind.

In einer Kölner Werkstatt wird das als ältestes Mathildenkreuz bezeichnete Ottokreuz vollendet, das der römisch-deutsche Kaiser Otto II. Mathilde II., der Äbtissin des Stiftes Essen, übergibt. Es ist das bedeutendste der vier Essener Vortragekreuze. Vortragekreuze sind an Stangen befestigte Kreuze, die beim Einzug in die Messe, bei Prozessionen, Begräbnissen und Wallfahrten vorangetragen werden. Das Mathildenkreuz ist seit seiner Entstehung unverändert geblieben. Bis auf kurzzeitige Auslagerungen hat es sich stets in Essen befunden und wird dort im Domschatz in einer gläsernen Vitrine aufbewahrt. Das Kreuz ist bis heute kein musealer Gegenstand, sondern bleibt bis in die jüngste Vergangenheit in Gebrauch.

Rund 45 cm hoch, besteht das Ottokreuz im Kern aus Eichenholz und ist an seiner Vorderseite mit Goldblech beschlagen und mit Edelsteinen verziert. Unter dem leidenden Jesus ist die emaillierte Stifterplatte eingearbeitet, die den Herzog Otto von Schwaben und seine Schwester Mathilde II., die Äbtissin des Stifts Essen, darstellt. Die Rückseite des Kreuzes ist mit Kupferblech beschlagen. Die Enden der Kreuzbalken tragen Darstellungen der vier Evangelisten.

983: Im chinesischen Chengdu wird der 972 begonnene Druck des buddhistischen Kanons im Blockdruckverfahren abgeschlossen. Über 1000 Werke wurden in 130 000 Holzplatten eingraviert.

984: Yasuyon Tamba verfasst die älteste japanische Abhandlung über Akupunktur, »I shinhô«, und benutzt dabei chinesische Quellen.

985: Das Omaijaden-Kalifat von Córdoba verliert seine Gebiete in Nordafrika, gewinnt aber Territorien in Nordspanien hinzu. U. a. zerstören die Araber auf ihren Expansionszügen die Stadt Barcelona.

7. Dezember 983

Frauen bewahren die Krone

Als der deutsche Kaiser Otto II. in Rom an der Malaria stirbt, befindet sich das Reich in einer kritischen Lage. Im Jahr zuvor hatte der Monarch, der den Plan hegte, Süditalien zu erobern, gegen die Sarazenen bei Cotrone in Kalabrien eine vernichtende Niederlage erlitten. Der Traum einer deutschen Hegemonie über Süditalien war danach für die folgenden 200 Jahre ausgeträumt. Außerdem hatten die Dänen die Nordgrenze des Reichs überschritten und auch die Elbslawen erhoben sich gegen die Deutschen. Als Erbe des bedrängten Imperiums steht lediglich ein dreijähriges Kind bereit, der spätere König und Kaiser Otto III. Dessen Mutter Theophanu, die Witwe von Otto II., übernimmt mit Unterstützung des Erzbischofs Willigis von Mainz die Regentschaft für Otto III., bis dieser 15 Jahre alt ist. Tatsächlich gelingt es der gebürtigen byzantinischen Prinzessin, den slawischen Aufstand niederzuschlagen. Im Jahr 991, ihr Sohn ist elf Jahre alt, stirbt die allgemein als hochgebildet, stark und eigenwillig geschilderte Frau. Bis 995 führt nun die 60-jährige Adelheid, die Witwe von Otto I., die Reichsgeschäfte, ehe sie die Macht an ihren jetzt großjährigen Enkel übergibt. Adelheid zieht sich in das Kloster Selz zurück und widmet sich nur noch der Armenpflege. Als Otto III. 997 nach Italien zieht, übernimmt seine Tante Mathilde, die Äbtissin des Klosters Quedlinburg, die Reichsregierung.

Otto III. mit seiner Mutter Theophanu; die Byzantinerin übt die Vormundschaft über ihren minderjährigen Sohn aus (Ausschnitt aus dem Vorderdeckel des »Codex Aureus von Echternach«, 10. Jh.).

986

Dynastie der Ghasnawiden

Die islamischen Ghasnawiden besetzen das Kabulgebiet in Afghanistan. Im gleichen Jahr fallen die Ghasnawiden unter Sebüktigin in den vorderindischen Pandschab ein.

Der Türke Sebüktigin gründete die Dynastie der Ghasnawiden in Ghasni. Unter der Oberhoheit der Samaniden herrscht er auch über Ghor. Sein Sohn Ismail ist Statthalter der Samaniden in Chorasan und wird von seinem Bruder Mahmud ermordet. Dieser errichtet die Herrschaft der Ghasnawiden im Iran, die 1040 in der Schlacht von Dandankan an die Seldschuken verloren geht. Die Dynastie wird 1150 aus Ghasni vertrieben und endet mit Chosrau Malik im 12. Jahrhundert.

986

Dänen auf dem Vormarsch

Unter ihrem neuen König Sven Gabelbart erringen die Dänen die Vorherrschaft im Nord- und Ostseeraum.

Sven hatte seinen getauften Vater Harald I. Blauzahn vom Thron vertrieben und in die Verbannung geschickt. Kurze Zeit später entführen sogenannte Jomswikinger den dänischen König. Erst durch die Zahlung eines hohen Lösegeldes kommt Sven Gabelbart wieder frei. Im Zuge einer kriegerischen Auseinandersetzung besiegt er um 1000 den norwegischen König Olaf Trygvesson, der dabei sein Leben verliert. Sven Gabelbart etabliert daraufhin die dänische Herrschaft in Norwegen und setzt dort nordische Fürsten, sogenannte Jarle, ein.

3. Juli 987

Kapetinger auf dem Thron

Hugo Capet lässt sich durch Bischof Asselin die Stadtschlüssel von Laon aushändigen, um hier die letzten Karolinger zu bestatten (französische Buchmalerei, Jean Fouquet zugeschrieben, 15. Jh.).

Hugo Capet, Sohn Herzog Hugos von Franzien, wird zum König von Frankreich erhoben. Beim Tod seines Vaters (956) war Hugo noch minderjährig, konnte aber 960 dessen Nachfolger als Herzog von Franzien werden. Sein Bruder Otto wurde Herzog von Burgund.

Mit Ludwig V. war am 22. Mai der letzte Karolinger gestorben. Der Wechsel der Herrscherdynastie findet in einer Atmosphäre der politischen Zerrüttung statt. Die königliche karolingische Zentralgewalt war immer mehr zerfallen. Das Reich hatte sich in zahllose kleinere Adelsherrschaften aufgespalten. Ludwig V., mit Beinamen »der Faule«, war nicht die Herrscherpersönlichkeit, diese Entwicklung umzukehren. Hugo Capet lässt bereits 987 seinen Sohn Robert zum Mitkönig erheben. Zunächst schlägt Hugo die karolingischen Aufstände in Niederlothringen nieder. Theophanu, die anstelle ihres minderjährigen Sohnes Otto III. im deutschen Reich regiert, erkennt Hugo Capet rasch als König von Frankreich an. Damit festigt sie die bisher noch unsichere Zuordnung Lotharingiens zum Reich im Westen. Im Laufe seiner Regierung verstrickt sich Hugo genau wie seine beiden Nachfolger Robert II., der Fromme (996–1031), und Hein-

987: Der Buchhändler und Gelehrte Ibn An Nadîm verfasst einen Bücherkatalog (»Fihrist«), der wegen der zahlreichen historischen und biografischen Nachrichten zu den wichtigsten Quellen der islamischen Wissenschaftsgeschichte gehört.

988: Al Mansur erobert die Stadt León und zwingt den christlichen König zu Tributzahlungen an das Kalifat von Córdoba.

rich I. (1031–1060) in langwierige territoriale Abwehrkämpfe gegen die mächtigen Grafen von Anjou und die Grafen der Champagne. Die Nachkommen Hugo Capets regieren als Kapetinger in direkter Linie bis 1328 und in Seitenlinien (Valois und Bourbon) bis zur Zeit der Französischen Revolution. Capet, der Beiname Hugos, ist eine Schöpfung jüngerer Zeiten. Im 17. Jahrhundert taucht schließlich die Bezeichnung Kapetinger auf. Noch im Revolutionstribunal von 1792/93 wird König Ludwig XVI. als »Bürger Capet« angesprochen.

Um 987

Tolteken verdrängen Maya

Das kriegerische Volk der Tolteken dringt vom mexikanischen Hochland kommend auf die Halbinsel Yucatán vor und unterwirft die hier lebenden Maya. Mit der Eroberung beginnt ein Prozess, an dessen Ende die Eindringlinge die hohe Kultur der Maya angenommen und überformt haben werden.

Bereits um 700 v. Chr. hatten die Maya erste Siedlungen in Guatemala und Yucatán errichtet. Deren wirtschaftliche Grundlage war der Maisanbau, der teilweise mit Bewässerungssystemen betrieben wurde. Neben den Ackerbauern beherbergten die Mayastädte auch hoch spezialisierte Kunsthandwerker, die Keramiken sowie Knochen- und Jadeschnitzereien herstellten. Die reich mit Reliefs verzierten Stufenpyramiden, auf denen Tempelgebäude stehen, zeugen vom hohen Stand der Baukunst. Die Maya schufen als einziges Volk Altamerikas eine höher entwickelte Schrift, ihr Kalender beruhte bereits auf fortgeschrittenen mathematischen und astronomischen Kenntnissen. Die Tolteken beherrschen die Halbinsel Yucatán von der alten Maya-Stadt Chichén Itzá aus.

Toltekische Chacmol-Figur in Chichén Itzá auf Yucatán; die Tolteken führen die Stadt vor allem als Kultzentrum zu einer neuen Blüte.

988

Die Taufe des Großfürsten – Russland blickt auf Byzanz

Das Reich von Kiew (Kiewer Rus) wird zum Ausgangspunkt der Christianisierung Russlands. Großfürst Wladimir erliegt dem Werben des byzantinischen Klerus und lässt sich nach orthodoxem Ritus taufen. Das bis dahin weitgehend isolierte Russland hatte in den vergangenen Jahrzehnten sowohl zur lateinischen als auch zur griechischen Welt Kontakt aufgenommen. Von Rom ebenso wie von Konstantinopel aus erfolgten Missionsversuche. Vor dem Hintergrund der sich abzeichnenden endgültigen Aufspaltung der christlichen Welt in die durch Rom verkörperte lateinisch-katholische und die von Konstantinopel (Byzanz) repräsentierte griechisch-orthodoxe Sphäre hing viel von Wladimirs Entscheidung ab – sowohl für Russland als auch für Europa.

Jungfrau Maria mit Kind: Das orthodoxe Christentum wird in Russland zur Staatsreligion (byzantinische Ikonenmalerei, 14. Jh.).

Schönheit von Byzanz

Bis ins 19. Jahrhundert hinein gilt eine Legende über die Taufe der Rus als historisch, die in der »Russischen Chronik« (Nestorchronik) überliefert ist. Sie erzählt, Wladimir habe entschieden, sein Reich müsse sich einer der großen Religionen anschließen. Darum schickte er Gesandtschaften aus, die erkunden sollten, ob das Judentum, der Islam, das byzantinische oder das lateinische Christentum die beste sei. Die Gesandten aus Konstantinopel kehrten begeistert zurück: »Die Griechen führten uns in die Bauten, wo sie ihren Gott verehren, und wir wussten nicht, ob wir auf Erden oder im Himmel wären. Denn auf Erden gibt es solchen Glanz und solche Schönheit nicht, und wir wissen nur, dass dort Gott unter den Menschen wohnt, und ihr Gottesdienst ist schöner als die Zeremonien anderer

Völker. Denn wir können diese Schönheit nicht vergessen.« Dieser Bericht soll Wladimir für das orthodoxe Christentum gewonnen haben, und er ordnet angeblich eine Massentaufe nach orthodoxem Ritus an.

Eigene Kultur entsteht

Über viele Jahrhunderte sollte das spätere Riesenreich seinen Blick auf Byzanz und den Balkan richten, mit der politischen Konsequenz, dass es von der zukunftsträchtigeren Entwicklung in Mitteleuropa abgeschnitten wurde. In seinem Herrschaftsgebiet lässt Wladimir alle heidnischen Götterbilder und Kultstätten zerstören. In den folgenden Jahrzehnten werden die übrigen ostslawischen Völker christianisiert, teils gewaltsam, teils durch schlichte Anordnung der Fürsten. Aus Bulgarien übernimmt Wladimir die slawischen Schriften von Kyrill und Methodios. Die Tatsache, dass die neu entstehende Kirche eine von allen verstandene Sprache und Liturgie besitzt, sichert ihr einen rasch wachsenden Einfluss auf die Bevölkerung. Sie ist von Beginn an völlig unabhängig vom westlichen Christentum. Die Beziehung zu Konstantinopel bleibt locker, obgleich bis ins 14. Jahrhundert nahezu alle Metropoliten (leitende Bischöfe) der russischen Kirche Griechen sind und von Konstantinopel ernannt werden. Die sprachliche Eigenständigkeit fördert die Nationalisierung der jungen russischen Kirche. Entscheidend geprägt wird das russische Christentum von den Mönchen, die die Mission unter der Bevölkerung vorantreiben.

Die Legende von der Taufe der Rus führt zur Heiligsprechung Wladimirs. Ihm wird der Beiname »der Apostelgleiche« gegeben (russische Buchmalerei aus der Radziwill-Chronik, 15. Jh.).

989: Der arabische Gelehrte Abulcasis beschreibt die Desinfektion von Wunden durch Ausbrennen, die sogenannte Kauterisation.

Auf einer lokalen Synode in Limoges im französischen Limousin wird zum ersten Mal der Gottesfrieden (»Pax Dei«) zum Schutz der Kirche gegen das Fehdewesen formuliert.

994

Delhi wird zum Machtzentrum

In Indien gründen die Radschputenfürsten des Tomara-Klans die Stadt Delhi. Sie liegt am Westrand des Doab, des flachen Zwischenstromlandes zwischen Ganges und Yamuna. Mit der Gründung der Stadt schafft sich der Tomarakönig Anangapala einen strategisch und wirtschaftlich bedeutenden Herrschersitz.

Nach den Tomaraherrschern entsteht das arabische Sultanat von Delhi. Das prächtige Minarett Kutub Minar gehört zur ältesten Moschee Delhis.

Die Herrscherfamilie stammt aus der Himalajaregion und zählt zu den 36 Stämmen der Radschputen. Die Radschputen stammen von den adligen Schichten in Indien eingewanderter Völker ab oder rekrutieren sich aus vorarischen Geschlechtern, die als Kriegeradel aufgestiegen waren. Mit dem Aufstieg der Dynastie hält auch das Feudalsystem Einzug in Indien. Die Grundzüge des Feudalismus werden ein Jahrhundert später nach der islamischen Eroberung und der Gründung des arabischen Sultanats von Delhi 1193 von den Muslimen aufgegriffen und verfeinert.

995

Christianisierung Norwegens

König Olaf I. Trygvesson eint Norwegen und führt das Christentum in seinem Reich ein. Das skandinavische Reich war nach dem Tod von Olafs Großvater, König Harald Schönhaar, in verschiedene Teilreiche zerfallen. Olaf, der Sohn eines Wikingerhäuptlings, musste nach einem Aufstand gegen seinen Vater ins Exil fliehen. Er fand Aufnahme bei Wladimir I., dem Großfürsten der Kiewer Rus. Dort erhielt er eine Ausbildung, die ihn mit der Kriegskunst vertraut machte. 991 und 994 nahm Olaf an den Feldzügen der Wikinger gegen den angelsächsischen König Aethelred II. teil, der sich der normannischen Streitmacht ergeben musste. Als Olaf von einer Revolte gegen den norwegischen König Håkon den Großen erfuhr, kehrte er in seine Heimat zurück. Er landet in Tröndelag (Trondheim) und wird dort nach Håkons Tod 995 zum König ausgerufen. Tröndelag entwickelt sich zur Basis für Olafs Kampf gegen die dänische

Fremdherrschaft. Gewaltsam und rücksichtslos bringt König Olaf das Christentum, dem er selbst seit seiner Taufe auf den Scillyinseln im Exil anhängt, ins Land. Darstellungen zeigen heidnische Priester, die Olaf bei Ebbe an Felsen vor der Küste Norwegens festbinden lässt und die bei Flut ihrem Tod durch Ertrinken entgegensehen. Die Christianisierung dient Olaf als wichtiges Mittel bei der Vereinigung der verschiedenen norwegischen Landesteile. Die norwegischen Küstengebiete und die westlichen Inseln lassen sich bekehren. Der Rest des Landes widersetzt sich jedoch erfolgreich der neuen Religion und betet weiter zu den alten Göttern.

Stabkirchen, wie jene am Lustrafjord in Urnes, sind in Norwegen weit verbreitet. Die Kirchen in nordgermanischer Holzbauart bestehen aus einem rechteckigen Hauptraum und einem steilen Satteldach, auf dem sich übereinander weitere kleinere Dächer erheben.

21. Juni 996

Deutscher Papst krönt Otto III.

Der mündig gewordene deutsche König Otto III. wird von Papst Gregor V. in Rom zum Kaiser gekrönt. Gregor V. ist der Urenkel Kaiser Ottos des Großen und der Vetter von Otto III. Er ist zudem der erste Deutsche auf dem Heiligen Stuhl. Der von Erneuerungsgedanken durchdrungene Kaiser fördert die christliche Mission und will das Reichskirchensystem auch auf das Verhältnis zum Papst übertragen.

Kernstück seiner Politik ist die enge Verbindung von Papst- und Kaisertum. Außerdem strebt Otto III. nach der Erneuerung des Römischen Reichs (Renovatio Imperii Romanorum).

INSIGNIEN DER MACHT

Der Kronschatz der deutschen Kaiser und Könige

In der Ära der Ottonen erhalten die sogenannten Reichsinsignien oder Reichskleinodien erhebliche Bedeutung für die Ausübung der Herrschaft. Mehr als lediglich Symbole der Hoheit, weisen sie ihren Träger als rechtmäßigen Herrscher aus.

Die Reichsreliquien erheben den Kaiser und deutschen König im weltlichen Bereich zum Stellvertreter Christi, zum Gesalbten des Herrn. Der Bestand der Reichskleinodien verändert sich im Laufe der Jahrhunderte. Einige Kostbarkeiten gehen verloren und müssen durch neue ersetzt werden.

Evangeliar, Säbel und Bursar

Zu den nach ihrem Aufbewahrungsort benannten Aachener Insignien gehört ein Evangeliar, das vermutlich auf Karl den Großen zurückgeht. Der Legende nach soll Otto III. es bei der Öffnung des Karlsgrabes im Jahr 1000 gefunden haben. Die Seiten des Prachtbandes sind mit Purpur, der Farbe der mittelalterlichen Kaiser, eingefärbt. Der Text ist in goldenen Lettern geschrieben, Überschriften und Randnotizen sind in Silber auf das Pergament aufgebracht. Um das Jahr 1500 wird das Evangeliar mit einem Silbereinband versehen. Ein verzierter Säbel stammt der Überlieferung nach ebenfalls aus dem Besitz des ersten karolingischen Kaisers. Dieser soll die Prunkwaffe von dem abbasidischen Kalifen Harun Al Raschid als Geschenk erhalten haben. Neue Untersuchungen haben jedoch eine Datierung in das 10. Jahrhundert und eine ungarische Herkunft ergeben. Bis in die Gegenwart haben sich nur die Klinge und die Goldbeschläge erhalten, die übrigen Teile werden im Laufe der Jahrhunderte mehrfach ergänzt.

Reichsapfel, Reichskreuz (vermutl. frühes 11. Jh.), Reichskrone und Reichsschwert aus dem 11./12. Jh. (Kunsthistorisches Museum Wien)

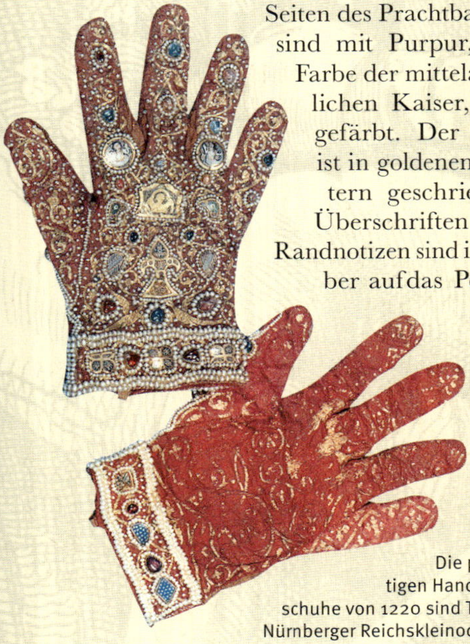

Die prächtigen Handschuhe von 1220 sind Teil der Nürnberger Reichskleinodien.

Das Stephansbursar ist eine Goldschmiedearbeit in Form einer Pilgertasche, in der sich Legenden zufolge mit dem Blut des heiligen Stephanus getränkte Erde befinden soll. Das Bursar ist mit kostbaren Edelsteinen besetzt. Vier Medaillons auf den Seitenflächen zeigen eine Rachegöttin, einen Fischer, einen Falkner sowie einen Vogelsteller. In seinem Inneren befindet sich ein Holzkern. In diesem wiederum liegt eine Stoffreliquie unbekannter Herkunft. Das Stephansbursar stammt aus karolingischer Zeit, vermutlich aus dem ersten Drittel des 9. Jahrhunderts.

Krone und Lanze

Zur zweiten Gruppe, den Nürnberger Reichskleinodien, gehört die Reichskrone, die als höchstes Symbol des Reichs gilt. Die Krone wird anlässlich der Kaiserkrönung Ottos des Großen in Auftrag gegeben. Acht rundbogige Goldplatten fügen sich mittels Scharnieren zu einem Oktogon zusammen. Die Form versinnbildlicht das himmlische Jerusalem. Das Oktogon ist in vielen Zentren der christlichen Welt wiederzufinden: in der Kirche Konstantins des Großen in Antiochia, in der Geburtskirche in Bethlehem, in San Vitale in Ravenna und in der Pfalzkapelle in Aachen. Die Zahl Acht bezieht sich auf den achten Welttag, der das Himmlische Jerusalem ebenso wie das Weltgericht ankündigt. Die Goldplatten tragen figürliche Darstellungen und Edelsteine. Die Abbildungen zeigen die biblischen Könige David, Salomon, Hiskia und Ezechias. Eine sogenannte Majestas-Domini-Platte trägt Christus als König der Könige. Auch die mit Edelsteinen verzierten Platten haben eine in der Zahlensymbolik verborgene Bedeutung. Die Verteilung der Edelsteine weist in regelmäßigen Abständen die heilige Zahl Zwölf auf. Auch ist die Anzahl aller Perlen durch zwölf teilbar. Nur noch in Legenden lebt der Hauptstein der Krone weiter. An der Stirnplatte war ein Milchopal von immenser Größe eingefügt gewesen, den der mittelhochdeutsche Lyriker Walther von der Vogelweide als »Lichtauge« besingt. Der Edelstein gilt seit 1350 als verschollen und wird durch einen Saphir ersetzt. Auch Bügel und Kreuz gehören nicht zur ursprünglichen Ausstattung der Krone. Sie werden im 11. Jahrhundert von Kaiser Konrad II. in Auftrag gegeben.

Die Heilige Lanze ist der älteste nachweisbare Bestandteil der Reichskleinodien. Es handelt sich um eine Flügellanze aus karolingischer Zeit. In ihrem Blatt ist ein vermeintlicher Nagel vom Kreuz Christi eingesetzt. Die Lanze ist neben der Krone das bedeutendste Herrschaftszeichen der Ottonen. Nach langobardischer Tradition dient die Waffe zur Einweisung in die Herrschaft. Der Sage nach schwang Otto der Große die Lanze in der Schlacht auf dem Lechfeld, als sein Heer im Jahr 955 die Ungarn besiegte.

Der goldene Reichsapfel, vermutlich Ende des 12. Jh., symbolisiert die christliche Weltherrschaft.

März 1000

In Polen und Ungarn entstehen Erzbistümer

Kaiser Otto III. gibt in der Marienkirche zu Gnesen die Errichtung des neuen Erzbistums Gnesen bekannt. Ihm werden die Bistümer Krakau, Wroclaw (Breslau) und Kolobrzeg (Kolberg) unterstellt. Die Schaffung dieser eigenen Kirchenprovinz stabilisiert den jungen polnischen Staat und ermöglicht der polnischen Kirche eine Entwicklung unabhängig vom Erzbistum Magdeburg.

Westorientierung Polens

Für die Christianisierung Polens hat die Herrschaftsbildung mit den Zentren Gnesen und Posen wesentliche Bedeutung. Der erste polnische Herzog Mieszko sah im deutschen Reich einen Verbündeten gegen die heidnischen Slawen nordöstlich des polnischen Herrschaftsgebietes. Zugleich achtete er entschieden auf seine Unabhängigkeit. Das 968 in Posen errichtete Bistum, in dem deutsche Missionsbischöfe wirkten, wurde deshalb direkt Rom unterstellt.

Mieszkos Sohn Boleslaw I. Chrobry nutzte seine Machtposition aus, um den Gedanken einer eigenen polnischen Kirchenprovinz unabhängig von Magdeburg und Prag in die Tat umzusetzen. Im März 1000 unternimmt Otto III. eine Pilgerreise nach Gnesen zum Grab des Märtyrers Adalbert. Zweifellos im Sinne des Papstes, aber im Widerspruch zum Bischof von Posen, verkündet Otto die Errichtung des Erzbistums Gnesen. Beide Herrscher tauschen Reliquien aus: Boleslaw

Die 1821–56 errichtete Basilika von Esztergom am Ufer der Donau ist der römischen Peterskirche nachempfunden. In Esztergom befindet sich der Sitz des ungarischen Fürsterzbischofs (Primas).

Die strenge Backsteingotik der Kathedrale von Gnesen stammt aus dem 14. Jahrhundert. Sie wird später im Barock durch einen Ring von Steinkapellen und zusätzlichen Kirchtürmen an der Fassade aufgelockert.

erhält eine Kopie der Lanze des heiligen Mauritius, Otto bekommt als Gegengeschenk den Arm des heiligen Adalbert.

Neben den Bistümern Krakau, Breslau und Kolberg wird später auch Posen dem neuen Erzbistum unterstellt. Die Entstehungsgeschichte des Erzbistums Gnesen erklärt, warum die polnische Kirche von Anfang an einen ausgesprochen römischen und lateinischen Charakter besitzt. Slawische Spuren in Ritus und liturgischer Sprache sind kaum ausgeprägt.

Sitz des Primas

Im April 1001 bestätigt eine Synode in Ravenna unter Anwesenheit des Papstes und Ottos III. die Schaffung eines ungarischen Erzbistums in Esztergom (Gran). Nach der Niederlage gegen Otto I. auf dem Lechfeld bemühten sich die ungarischen Fürsten, die bislang eher nach Byzanz orientiert waren, verstärkt um Kontakt zu Rom. Der entscheidende Schritt zur Christianisierung und Westorientierung erfolgt unter Stephan I. Der erste König von Ungarn errichtet zehn Bischofssitze mit den beiden Erzbistümern Esztergom und Kalocsa. Seit 1279 führen die Erzbischöfe von Esztergom den Titel »Primas Hungariae«.

Adalbert empfängt den Bischofsstab von Kaiser Otto III. (Relief auf der südseitigen Bronzetür des Doms zu Gnesen, 1. Hälfte 12. Jh.).

25. Dezember 1000

Das Königreich Ungarn entsteht

Die ursprüngliche Stephanskrone gilt als verschollen. König Stephan V. lässt sie 1271/72 durch eine neue Krone ersetzen, die aus zwei Frauenkronen des 12./13. Jh. sowie byzantinischen Bestandteilen besteht. Sie wird in späterer Zeit als Symbol fortdauernder staatlicher Tradition Gegenstand höchster Verehrung. Besonders auffallend ist das schräg stehende Kreuz.

Papst Silvester II. krönt Fürst Stephan I. in Gran (Esztergom) zum König der Magyaren. Die Stephanskrone wird zum nationalen Symbol der Ungarn. Unter der Herrschaft König Stephans konsolidiert sich das ungarische Reich.

Sein Thronanspruch war ihm nach dem Tod seines Vaters 997 durch seinen Vetter Koppány streitig gemacht worden. 998 gelang es Stephan, seinen Gegenspieler in der Schlacht von Veszprém zu besiegen. Die Krönung markiert den Anschluss der Ungarn an die christianisierten Völker Europas. Stephan leitet die Christianisierung seiner Untertanen ein. 1087 wird Stephan heiliggesprochen.

Um 1000

Wikinger entdecken Amerika

Wikinger unter Leif Eriksson landen an der nordamerikanischen Küste bei Labrador und Neufundland. Die ersten Europäer setzen ihren Fuß auf den amerikanischen Kontinent.

Ausgangspunkt der wikingischen Expansion in den westlichen Atlantik war Grönland, das von Leifs Vater, Erik dem Roten, entdeckt wurde. Im Jahr 985 segelte der Wikinger Bjarne Herjólfsson von Island los, um Fracht nach Grönland zu transportieren. Als sein Schiff abgetrieben wurde, erreichte er nach langer Fahrt die Küste Labradors. Der Verirrte ging jedoch nicht an Land, sondern fuhr die Küste in Richtung Norden hinauf bis zur Baffininsel, die er auf den Namen »Helluland« (Felsland) taufte. Von dort navigierte er nach Osten und erreichte schließlich wohlbehalten sein ursprüngliches Ziel Brattahild. Die Berichte Bjarnes von einem unbekannten Land im Westen weckten die Entdeckerfreude von Leif Eriksson, der um das Jahr 1000 in See stach. Leifs Expedition folgt Bjarnes Route auf umgekehrtem Weg. Von der Nordwestküste Grönlands setzt er nach Westen zur Baffininsel über und hält sich

südlich, bis er Labrador erreicht. Zwei weitere Tage fahren die Wikinger nach Süden und stoßen schließlich auf die Nordspitze Neufundlands, vor der sie ankern. Sie taufen das Land nach den wilden Beeren, die sie dort vorfinden, auf den Namen »Vinland« (Weinland) und überwintern auf der Insel.

Nachdem die Expedition Leif Erikssons im Frühjahr wieder in den Hafen von Brattahild eingelaufen ist, bricht im folgenden Jahr Leifs Bruder Thorvald nach Westen auf. Auch er erreicht Vinland, gerät jedoch mit den Ureinwohnern in Konflikt. Thorvald kommt im Kampf mit den Eingeborenen um. Einige Jahre später unternimmt der Wikinger Thorfinn Karlsefni einen weiteren Vorstoß nach Vinland und gründet eine Siedlung. Etwa 150 Skandinavier können sich drei Jahre gegen die Ureinwohner behaupten, bevor sie im Kampf ihr Leben verlieren. Entmutigt durch die Rückschläge und wegen schlechter Nachschubverbindungen, geben die Nordmänner die Besiedlung des neuen Landes im Westen auf.

Von der Entdeckung Amerikas durch die Wikinger zeugen Überreste ihrer Siedlung bei L'Anse aux Meadows an der Nordspitze Neufundlands. Die dort ausgegrabenen Gebäude ähneln in ihrer Bauweise stark dem skandinavischen Haustyp des 10. Jahrhunderts.

Um 1000: Von Süden her fallen afrikanische Stämme in das christliche Reich Äthiopien ein und richten schwere Verwüstungen an.

Um 1000: Im Nordosten Nordamerikas entsteht die Siedlungskultur der Irokesen. Sie lassen sich an festen Plätzen nieder und leben von der Jagd und vom Ackerbau. Vorwiegend werden Mais und Bohnen angebaut.

Rekonstruktion der Wikingersiedlung L'Anse aux Meadows. Die archäologischen Untersuchungen können u. a. eine Schmiede mit Schmelzofen identifizieren.

Um 1000

Chimú-Kultur in den Anden

Um 1000: Im Kloster Reichenau entsteht das berühmte Evangeliar Kaiser Ottos III.

Die um 800 errichtete Pfalz auf dem Lindenhof in Zürich wird zu einer großen Pfalzburg ausgebaut. In der Folgezeit werden Umbauten zur Befestigung vorgenommen.

Nach dem Untergang der Huari- und der Tiahuanaco-Kultur bildet sich im Nordwesten Perus Chimor, das Großreich der Chimú mit der Hauptstadt Chanchan, heraus.

Die Hauptstadt Chanchan bedeckt ein Areal von mehreren Quadratkilometern. Die Bevölkerung ist in einer Reihe von Bezirken angesiedelt, die rechtwinklig angelegt und von Mauern umschlossen sind. Im Inneren dieser Bezirke kann man noch heute die Aufteilung in Häuser und Wasserreservoire, Friedhöfe und Pyramiden erkennen. Die ganze Anlage ist aus Lehm gebaut. Er wird entweder in der Form von Ziegel oder als eine betonartige Mischung verarbeitet, wobei dem Lehm Sand, kleine Steine und Maisstroh beigemengt werden. Beliebt sind Reliefverzierungen an den Wänden.

Ein Kennzeichen der Chimú-Kultur ist die Produktion von Massengebrauchsgütern, eine farblich eintönig graue, dafür aber sehr plastische Keramik und eine hoch entwickelte Goldschmiedekunst. Der Goldschmuck ist für die Angehörigen der Oberschicht bestimmt. Es werden kunstvolle Becher und Schalen gefertigt, aber auch Halsketten, Armreife, Schmuckanhänger und Stirnbänder. Goldene Masken schmücken das Gesicht der Toten. Grabscheitklingen und bronzene Keulenknäufe zeigen, dass die Schmiedekunst durchaus auch praktischen Zwecken dient.

Kupfermaske der Chimú-Kultur: Das Großreich der Chimú erstreckt sich im Jahr 1470, zum Zeitpunkt der Eroberung durch die Inkas, entlang der peruanischen Küste von Tumbez im Norden bis fast nach Lima.

Um 1000

Erfolgreiche Missionierung in Island

Stöng mit Grasdach im Tal Pjorsardalur: Dieses isländische Bauerngehöft aus der Wikinger-Zeit wird bei einem Ausbruch des Vulkans Hekla im Jahr 1104 unter der Vulkanasche begraben. 1939 werden die Fundamente freigelegt.

Die isländische Volksversammlung, das Althing, beschließt die Annahme des Christentums. Der westlichste Teil Europas wendet sich damit offiziell von den heidnischen Göttern ab.

Island steht als norwegische Kolonie unter der Oberherrschaft von König Olaf I. Tryggvesson. Als dieser das Christentum in seinem Reich für verbindlich erklärt, müssen sich auch die Isländer anschließen. König Olaf sendet Missionare auf die Insel, die erfolgreich sind. Bislang hingen die Norweger auf Island dem altnordischen Götterglauben an. Sie verehrten die Asen, zu denen u. a. die Götter Thor und Odin zählen. Der religiösen Gemeinschaft standen sogenannte Godar vor, etwa 40 ausgewählte Häuptlinge. Obwohl sie durch die Annahme des Christentums einen Teil ihrer Macht einbüßen, stimmen auch die Häuptlinge dem neuen Glauben zu.

Um 1000

Polynesier ereichen Neuseeland

Der polynesische Seefahrer Kupe überquert in einem kleinen Boot den Pazifik. Nach mythologischen Quellen stammt Kupe von der legendären Insel Hawaiiki, vermutlich Hawaii oder Tahiti, und sticht auf der Suche nach neuem Siedlungsgebiet Richtung Osten in See. Er erreicht schließlich das heutige Neuseeland, das er Aotearoa nennt – »das Land der langen weißen Wolke«. Damit endet die territorial gesehen größte Völkerwanderung der Weltgeschichte. Seit etwa 1500 v. Chr. fahren Boote der Polynesier aus den südostasiatischen Inselgruppen über den Pazifik und kolonisieren Inseln und Küsten.

BESIEDLUNG NEUSEELANDS

Die Entdeckung des Inselreichs im südlichen Pazifik

Neuseeland zählt zu den am spätesten besiedelten größeren Landmassen. Die ersten Siedler kommen in mehreren Einwanderungswellen mit Booten aus Polynesien. Ihre Nachfahren begründen die Maori-Kultur.

Eines der denkwürdigsten Seeabenteuer der Menschheitsgeschichte findet um das Jahr 1000 statt. Als vermutlich Erstem gelingt es dem Polynesier Kupe, den Stillen Ozean zu überqueren und in Neuseeland zu landen. Er beschreibt es als »ein fernes Land, von Wolken umgeben, mit viel Feuchtigkeit und duftender Erde«. Kupes Beschreibungen locken weitere Expeditionen aus Polynesien an. Die ersten Siedler lassen sich in Hokiange nieder, einer Region mit gemäßigtem Klima im Norden. Sie gelten heute als Ahnherren der nördlichen Maori.

Nachkommen des Erdvaters

Etwa gleichzeitig mit der Ankunft dieser ersten polynesischen Siedler gelangen auch Mitglieder des polynesischen Stammes der Maori nach Neuseeland. Sie besiedeln ein Eiland namens Rekohu, das heute als unbedeutende, kleine Insel im Osten Neuseelands kartografiert ist. Die ersten Maorisiedler sollen der Legende nach von den Göttern Te Aomarama (Erdvater) und Rongomaiwhenua (Erdmutter) abstammen. Nachdem sich die Siedler auf der Insel ausgebreitet haben, brechen Kriege unter den einzelnen Stämmen aus, die einen Rückgang der Bevölkerung zur Folge haben. Die Überlieferung berichtet von einem Häuptling namens Nunuku Whenua, der die Kämpfe beendet und damit den drohenden Untergang seines Volkes verhindert haben soll. Nunuku Whenua legt ein Rechtssystem fest, nach dem Streitigkeiten so

Tätowierungen sind Teil männlicher Initiationsrituale: Maori-Krieger bei einer Demonstration in Wellington.

Reich verzierte Pataka: Im Innern lagert man u. a. getrockneten Fisch, Fleisch, Waffen und Schilfmatten.

lange ausgetragen werden dürfen, bis Blut vergossen wird. Auf diese Weise beginnt für die im 20. Jahrhundert aussterbenden Maori eine Periode des Friedens, die erst durch die Ankunft der Europäer gewaltsam beendet wird. Bereits 1642 entdeckte der Niederländer Abel Janszoon Tasman Neuseeland, 1769 war James Cook dort zum ersten Mal.

Der Kampf gegen die rauen Lebensbedingungen prägt den Alltag der Siedler. Um überleben zu können, jagen die Maori Robben und Vögel. Die größte der damals auf Neuseeland lebenden Vogelarten war der Moa. Dieser Schnepfenstrauß ist wegen seines schmackhaften Fleisches, seiner Federn und seiner riesigen Eier eine geschätzte Jagdbeute. Die für einen Vogel robusten Knochen werden zur Herstellung von Gebrauchsgegenständen und Schmuck verwendet.

Die Kultur der Maori

Die Herkunft der Ureinwohner lässt sich nicht sicher bestimmen. Theorien zufolge stammt das Volk von den ersten Einwanderern ab, die von Hawaiiki über den Pazifik kommen. Andere Spekulationen sehen in China das Ursprungsland der Maori. Von dort soll das Volk über Taiwan und den südlichen Pazifik seine neue Heimat gefunden haben. Auch der Auslöser für die Wanderung der Maori lässt sich nicht klar bestimmen. Das Ende der polynesischen Völkerwanderung wird übereinstimmend auf die Periode zwischen 950 und 1050 festgelegt. Vor allem in den nördlichen Regionen beginnen die Ureinwohner mit der Kultivierung der Süßkartoffel, die sie vermutlich ebenfalls aus Polynesien eingeführt haben. Die »Kumera« genannte Frucht wird zur Grundlage der voreuropäischen Landwirtschaft auf Neuseeland. Andere Nahrungsmittel bewahrt man in Lagerhäusern, sogenannten Patakas, auf. Dies sind mit prächtigen Schnitzereien verzierte Gebäude. Patakas werden auf Pfosten errichtet, sodass sich der Hausboden einen oder mehrere Meter über dem Erdreich befindet.

Wird ein Maorijunge erwachsen, muss er an einem Initiationsritual teilnehmen, um ein vollwertiges Mitglied der Gemeinschaft zu werden. Bei diesen Ritualen werden die Körper, hauptsächlich das Gesicht, mit großflächigen Tätowierungen versehen. Der Hautschmuck macht einen Krieger für Frauen attraktiv und weist den sozialen Status des Mannes aus.

Maori-Fetisch: Die kunstvollen Plastiken mit Reliefschnitzereien sind häufig mit Spiralmustern versehen.

Um 1000

Schach erobert Europa

Das Schachspiel, das die Araber von Nordafrika nach Spanien brachten, gelangt nach Mitteleuropa. Ursprünglich stammt es aus dem indischen und persischen Kulturkreis.

Von den frühen Schachfiguren existieren nur wenige Aufzeichnungen. Ein arabischer Chronist berichtet von der beeindruckenden Schönheit alter indischer Schachfiguren. Die vier Waffengattungen der Armee – Kriegselefanten, Streitwagen, Reiterei und Fußsoldaten – dienten im Indien des 6. Jahrhunderts als Vorlage für ein strategisches Kriegsspiel. Nach der persischen Bezeichnung »sha-mat« (Der Schah ist hilflos) erhielt es seinen Namen. Weil Kriegselefanten in Europa unbekannt sind, wird aus dieser Spielfigur zuerst ein Weiser, dann ein Narr und schließlich ein Bischof (Läufer). Auch die Verwandlung der Fußsoldaten in Bauern fällt dem Europäer leicht. Die Schachleidenschaft erfasst den ganzen Kontinent, was sich in zahlreichen Hinweisen auf das »Spiel der Spiele« in der zeitgenössischen Literatur niederschlägt: Im höfischen Abenteuerroman »Ruodlieb« (um 1050) wird das Schachspiel erstmals in Deutschland erwähnt. Tristan und Isolde (im gleichnamigem Versepos Gottfrieds von Straßburg aus dem 13. Jahrhundert) verlieben sich beim Schachspiel, und in den Epen um König Artus besucht Lanzelot Genoveva unter dem Vorwand, mit ihr Schach spielen zu wollen. Alfons X., der Weise, König von Kastilien und León, gibt um 1250 das erste europäische Schachbuch heraus. Es enthält über 100 Ab-

Schach wird auf den 64 weißen und schwarzen Quadratfeldern eines Bretts von zwei Spielern mit je 16 Spielfiguren gespielt, die abwechselnd mit je einem Zug über das Spielfeld ziehen dürfen.

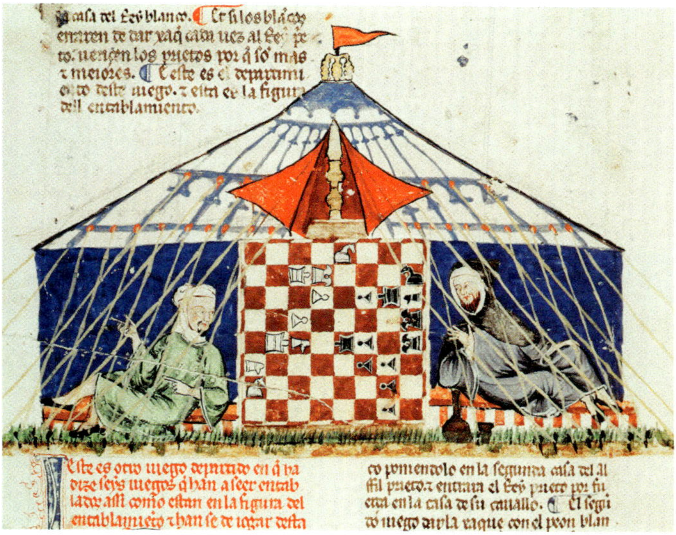

Das strategische Brettspiel findet überall leidenschaftliche Anhänger: Ein Araber spielt mit einem Mönch Schach (spanische Buchmalerei aus dem »Buch der Spiele«, 1283).

bildungen mit Spielstellungen, aber auch Schachproblemen wie »Schwarz setzt Weiß in fünf Zügen matt«. In den allegorischen »Schachbüchern« des 14. Jahrhunderts werden die Schachfiguren als die Stände des Mittelalters gedeutet.

Juli 1001

Äbtissin bedient sich der Gewalt

Sophie, Tochter König Ottos II. und Äbtissin von Gandersheim, besetzt ihr Kloster mit bewaffneten Hörigen und hindert Bischof Bernward von Hildesheim mit Gewalt, die ihm unterstehende Abtei zu betreten. Der »Gandersheimer Streit« hatte schon 979 begonnen, als sich Sophie im Bewusstsein ihrer königlichen Abstammung weigerte, den Nonnenschleier vom Hildesheimer Bischof zu empfangen und nur vom Mainzer Erzbischof geweiht werden wollte. Seitdem bemüht sie sich, ein Eingreifen des Hildesheimer Bischofs zu verhindern und ihr Kloster der Aufsicht des Mainzer Erzbischof zu unterstellen. Der Streit wird 1130 zugunsten von Hildesheim entschieden. Im Verlauf des 11. Jahrhunderts benutzen Frauen ganz selbstverständlich Gewalt als Mittel der Politik und zur Machtsicherung. In der weltlichen Politik sind solche Maßnahmen jedoch eher an der Tagesordnung als im Kloster.

Um 1000: Ammar Ibn Ali Al Mausili (d. h. von der Stadt Mosul) verfasst ein Buch mit einer Auswahl von 48 Augenkrankheiten, eines der beeindruckendsten Werke arabischer Heilkunde. Er schildert erstmals die Radikaloperation des weichen Stars mit einer metallenen Hohlnadel.

1001

Chola-Dynastie regiert Südindien

Tempelanlage in der südindischen Stadt Thanjavar: Die Cholatempel sind religiöse, soziale und wirtschaftliche Zentren.

Unter Radschradscha I. und Radschendra I. unterwerfen die Cholas den Süden Indiens und dehnen ihre Macht bis nach Bengalen und Indonesien aus. Anschließend erobert Radschradscha den nördlichen Teil der Insel Ceylon, macht Polonnaruwa zu seiner Hauptstadt und errichtet dort den Steintempel Shiva Devala. Mittels eines ausgeklügelten Kommunal- und Selbstverwaltungssystems beherrscht Radschradscha die eroberten Gebiete. Radschendra festigt die Vormachtstellung der Chola-Dynastie bis nach Ostindien und Westbengalen.

1002

Der letzte Sachsenkaiser

Nach dem Tod Kaiser Ottos III., der im italienischen Paterno an Malaria gestorben war, verlegt sein Nachfolger Heinrich II. das Zentrum der Herrschaft aus Italien wieder nach Deutschland. Heinrich II. ist der letzte Sachsenherrscher auf dem deutschen Königsthron. Nach seinem Tod 1024 tritt der Salier Konrad II. die Nachfolge an.

Heinrich II., ein Urenkel König Heinrichs I. und Cousin Ottos III., setzt sich bei der Königswahl gegen Markgraf Ekkehard I. von Meißen sowie Herzog Hermann II. von Schwaben durch und wird am 6. Juni 1002 vom Reichskanzler, Erzbischof Willigis, in Mainz gekrönt.

Heinrich II., genannt der Heilige, gelingt eine innere Festigung des Reichs. Die Bischöfe bilden die eigentliche Stütze seiner Regierung. Heinrichs Herrschaftsziel heißt »Renova-

1002: Das Reich von Angkor tritt aus einer vorübergehenden Schwächeperiode heraus. Unter König Suryavarman I. beginnt die Eroberung des siamesischen Raumes (heutiges Thailand).

tio Regni Francorum« – Erneuerung des fränkischen Reichs. Als vordringlichere Aufgabe allerdings erweist es sich für ihn, den Machterhalt zu sichern. So hatte Polen die Turbulenzen um die Nachfolge Ottos III. zur Expansion nach Westen genutzt, und in Italien ließ sich Fürst Arduin von Ivrea zum Herrscher des Langobardenreichs krönen.

Heinrich wendet sich zunächst nach Italien, wo er 1004 die Herrschaft des Reichs wieder herstellt und sich in Pavia zum König der Langobarden krönen lässt. Im gleichen Jahr beginnt er einen Feldzug gegen den polnischen Herzog Boleslaw I. Chrobry und befreit das von Polen besetzte Böhmen. Auf seinem zweiten Italienzug wird Heinrich II. am 14. Februar 1014 von Papst Benedikt VIII. zum Kaiser gekrönt.

Heinrich II., der Heilige (seit 1146), wird von zwei Bischöfen zur Kirche geleitet. 1007 gründet er das Bistum Bamberg, wo er auch seine letzte Ruhestätte findet (Miniatur aus dem Kloster Seeon, 1024).

1008

Die Bekehrung der Schweden

Mit der Taufe von Olaf Skötkonung (»Schoßkönig«) beginnt die Christianisierung Schwedens. König Olaf herrscht sowohl über den Volksstamm der Svear im Osten des Landes als auch über die im Südwesten siedelnden Götar. Die Missionierung, die vor allem vom Erzbistum Hamburg–Bremen ausgeht, stößt im Landesinneren auf Widerstand. Während Olafs Vater, Erich der Siegreiche, noch Heide war, lässt sich sein Sohn von dem Hamburger Bischof Sigfried taufen und errichtet 1014 in Skara das erste schwedische Bistum.

König Olafs Versuche, den heidnischen Tempel von Uppsala zu zerstören, schlagen fehl. Bis ins 12. Jahrhundert hinein werden dort noch Opfer dargebracht. Erst unter der Regierung Sverkers I. gewinnt das Christentum die Oberhand.

1008

Abt Berno reformiert Reichenau

Romanische Säulenbasilika: die Pfarrkirche St. Peter und Paul in Niederzell auf der Insel Reichenau mit Pfarrhaus

Das Benediktinerkloster Reichenau, 724 von dem Wanderbischof Pirmin mit dem Ziel gegründet, die Alemannen zum christlichen Glauben zu bekehren, erlebt eine Blütezeit.

Unter der Amtsführung von Abt Berno wird die Neugestaltung des brandgeschädigten Münsters mit dem Bau des Westquerhauses vorgenommen. Die Ausgestaltung der Arkaden der Seitenschiffe und der Säulenabschluss des Westquerhauses sind dem Petersdom in Rom ähnlich. Die Bedeutung Bernos für das Kloster beruht vor allem auf seinem Einsatz dafür, die seelsorgerischen Aufgaben als zentrales Moment des mönchischen Lebens zu vermitteln und Anschluss an die Reformbewegung von Cluny zu suchen. Darüber hinaus gestaltet er den Gottesdienst attraktiver, indem er einprägsame Gesänge komponiert. Einige seiner Predigten lässt er aufschreiben.

1008

Indien unter Ghasnawiden

Die über den afghanisch-iranischen Raum herrschende Dynastie der Ghasnawiden strebt unter Mahmud von Ghasni weitreichende Eroberungen in Nordindien an. Bis zum Jahr 1026 unternimmt Mahmud mehrere Feldzüge und besetzt Nordwestindien. Zudem wird unter Mahmuds Herrschaft das Gebiet des heutigen Pakistans islamisiert.

1008

Machtkämpfe in Córdoba

Im Kalifat von Córdoba eskaliert die durch den Tod des Regenten Al Mansur im Jahr 1002 ausgelöste Krise. Als dessen ältester Sohn und Nachfolger Abd Al Malik durch Vergiftung ums Leben kommt, brechen schließlich bürgerkriegsähnliche Machtkämpfe um die Oberherrschaft aus. Regionale Rivalitäten schwächen das Reich zusätzlich.

1009

Hoftage werden eingerichtet

In Goslar findet die erste Reichsversammlung statt. Die im Jahr 922 von König Heinrich I. gegründete Marktsiedlung am Nordrand des Harzes hat sich nach Aachen, Magdeburg und Bamberg zum vierten Ort entwickelt, an dem der König in unregelmäßigen Abständen die Fürsten und Bischöfe des Reichs zu einem Hoftag (»Curia Regis«) lädt. Zu solchen Treffen, die vorzugsweise auf den Pfalzen abgehalten werden, beruft der König die weltlichen und geistlichen Amtsträger zur Vorbereitung wichtiger Ereignisse ein, beispielsweise hoher Kirchenfeste. Aus den Hoftagen entwickelt sich die Reichsstandschaft, das Recht der Fürsten und Bischöfe, an den Beratungen in Reichsangelegenheiten teilzunehmen. Erst im 15. Jahrhundert setzt sich der Name »Reichstag« durch.

Die Pfalzen sind über das gesamte Reichsgebiet verstreut und häufig mit einem Gutshof verbunden. Durch den ständig wechselnden Aufenthalt des reisenden Königs oder Kaisers wird die Entstehung einer einzigen festen deutschen Residenz während des Mittelalters verhindert. Bedeutende Pfalzen liegen auch in Speyer, Worms, Nürnberg, Ingelheim, Mainz und Köln. Sie sind mit prachtvollen Gebäuden ausgestattet und umfassen Verwaltungs- und Wirtschaftsbauten.

1010: Die aufstrebenden italienischen Stadtstaaten Genua und Pisa beginnen mit dem Angriff auf die von Arabern seit 828 beherrschte Insel Sardinien.

Das romanische Kaiserhaus in Goslar ist einer der ältesten Profanbauten Deutschlands. Da feste Residenzen fehlen, sind Kaiserpfalzen die eigentlichen Schauplätze der Regierungstätigkeit.

1012
Hohe Kunst der Buchmalerei

Ein Beispiel für die berühmte Buchmalereikunst des Klosters Reichenau: Christus krönt Heinrich II. und Kunigunde (Widmungsbild des Perikopenbuches, das zwischen 1007 und 1012 entstanden ist).

Zur Gründung des Bistums Bamberg im Jahr 1007 oder zur Weihe des Bamberger Doms stiftet Heinrich II., der Heilige, das 206 Blatt starke Perikopenbuch, das bedeutendste Werk der Reichenauer Malschule und zugleich eine der kostbarsten und schönsten Handschriften des gesamten Mittelalters.

Die Bodenseeinsel Reichenau hatte sich in ottonischer Zeit zu einem Zentrum der abendländischen Buchmalerei entwickelt. Mit dem Perikopenbuch erreicht die Reichenauer Buchmalerei ihren Höhepunkt. Geschaffen wird das Meisterwerk von einer Malergruppe um den Mönch Liuthar.

Das sogenannte Widmungsbild, das am Anfang dieser Sammlung von Evangelientexten steht, zeigt die Krönung Heinrichs und seiner Frau Kunigunde durch Christus, dem die Schutzheiligen des Bamberger Domes, Petrus und Paulus, zur Seite stehen. Neben dieser Krönungsszene sind allegorische Gestalten zu sehen, die Rom, Gallien und Germanien versinnbildlichen. Das Werk enthält Bilder der vier Evangelisten, dazu im Text zehn ganzseitige Initialen, 184 kleine Initialen und 23 ganzseitige Bilder zu kirchlichen Festtagen wie dem Dreikönigsfest mit Szenen aus dem Neuen Testament.

Der kunstvollen Gestaltung des 42,5 x 32 cm großen Bandes entspricht der mit edlen Metallen und wertvollen Steinen gestaltete Einband. Im Mittelpunkt steht das Kreuzigungselfenbein, das vermutlich aus der Zeit um 860 stammt.

Neben dieser bekannten Handschrift schenkt Heinrich dem Bamberger Bistum auch noch eine Reihe anderer, ebenfalls außerordentlich kostbarer Codices. Die bekannteste davon ist die Bamberger Apokalypse. Sie ist der einzige erhaltene Bilderzyklus der ottonischen Zeit zum letzten Buch der Bibel. Auch die Bamberger Apokalypse ist im Kloster Reichenau entstanden. Mehrere Mönche schreiben den Text auf Pergamentblätter und Buchmaler stellen auf Bildern und Illustrationen den Untergang der Welt und die Erlösung der Gläubigen dar, wie sie dem Seher Johannes offenbart wurden. Das Werk kommt später in die Staatsbibliothek Bamberg. Auf Reichenau entstand auch das Evangeliar Ottos III.

1011: Die Normannen unter Thorkell und seinem Bruder Hemming plündern das englische Canterbury und brennen Stadt und Kathedrale nieder. Die Invasoren entführen zudem Erzbischof Alphage nach Greenwich. Als sich Alphage weigert, gegen ein Lösegeld freigelassen zu werden, wird er von seinen Entführern ermordet.

1012: Nachdem Erzbischof Heribert den jüdischen Bürgern Kölns die Erlaubnis gegeben hat, errichten diese in der Rheinstadt die erste Synagoge Deutschlands.

1012

Fatimiden errichten Prachtbau

Nach 22-jähriger Bauzeit wird in Kairo nahe dem Tor Bab al Futuh die Al-Hakim-Moschee vollendet. Die Moschee, nach dem Vorbild der Amr- und Ibn-Tulun-Moschee errichtet, ist das größte Bauwerk Al Hakims, des dritten ägyptischen Kalifen aus der Dynastie der Fatimiden, die zwischen 909 und 1171 in Nordafrika herrschen.

Al Hakim, ein exzentrischer Glaubensfanatiker, erneuert in der Zeit seiner Regierung die strengen islamistischen Doktrinen. Er verbietet u. a. den Anbau von Wein sowie die Einfuhr alkoholischer Getränke, lässt eine Sittenpolizei aufstellen und untersagt zudem Vergnügungen aller Art. Im Jahr 1020 ruft er dazu auf, die Stadt Fustat niederzubrennen, weil ihre Bewohner sich weigern, ihn als Gott zu verehren.

Die Al-Hakim-Moschee ist eines der bedeutendsten islamischen Bauwerke. Abgeleitet von dem arabischen Begriff »Masgid« bedeutet Moschee »Heiligtum« bzw. »Ort, an dem man sich vor Gott verneigt«. Die Moschee ist eine öffentliche Gebetsstätte, in der früher auch Gerichtsverhandlungen abgehalten wurden. Parallel zu der Gebetsmauer verlaufen mehrere Arkadengänge um einen mehrschiffigen Raum, wo die Gläubigen, nach Mekka gewandt, beten. 1168 wird die Al-Hakim-Moschee von Kreuzrittern, die in Kairo eine Garnison einrichten, zwischenzeitlich in eine Kirche umgewandelt. Heute gehört die seit 1980 von Grund auf restaurierte Moschee zum UNESCO-Weltkulturerbe.

Die islamische Baukunst erlebt unter den Fatimiden eine Blütezeit: Turm der Al-Hakim-Moschee.

ISLAM EROBERT INDIEN

Muslimischer Einfluss auf Geschichte und Kultur

Der indische Subkontinent sieht sich um die Jahrtausendwende einer islamischen Invasion ausgesetzt. Zu einem Zentrum entwickelt sich Ghasni im heutigen Afghanistan. Von hier aus dringen die Ghasnawiden ins nordwestliche Indien ein.

Mit den ersten arabischen Eroberungen im 8. und 9. Jahrhundert hatten sich die Muslime einen Brückenkopf in Nordindien verschafft. Einen entscheidenden Schlag führten jedoch erst türkische Truppen, die aus dem Oxusraum auf indisches Gebiet vordrangen. Die Konsolidierung der türkischen Macht in Indien war eng mit der Politik des Pandschab verknüpft. Diese Region im Nordwesten des indischen Subkontinents wurde von Jayapala aus der hinduistischen Shahiya-Dynastie regiert.

Zwiebelkuppeln der großen Moschee in Lahore (heutiges Pakistan)

Zwischen dem Pandschab und dem islamischen Afghanistan bestanden enge politische und wirtschaftliche Beziehungen. Afghanistan war wiederum eingebunden in die Entwicklungen im zentralasiatischen Raum. 977 erhob sich der Türke Sebüktigin zum Gouverneur über Ghasni, ein Gebiet im Osten Afghanistans, und zerbrach das Gefüge politischer Machtverteilung in Westindien. Kurz darauf überschritt Sebüktigin die Grenze nach Indien und griff die Shahiyagebiete an. Es gelang dem türkischen Gouverneur, bis nach Peshawar vorzudringen und einen Teil Nordindiens zu unterwerfen.

Tempel geplündert

Sebüktigins Sohn Mahmud trat 997 die Nachfolge seines Vaters an. Bis zu seinem Tod 1030 unternimmt er jährlich Überfälle in das Gebiet der Shahiya und lässt die reichen Tempelstädte im Norden und Westen Indiens mit all ihren faszinierenden Götterskulptu-

Mausoleum des Mahmud von Ghasni: Der Herrscher des Ghasnawidenreichs islamisiert von Afghanistan aus Indien.

ren des hinduistischen Pantheons gründlich plündern. Die türkischen Truppen nehmen große Städte wie Gwalior, Kanauj und Mathura ein und sichern ihre Eroberungen durch Festungsanlagen an der Grenze. Einer islamischen Quelle zufolge machen die Ghasnawiden bei ihren Feldzügen »so viel Beute, dass die Finger müde wurden, sie zu zählen«. Mahmud nutzt die Reichtümer, um weitere Kriege in Zentralasien zu finanzieren, wo er schließlich ein mächtiges Reich etablieren kann. Das Reich von Ghasni erstreckt sich in seiner größten Ausdehnung zu Beginn des 11. Jahrhunderts bis nach Delhi.

Wendige Reitertruppen

Um den Angriffen Mahmuds entgegentreten zu können, erheben die indischen Königreiche Steuern, mit denen die Verteidigungskosten gedeckt werden sollen. Die Herrscher im Norden des Subkontinents erkennen die Gefahr aus dem Westen und schließen mehrfach Bündnisse gegen das Reich von Ghasni. Die gut ausgebildete türkische Reitertruppe ist jedoch in ihrer Schnelligkeit den schwerfälligen Heeren der Inder weit überlegen. Zudem sind die Inder nie zuvor auf berittene Bogenschützen getroffen.

Um vom Pferd aus in alle Richtungen Pfeile abfeuern zu können, ist die Erfindung des Kurzbogens hilfreich, der über dem Pferderücken nach rechts oder links gezogen werden kann. Zwar kannten bereits die Hunnen im 4. Jahrhundert diese Technik, doch ist sie in Indien nicht bekannt. Die Krieger aus dem Westen beeinflussen die gesellschaftliche und politische Entwicklung der alten indischen Königreiche. Nach Mahmuds Tod entwickelt sich der Hof von Lahore zu einem glanzvollen Mittelpunkt des Islams.

Der Islam bedrängt den Hinduismus: Plastik des Gottes Vishnu (10. Jh.).

1013

Dänisches Großkönigtum breitet sich bis England aus

Knut der Große stiftet ein Kreuz für Newminster. Der Dänenkönig treibt die Christianisierung in seinem Reich energisch voran (englische Buchmalerei, 1031).

Ein normannisches Heer unter dem Dänenkönig Sven Gabelbart landet an der Ostküste Englands, um ein vom englischen König Aethelred II., dem Ratlosen, 1002 befohlenes Massaker an den Dänen in England zu rächen. Im Herbst erobern die Normannen den größten Teil der Insel.

Der englische König Aethelred sieht sich genötigt, das Land zu verlassen, und flieht mit seiner Familie an den Hof seines Schwagers, eines normannischen Herzogs. Aethelreds Nachfolger, Edmund Ironside, unterliegt 1016 Gabelbarts Sohn Knut II., dem Großen, in der Schlacht bei Ashingdon. Die Angelsachsen erkennen daraufhin Knut als ihren Herrscher an. Im Jahr 1018 setzt er sich auch in Dänemark als König durch und etabliert ein dänisches Großkönigtum, das sich über England, Dänemark, Norwegen und Grönland erstreckt. Knut betreibt in der Folgezeit eine konsequente Aussöhnungspolitik zwischen Angelsachsen und Skandinaviern, die zu einer weit gehenden Harmonie beider Volksgruppen führt. Dabei stützt er sich vornehmlich auf die Kirche, die er durch Schenkungen und Privilegien fördert und zur Missionsarbeit in Skandinavien ermuntert.

Eroberer und Staatsmann

Knut wählt Winchester in England zu seiner Residenz und führt die erfolgreiche Großmachtpolitik seines Vaters fort. Auf der Reichsversammlung in Oxford 1018 verspricht er,

Der Normanne Harald I., Sohn Knuts des Großen und englischer König, unterdrückt das englische Volk durch Folter (links) und tätliche Übergriffe (englische Buchmalerei, 13. Jh.)

die Gesetze zu achten. Knut besitzt Macht sowie Reichtum und heiratet 1018 Aethelreds Witwe Emma, um seinem Thronanspruch auch eine dynastische Legitimität zu verleihen. Er entlässt das Dänenheer und beruft Angelsachsen in die englische Verwaltung. Die Sicherheit seines großen Reichs wird durch ständig patrouillierende Flottenverbände und ein Berufsheer von 3000 Gefolgsleuten des Königs gewährleistet. Als Eroberer und Staatsmann verfolgt Knut aber auch ideelle Ziele. Er macht England zum Zentrum seines Großkönigreichs, weil das Land kulturell höher entwickelt ist als seine skandinavische Heimat.

Großmacht und Zerfall

Zum deutschen König Konrad II., der ab 1024 regiert, pflegt Knut freundschaftliche Beziehungen. Er nimmt 1027 an Konrads Kaiserkrönung teil und unterstützt ihn im Kampf gegen Polen. Für den Verzicht König Konrads auf das Gebiet zwischen Schlei und Eider verheiratet er 1035 seine Tochter Gunhild mit Konrads Sohn Heinrich. Nach der Unterwerfung von Norwegen 1028 errichtet Knut ein nordisches Großreich und lässt es christianisieren. Ab 1034 kann Knut der Große zudem auch noch Schottland erobern. Bis zu seinem Tod im Jahr 1035 regiert Knut ein Imperium, dem trotz seiner peripheren Lage eine allgemeine politische Bedeutung zukommt.

Bald nach seinem Tod zerfällt das dänische Großreich. Magnus I., der Gute, wird norwegischer König, später gerät auch Dänemark unter die Kontrolle der norwegischen Krone. In England gelangt ab 1042 mit Eduard dem Bekenner wieder die angelsächsische Krondynastie an die Macht.

1013: Die 1011 von den Normannen niedergebrannte Kathedrale von Canterbury wird wieder aufgebaut. Das Gebäude erhält u. a. sein berühmtes massives Westwerk.

11. Februar 1014

Erste Kaiserin im Mittelalter

Kunigunde wird an der Seite ihres Gemahls Heinrich II. in Rom zur ersten mittelalterlichen Kaiserin gekrönt.

Die Grafentochter Kunigunde ist bereits seit 14 Jahren mit dem deutschen König Heinrich II. verheiratet. Wie viele andere Frauen des ottonischen Herrscherhauses ist auch Kunigunde eine Stütze der königlichen Herrschaft. Sie bestimmt bei der Besetzung von Lehen, bei Schenkungen und anderen Regierungsgeschäften mit. Während Heinrich zahlreiche Kriege führt, regiert sie das Reich, beruft Versammlungen und Heeresaufgebote ein.

Nach dem Tod Heinrichs im Jahr 1024 versucht Kunigunde, das Reich zu halten. Doch das Fehlen eines Thronfolgers weckt in vielen Konkurrenten Hoffnungen auf die Königskrone. Trotz ihrer klugen Politik kann Kunigunde sich nicht durchsetzen. Sie übergibt im Herbst 1024 die Reichsinsignien an Konrad II. und zieht sich bis zu ihrem Tod 1033 ins Kloster Kaufungen zurück.

Dass die Ehe Kunigundes und Heinrichs kinderlos blieb, erscheint den Zeitgenossen als besonders tragisch. Im 12. Jahrhundert ist man schließlich überzeugt, dass Kunigunde und Heinrich eine Ehe der freiwilligen Enthaltsamkeit geführt hätten. So entsteht schließlich die Legende, der Satan habe Kunigunde bei Heinrich des Ehebruchs bezichtigt. Sie aber habe ihre Jungfräulichkeit beschworen und durch ein Gottesurteil bestätigt: Mit nackten Füßen soll Kunigunde über zwölf glühende Pflugscharen geschritten sein, ohne Schaden zu nehmen. Die Feuerprobe Kunigundes ist nur eine Legende, für andere Frauen aber bittere Realität. Beim Vorwurf des Ehebruchs bedient man sich oft des Gottesurteils. Wunden beweisen die Schuld.

Am 29. März 1200 wird Kunigunde heiliggesprochen (Glasmalerei im Fenster der Kartause Prüll, um 1513).

1018

Byzanz dehnt seine Macht aus

Kaiser Basileios II. von Byzanz beendet die Eroberung des Bulgarenreichs, das er nach mehreren grausamen Feldzügen in sein Territorium eingliedert. Dem Herrscher gelingt die Eroberung der gesamten Balkanhalbinsel. Schon 986 war es in Makedonien zu einem Aufstand gekommen, an dessen Spitze Zar Samuel, der Sohn des byzantinischen Statthalters, stand. Dieser trachtete danach, Bulgarien der Herrschaft Konstantinopels zu entreißen. Der Kampf gegen Samuel dauerte 30 Jahre.

1014 errang Basileios II. den Sieg, der ihm den Beinamen »Bulgarentöter« (Bulgaroktonos) eintrug. Nach der entscheidenden Schlacht ließ er 15 000 Gefangene blenden und sandte sie mit 150 einäugigen »Führern« zurück nach Hause.

Basileios mit Höflingen und besiegten Bulgaren; unter Basileios II. entfaltet Byzanz mit der Eroberung des Bulgarenreichs, der Rückgewinnung großer Gebiete Syriens und den Erfolgen seiner Seestreitkraft seine größte Macht seit der Zeit der Völkerwanderung (byzantinische Buchmalerei, um 1020).

1018

Kaiser schließt Frieden mit Polen

Die Auseinandersetzungen zwischen dem deutschen Kaiser Heinrich II. und dem polnischen Herzog Boleslaw I. Chrobry enden mit dem Friedensschluss von Bautzen.

Polen muss daraufhin Böhmen an das deutsche Reich zurückgeben, erhält aber im Gegenzug die Lausitz und das Milzener Land als Lehen. Boleslaw, Sohn und Nachfolger Mieszkos I., gilt als größter mittelalterlicher Herrscher Polens. Nach dem Tod Ottos III. verweigerte er dem neuen deutschen König, Heinrich II., den Lehnseid, was einen langen Reichskrieg auslöste, in dem Heinrich sich mit den heidnischen Liutizen gegen den christlichen Polenherzog verbündete. Im Zuge der Auseinandersetzungen muss Boleslaw das von ihm besetzte Böhmen wieder abtreten, kann sich aber in Mähren, der Lausitz und Teilen der Slowakei behaupten. Zeitweise gehört auch das Reich von Kiew zum polnischen Machtbereich.

1021

Tanzen bis zur völligen Erschöpfung

1020: Das von den Nomadenstämmen der Kitan beherrschte Liaoreich in China annektiert Korea.

1022: In Orléans findet eine der frühesten Verbrennungen eines Ketzers statt. Das Opfer stammt aus Karthago.

Im Bernburgischen herrscht die sogenannte Tanzsucht oder Tanzwut, eine Art psychische Epidemie, die im Mittelalter in Zeiten großer sozialer Umwälzungen, insbesondere auch im Gefolge von Seuchen, auftritt. Menschen tanzen wild, bis ihnen Schaum vor dem Mund steht und sie schließlich in eine Ekstase verfallen, die ihr Gefühl von Müdigkeit und Erschöpfung überdeckt. Die Tanzwut im ursprünglichen Sinn wird auf die halluzinogene Wirkung pflanzlicher Drogen oder Vergiftungen, u. a. durch das Mutterkorn, zurückgeführt.

1022

Papst verbietet Priesterehe

Auf der Synode von Pavia untersagt Papst Benedikt VIII. gemeinsam mit dem deutschen König Heinrich II. Priestern die Ehe. Bereits verheiratete Geistliche enthebt er des Amtes und weist die Gläubigen an, ihre Gottesdienste zu boykottieren.

Der Papst wendet sich gegen die Vererbung der den Priestern zugeteilten Ländereien, die Kindern von Geistlichen eine Existenzgrundlage geben könnte, dadurch aber zugleich den kirchlichen Besitz schmälern würde. Benedikt verfügt, dass Priesterkinder zukünftig nicht mehr erbberechtigt sein sollen und erklärt sie zu Sklaven der Kirche.

Papst Benedikt VIII. ist ein strenger Verfechter des Zölibats (Kupferstich, um 1800).

Seit dem 10. Jahrhundert hat sich – in Abweichung vom Kodex der alten Kirche – in Deutschland die Priesterehe durchgesetzt, da die deutschen Landpfarrer wirtschaftlich weitgehend auf sich selbst gestellt sind. Wie seine Gemeindemitglieder ist der Pfarrer Bauer und darauf angewiesen, seinen Lebensunterhalt selbst zu verdienen. Geht er seinen Pflichten als Geistlicher nach, muss seine Familie bei der Bewirtschaftung des Pfarrhofes helfen.

Das päpstliche Eheverbot, das im Klartext bedeutet, dass der Priester seine Familie aus dem Haus schicken soll, wird nur widerwillig angenommen, weil auch die geistige Einstellung der Zeit dem Zölibat fremd gewor-

Priester auf dem Petersplatz in Rom: Die römisch-katholische Kirche verlangt bis heute von allen Klerikern mit höheren Weihen die Ehelosigkeit. Eine Verletzung des Zölibats hat den Verlust des Kirchenamts und die Rückversetzung in den Laienstand zur Folge.

den ist. So ist Hildebrand, der Bischof von Florenz (um 1020), offiziell vermählt und seine Frau hat bei öffentlichen Gerichtstagungen Rederecht. Ab sofort werden Verstöße jedoch mit Strafen, Amtsenthebung und Besitzentzug belegt.

1024

»Fliegendes Geld« wird gedruckt

In der chinesischen Provinz Sichuan wird erstmals in der Geschichte bedrucktes Papier als Zahlungsmittel verwendet. Vorformen des Papiergelds waren bereits im 7. Jahrhundert in China verbreitet. 812 wurde es aufgrund von Kupfermangel probeweise eingeführt und gehörte um 970 zu den gebräuchlichen Zahlungsmitteln. Die Chinesen nannten die Lagerscheine, die den Kaufleuten von den Vertretern der Provinzregierung Sichuan ausgestellt wurden, wegen ihres geringen Gewichts »fliegendes Geld«. Das Papiergeld, das ab 1024 unter staatlicher Aufsicht gedruckt wird, findet große Verbreitung und leistet einen wichtigen Beitrag zum Aufschwung der Wirtschaft. Um Papiergeld vor Fälschungen zu schützen, erfinden Handwerker um 1100 den Mehrfarbendruck.

1024

Salier festigen die Macht des deutschen Reichs

Nach dem Tod Kaiser Heinrichs II. begründet Konrad II. die Herrschaft der Salier. Die Dynastie, die bis zum Jahr 1125 regiert, führt das mittelalterliche deutsche Reich auf den Zenit seiner Macht.

Mit Konrad wird ein Außenseiter zum deutschen König gewählt. Für seine Wahl waren allein verwandtschaftliche Beziehungen zum ausgestorbenen ottonischen Herrscherhaus ausschlaggebend. Um 990 geboren, besaß Konrad II., ein Ururenkel Ottos I., nicht einmal den Grafentitel. Von der Mutter, einer elsässischen Gräfin, nach dem frühen Tod des Vaters verlassen, wuchs er in der Obhut eines Wormser Bischofs auf. Im Unterschied zu seinen Vorgängern konnte Konrad weder lesen noch schreiben und besaß nur dürftige theologische Kenntnisse. Die Heirat mit der Herzogswitwe Gisela von Schwaben, einer außergewöhnlich begabten Frau, verschaffte ihm jedoch Prestige und politischen Einfluss.

Kaiserkrönung in Rom

In seiner Regierungszeit fördert Konrad II. den Aufstieg der Städte, drängt indes die Macht des Hochadels und der Kirche zurück. Nach außen hin sichert er die Grenzen, gewinnt die Lausitz von Polen zurück und verständigt sich mit Knut II. von Dänemark. 1035 tritt er diesem bei der Verlobung seines Sohnes Heinrich III. mit Gunhild, der Tochter Knuts, die Mark Schleswig ab.

Auf seinem ersten Italienzug 1026/27 wird Konrad in Mailand zum König der Langobar-

Die Klosterruine Limburg an der Haard im heutigen Rheinland-Pfalz; die ehemalige Benediktinerabtei wird 1025 von dem ersten Salierkönig Konrad II. gestiftet, im Jahr 1504 von den Grafen von Leimingen jedoch zerstört.

Siegel Konrads II.: Der erste König aus dem Geschlecht der Salier festigt die kaiserliche Macht in Italien und den Zugang dorthin durch den Erwerb Burgunds mit den Alpenpässen.

den gekrönt. Am 26. März 1027 lässt sich der Salierherrscher in Rom von Papst Johannes XIX. in Anwesenheit der Könige Knut II. und Rudolf III. von Burgund, zahlreicher Fürsten sowie von 70 Prälaten aus Deutschland und Italien zum Kaiser krönen. Konrad II. und Rudolf von Burgund schließen einen Erbvertrag, der festlegt, dass Burgund – wegen seiner Alpenpässe für das deutsche Reich von großer strategischer Bedeutung – nach Rudolfs Tod an die Salier-Dynastie fällt.

1033 basiert das Kaisertum auf der dreifachen Königswürde des deutschen Reichs, Italiens und Burgunds. Die Einzelreiche sind als Königreiche vom kaiserlichen Imperium umschlossen. Damit wandelt sich der bisher an die Person des Kaisers geknüpfte Imperiumsbegriff zu einem verhältnismäßig klar definierten territorialen Verband, der von nun an die Grundlage des mittelalterlichen Kaisertums bildet.

Anfänge des Rittertums

1037 bricht Konrad II. ein zweites Mal nach Italien auf. Lehenskonflikte, vor allem in den Städten der Lombardei, veranlassen den Kaiser, 1037 das Gesetz »Constitutio De Feudis« zur Sicherung des Besitzes aller Lehnsträger gegen willkürliche und rechtswidrige Verdrängung zu erlassen. Es sichert den Lehnsleuten der Kronvasallen die Erblichkeit ihrer Lehen zu und führt zur späteren Entstehung des Rittertums. Konrad II. setzt fort, was sein Vorgänger Heinrich II. begonnen hatte, und nutzt den Frieden zur Ausweitung seiner königlichen Herrschaft.

1025

Byzanz verliert langsam an Einfluss

Kaiserin Zoe, die Tochter von Konstantin VIII., bringt durch ihre Ehen Romanos III., Michael IV. und Konstantin IX. Monomachos auf den byzantinischen Thron (Platte eines Frauendiadems, 11. Jh.).

Mit dem Tod von Basileios II., der nach 49 Regierungsjahren während der Vorbereitungen für einen Feldzug gegen die Araber kinderlos stirbt, setzt der Machtverfall des Byzantinischen Reichs ein. Keiner von Basileios' Thronerben ist ein tatkräftiger Herrscher. Sein Bruder und Nachfolger Konstantin VIII. war bereits bei Basileios' Thronbesteigung zum Mitkaiser ernannt worden. Zum Zeitpunkt seiner Kaiserkrönung ist er bereits 65 Jahre alt und regiert nur drei Jahre. Seine Töchter Zoe und Theodora erhalten danach die Dynastie mühevoll noch länger als 30 Jahre am Leben. Zoe, die Einflussreichere, ist wenig am Wohl des Staates interessiert. Dennoch sieht das Volk sie als legitime Trägerin der Krone an. 1042 heiratet Zoe Konstantin IX. Monomachos, auf den damit die Kaiserherrschaft übergeht. In der Folge verliert das Kaisertum weiter an Durchsetzungskraft gegenüber dem Adel.

Außenpolitisch zeichnen sich zahlreiche Konflikte ab. Im Jahr 1071 erobern die Seldschuken nach der Schlacht bei Mantzikert Kleinasien; im selben Jahr fällt der letzte byzantinische Platz in Unteritalien an die Normannen. Um das Jahr 1180 können sich auch Bulgaren, Serben und Bosnier von der byzantinischen Herrschaft befreien.

1025

Polen spaltet sich in Teilreiche

Herzog Boleslaw I. Chrobry wird in Gnesen zum ersten König von Polen gekrönt, nachdem der Papst im Vorjahr bereits seinen Segen erteilt hat. Kurz darauf stirbt der tatkräftige Monarch. Nach seinem Tod zerfällt Polen unter seinem Sohn Mieszko II. erneut in Teilreiche.

Die Jahre nach Boleslaws Tod sind geprägt von Nachfolgestreitigkeiten, da er nicht seinen Erstgeborenen, Bezprym, sondern den jüngeren Mieszko II. zum Nachfolger bestimmt hatte. Dieser verteidigt bis 1031 seine Königswürde gegenüber Kaiser Konrad II., muss dann aber nach Böhmen fliehen. Bezprym übernimmt die Herrschaft, verzichtet jedoch als Gegenleistung auf die Insignien. Nach Bezpryms Tod 1032 und nach Siegen einer russisch-deutschen Koalition verzichtet Mieszko 1033 im Frieden von Merseburg auf seine Königswürde und muss die Gebiete wieder abtreten, die zuvor von seinem Vater erobert wurden.

1030

Süditalien wird normannisch

Sergius von Neapel belehnt den Normannen Rainulf mit der Grafschaft Aversa, der Keimzelle des späteren Normannenreichs in Süditalien und auf der Insel Sizilien.

Kaiser Konrad II. und sein Sohn Heinrich III. erkennen die normannischen Stützpunkte in Aversa, Melfi, Capua und Salerno ausdrücklich an. Die Normannen besiegen die Byzantiner um 1041 am Monte Peloso und bei Siponto. 1047 stellt Kaiser Heinrich III. sie unter die Oberhoheit des Reichs, aber erst unter dem Normannenführer Robert Guiscard kommt es dank päpstlicher Unterstützung auf der Synode von Melfi (1059) zur eigentlichen Herrschaftsbildung. Die Normannen setzen sich im 11. Jahrhundert in Süditalien durch. Salerno hatte im Kampf gegen die Araber 1016 normannische Söldner zu Hilfe gerufen, die sich in Süditalien niedergelassen hatten. Ab 1017 begannen sie im Bund mit den Lombarden die Eroberung des von Byzanz beherrschten Süditalien. Die oft skrupellosen normannischen Krieger verdrängten die Einheimischen und plünderten den Kirchenbesitz. Papst Benedikt VIII. bat daraufhin 1018 Kaiser Heinrich II. um Hilfe. Bald nach Heinrichs Eroberung stärken die Normannen ihre Position erneut. Ihr Reich wird zur stärksten Landmacht Italiens und größten Seemacht des Mittelmeers.

Die Architektur der Normannen hinterlässt in Süditalien zahlreiche Spuren: Das Kastell Aci auf Sizilien wurde 1076 von den Normannen erbaut.

Um 1030

Rechte der Frauen gestärkt

Vermutlich unter dem Einfluss seiner Frau Emma erlässt der angelsächsische König Knut I. ein Gesetz, das erstmalig in Europa verbietet, eine Frau gegen ihren Willen zu verheiraten oder zu verkaufen.

Emma wurde im Alter von etwa zwölf Jahren mit dem angelsächsischen König Aethelred II. verheiratet. Sie gewann Einfluss am englischen Königshof. Dennoch gelang es ihr nicht, ihren Söhnen die Thronfolge zu sichern. Als Aethelred 1016 starb, bestieg ihr Stiefsohn Edmund Ironside den Thron. Enttäuscht kehrte Emma in die Normandie zurück, wo sie die Brautwerbung des dänischen Königs Knut annahm. Gemeinsam erhoben sie Anspruch auf England und übernahmen nach dem Tod Edmunds die Herrschaft. Als Knut 1035 stirbt, beginnt wieder der Kampf um den Thron. Emmas Sohn Hardknut kann das Erbe Knuts in Dänemark halten, doch ihre Söhne aus der Ehe mit Aethelred werden in England geschlagen. 1040 besteigt Hardknut den englischen Thron. Emma kehrt nach England zurück. Besitzungen und Schätze erlauben ihr bis zur Thronfolge ihres ältesten Sohns Eduard eine aktive Beteiligung an der Politik.

1030

Dom zu Speyer entsteht

Von der Kaiserkrönung aus Rom ins deutsche Reich heimgekehrt, entschließt sich Konrad II., in Speyer einen Neubau des Domes im romanischen Stil errichten zu lassen, der die größte Kirche des christlichen Abendlandes werden sollte. Speyer zählt zu dieser Zeit nur etwa 500 Einwohner.

Das Gotteshaus wird als dreischiffige Basilika auf kreuzförmigem Grundriss angelegt, im Osten und Westen erheben sich je zwei Türme. An das Langhaus schließt sich im Westen das dreiteilige Querhaus an. Elf frei stehende Stützenpaare tragen die Hochwände des Mittelschiffs, Blendbogen charakterisieren den Rhythmus des Baukörpers. Unter dem Chor und dem Querschiff erstreckt sich die fast sieben Meter hohe Hallenkrypta, eine der größten ihrer Art. Unter Heinrich IV. wird der Dom 1061 geweiht, danach mitten in den Kämpfen des Investiturstreites als monumentaler Quaderbau neu konzipiert und in einer zweiten Bauzeit von 1082 bis 1125 fertiggestellt. Neu erbaut werden u. a. der östliche Vierungsturm und die Gewölbe der Krypta. Die Einwölbung des Mittelschiffs gibt dem Dom fortan sein kaiserliches Gepräge. Nach einem Brand im Jahr 1159 wird die Vierungskuppel erneuert, Quer-

1030: Der arabische Physiker Alhazen beschreibt den Luftdruck, der auch schon von Aristoteles erwähnt wurde. Außerdem berechnet er die ungefähre Höhe der Atmosphäre aus Beobachtung der noch bestrahlten Wolken bei Sonnenuntergang, experimentiert mit Reflexion und Brechung an verschiedenen Spiegeln und Gläsern und konstruiert Linsen als Vergrößerungsgläser.

und Langhaus erhalten Gurtrippengewölbe. Der Dom zu Speyer, das bedeutendste Zeugnis romanischer Baukunst in Deutschland, wird zum Symbol der salischen Herrschaft im römisch-deutschen Reich. Außerdem dient das Gotteshaus den Saliern als Grabkirche. In der prächtigen Salierkrypta, dem ältesten Bauteil des Doms, werden Konrad II., Heinrich III., Heinrich IV. und Heinrich V. beigesetzt. Die Grabplatte Rudolfs von Habsburg befindet sich ebenfalls in der Krypta.

Der Dom St. Maria und St. Stephan in Speyer ist ein Meisterwerk der romanischen Baukunst, Symbol der weltlichen Macht des Kaisers und Grablege der Salier.

ROMANISCHE ARCHITEKTUR

Mächtige Gottesburgen in Europa

Die Romanik ist die erste große Stilrichtung, die auf dem europäischen Kontinent von Skandinavien bis Sizilien vorherrscht. Sie hat ihren Ursprung um 1000 in Frankreich, ab 1050 ist dann auch die Kunst in Deutschland und Italien romanisch geprägt. Einigendes Band der neuen Ära bildet die inzwischen machtvolle katholische Kirche.

Aus dem vielfältigen Nebeneinander von spätantiken Traditionen, byzantinischen Einflüssen und germanisch-keltischen Elementen entsteht mit der Romanik eine einheitliche architektonische Form, die sich in klaren, überschaubaren, teils massiven Komplexen ausdrückt. Die charakteristischen Kennzeichen dieser Architektur, die in sich geschlossen wirkt, sind Doppelturmfassaden, ein Westwerk, Vierungstürme sowie auch Türme am Ostabschluss. Der Rundbogen, der neben statischen auch dekorativen Zwecken dient, der Gewölbebau sowie die klare Gliederung des Kirchenschiffs sind weitere Grundelemente der Romanik. In Fortsetzung von Bestrebungen, die bereits in der karolingischen Kunst fassbar sind, wird der Typus der Basilika umgestaltet. Die einzelnen räumlichen Zonen – die Vorhalle, das Langhaus, die Querschiffe, die Apsis und die Kapellen – sind deutlich voneinander getrennt, wobei bei der Gestaltung der Basilika die Erfordernisse der liturgischen Handlung berücksichtigt werden: Dazu zählt etwa, dem Mittelschiff durch Einfügen von Rundbogen-

Die Klosterkirche St. Austremoine d'Issoire (12. Jh.), ein Hauptwerk der auvergnatischen Romanik

Der flach geschlossene Westchor des Doms St. Peter in Worms wird im Jahr 1181 geweiht.

Die dreischiffige Basilika in Vézelay ist eines der besten Beispiele der französischen romanischen Kunst.

fenstern eine Lichtquelle zu sichern, den Chor hinter dem Altar zu erweitern und mehr Platz für weitere Altäre zu schaffen. Als Material für die romanischen Bauten dienen zumeist örtliche Gesteinsarten, da sich die Beschaffung von Baumaterial anderer Herkunft oftmals schwierig gestaltet. Die Kaiserdome in Speyer, Mainz und Worms sowie das Kloster Maria Laach sind die bedeutendsten Beispiele romanischer Sakralarchitektur im deutschen Reich.

Spirituelle Kunst

An der Wende vom 11. zum 12. Jahrhundert kommen die ersten figurenreichen Stufenportale auf, auch findet ab jetzt die Steinwölbung Verbreitung. Romanische Kunst zeugt von hoher Spiritualität und besitzt eine formale Schwere, die stark an antikrömische Bauten erinnert. Die weiten Sakralräume teilen sich vielerorts in Kleriker- und Gemeinderaum auf, der Portalbereich findet in seiner Symbolkraft als Tor zum Himmlischen Jerusalem besondere künstlerische Gestaltung.

Die romanische Plastik ist größtenteils baugebunden und wirkt sehr streng, starr und abweisend. Großplastiken, wie sie seit dem Ausgang der Antike bis auf wenige Ausnahmen nicht mehr entstanden sind, fügen sich vor allem als Portalschmuck in das inhaltliche und symbolische Programm der Kirchenbauten ein. Die szenischen Reliefdarstellungen sind besonders erzählfreudig und figurenreich, vor allem bei der plastischen Darstellung des Jüngsten Gerichts.

Romanisches Kapitell mit Flachrelief (Kloster Santo Domingo de Silos, Spanien, 10. Jh.)

1031

Heinrich I. besteigt Thron

Nach dem Ende der Karolingerherrschaft in Frankreich setzt Heinrich I. als Nachfolger seines Vaters Robert II., des Frommen, die Dynastie der Kapetinger fort. Heinrich ist der zweite Sohn Roberts II. und nach dem frühen Tod seines älteren Bruders bereits Mitregent seines Vaters gewesen. Nach dem Tod Roberts II. 1031 wird Heinrich in Reims zum König gekrönt und regiert Frankreich bis zu seinem Tod im Jahr 1060.

Heinrich muss seine Alleinherrschaft gegen viele Widerstände durchsetzen. Seine Mutter Konstanze und mächtige Adelsvertreter des Landes hätten es vorgezogen, Heinrichs jüngeren Bruder Robert auf dem Thron zu sehen. Die Kapetinger stützen ihre Macht noch stärker als die Karolinger auf die Kirche, genauer auf die Bistümer, die als überregionale Verwaltungseinheiten einen Gegenpol zu den Hoheitsansprüchen des weltlichen Adels bilden. Sie regieren ohne jeden auf Prestige gerichteten Ehrgeiz und begnügen sich damit, den Festen und Versammlungen des Adels beizuwohnen. Im Gegensatz zu den deutschen Königen verlassen sie ihre Paläste, die u. a. in Paris liegen, nur selten. Gesandtschaften empfangen und entsenden sie nicht. So lehnt Robert der Fromme die Krone Italiens ab, die ihm die lombardischen Fürsten anbieten, und Heinrich I. duldet, dass Kaiser Konrad II. das Königtum Burgund an sich reißt. Die Könige von Frankreich sind angesichts einer zunehmend mächtiger gewordenen Aristokratie in ihrer Herrschaft deutlich stärker eingeschränkt als die deutschen Regenten.

Robert II., der Fromme, der Vater Heinrichs I., aus der Dynastie der Kapetinger (Liegefigur in der Basilika von Saint-Denis/Frankreich, 13. Jh.).

2. Februar 1033

Burgund fällt ans deutsche Reich

Die hügelige Landschaft des Charolais: Mit der Einverleibung von Burgund dehnt das römisch-deutsche Reich seinen Einflussbereich weiter aus.

Der römisch-deutsche Kaiser Konrad II. wird im Kloster Peterlingen im Kanton Waadt zum König von Burgund gekrönt. Rudolf III., der bisherige König von Burgund, war am 6. September 1032 nach über 40-jähriger Regierungszeit gestorben und hatte gemäß Erbschaftsvertrag (1027) sein Königreich an das deutsche Reich übertragen. Noch von seinem Sterbebett aus sandte er die burgundischen Insignien an seinen designierten Nachfolger Konrad II. Doch bevor Konrad sein Erbe antreten kann, hat er noch einen Feldzug gegen den Grafen Odo von Champagne zu führen, den Sohn einer Schwester Rudolfs III. Unterstützt wird er dabei von Humbert Weißhand, Graf von Savoyen. Savoyen gehört als Teil von Burgund nun ebenfalls zum Reich.

Das römisch-deutsche Reich umfasst jetzt als Triasimperium Deutschland, Italien und Burgund. Mehrere Passstraßen – u.a. St. Bernhard, Mont Cenis und Simplon – liegen damit in der Hand Konrads, dem so die wichtigsten Verkehrswege nach Italien offen stehen.

Einen weiteren territorialen Zugewinn verzeichnet das römisch-deutsche Reich in Polen. Nach Siegen einer russisch-deutschen Koalition verzichtet der Polenherzog Mieszko II. im Frieden von Merseburg (Juli 1033) auf die Königswürde und erkennt die Lehenshoheit des Kaisers an.

2. Februar 1033

Wall gegen Kitanangriffe

Die Koreaner errichten eine umfangreiche Befestigungslinie, die sie vor den chinesischen Kitan schützen soll. Die Kitan sind Steppennomaden. Sie stammen aus der Mandschurei im Nordosten Chinas und sind bereits seit dem 6. Jahrhundert nachweisbar. Mehrfach haben sie Korea angegriffen und bereits einmal kurzzeitig annektiert.

1035

Einsiedler Petrus Damiani

Der italienische Kirchenlehrer Petrus Damiani zieht sich als Einsiedler in die Nähe von Fabriano zurück. Dort entsteht in den folgenden Jahren eine Einsiedlergemeinde, der Damiani ab 1043 als Prior vorsteht. 1057 wird der Anhänger der kirchlichen Reformbewegung gegen seinen Willen zum Kardinalbischof von Ostia ernannt.

1032: Im italienischen Kloster Montecassino wird erstmals die Gabel als Tischgerät erwähnt. Sie hat zwei Zinken und dient noch nicht als Essbesteck, sondern zum Vorlegen der Speisen.

Um 1035: Zum ersten Mal wird in China ein Spinnrad abgebildet.

1037

Lehnsrecht stärkt niederen Adel

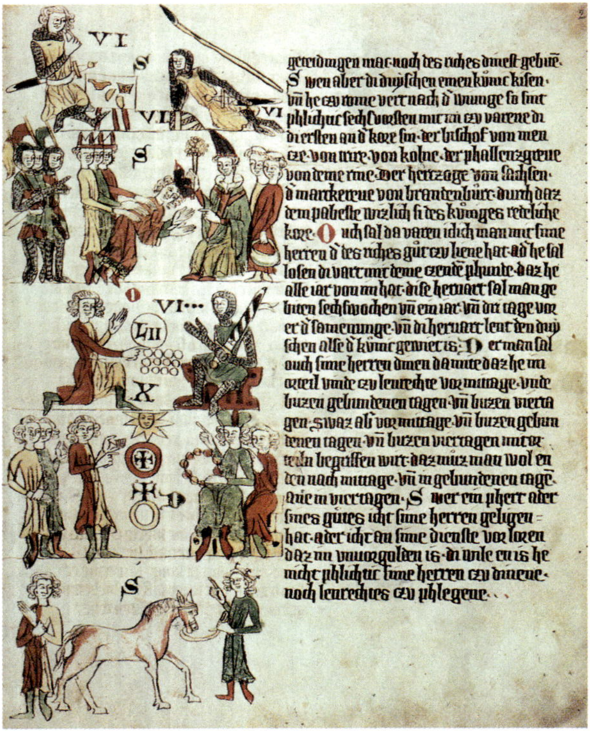

Szenen aus dem Sachsenspiegel, dem ältesten und bedeutendsten deutschen Rechtsbuch des Mittelalters: Lehnsmann bei Tisch, Königsweihe durch den Papst, Aufgebotsfrist für Romfahrt, Lehnsgericht, Lehnsmann verleiht Pferd (Buchmalerei, frühes 14. Jh.)

Kaiser Konrad II. erlässt während des zweiten Italienzuges das Lehnsgesetz »Constitutio De Feudis«, das den Lehnsleuten der Kronvasallen den uneingeschränkten Besitz und die Erblichkeit ihrer Lehen zusichert. Künftig kann jeder Lehnsträger nur durch ein gerichtliches Verfahren seine Lehen verlieren.

Da das Gesetz den niederen Adel stärkt, zieht sich Konrad II. den Zorn des höheren Adels und der Geistlichkeit zu. Er verfolgt mit dem Gesetz auch das Ziel einer besseren Einflussnahme auf den Hochadel. Es werden zugleich Institutionen geschaffen, die verhindern sollen, dass die mächtigen Lehnsherren den kleinen Vasallen willkürlich die Lehen entziehen. Auch die weiter vergebenen Lehen (Afterlehen) werden in dem Lehensgesetz für erblich erklärt.

1037

Avicenna, Arzt und Gelehrter

Der islamische Philosoph und Leibarzt der Kalifen von Bagdad, Abu Ali Ibn Sina, genannt Avicenna, stirbt 57-jährig in Hamadan. Er hinterlässt 156 Werke zu allen Gebieten der Naturwissenschaft.

Bereits als Kind genoss Avicenna den Ruf, besonders wissbegierig zu sein. So soll er schon mit zehn Jahren den Koran auswendig heruntergesagt haben. Sein einflussreichstes Werk ist der »Kanon der Medizin«. Es beschreibt die Symptome verschiedener Krankheiten und gibt der abendländischen Heilkunde des 12. Jahrhunderts ihre Grundlage. Infolge seines systematischen Ansatzes, seiner formalen Perfektion und seines Eigenwertes bleibt es für rund 500 Jahre das maßgebliche Lehrbuch an den medizinischen Fakultäten Europas. Das monumentale Werk stellt eine gewaltige Enzyklopädie der Medizin mit insgesamt über einer Million Stichwörtern dar und ist ein Abriss der gesamten Heilkunde von der Antike bis zum Islam.

Sowohl in Europa als auch in Asien galt Avicenna als unumstrittene Autorität. Als Arzt und als wissenschaftlicher Berater stand er in Diensten verschiedener persischer Herrscher. Seine ungeheure Schaffenskraft wird durch ein besonders umfangreiches Lebenswerk bezeugt, das auch Abhandlungen über Chemie, Physik und Musik enthält. Avicenna gilt zudem als größter Philosoph des Mittleren Ostens. Sein Hauptwerk »Das Buch von der Genesung der Seele« ist eine umfassende philosophische Enzyklopädie. Avicenna stützt sich auf die spätantike Synthese von Aristoteles und Neuplatonismus.

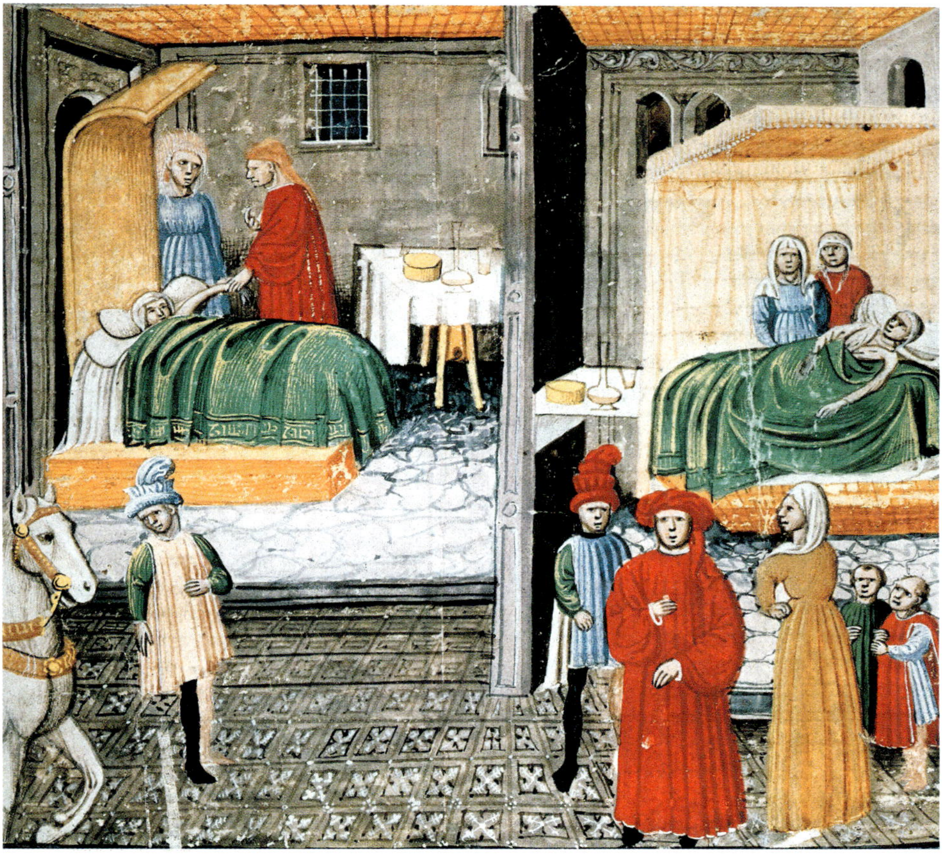

»Der Besuch des Arztes«: Illustration aus dem »Kanon der Medizin«; dieses medizinische Hauptwerk Avicennas beherrscht im Mittelalter die ärzlichen Anschauungen (Buchmalerei, 14. Jh.).

LEHNSHERR UND VASALL

Grundlage der Gesellschaftsordnung im Mittelalter

Als die ersten Staaten zu groß wurden, um zentral regiert zu werden, bildete sich mit dem Lehnswesen eine neue Gesellschaftsordnung heraus. Das System beruht auf verliehenem Grundbesitz und einem gegenseitigen Treueverhältnis zwischen Lehnsherren und Vasallen.

Zu den ersten Verwaltungsproblemen kam es durch die gewaltige Expansion des fränkischen Herrschaftsraums im 9. Jahrhundert. Die umfangreichen Ländereien mussten bewirtschaftet und die Abgaben der Bevölkerung an die Herrschaft kontrolliert werden. Im Zuge dieser Entwicklung bildete sich das in Frühformen schon vorhandene Lehnswesen heraus. Das Prinzip des Lehnswesens basiert materiell auf der Verteilung von Grundbesitz. Der fränkische König ist auf die Unterstützung des Adels angewiesen, um – zum Beispiel – Kriege führen zu können. Als Gegenleistung für ihre Dienste erhalten die Adligen Grundbesitz, den sie wirtschaftlich nutzen. Gleichzeitig entlastet sich der Herrscher von der Last, die Ländereien zu verwalten, Abgaben einzutreiben und die Versorgung der Bevölkerung zu gewährleisten. Das persönliche Verhältnis zwischen Regent und hohem Adel, allgemein gesagt die Beziehung des Herrn zum Gefolgsmann, wird als Vasallentum bezeichnet (lateinisch »vassus«: Knecht). Da die Ländereien nicht in Form einer Schenkung vergeben, sondern nur verliehen werden, erhält dieses System die Bezeichnung Lehnswesen. Der Vertrag zwischen König und Vasall endet erst mit dem Tod des Vasallen oder wird im Fall der Untreue gegenüber dem Herrscher für ungültig erklärt.

Beim Lehnseid legt der Vasall seine gefalteten Hände in die des Lehnsherrn (Miniatur, 12. Jh.).

Gefahr für den Zentralismus

Auf ihren Lehen verfügen die Vasallen über königsgleiche Rechte. Sie sprechen Recht, können Verwaltungsbeamte einsetzen und die ihnen geliehenen Ländereien zur Bewirtschaftung an das Volk verteilen. Oft müssen die direkt dem König unterstellten Kronvasallen derart umfangreiche Lehen verwalten, dass sie selbst Teile ihres Grundbesitzes an Klein- oder Aftervasallen vergeben. Auf diese Weise entwickeln sich unzählige Kleinreiche, deren Besitz schließlich beim Tod des Vasallen vielfach nur noch theoretisch an den König zurückfallen muss – faktisch wird das Vasallentum oftmals erblich.

Der gegen Ende des 9. Jahrhunderts einsetzende Zerfall des Frankenreichs wird durch das Lehnswesen stark begünstigt. Das Reich der Karolinger ist in seiner Größe kaum zu überschauen. Die Zahl der Lehen oder die Namen der Vasallen sind nicht schriftlich fixiert, es existiert ein undurchschaubares Gewirr von Besitzverhältnissen. Vor diesem Hintergrund gelingt es dem Adel, sich immer mehr vom Herrscher zu emanzipieren und seine eigene politische Macht zu entfalten. Die lateinische Vokabel für Lehen, »feudum«, prägt in späteren Jahrhunderten den Begriff Feudalismus.

Sachsenspiegel u. a. mit Darstellung des Lehnsgerichts (Buchmalerei, 14. Jh.)

Ein vielfältiges System

Das Lehnssystem ist nicht auf Europa beschränkt, sondern findet sich auch in Ägypten, Japan, der islamischen Welt und bei den frühen amerikanischen Kulturen. Auch innerhalb Europas gibt es Unterschiede in den Lehnsformen: Während in England und Frankreich alles Land als lehnsrührig – d. h. der Verleihung als Lehen durch einen Herren unterliegend – gilt, ist in Deutschland das Lehen freies Eigentum, sogenanntes Allod (ahd.: »Vollgut«). Dort kann sich also nicht alle Macht zentralistisch in der Hand eines obersten Lehnsherrn sammeln, wie das in England und Frankreich möglich ist.

Seit sich die Erblichkeit der Lehen durchsetzt (in Frankreich gewohnheitsrechtlich bereits Ende des 9. Jahrhunderts, sonst seit dem 10. Jahrhundert), entsteht ein Anspruch auf erneute Belehnung. Seit dem 12. Jahrhundert gilt für Reichslehen der Leihezwang: Der König kann diese Lehen nicht wieder einziehen, sondern muss sie binnen Jahr und Tag wieder ausgeben. Die Reichsfürsten setzen die Einziehung der von ihnen verliehenen Lehen jedoch durch. Damit verliert das Lehnswesen in Deutschland und Italien seine integrierende Bedeutung für das Reich; es wird dem Ausbau der Landeshoheit nutzbar gemacht. In Frankreich hingegen, das im 10. und 11. Jahrhundert voll »durchfeudalisiert« ist, gelingt mithilfe des Lehnswesens der Ausbau der königlichen Macht.

Mit der Änderung der Wehrverfassung und Kriegstechnik verliert das Lehnswesen schließlich seine militärische und dann auch seine politische Bedeutung. Formal bleibt das Lehnsrecht im Heiligen Römischen Reich bis zum Jahr 1806 erhalten.

1039

Heinrich III. regiert als starker Friedenskaiser

Dem verstorbenen deutschen König Konrad II. folgt sein Sohn Heinrich III. (1039–56) auf den Thron. Der wegen seiner auffälligen dunklen Gesichtsfarbe auch »schwarzer Heinrich« genannte Herrscher erringt als deutscher König und römisch-deutscher Kaiser im Laufe seiner Regentschaft eine fast bedeutendere Machtstellung als Otto der Große.

Als Heinrich mit 22 Jahren an die Regierung kommt, ist er bereits eine erfahrene und gereifte Persönlichkeit, da er im Gegensatz zu seinem Vater Konrad II. durch geistliche Erzieher auf sein Amt vorbereitet wurde. Nachdem seine Gemahlin Gunhild, die Tochter König Knuts II. von Dänemark, Norwegen und England, 1038 der Malaria zum Opfer gefallen war, heiratet Heinrich 1043 ein zweites Mal. Agnes, die Tochter des Herzogs Wilhelm V. von Aquitanien und Poitou, entstammt einer mächtigen Familie und ist in Italien und Burgund reich begütert.

1040 erlässt Heinrich III. ein Friedensgebot, das die Ausübung des Fehderechts unter Strafe stellt, womit er die von der Kirche ausgehende Idee eines Gottesfriedens (Pax Dei) unterstützt. Die 1036 mit den Bischöfen von Lausanne, Vienne und Besançon vereinbarte Übereinkunft eines Gottesfriedens sieht darüber hinaus einen Waffenstillstand, die »Treuga Dei«, vor. Kein Christ dürfe zwischen Mittwochabend und Montag früh sowie zwischen dem Beginn der Adventszeit bis zum Dreikönigstag und von Septuagesima (neunter Sonntag vor Ostern) bis acht Tage nach Ostern die Waffen erheben.

1041 besiegt Heinrich III. den Böhmenherzog Bretislaw I., der im Streit um die Reliquien des tschechischen Nationalheiligen Adalbert Polen überfallen und weite Teile des Landes geplündert hatte. 1042 unterwirft sich Bretislaw I. dem König in Regensburg. Böhmen erkennt fortan die Oberhoheit des Reichs an. Etwa zur gleichen Zeit entbrennt ein heftiger Machtkampf um die ungarische Stephanskrone, bei dem König Peter, ein Neffe Stephans I., des Heiligen, zunächst ins Reich flieht, von Heinrich III. unterstützt und 1045 mit seiner Hilfe in Ungarn wieder eingesetzt wird.

Einsetzung von Päpsten

Auf der Synode von Sutri bei Rom legt Heinrich III. 1046 den Streit zwischen drei konkurrierenden Päpsten bei, indem er die von unterschiedlichen Gruppen zu Kirchenoberhäuptern proklamierten Konkurrenten Benedikt IX., Silvester III. und Gregor VI. absetzt und den deutschen Bischof Suitger von Bamberg als Klemens II. zum Papst erhebt. Dieser krönt Heinrich III. 1046

1037: In Kiew wird der aufwändige Bau der Sophienkirche begonnen.

1038: Das Xiareich im Himalaja erlangt die Unabhängigkeit von China.

Konrad II., Kaiser des römisch-deutschen Reichs, erobert Capua in Italien und legitimiert erstmals die Herrschaft eines Normannenfürsten: Rainulf von Aversa wird der Oberhoheit Waimars V. von Capua unterstellt.

zum römisch-deutschen Kaiser. Mit dem »Goldenen Stirnreif« erhält Heinrich die Würde eines »Patricius Romanus« und sichert sich die erste und entscheidende Stimme bei der Papstwahl. So folgen auf Klemens II., der 1047 nach nur neunmonatigem Pontifikat stirbt, drei weitere Deutsche in ununterbrochener Reihenfolge: Poppo, der Baier, als Damasus II., Bischof Bruno von Toul als Leo IX. und Bischof Gebhard von Eichstätt als Viktor II.

Auf seinem zweiten Italienzug hält Heinrich III. 1055 zusammen mit dem Papst und 120 Bischöfen ein Generalkonzil in Florenz ab, auf dem der Papst die Veräußerung von Kirchengut verbietet und einzelne Bischöfe wegen Simonie oder Verletzung des Zölibats zur Rechenschaft zieht.

Witwe Agnes regiert

Am 5. Oktober 1056 stirbt Heinrich III., der seine Herrschaft ganz in den Dienst der Erneuerung der Kirche gestellt hat, kurz vor seinem 39. Geburtstag. Er hinterlässt sein Reich seinem sechsjährigen Sohn und Nachfolger, Heinrich IV., der noch bis 1061 unter der Regentschaft der Königswitwe Agnes steht. Agnes wird 1056 zur Kaiserin gekrönt. Bis zum Tod Heinrichs hatte sie kaum Gelegeneit, aktiv politisch tätig zu werden. Trotz ihrer Unerfahrenheit wird sie, besonders in den ersten Jahren ihrer Regentschaft, als Herrscherin respektiert. Die Autorität und Anerkennung Heinrichs III. kann sie aber nicht erreichen. Bis 1057 hat sie noch einflussreiche Unterstützung durch den Papst, ihren Berater und Freund Viktor II. Mit dessen Tod geht dann aber eine lange Zeit kaisertreuer Päpste zu Ende. Zunehmend geht der Einfluss der Kaiserin in Italien und Deutschland zurück, immer mehr emanzipiert sich das römische Papsttum und der Adel in Entscheidungen und Ernennungen vom Kaiserhaus.

Goldenes Evangelienbuch Heinrichs III.: Christus teilt während des Abendmahls Brot und Wein aus. Der tief religiöse Heinrich III. bindet weltliche und geistliche Macht unter seiner Oberherrschaft eng zusammen (Buchmalerei, um 1050).

1039

Almoraviden verbreiten den Islam

Moschee der Almoraviden in Marrakesch: Durch den regen Austausch von Gelehrten, Dichtern und Künstlern zwischen Andalusien und Marrakesch erlebt das Reich der Almoraviden eine kurze kulturelle Blütezeit.

Im Norden Senegals begründet Abdallah Ibn Yasin die Bewegung der Almoraviden als militärisch-religiösen Orden. Ein Jahr später islamisieren die muslimischen Rittermönche den Sudan und den Senegal. Unter Yasins Nachfolger Jusuf Ibn Taschfin überqueren die Almoraviden den Hohen Atlas und gründen 1062 die Stadt Marrakesch. Von hier aus erobern sie in zwölf Jahren ganz Marokko sowie Andalusien.

1040

Buchdruck im Reich der Mitte

Der chinesische Alchemist Pi Cheng experimentiert mit beweglichen, einzeln hergestellten Druckstempeln aus Keramik. Schriftsatz und Druck erlauben fortan die rasche Reproduktion von wichtigen Texten, die bisher nur durch Abschreiben oder durch das vollständige Schneiden des gesamten Textes in Holz oder Stein als Druckvorlage möglich war. Die jetzt um einiges billigere Verbreitung von Massendrucken fördert die Sprachgewandtheit – Wortschatz, Orthografie und Grammatik – und hebt zugleich das allgemeine Bildungsniveau. Sowohl philosophische Weltbilder als auch politisches Gedankengut können sich damit schneller verbreiten als bisher. Der Hochdruck, also der Druck von erhabenen Druckstöcken, hat in China schon eine über 400-jährige Tradition. Und diese wiederum geht auf die bereits über zwei Jahrtausende alte Stempeltechnik zurück. Schon 1324 v.Chr. benutzten die Chinesen Namens- oder Siegelstempel, die sie aus Holz, Speckstein, Jade, Elfenbein oder Bambus herstellten. Als sich im 9. und 10. Jahrhundert der Buchdruck in China entwickelte, damit größere Kreise mit klassischen Texten versorgt werden konnten, vergrößerte man im Prinzip nur die Druckstempel zu ganzen spiegelbildlich geschnitzten Blöcken von etwa 75 x 30 cm, die nacheinander auf viele Meter lange Papyrus- oder Pergamentrollen abgedruckt wurden.

Das fehlerlose Übertragen wichtiger Texte ist nicht nur langwierig, ein einziger Schnitzfehler macht auch einen kompletten Druckstock unbrauchbar. Pi Cheng entwickelt deshalb den Schriftsatz aus Standardtypen, die sich in Serien herstellen lassen. Die Schriftzeichen stehen jeweils für ganze Wörter, werden aus Lehm einzeln in negative Formen gepresst oder gestrichen und dann gebrannt. Die fertigen Typen fasst Pi Cheng in einem Eisenrahmen zu Sätzen zusammen. Er fixiert diesen Schriftsatz mit einer klebrigen Masse.

Der Schriftsatz mit beweglichen Lettern, wie er um die Jahrtausendwende in China üblich ist, wird durch die Verwendung rotierender Setzkästen unterstützt. Auf den Eisenformen werden die Lettern zu ganzen Texten angeordnet und mit Wachs und Harz fixiert. Um die Lettern erneut zu gebrauchen, muss die Eisenplatte erhitzt werden, damit die schmelzende Masse die Formen wieder freigibt.

14. August 1040
Königsmörder Macbeth

In Schottland ermordet Macbeth König Duncan I. und wird dessen Nachfolger. Der in einer Shakespeare-Tragödie verewigte Macbeth ist der letzte Vertreter des rein keltischen Königtums in Schottland. In der Schlacht von Lumphanan verliert Macbeth gegen Duncans Sohn Malcolm, der daraufhin König von Schottland wird.

1040
Xixia bekämpfen Song

Nachdem es im Jahr 1038 seine Unabhängigkeit erlangt hat, unternimmt das Reich der Xixia von der Himalajaregion aus eine Offensive gegen das chinesische Songreich. 1044 schließen die Song und die Xixia einen Friedensvertrag. Die Angriffe der Xixia enden, doch die Song müssen für den Frieden Tribut zahlen.

1040
Kirche verbietet Blutfehden

Auch der Kaiser spricht sich gegen Fehden aus und propagiert den Gottesfrieden: Heinrich III. und seine Frau Agnes knien vor der Muttergottes (Buchmalerei, um 1050).

Der deutsche König Heinrich III. kommt den Forderungen nach einem »Pax Dei« (Gottesfrieden) nach und verbietet Fehden und Blutrache. Zwar ist die Stellung des Königs in Deutschland stark genug, um Faustrecht und Privatrache zu unterbinden, doch Heinrich III., der sich gern öffentlich als Sünder bekennt und seinen Gegnern verzeiht, ist von der Idee eines religiösen Friedens begeistert.

Auf Blutrache und Sippenfeindschaft beruhende Fehden gefährden zunehmend die Rechtssicherheit sowie den inneren Frieden in vielen europäischen Territorien. Deshalb wird von weltlicher und kirchlicher Seite verstärkt gegen das traditionelle Fehdewesen vorgegangen. Bereits 1037 erließ der Erzbischof von Arles, Raginbald, im Namen des französischen Klerus eine »Treuga Dei« für Italien, eine Waffenruhe Gottes, die u. a. für bestimmte Wochentage und alle hohen Feiertage ein absolutes Fehdeverbot verhängt und die Frauen, Kinder, Witwen und Priester ausdrücklich schützt. Verstöße werden mit der Verbannung bestraft. Bisher nutzte der Feudaladel die Fehde oftmals zur Durchsetzung eigener Interessen. Die Fehde spielt sich meist zwischen zwei Familien ab. Um Rache für einen Mord oder eine Ehrverletzung zu nehmen, wird ein Mitglied der feindlichen Gruppe getötet. So setzen sich Fehden meist endlos fort, bis niemand mehr ihren Grund kennt oder keine männlichen Mitglieder einer Familie mehr leben. Im 12. Jahrhundert löst der Landfrieden den Gottesfrieden ab. Der Gottesfriede besteht aus Beschlüssen, die beschworen werden müssen. Verletzungen der Beschlüsse werden mit Kirchenstrafen und Exkommunikation geahndet.

Um 1040: Das anonyme Gedicht »La vie de Saint Alexis« gilt als der Beginn der französischen Literatur. Wie das »Rolandslied« ist das Werk in anglonormannischem Zusammenhang überliefert.

Um 1040: In einer Schrift wird ein jüdisches Viertel in der Stadt Köln erwähnt.

1041

Seldschuken kommen an die Macht

Tschaghribeg und Togrilbeg, die Enkel des Ogusenhäuptlings Seldschuk, begründen in Vorderasien die Herrschaft der Seldschuken. 1040 hatten sie den Ghasnawidenherrscher Masud besiegt. Tschaghribeg wird Regent im Ostiran, Togrilbeg marschiert nach Westen und verlegt seine Residenz nach Merw. Er erklärt sich in den eroberten Gebieten zum Beschützer des abbasidischen Kalifen. Der religiöse Radikalismus der Seldschuken, die die sunnitische Richtung des Islams propagieren, richtet sich nicht nur gegen ihre schiitischen Glaubensgenossen, sondern auch gegen Juden und Christen.

Zu den bedeutendsten Zeugnissen der seldschukischen Architektur zählen große Moscheen sowie Wehranlagen: Blick von der in Ostanatolien gelegenen Burg Hosap, die im 14. Jh. von den Seldschuken errichtet wird.

1041

Böhmen unterwirft sich Heinrich III.

1042: In Naumburg wird eine Kirche geweiht, die Vorgängerbau des Naumburger Doms ist. Die Krypta der Urkirche ist bis heute zum Teil erhalten.

König Heinrich III. verleiht dem Lützelburger Heinrich VII. das Herzogtum Bayern.

König Heinrich III. greift in den Streit um die Gebeine des im Jahr 997 als Märtyrer gestorbenen Bischofs Adalbert von Prag ein, der in Polen als Nationalheiliger verehrt wird, und unterwirft den böhmischen Herzog Bretislaw I.

Die Böhmen waren zuvor in das in sich zerstrittene Polen eingefallen, hatten weite Teile des Landes geplündert, viele Polen auf die Sklavenmärkte Europas verschleppt und die Gebeine des polnischen Nationalheiligen nach Prag geschafft. Die Pläne des Böhmenherzogs, der – ähnlich wie der Pole Boleslaw Chrobry unter Konrad II. – ein vom deutschen König unabhängiges, christliches Reich aller Westslawen mit Prag als Hauptstadt errichten will, zerschlagen sich, als Heinrich III. nach zunächst wenig erfolgreichen Schlachten Prag umstellt. Barfuß und im Büßergewand unterwirft sich Bretislaw und zahlt 4000 Goldmark Buße. Ein Jahr später erhält er Böhmen sowie zwei polnische Landschaften als Lehen. In den folgenden zehn Jahren beteiligt sich Herzog Bretislaw von Böhmen mehrmals an Feldzügen Heinrichs III. gegen Ungarn.

1042

Angelsachse besteigt Thron

Nachdem unter den Nachfolgern Knuts des Großen die dänische Dynastie schrittweise verfallen ist, besteigt ein angelsächsischer Prinz, Eduard der Bekenner, den britischen Thron. Aufgewachsen in der Normandie, blieb der Sohn des 1013 aus England vertriebenen Königs Aethelred II. auch nach der Hochzeit seiner Mutter mit Knut dem Großen (1017) im Exil. Durch den insgesamt 25-jährigen Auslandsaufenthalt ist er bei seiner Rückkehr den heimischen Verhältnissen entfremdet. Als britischer Herrscher unterhält Eduard weiterhin enge Beziehungen zu den normannischen Adligen und wird deshalb vom angelsächsischen Adel, an dessen Spitze sich Godwin, Earl of Wessex, stellt, scharf kritisiert.

Mit seiner Herrschaft legt Eduard die Grundlagen für die spätere normannische Eroberung. So beruft er bevorzugt Normannen in hohe Staatsämter. Auf dem Gebiet der Kirchenpolitik führt er die Linie von Knut dem Großen fort, indem er bei Bischofsernennungen auf königliche Kleriker zurückgreift. Eduard erweist sich als vollkommen unfähiger Regent. 1045 heiratet er eine Tochter Earl Godwins. Da er aber ohne Erben bleibt, gewinnt Godwin eine herausragende Stellung am Königshof – und Aussicht, die Krone zu erben. Nach dem Tod

Godwins im Jahr 1053 geht der Erbanspruch auf den Thron an dessen Sohn Harold über.

König Eduard zieht sich in den folgenden Jahren mehr und mehr aus dem politischen Leben zurück und betätigt sich vornehmlich als Reformer und Förderer der Kirchen und Klöster. So lässt er die durch die Dänen zerstörte Westminster Abbey wieder aufbauen, die durch sein Grab später zum Nationalheiligtum wird. Auf dem Totenbett designiert Eduard 1066 Harold, Earl of Wessex, den mächtigsten Vertreter der angelsächsischen Aristokratie, zu seinem Nachfolger.

Ansprüche auf den englischen Thron bestehen allerdings auch und vor allem seitens des Herzogs Wilhelm von der Normandie, der als Neffe von Eduards Mutter erbberechtigt zu sein glaubt. Die Situation gestaltet sich angesichts wirklicher oder angeblicher Versprechungen bezüglich der Nachfolge Eduards noch komplizierter, zumal der norwegische König Harald Hardrade als Enkel Knuts des Großen ebenfalls Erbansprüche stellt. Als die Ratsversammlung der angelsächsischen Fürsten dem Earl of Wessex, Harold Godwinson, die Krone anbietet, rüstet sich schließlich Wilhelm von der Normandie zu einer Invasion, und Harald von Norwegen landet mit einem Heer in Yorkshire.

König Eduard der Bekenner schickt Harold als seinen Boten zu Herzog Wilhelm in die Normandie (Ausschnitt aus dem »Teppich von Bayeux«, um 1077).

1043

Bayerns Mönche brauen Bier

Flaschen der bayerischen Staatsbrauerei Weihenstephan, die im 19. Jh. aus der gleichnamigen Klosterbrauerei hervorgeht

Bei München erhält das Kloster Weihenstephan das Braurecht. Hopfen zur Bierbereitung setzt sich allmählich durch. Der Hopfenbitterstoff verleiht dem Bier einen würzig-bitteren Geschmack und einen angenehmen Geruch. Zudem erhöht sich durch ihn die Haltbarkeit des Biers. Die Bierbrauerei verändert sich vom Hausgewerbe zu einem mit besonderen Rechten ausgestatteten Zunftgewerbe. In den Klosterbrauereien kommt es von nun an zu einem geregelten Braubetrieb. Da das Bier keimfrei ist und zudem einen geringeren Alkoholgehalt als heute hat, gilt es auch als geeignetes Getränk für Kinder.

1043

Damenstift für höhere Töchter

Hemma, die aus dem Kärntner Hochadel stammt, gründet das Damenstift Gurk, aus dem das Bistum Gurk (Österreich) hervorgeht. Sie wird durch ihr persönliches Schicksal zur Klostergründung bewegt. Ihr Ehemann Wilhelm, der Graf von Friesach, wurde 1036 auf einer Pilgerfahrt ermordet. Auch ihre beiden Söhne verloren früh ihr Leben. Als Alleinerbin verfügt Hemma über den riesigen Besitz ihrer Vorfahren und über die Güter Wilhelms. Mit ihrem Erbe richtet sie ein adliges Damenstift für etwa 70 Nonnen ein. Die Kanonissen sind an keinen Orden gebunden und unterliegen weder einer monastischen Regel noch einem Gelübde. In der Stiftsschule werden viele adlige Töchter vor ihrer Ehe unterrichtet.

1043: Die Normannen in Süditalien beenden die arabische Herrschaft über Apulien.

1044: In der Hunfried-Urkunde wird das Grafengeschlecht Rapperswil erstmals erwähnt. Es beherrscht zu beiden Seiten der Hurdener Landenge ein Stück der alten Römerstraße von Winterthur nach Graubünden (Schweiz).

1044

Blütezeit von Birma beginnt

König Anoratha gründet das erste birmanische Reich mit der Hauptstadt Pagan. Unter seiner Herrschaft erlebt das Land einen wirtschaftlichen und politischen Aufschwung. Das bis 1287 existierende Reich markiert eine kulturelle Blütezeit in der Geschichte Birmas.

Einheimischen Chroniken zufolge ist die Hauptstadt Pagan im 2. Jahrhundert gegründet worden. Der Legende nach soll der erste Herrscher eine Gruppe von 19 Dörfern zu einer Stadt vereinigt haben. Jede Siedlung verehrte ihre eigenen Ahnengeister. Bei der Vereinigung schuf der Herrscher einen einheitlichen Kult mit dem Himmelsgott des Popaberges als oberster Gottheit. Bis zum Ende des 9. Jahrhunderts waren die Bewohner der Region zu einem Volk zusammengewachsen.

Anoratha nutzt die günstige geografische Lage am Knotenpunkt der Handelsstraßen nach Assam, Yünnan und Sittang. Durch die Bewässerung der Kyauksèebene erreicht er einen wirtschaftlichen Aufschwung. Von den benachbarten Mon lernen die Birmesen den Reisanbau auf bewässerten Feldern und den Terrassenanbau. 1057 erobert Anoratha Thaton das Königreich der Mon. Damit erweitert er sein Gebiet nach Süden und schafft mit dem Zugang zum Meer die Basis für den Fernhandel.

In der Region des heutigen Myanmars entsteht das Reich von Pagan, das eine Vielzahl großartiger Bauwerke hervorbringt. Zu den berühmtesten zählt die Shwezigonpagode in Bagan (früher: Pagan) aus dem 11. Jh.

1045

Christliche Mission in Nordeuropa

Der aus dem Thüringer Grafengeschlecht von Goseck stammende Geistliche Adalbert nimmt als Erzbischof von Hamburg-Bremen die Mission in Skandinavien und Nordeuropa auf und schickt seine Missionare bis nach Finnland, Grönland und Island.

Adalberts Ziel ist die Einrichtung eines »Patriarchats des Nordens« mit dem Zentrum in Hamburg. Als »Papst des Nordens« sollen ihm Bischöfe und Erzbischöfe unterstehen. Er kann die nördlichen Kirchen jedoch nicht für seine Pläne gewinnen. Adalbert, der 1043 von Heinrich III. zum Erzbischof erhoben wurde, begleitet den König 1046 zur Synode von Sutri nach Italien und erhält als päpstlicher Legat 1053 den Titel »Vikar des Nordens«, nachdem er auf eine Erhebung zum Papst verzichtet. Sein Versuch, die Reichsklöster Corvey und Lorsch unter seine Herrschaft zu bringen, stößt bei den Fürsten auf Widerstand. Auf einem Fürstentag in Tribur (Pfalz) wird Adalbert 1066 entlassen.

Adalbert, der Erzbischof von Hamburg-Bremen, versucht die Missionierung in Nordeuropa voranzutreiben (Buchminiatur aus der Chronik von Rynesberch-Schene, 14./15. Jh.).

1050

Roman schildert Ritterleben

Im Kloster Tegernsee entsteht mit dem »Ruodlieb« der erste Ritterroman. Das in lateinischen Hexametern verfasste Gedicht eines unbekannten Autors verfügt bereits über Grundzüge des mittelhochdeutschen höfischen Romans.

In dem nur unvollständig erhaltenen Werk wird die Geschichte des Ritters Ruodlieb erzählt, der in die Fremde zieht und das Vertrauen eines afrikanischen Königs gewinnt. Er wird von diesem zum Befehlshaber seiner Truppen ernannt und kann einen feindlichen Nachbarstamm besiegen. Anschließend veranlasst ihn ein Brief seiner Mutter zur Rückkehr in die Heimat. Der König erteilt ihm zum Abschied zwölf weise Ratschläge, die für Ruodlieb später sehr hilfreich sind. So kann er nach seiner Ankunft die ihm zugedachte Frau als Dirne entlarven. Nach einem siegreichen Zweikampf wird ihm der Schatz des Königs Immunch und die Hand von dessen Tochter angeboten, dann bricht der Versroman ab.

Das Werk verbindet die Lebensgeschichte des Ritters mit

12.2.1049: Mit Unterstützung des römisch-deutschen Kaisers Heinrich III. wird Bischof Bruno von Toul im Lateran zum Papst gewählt. Als Leo IX. widmet er sich vor allem der Kirchenreform und bekämpft Ämterhandel, Laieninvestitur und Priesterehe. Unter seinem Pontifikat bildet sich das Kardinalskollegium heraus.

Um 1050: In Tarragona (Spanien) lässt der Bischof das Kathedralspital Santa Tecla errichten, das sich nicht, wie es sonst bei Domspitälern die Regel ist, westlich, sondern südlich des Kirchenchores befindet.

einem detailreichen Kulturbild. Es besticht durch die realistische Schilderung des Lebens in verschiedenen Kulturkreisen und die feine Charakterisierung der handelnden Personen. In den 2306 überlieferten Versen werden volkstümlich-dörfliche und märchenhafte Motive verarbeitet.

Typische Szene aus dem Ritterleben: Zweikampf während eines Turniers (französische Buchmalerei, 1470)

1050

Burg dient Grenzsicherung

Auf einem Kongress in Nürnberg wird beschlossen, die Reichsfeste Heimenburg im Bereich von Deutsch-Altenburg in Niederösterreich als Grenzfestung gegen Ungarn neu zu errichten. Der Vorgängerbau wurde 1042 von Heinrich III. während eines Feldzuges gegen die Ungarn zerstört.

1050

Pilgerspital in Jerusalem

Eine Gruppe von Kaufleuten aus der Hafenstadt Amalfi (Italien) errichtet in Jerusalem ein Pilgerspital, das zum Ausgangspunkt des später gegründeten Ritterordens der Johanniter wird. Im Mittelpunkt der karitativen Aufgaben des Spitals stehen die Pilgerbetreuung sowie die Krankenpflege.

STOLZE RITTERBURGEN

Mittelalterliche Festungen und Residenzen

Im 11. Jahrhundert schießen in Mitteleuropa steinerne Burgen in die Höhe, die vielfach wehrhaft und Furcht erweckend erscheinen. Als baulicher Ausdruck von Macht und Stärke des Adels dienen sie zunächst der Bewachung der Handelswege oder der Sicherung von Grenzen. Aber auch die Bevölkerung nutzt sie bei Gefahr als Zufluchtsort.

Die mittelalterlichen Burgen entwickeln sich aus den römischen Wehrbefestigungen, besonders aus dem Kastell und dem von Wall und Graben umgebenen Grenzturm (»burgus«). Während die Burgen in Südeuropa meist nach einer regelmäßigen Planung entstehen, werden sie im Norden oftmals den jeweiligen Geländeverhältnissen angepasst und sind dadurch uneinheitlich in der baulichen Gliederung.

Bergfried, Zugbrücke und Palas

Burgen sind nicht nur Wehranlagen, sondern dienen auch als Wohnsitze der Ritter, worunter man im engeren Sinne ehemals unfreie wehrfähige Adlige versteht. Im Laufe des Mittelalters wandeln sich die Adelssitze zu Zentren städtischer Ansiedlungen, wobei ihren Herren zunehmend auch richterliche Aufgaben übertragen werden. Als steinerne Wachposten liegen die Burgen meist auf einem Berg, von dem aus sie das umliegende Land beherrschen. Die ebenerdige Tief- oder Talburg ist in der Regel von einem Wassergraben umgeben, der ein erstes Hindernis für potenzielle Angreifer darstellt. Von den Seitentürmen aus überblickt die wachhabende Mannschaft das Umland. Das Tor wird durch eine Zugbrücke und einen Turmbau mit Fallgitter geschützt. Der Wachturm über der Zugbrücke ist meist mit zahlreichen Räumen ausgestattet, die als Ställe, Waffen- und Vorratslager sowie als Schlaf- und Aufenthaltsräume dienen.

Blick über die spanische Stadt Molina de Aragón mit ihrer massiven Burganlage (12./13. Jh.)

Die Burg Hohenzollern in Süddeutschland wurde nach Zerstörungen im 19. Jh. im Stil des 14. Jh. restauriert.

Der Burgherr mit seiner Familie bewohnt die Gemächer des Palas, des repräsentativen Hauptbaus der Anlage. Die großzügig angelegten Burgen der Landesfürsten, oft eindrucksvolle Repräsentationsbauten, verfügen über genügend Raum für einen umfangreichen Hofstaat. Ein großer Saal, in dem der Burgherr wichtigen Besuch empfängt und festliche Bankette ausrichtet, ist das Prunkstück der Festung. Der oft mit Wandteppichen geschmückte Raum bleibt meist den Männern vorbehalten. Neben ihm befinden sich die Küche sowie Speise- und Getränkekammer.

Zugbrücke der ungarischen Burg Visegrad hoch über der Donau

Ablauf des Alltags

In vielen Burgen beginnt der Tag mit der Frühmesse, sofern der Burgherr sich einen eigenen Kaplan leisten kann. Mitunter übt dieser auch die Funktion eines Sekretärs oder Schreibers aus. Ärmere Ritter müssen bei der täglich anfallenden Arbeit mithelfen, der Frau fällt die gesamte Hausversorgung zu.

Viele Ritter betreiben Landwirtschaft und sichern dadurch den Lebensunterhalt ihrer Bauern. Während auf kleineren Burgen der Burgherr hin und wieder selbst die Aufgaben eines Verwalters ausübt, teilen sich auf größeren Herrensitzen meist zwei Verwalter diese Arbeit. Einer ist für die Ländereien zuständig, der andere leitet das Dienstpersonal, das je nach Größe der Burg mehrere hundert Personen umfassen kann: Knappen, Schmiede, Zimmerleute, Metzger, Bäcker und Köche sowie weitere Handwerker.

16. Juli 1054

Schisma – Bruch zwischen der Ost- und Westkirche

Nach vergeblichen Verhandlungen über die Einflussbereiche in Unteritalien und über theologische Fragen legt Kardinalbischof Humbert von Silva Candida, der Gesandte Papst Leos IX., die Bannbulle gegen den Patriarchen von Konstantinopel, Michael Kerullarios, auf den Altar der Sophienkirche. Daraufhin exkommuniziert Kerullarios den päpstlichen Legaten und besiegelt damit die Trennung (Schisma) zwischen römischer und orthodoxer Christenheit. Die Byzantiner, die als »Orthodoxe« den »rechten« Glauben wahren wollen, sammeln sich um den Patriarchen von Konstantinopel. Im Westen bleiben die Kirchen dem Papst treu und nennen sich »katholisch«, allumfassend.

Papst fordert Gehorsam

Ob Humbert von Silva Candida zu diesem weit reichenden Schritt ermächtigt ist, bleibt umstritten, denn Papst Leo IX. war bereits am 19. April 1054 gestorben. Zweifellos wird die Mission als sehr wichtig angesehen, was die Fülle der Dokumente, die die Gesandten mitbringen, bezeugt. Zwei Briefe an Kerullarios und ein an den byzantinischen Kaiser gerichtetes Schreiben Leos IX. bringen das allgemeine Empfinden der römischen Kirche zum Ausdruck und legen Wert auf die Feststellung, dass die römische Kirche sich bei der Auslegung des Wortes Gottes noch nie geirrt habe. Der päpstliche Aufruf zum Gehorsam findet im Juli 1054 bei Michael Kerullarios eine kühle Aufnahme.

Christenheit gespalten

Die Streitigkeiten zwischen römischer und byzantinischer Kirche haben eine lange Tradition. Bereits 451 n. Chr., als auf dem Konzil von Chalkedon

Die Einheit der christlichen Kirche zerbricht: ikonografische Darstellung der Ostkirche (Email, 11.–12. Jh.).

Byzanz ist das Zentrum der griechisch-orthodoxen Kirche: Kaiser Konstantin IX. Monomachos und Kaiserin Zoe mit Christus als Pantokrator (griech. »Allherrscher«; Mosaik in der Südempore der Hagia Sophia, 11. Jh.).

Konstantinopel mit Rom gleichgestellt wurde, sahen die Päpste ihren universalen Führungsanspruch gefährdet. Obwohl Papst Leo I. diesen Beschluss nie anerkannt hatte, setzte sich im Osten die Auffassung von der Sonderstellung des Patriarchen von Konstantinopel als Haupt der östlichen Christenheit durch. Unterschiedliche Auffassungen im Dogma und in der Liturgie lieferten weiteren Zündstoff in der Auseinandersetzung um das urchristliche Erbe. Ein wichtiger Streitpunkt war das »Filioque« – der Ausgang des Heiligen Geistes vom Vater und vom Sohn, das fränkische Bischöfe ins Glaubensbekenntnis eingebracht hatten –, das in der Ostkirche auf Widerstand stieß. Ein weiterer Streitpunkt betraf das im Westen geltende Verbot der Priesterehe (Zölibat). Unterschiedliche Bräuche bei der Herstellung des eucharistischen Brotes und bei den Fastengewohnheiten förderten den Entfremdungsprozess zwischen Ost und West. Bann und Gegenbann treffen zwar nicht die gesamte byzantinisch-griechische bzw. die römisch-lateinische Kirche, sondern nur die Oberhäupter und den jeweiligen Klerus, doch die Spaltung wird offen vollzogen. Nur die Kirchen-, nicht aber die Glaubenseinheit wird aufgegeben.

Den endgültigen Bruch besiegeln die wirtschaftlichen und politischen Spannungen zwischen Byzanz und den italienischen Seemächten. Die wechselseitigen Exkommunikationen veranschaulichen den Entfremdungsprozess. Beide Seiten bemühen sich zwar, eine Hintertür für einen Kompromiss offen zu halten, doch zeigt dieses Bemühen auch, dass sich Ost- und Westkirche der Folgen ihres Handelns bewusst sind.

1054

Kiewer Reich zerbricht

Das Höhlenkloster Lawra in Kiew entwickelt sich zum religiösen Zentrum Altrusslands. Der Klosterkomplex zählt seit 1990 zum Weltkulturerbe der UNESCO.

Nach dem Tod des Großfürsten Jaroslaw I., des Weisen, beginnt der Niedergang des Reichs von Kiew. Es spaltet sich in untereinander zerstrittene Teilfürstentümer auf.

Jaroslaw, der Sohn Wladimirs des Heiligen, übernahm noch zu Lebzeiten seines Vaters die Herrschaft über Nowgorod, eroberte 1019 Kiew und führte die von seinen Brüdern regierten Teile des Reichs unter einer Herrschaft zusammen. Er hinterlässt nach dem Prinzip des Seniorats eine Nachfolgeordnung, die die Aufteilung der Herrschaftsgebiete unter seinen Söhnen regelt und nach der der älteste Fürst (Großfürst) eine Oberhoheit über die nachgeordneten Adligen ausüben soll. Die jeweiligen Großfürsten regieren jedoch nur für eine kurze Zeit, sodass die Macht und Unabhängigkeit der nachgeordneten Territorialherrscher gestärkt wird. So kommt es in der Folge zu ständigen Bruderkriegen, an denen die Bewohner der südlichen Steppengebiete, die Petschenegen und Polowzer, als Bundesgenossen teilnehmen.

Zentrum der orthodoxen Kirche zur Zeit der Kiewer Rus ist das 1051 gegründete Höhlenkloster Lawra, das auch politischen Einfluss ausübt. Künstlich geschaffene Höhlen, die in die Hügel über dem rechten Dnjeprufer gegraben werden, dienen den Mönchen als Einsiedelei. Später sind die Höhlen Begräbnisstätten der Mönche.

1054

Astronomen entdecken Crabnebel

Bei ihren Himmelsbeobachtungen bemerken chinesische Astronomen ein Phänomen, dessen Rätsel erst im 20. Jahrhundert gelöst werden wird: Im Sternbild Stier erscheint praktisch über Nacht ein neuer Stern, dessen Lichtstärke sich durchaus mit der sehr hellen Venus messen kann und dessen Leuchtkraft einer spontanen Helligkeitszunahme von rund 20 Größenklassen entspricht. Die chinesischen und auch die japanischen Astronomen können die Erscheinung nicht deuten. Heute weiß man, dass die Astronomen jene Supernova beobachten, aus welcher der 4000 Lichtjahre von der Erde entfernte Crabnebel hervorgeht. Dieser planetarische Nebel dehnt sich mit großer Geschwindigkeit (1300 km/s) aus.

1054: Die Almoraviden beginnen in Westafrika ihren »heiligen Krieg« gegen das westafrikanische Reich Gana.

Das Turkvolk der Ogusen siedelt sich im Gebiet zwischen Ural und Aralsee an.

1055

Bagdad fällt an die Seldschuken

Die vom abbasidischen Kalifen eingeladenen Seldschuken besetzen unter ihrem Führer Tughrul Bed die Stadt Bagdad und stellen sie unter »Schutzherrschaft«. Das Kalifat von Bagdad gerät damit in die Hände der türkischen Fürstendynastie. Die Eroberung Bagdads ist ein entscheidender Schritt bei der Schaffung des seldschukischen Großreichs.

Ihre ersten militärischen Erfolge errangen die Seldschuken mit ihrem Sieg über den aus der Ghasnawiden-Dynastie stammenden Masud und der Einnahme der Hauptstadt Chorasan 1044. Sie ist der Ausgangspunkt für die Eroberung Bagdads. Der Niedergang des Kalifats von Bagdad reicht weit vor der Eroberung durch die Seldschuken zurück. Als Bagdad 945 von dem arabisch-iranischen Stamm der Bujiden erobert wird, hat es den Zenit seiner Macht bereits überschritten. Unter den Seldschuken, die nun die schiitischen Bujiden vertreiben, bleibt der abbasidische Kalif formell im Amt, auch wenn ihm alle wirkliche Macht genommen ist.

Die Grabanlage des Sufis Omar Suhrawardi in Bagdad wird während der Seldschukenherrschaft errichtet.

DAS KIEWER RUS

Ein blühendes Großreich in Osteuropa

Das Kiewer Rus bildete sich als erstes russisches Staatsgebilde im Südwesten um das wirtschaftliche Zentrum Kiew heraus. Unter Großfürst Jaroslaw wird der Staat der Rus das größte und mächtigste Reich Osteuropas. Die glanzvolle Geschichte des Kiewer Reichs währt jedoch nicht lange; nach Jaroslaws Tod setzt bereits der Zerfall ein.

Aus den um die Mitte des 10. Jahrhunderts zwischen den Reichen Kiew, Nowgorod und Polozk entstandenen Rivalitäten und Vormachtkämpfen war Kiew als Sieger hervorgegangen. Die Handelsbeziehungen mit Byzanz hatten den Aufstieg Kiews möglich gemacht. Wladimir (der Heilige) traf zudem eine bis in die Gegenwart nachwirkende Entscheidung: Der Großfürst von Kiew ließ sich 988 taufen und vermählte sich mit der »purpurgeborenen« byzantinischen Prinzessin Anna. Die Taufe des Herrschers führte auch sein Volk zum griechisch-orthodox geprägten Christentum. Das brachte einen entscheidenden Machtzuwachs des Großfürsten gegenüber den Stammesfürsten mit sich, da er nunmehr auf den Rat und die Unterstützung seitens der Kirche zählen konnte.

Der christliche Glaube wird Staatsreligion: Kuppeln der im 12. Jh. errichteten Kirche St. Michael in Kiew.

Die heiligen Boris und Gleb, Söhne des Großfürsten Wladimir von Kiew (Ikonenmalerei, 14. Jh.)

Anbindung an Westeuropa

1015 stirbt Wladimir der Heilige. Sein Tod löst erbitterte Nachfolgekämpfe unter seinen fünf erbberechtigten Söhnen aus. Jaroslaw setzt sich schließlich durch. Er unterhält enge dynastische Beziehungen zu Westeuropa und Skandinavien. Dadurch verbindet er die russische Rurikiden-Dynastie mit den führenden Fürstenhäusern Europas – er selbst heiratet 1019 die Tochter König Olafs von Schweden – und macht Kiew zum geistigen und kulturellen Zentrum Russlands. Das Reich erreicht unter Großfürst Jaroslaw, der später den Beinamen »der Weise« erhält, den Höhepunkt seiner politischen Macht. Während seiner Regierungszeit entwickelt sich Kiew zur blühenden Residenzstadt. Der Großfürst lässt eine Stadtmauer errichten, die nach byzantinischem Vorbild ein goldenes Tor mit Muttergotteskirche erhält.

Zentrum der orthodoxen Kirche

Das Kiewer Reich entwickelt sich im 11. Jahrhundert auch zum kirchlichen Mittelpunkt Russlands. Die Übernahme des byzantinischen Machtkonzepts, das dem Christentum eine wichtige Rolle im Staatswesen einräumt, zieht weitreichende Folgen nach sich: Es begründet später den russischen Anspruch, mit Moskau das »Dritte Rom« zu beherbergen. Bereits zuvor, im Jahr 1037, wird Kiew erstmals als Sitz eines Metropoliten (Erzbischofs) erwähnt. Im selben Jahr beginnt der Bau der Kiewer Sophienkathedrale. Sie ist eines der bedeutendsten Bauwerke der russisch-orthodoxen Kirche und enthält die ältesten Mosaiken und Fresken der russischen Kunst.

In der Regierungszeit Jaroslaws kommt es zur Abfassung der »Ruskaja Prawda«, der ältesten russischen Rechtsaufzeichnung, in der byzantinische Gesetzgebung und slawisches Gewohnheitsrecht miteinander verschmelzen. Sie enthält Bestimmungen über Prozessverfahren, Gebühren und auch über die Rechtsstellung verschiedener sozialer Schichten. Zudem wird darin die Blutrache durch Wehrgeld ersetzt. Nach dem Tod des Großfürsten Jaroslaw bahnt sich unter seinen Söhnen die innere Zersplitterung und der Niedergang des Reichs an. Zwar behält Kiew als Sitz des Metropoliten von ganz Russland und als Residenz des Großfürsten eine unbestreitbare Vormachtstellung, doch die anderen Teilfürstentümer machen Kiew diese Rolle zunehmend streitig. Die Großfürstenwürde ist bald nicht mehr allein in Kiew verankert, sondern wandert auf der Suche nach dem Mächtigsten von Stadt zu Stadt. Zu Beginn des 13. Jahrhunderts bilden sich

Großfürst Jaroslaw I., der Weise, führt das Kiewer Reich zu seiner Blüte (Aquarell von Iwan J. Bilibin, 1926).

im Südwesten und im Nordosten neue Fürstentümer, die sich gegeneinander bekämpfen. Das Territorium des Kiewer Reichs fällt im 13. Jahrhundert an die Mongolen, die den Staat der »Goldenen Horde« begründen und die Kiewer Rus lehnspflichtig machen. Kiew wird weitgehend zerstört. Von der Bezeichnung »Rus« sowohl für das Kiewer Reich als auch für die dort lebenden Stämme leitet sich der heutige Name Russland ab.

1057: In der Region von Chinas heutiger Hauptstadt Beijing (Peking) kommt es zu einer Erdbebenkatastrophe. 10 000 Menschen verlieren ihr Leben.

Um 1060: Die ersten Gemeinschaften der Augustiner-Chorherren entstehen, in denen Kanoniker nach der Augustinerregel in klösterlicher Umgebung zusammenleben.

5. November 1056

Revolte gegen Kaiserin Agnes

Kaiserin Agnes von Poitou, eine gebildete und tief religiöse Französin, übernimmt die Regierung des deutschen Reichs für ihren fünf Jahre alten Sohn Heinrich IV. Trotz ihrer politischen Gewandtheit steht ihre Regentschaft unter keinem guten Stern. Die königliche Macht ist zu sehr geschwächt. Ihre Gegner finden in ihrer Person schnell den Grund für die Situation des Reichs. Der Enfluss der Berater auf die Kaiserin schränke ihre Autorität ein, glauben die Fürsten und planen, Agnes zu entmachten. Im April 1062 entführen sie unter der Leitung des Kölner Erzbischofs Anno II. gewaltsam den Thronfolger. Der Erzbischof schwingt sich daraufhin zum Regenten des deutschen Reichs auf. Von allen verlassen und vom Sohn getrennt, verzichtet Agnes auf die Regentschaft. Sie widmet sich künftig einem geistlichen Leben und pilgert nach Rom.

1059

Neuregelung der Papstwahl

Der am 24. Januar 1059 inthronisierte Papst Nikolaus II. erlässt auf der Ostersynode in Rom ein Papstwahldekret, das sich gegen den römischen Adel richtet und den Einfluss des Kaisers ausschalten soll. Damit will Nikolaus II. u. a. seine eigene Wahl, die entgegen den herkömmlichen Prinzipien vorgenommen wurde, legitimieren.

Durch dieses Dekret wird die Papstwahl einzig und allein dem Kardinalskollegium übertragen. Im Einzelnen sieht das Papstwahldekret vor, dass zu-

Lateranbasilika (St. Johannes im Lateran) und Papstpalast in Rom: Sitz des Kirchenoberhauptes Nikolaus II., der die Unabhängigkeit des Papsttums zu sichern versucht. Seit Kaiser Konstantin ist die Lateranbasilika die Kathedrale der Diözese Rom und wichtigste Kirche des Papstes.

erst die Kardinalbischöfe über den Kandidaten beraten, erst im Anschluss daran sollen der übrige Klerus und das Volk von Rom der Wahl zustimmen.

Das Dekret enthält zwar ein kaiserliches Bestätigungsrecht und verlangt vom Papst zudem, dem Kaiser Respekt zu erweisen, doch sind die Bestimmungen darüber so unklar formuliert, dass es schon bald zum Konflikt zwischen dem Papst und dem Kaiser kommt.

1059

Normannen erhalten Unteritalien

Papst Nikolaus II. entschließt sich zu einer Kehrtwende in der bisherigen Normannenpolitik der katholischen Kirche und belehnt den Normannenführer Robert Guiscard mit Kalabrien, Apulien und Sizilien. Letzteres muss Robert, der Sohn Tankreds von Hauteville und Bruder Rogers I., allerdings erst noch erobern. Zwei Jahre später nimmt Robert Guiscard mit Messina die erste sizilianische Stadt ein.

In Süditalien heuerten bereits im Jahr 1016 Städte, die die byzantinische Hegemonie abschütteln wollten, Normannen als Söldner an. Im Laufe der Zeit siedelten sich diese und immer mehr ihrer Landsleute an, Mitglieder der normannischen Familie Hauteville schaffen sich im 11. Jahrhundert aus Ländereien, die sie Byzantinern, Langobarden und Sarazenen abgenommen haben, eigene Herrschaften.

Mit der normannischen Einnahme von Bari 1071 fällt die letzte Bastion von Byzanz in Italien. Robert Guiscard scheitert jedoch mit dem Versuch, durch Übergriffe in Dalmatien und Griechenland auch die Kontrolle über die Ägäis zu erhalten. Nach seinen erfolgreichen Eroberungszügen in Italien gerät Robert Guiscard mit Papst Gregor VII. in Streit, vergleicht sich aber 1080 mit ihm. Während des Investiturstreits befreit er den Papst schließlich aus der Engelsburg in Rom. Robert erliegt beim Kampf um sein Lebensziel, die Gewinnung von Byzanz, einer Seuche.

Prächtige Bauwerke wie der Palast von Palermo zeugen noch heute von der Herrschaft der Normannen in Unteritalien und auf Sizilien.

4. August 1060

Philipp I. regiert Frankreich

1061: In Bamberg entsteht das Ezzolied, das den Beginn der frühmittelhochdeutschen Dichtung markiert.

Im chinesischen Hubei wird der Stupa (Kultbau) des Yuquansiklosters von Dangyang aus Eisen gegossen.

1062: In China entsteht das »Bencao tujing«. Das Werk beschäftigt sich mit der Verwendung von Arzneien und ist reich illustriert.

Der als siebenjähriger Knabe zum Mitregenten erhobene Philipp wird neuer König von Frankreich. Seine Mutter, Bertha von Holland, und Graf Balduin V. von Flandern führen bis 1067 die Regentschaft für den jungen König. Dieser lässt sich in die Konflikte von Balduins Söhnen um die Herrschaft in Flandern hineinziehen, ohne viel zu erreichen. Das wichtigste außenpolitische Problem, mit dem sich Philipp konfrontiert sieht, ist die erfolgreiche Invasion des Normannenherzogs Wilhelm in England.

Der Aufbau einer effizienten Verwaltungs- und Herrschaftsorganisation entwickelt sich zu einer politischen Belastung, der Philipp nicht gewachsen ist. Darüber hinaus entwickeln sich Probleme in seiner Beziehung zur Kirche. Zu einem offenen Bruch mit Papst Urban II. kommt es, als Philipp 1092 die Gattin des Grafen von Anjou, Bertrada von Montfort, entführen lässt, seine rechtmäßige Ehefrau verstößt und sein neues Verhältnis vom Bischof von Senlis als Ehe sanktionieren lässt. Urban exkommuniziert Philipp 1094 wegen dieses Verhaltens, zehn Jahre später löst Papst Paschalis II. den Bann. Ab 1105 beteiligt Philipp seinen Sohn aus erster Ehe, Ludwig VI., an der Regierung.

Die Herrschaft des französischen Königs steht unter keinem guten Stern (»Rückkehr der Armee unter König Philipp I.«; französische Buchmalerei, 15. Jh.).

1063

Seldschuken beherrschen Orient

Unter Alp Arslan und dessen Sohn Malik Schah, den Nachfolgern Togrilbegs, können die Seldschuken ihr Reich nach Palästina und Anatolien ausdehnen. Sie dringen nach Westen gegen Byzanz vor und steigen zur größten Macht im Vorderen Orient auf.

Unter der Herrschaft der Seldschuken entstehen eindrucksvolle Gebäude: Eingang und Kuppel der Freitagsmoschee in Isfahan/Iran.

Von den Fatimiden erobert Alp Arslan Syrien und Hedschas, 1065 zieht er durch Armenien und nimmt Ani ein, 1067 besetzt er Kilikien und Caesarea im östlichen Kleinasien. Mit seinem Sieg über den byzantinischen Kaiser Romanos IV. Diogenes 1071 leitet er den Niedergang des Byzantinischen Reichs ein. Die Seldschuken fördern das Wiedererstarken des sunnitischen Islams u. a. durch die Gründung von Hochschulen und verfolgen die Ismailiten. Die seldschukische Hauptstadt Konya entwickelt sich zu einem Zentrum der islamischen Architektur, der Dichtkunst und des Sufismus. Handel und Gewerbe blühen auf. Der religiöse Radikalismus der Seldschuken richtet sich nicht nur gegen ihre schiitischen Glaubensgenossen, sondern gleichermaßen auch gegen Juden und Christen.

1063

Markusdom – ein Symbol Venedigs

Die grundlegende Erneuerung der 829 in Venedig gegründeten Markuskirche wird in Angriff genommen. Mit den fünf Kuppeln folgt der Dom dem byzantinischen Bauschema der Kreuzkuppelkirche, das jedoch um abendländisch-romanische Elemente wie die Hallenkrypta ergänzt wird. Als repräsentative Staatskirche erhält das Gebäude eine prachtvolle Schauseite und einen reichen Mosaikschmuck. 1094 erfolgt die Weihe des neuen Gotteshauses. Der Markusdom ist das Symbol für den Aufstieg Venedigs als See- und Handelsmacht. Durch das von Konstantinopel verliehene Handelsprivileg erlangt die Stadt im lukrativen Orienthandel eine Vormachtstellung.

August 1064

Fortschritte der Reconquista

Truppen unter der Führung von Wilhelm VIII., des Herzogs von Aquitanien und der Gascogne, ziehen in Barbastro, einer Stadt in Aragón, ein und beenden die Herrschaft des dort regierenden arabischen Taifen. Die christlichen Krieger errichten eine neue Herrschaft im Namen des Königs Sancho Ramirez von Aragón. Anlass für den Feldzug gegen die arabischen Machthaber war ein Versprechen von Papst Alexander II., denjenigen Ablass zu gewähren, die auf der Iberischen Halbinsel gegen die Ungläubigen kämpfen.

Die Reconquista, die christliche Rückeroberung Spaniens nach 300-jähriger arabischer Vorherrschaft, schreitet nicht überall gleichmäßig voran. Nach zahlreichen Höhen und Tiefen, Siegen und Rückschlägen kann sie erst nach sieben Jahrhunderten – im Jahr 1492

Gibraltar an der Südspitze der Iberischen Halbinsel wurde bereits im 8. Jh. von Muslimen erobert.

– abgeschlossen werden. Die Idee der Reconquista geht von der Vorstellung aus, dass die muslimischen Herrscher das Gebiet Hispania zu Unrecht besetzt halten und es das Recht und die Pflicht der christlichen spanischen Könige sei, das Gebiet zurückzugewinnen sowie die politische und religiöse Einheit Spaniens herzustellen. Zur Finanzierung des kostspieligen Religionskriegs wird in den spanischen Gebieten gleichzeitig mit dem Beginn des Feldzugs gegen die Muslime eine Sonderabgabe, der sogenannte Kreuzzugszehnte, eingeführt.

Politisch begünstigt wurde der Beginn der Reconquista durch den Zerfall des Kalifats von Córdoba im Jahr 1031. Das ehemals mächtige Kalifat war in viele Teile zerfallen, die unter sich zerstritten und uneinig waren. Seitdem herrschen rund 40 regionale Machthaber in zahlreichen kleinen muslimischen Königreichen, den sogenannten Taifas.

1065

Kumanen bedrängen Kiewer Rus

Das turksprachige Steppenvolk der Kumanen – auch Polowzer, Kun oder Kiptschak genannt – errichtet nach Siegen über mehrere Fürsten der Kiewer Rus im südrussischen Raum ein Reich und schneidet die Handelsverbindungen der russischen Fürsten nach Süden ab. Damit verschärfen die Kumanen die Krise der Kiewer Rus. Im Jahr 1093 gelingt es den Kumanen sogar, Kiew für kurze Zeit zu überrennen. Der Kampf der Russen gegen die Kumanen wird im Igorlied, einem altrussischen Heldenepos, thematisiert. Bereits 1091 besiegen die Kumanen im Bündnis mit dem byzantinischen Kaiser Alexios I. die Petschenegen vor Konstantinopel. Die Petschenegen führten, ursprünglich aus Westsibirien stammend, im 10. Jahrhundert immer wieder Kämpfe gegen die Kiewer Rus und gegen Byzanz.

Nach ihrer endgültigen Niederlage 1239 werden die Kumanen zum Teil von den Mongolen unterworden. Ein anderer Teil von ihnen wandert nach Ungarn ab und wird dort von König Béla IV. in Kumanien angesiedelt. Groß-Kumanien befindet sich östlich der Theiß, Klein-Kumanien liegt zwischen Theiß und Donau. Seit der Mitte des 14. Jahrhunderts werden die Kumanen christianisiert, nach dem Abbau ihrer bis zum 17. Jahrhundert geltenden Vorrechte schließlich magyarisiert. Die Kumanen sind ein intensiv erforschtes Volk. Reste kumanischer Namen haben sich u. a. in Namen im heutigen rumänischen Tiefland erhalten.

1064: Bischof Gunther von Bamberg, Wilhelm von Utrecht, Erzbischof Siegfried von Mainz sowie andere kirchliche Würdenträger und Adlige unternehmen einen Pilgerzug in das Heilige Land. Es ist einer der größten Pilgerzüge dieser Zeit.

1065: In Bagdad wird die »Hohe Schule« gegründet. Sie entwickelt sich zum Mittelpunkt der arabischen Kunst und Wissenschaft. In rascher Folge entstehen ähnliche theologische Kollegien in den ebenfalls arabischen Städten Damaskus, Jerusalem, Kairo und Alexandria.

König Heinrich IV. wird mündig und übernimmt selbst die Regierung über das deutsche Reich. Er war bisher von seiner Mutter Agnes, der Witwe des verstorbenen römisch-deutschen Kaisers Heinrich III., vertreten worden.

1066: Im Hafen der englischen Stadt Dover ist eine Gezeitenmühle belegt.

Die Kitanherrscher in China legen sich den Namen Liao zu, der ihre Dynastie künftig kennzeichnet.

1066

Normannen besteigen den angelsächsischen Thron

Die englische Bevölkerung sieht die Normannen als verhasste Besatzer an. York Castle ist eine der Burganlagen, die von Wilhelm dem Eroberer zur Herrschaftssicherung errichtet wird (illustrierte Rekonstruktion, 1985).

Harold, der Sohn des Earls Godwin, wird nach dem Tod Eduard des Bekenners König von England, doch Wilhelm von der Normandie und Harald Hardrade, ein Enkel Knuts I., erheben ebenfalls Anspruch auf die angelsächsische Krone. Die Norweger unter Harald Hardrade fallen im Norden Englands ein und werden von König Harold besiegt. Hardrade fällt am 25. September 1066. Vier Tage später landet Wilhelm mit seinem Normannenheer bei Pevensy. Am 3. Oktober bricht Harold auf und erreicht in Gewaltmärschen die Themse. Seine ermüdeten Krieger treffen auf die ausgeruhten Normannen. Unweit von Hastings kommt es zur Schlacht, bei der die Engländer unterliegen. Harold fällt am 14. Oktober.

Transport von Waffen und Wein auf einem Karren in das Lager von Wilhelm dem Eroberer (Ausschnitt aus dem »Teppich von Bayeux«, um 1077)

Normannische Sitten

Am 25. Dezember 1066 wird Wilhelm der Eroberer in Westminster zum König gekrönt. Er führt die normannische Lehnsverfassung in England ein. Im Adel platziert Wilhelm normannische Gefolgsleute, indem er den Besitz englischer Edelleute an sie verteilt. Eine straffe Lehnshierarchie ordnet die Vasallen dem König unter. Ihre Verpflichtungen der Krone gegenüber werden 1086 im »Domesday Book« niedergelegt. Nach einem Aufstand 1075 beseitigen die Normannenfürsten den angelsächsischen Adel. Aus der Verbindung der normannischen Feudalmonarchie mit den Traditionen des angelsächsischen Königtums entsteht die Grundlage für eine dauerhafte monarchische Zentralgewalt.

Wilhelm behauptet sich als unbestrittenes Oberhaupt der englischen Kirche, ernennt alle Bischöfe und Äbte und stattet sie mit umfangreichen Lehen aus. Mit rund 10 000 Rittern herrscht Wilhelm über etwa 1,5 Mio. Bewohner Britanniens. Im ganzen Land errichtet er Burgen zur Sicherung seiner Herrschaft; die berühmteste ist der Tower in London, der 1097 vollendet werden kann. Wilhelm führt das Geschworenengericht und den gerichtlichen Zweikampf ein, dessen Ergebnis als Gottesurteil angesehen wird. 1215 verbietet das vierte Laterankonzil den Zweikampf, während sich aus den Geschworenengerichten ein charakteristisches Element britischer Rechtspflege entwickelt.

Wilhelm der Eroberer: Nach seinem Tod endet die Personalunion zwischen England und der Normandie (Buchmalerei, 1. Viertel 14. Jh.).

Aussöhnung eingeleitet

Kurz bevor Wilhelm 1087 auf einem Feldzug in Frankreich stirbt, überlässt er – nach normannischem Erstgeborenenrecht – seinem ältesten, mit ihm verfeindeten Sohn Robert die Normandie; sein zweiter Sohn Wilhelm II. erbt England, während Wilhelms jüngster Sohn Heinrich zunächst mit Geld abgefunden wird. Für den Fall, dass einer der Brüder stirbt, hatten die beiden älteren Söhne Wilhelms bereits die Vereinigung beider Erbteile beschlossen. Nach dem Tod Wilhelms II. kann sich Heinrich als Heinrich I. jedoch die englische Krone sichern. Seine Krönungsproklamation (Charta libertatum) leitet schließlich die Versöhnung der besiegten Angelsachsen mit den normannischen Eroberern ein.

1069

Reformen verändern China

Gemälde aus der Zeit der Song-Dynastie mit Gelehrten aus Nordchina, die die klassischen Texte studieren

Wang Anshi, Vizekanzler und späterer Kanzler des chinesischen Kaisers Shenzong, reformiert das Staatswesen in China. Er zentralisiert die Wirtschaft und verbessert die Organisation der Verwaltung.

Steuererhöhungen sollen die Finanzkrise der Song-Dynastie überwinden helfen. Die wichtigsten Neuerungen betreffen das Militär. Durch Schaffung von Bauernmilizen bindet Wang Anshi das Volk in die militärische Sicherung ein. Die Milizen werden regelmäßig trainiert. Da Anshis Reformen den Interessen der Großgrundbesitzer zuwiderlaufen, muss er 1076 zurücktreten.

1070

Konflikte um Bayern

König Heinrich IV. verleiht das Herzogtum Bayern an Welf IV. Der Sohn des Markgrafen Azzo II. von Este wird zum Begründer der jüngeren welfischen Linie (Welf-Este). Der bisherige bayerische Herzog, Otto von Northeim, wurde unter der Beschuldigung des Hochverrats vor das königliche Gericht geladen. Er soll ein Attentat auf den König geplant haben. Als er dort nicht erschien, wurde er geächtet und abgesetzt. Unter Vermittlung Erzbischof Adalberts von Bremen-Hamburg wird Otto allerdings 1071 von Heinrich IV. begnadigt.

Heinrich IV., 1054 zum König gekrönt, musste während der vormundschaftlichen Regierung seiner Mutter, der Kaiserinwitwe Agnes, mit ansehen, wie das Reichsgut der Krone zunehmend entfremdet wurde. Die politische Machtgrundlage des Königtums war durch die Neuverteilung der Herzogtümer deutlich geschwächt worden. Nachdem mit Bayern das letzte Reichsherzogtum 1061 an Otto von Northeim übertragen wurde, versucht Heinrich IV. nun, die territorialen Machtgrundlagen seines Königtums wiederherzustellen.

Dort, wo der Besitz des liudolfingischen Hauses nach dessen Aussterben Reichsgut geworden war, will Heinrich IV. die Reichsbesitzungen wieder in seine Hand bringen und die Bewohner dieser Gebiete in den Dienst des Reichs stellen. Dabei wird vielfach das sogenannte Inquisitionsverfahren angewendet, bei dem die Rechte der Krone durch Zeugenaussage festgestellt werden. Zum Konflikt kommt es, als Heinrich IV. gegen Otto von Northeim vorgeht, dessen Besitzungen und Lehen der Politik des Königs im Wege stehen.

Nachdem Otto von Northeim von Heinrich abgesetzt wird, stellt er sich 1073 an die Spitze eines sächsischen Aufstandes gegen das salische Königtum und seine Politik. 1075 unterliegt Otto gegen das Reichsheer Heinrichs IV. Erneut wird er von Heinrich begnadigt und sogar zum Reichsverweser Sachsens bestellt. Ottos Einfluss auf die Opposition gegen König Heinrich IV. bleibt dennoch groß. Er ist eine der treibenden Kräfte, die Heinrich auf dem Fürstentag zu Trebur dazu zwingen, seinen Konflikt mit dem Papst beizulegen. Zudem unterstützt Otto die Gegenkönige Rudolf von Rheinfelden und Hermann von Salm.

Heinrich IV. mit den Reichsinsignien auf dem Thron: Der König versucht das verloren gegangene Reichsgut der Krone zurückzugewinnen (nach einer Miniatur aus der Kaiserchronik des Mönchs Ekkehard von Aurach, 1101).

1070

Kampfer als Heilmittel

Der byzantinische Arzt Simon Seth beschreibt erstmals in Europa die Gewinnung des Kampfers aus dem Holz des in Japan und auf der Insel Formosa (Taiwan) heimischen Kampferbaumes. Das ätherische Kampferöl wirkt u.a. desinfizierend.

Um 1070

Illustriertes Tierbuch

Die erste deutsche Übersetzung des »Physiologus« (griech. »Naturforscher«), der Hauptquelle der christlichen Tiersymbolik, wird im Kloster Hirsau angefertigt. Das illustrierte Werk listet zahlreiche bekannte Tiere, Pflanzen und Steine auf.

19. August 1071

Seldschuken schlagen das Byzantinische Reich

Im ostanatolischen Mantzikert besiegt das seldschukische Heer unter Führung des Sultans Alp Arslan die Truppen des oströmischen Reichs. Die Niederlage bei Mantzikert leitet den Beginn des byzantinischen Machtverlustes ein. Byzanz muss Innerkleinasien endgültig dem türkischen Einfluss überlassen.

Die ersten Gefechte

100 Jahre zuvor begann der türkische Stammesverband der Seldschuken mit einem Eroberungsfeldzug. Unter Führung des ehrgeizigen Sultans Alp Arslan zeigten die Seldschuken unersättlichen Landhunger. Dem Sultan gelang es, die eroberten Gebiete zu einem großseldschukischen Reich zu vereinen. Ein sich anbahnendes Bündnis zwischen Byzanz und den ägyptischen Fatimiden drohte die seldschukischen Machtpläne zu behindern. Erster Schauplatz des Kampfes gegen die Byzantiner wurde Armenien. 1065 belagerten die Seldschuken Edessa und brachten wichtige Pässe im Amanosgebirge unter ihre Kontrolle. Binnen fünf Jahren hatten sie weite Teile Anatoliens besetzt und waren fast bis an die ägäische Küste vorgedrungen.

Byzanz war auf diese ernste Bedrohung nicht vorbereitet. Im Inneren schwächten Thronfolgestreitigkeiten und Staatsstreiche das Machtzentrum. Nach Siegen über die von Norden zur Grenze drängenden Bulgaren fühlte Byzanz sich militärisch zwar gestärkt, zudem hatte Kaiser Romanos IV. Diogenes nach zwei kleineren erfolgreichen Feldzügen einen Waffenstillstand mit Alp Arslan geschlossen. Dennoch drangen immer wieder seldschukische Verbände über die Grenze.

Um größere Gefahr für sein Reich abzuwenden, rekrutierte Romanos IV. Diogenes 100 000 Soldaten, ein Großteil davon ausländische Söldner aus Skandinavien, dazu Franken, Normannen und Kämpfer türkischer Stämme. Im Frühjahr 1071 setzte sich das große, aber schlecht ausgerüstete Heer Richtung Osten in Marsch, um Armenien zurückzuerobern. Zunächst nahm es einige kleine seldschukische Festungen ein, dann begingen die Truppenführer jedoch einen folgenschweren taktischen Fehler: In der Nähe von Mantzikert teilten sie das Heer. Auf diesen Schachzug war Alp Arslan jedoch vorbereitet: Mit einer geschickten Rückzugstaktik lockte der Sultan die Byzantiner auf eine Ebene.

Folgenschwere Schlacht

Am Abend des 19. August eröffnet er dann den Angriff auf die geschwächten kaiserlichen Truppen, die nur 30 000 Soldaten zählen. Kaiser Romanos gibt das Signal zur Umkehr und

1070: Mit dem »Tang dazhaoling ji« entsteht in China eine Sammlung von Erlassen der Tang-Zeit.

Um 1070: Nach einem Bericht über Wunder am Grab des Sebaldus, des Patrons von Nürnberg, beginnen die Wallfahrten zum Sebaldusgrab.

löst damit Panik unter seinen Kämpfern aus. Er hofft noch auf das baldige Eintreffen seiner restlichen Söldnertruppen, doch mangelnde Heeresdisziplin hält diese davon ab, dem Kaiser den Rücken zu stärken. Türkische und kumanische Soldaten warteten bereits seit Tagen auf ihren Sold und laufen ins Lager der Seldschuken über. Angesichts der seldschukischen Kampfeslust beschließen die fränkischen Söldner, nicht an der Schlacht teilzunehmen. Die Seldschuken nutzen den ungeordneten Rückzug ihrer Feinde aus. Schließlich flieht auch noch der byzantinische Feldherr Andronikus Dukas und leitet damit die Niederlage des kaiserlichen Heeres ein. Nach wenigen Stunden siegen die Seldschuken und nehmen Kaiser Romanos IV. Diogenes in Gefangenschaft.

Als Lösegeld fordert Alp Arslan 1,5 Mio. Goldstücke und 360 000 weitere als jährliche Tributzahlung. Zusätzlich verlangt der Sultan, dass die Städte Antiochia, Mantzikert, Edessa und Hieropolis endgültig in seinen Machtbereich fallen.

Die Niederlage markiert den Beginn einer Neuordnung des gesamten Nahen und Mittleren Ostens und bedeutet eine schwere Demütigung für das Byzantinische Reich. Während Romanos' Gefangenschaft ernennen die Byzantiner am 24. Oktober Michael VII. Dukas, den Sohn der Kaisergattin Eudokia aus erster Ehe, zum Alleinherrscher. Als Romanos aus der seldschukischen Gefangenschaft entlassen wird, entbrennt ein Bürgerkrieg, an dessen Ende der geschwächte Kaiser 1072 geblendet wird und stirbt.

Die berittenen islamischen Krieger gelten als besonders entschlossen und kampfesmutig. Die geschlagenen Christen in Kleinasien werden zu Untertanen der Seldschuken. Sie dürfen ihre Religion weiter ausüben, müssen aber eine Sondersteuer entrichten und hinnehmen, dass die Wallfahrt nach Jerusalem durch die Präsenz der Seldschuken erschwert wird (Ausschnitt aus einer Miniatur, 14. Jh.).

1072

Schottland wird englisches Lehen

Stirling Castle befindet sich im Zentrum Schottlands zwischen den Highlands und den Lowlands. Die Lowlands wandeln sich im 11. Jh. zu einem Feudalstaat, in den Highlands bleibt hingegen das patriarchalische Clansystem bestehen.

Schottlands König Malcolm III. erkennt die Oberhoheit des englischen Herrschers Wilhelm an, unter dem die schottische Krone nur noch als englisches Lehen (bis 1189) zugestanden wird. Nach der normannischen Eroberung Englands flohen viele angelsächsische Adlige in die schottischen Lowlands (Südschottland) und begründeten – im Gegensatz zu den rein keltischen Highlands – einen starken englischen Einfluss.

1073

Gregor VII. reformiert Kirche

Der Benediktinermönch Hildebrand wird als Gregor VII. zum Papst gewählt. Er setzt die unter seinen Vorgängern begonnene Kirchenreform energisch fort, die als »gregorianische Reform« seinen Namen trägt. Neben dem Verbot der Priesterehe und der Simonie (Ämterkauf) tritt der Kampf gegen die Laieninvestitur in den Vordergrund, da der Papst das alleinige Recht auf Ein- und Absetzung der Bischöfe beansprucht. Während Gregors Pontifikat erhalten Scholastik und Kanonistik neue Anstöße. Gregor VII. will die Kirche nicht nur von innen reformieren, sondern auch das Verhältnis der Kirche zum Staat neu gestalten.

Er etabliert das Papsttum als die mit dem Kaisertum rivalisierende Macht des Mittelalters. Sein Vorgehen rechtfertigt er mit der »Konstantinischen Schenkung«, einer Urkunde aus der Karolinger-Zeit, nach der Konstantin der Große dem Papst Silvester I. Rom, Italien

1072: Der christliche Arzt Said Ihn Al Hasan verfasst einen Ärztespiegel: »Das Wecken des Verlangens nach der Medizin« in 13 Kapiteln. Im achten Kapitel behandelt er die »Prüfung der Ärzte« mit umfangreichem Fragenkatalog. Im fünften Kapitel beschreibt Hasan das standesgemäße Verhalten der Ärzte in Häusern und Spitälern sowie auf Marktplätzen.

und die westlichen Reichsprovinzen mit allen Herrschaftsansprüchen geschenkt haben soll. Diese 1075 von Gregor VII. als »Dictatus Papae« formulierten Ansprüche fordern die Universalherrschaft des Papsttums ein. Die programmatische Schrift besteht aus insgesamt 27 Leitsätzen, die die Gewalt und die Unfehlbarkeit der römischen Kirche betonen. Gregor VII. spricht allein dem Papst das Recht zu, Kaiser abzusetzen oder Untertanen vom Treueid gegen ungerechte Herrscher zu entbinden. Der Papst sei in seinen Entscheidungen von niemanden zu richten; ihm allein gebühre die Herrschaft über die Universalkirche.

In erster Linie wendet sich die Proklamation gegen die universalen Ansprüche der byzantinischen Kaiser, richtet sich aber in den folgenden Jahren zunehmend gegen Heinrich IV., der schließlich 1076 von Gregor VII. gebannt wird, weil er eigenmächtig den Bischof von Mailand ernennt. Im Bannfluch Gregors gegen den Herrscher heißt es: »Heiliger Petrus, Fürst der Apostel, neige zu mir, ich bitte Dich, gnädig Dein Ohr und höre mich, Deinen Knecht (...) Mir ist an Deiner Statt und durch Deine Gnade von Gott die Gewalt, zu binden und zu lösen im Himmel und auf Erden, anvertraut und verliehen worden. Auf diese Zuversicht also bauend, zur Ehre und zum Schutz deiner Kirche, widersage ich im Namen des allmächtigen Gottes, des Vaters, des Sohnes und des Heiligen Geistes, kraft Deiner Macht und Gewalt, dem König Heinrich, Kaiser Heinrichs Sohn, der gegen Deine Kirche mit unerhörtem Hochmut sich erhoben hat, die Herrschaft über das gesamte Reich der Deutschen und Italiens und löse alle Christen von dem Band des Eides, welches sie ihm geleistet haben oder noch leisten werden, und untersage jedem, ihm fürder als einen König zu dienen.«

Papst Gregor VII. wird durch seinen Kampf um eine religiös überhöhte Ordnung der Welt zu einem der geistigen Gestalter des hohen Mittelalters. Die Nachwelt zeichnet ihn als entschlosssenen Streiter für die päpstliche Vorherrschaft (Holzstich, um 1880).

1075

Byzanz verliert Kroatien

Panoramablick über die Altstadt und den Hafen von Dubrovnik: Die Stadt an der dalmatinischen Küste steht vom 9. Jh. bis 1205 unter byzantinischer Herrschaft.

Ein Legat von Papst Gregor VII. verleiht dem kroatischen Fürsten Demetrius Zvonimir die Königswürde. Mit der Inthronisation löst sich Kroatien endgültig aus der byzantinischen Machtsphäre.

Zuvor unter fränkischer, dann ungarischer und byzantinischer Herrschaft stehend, erlangte das Land an der dalmatinischen Adriaküste 1035 die formale Autonomie. Die Küstenstädte standen jedoch weiterhin unter byzantinischem Einfluss. Gefahr drohte auch von Venedig, das sich von der Wirtschaftskraft der kroatischen Häfen herausgefordert sah. Die venezianischen Angriffe brachten jedoch keinen dauerhaften Erfolg.

Im Kampf um die Macht wandte Demetrius Zvonimir eine politische List an. Er suchte sich nicht nur Unterstützer im eigenen Land, sondern sicherte sich auch ausländische Verbündete. Mithilfe der militärisch starken Ungarn eroberte er einen Teil Dalmatiens für das kroatische Reich. Auch Papst Gregor VII. setzte sich – freilich nicht ganz selbstlos – für Demetrius Zvonimir ein. Als Nachbarland des Byzantinischen Reichs verfügt Kroatien über eine wichtige strategische Lage und kann den Einfluss des Westens auf Ostrom verstärken. Der neue König zeigt sich wie erwartet erkenntlich: Unter seiner Herrschaft wächst der romanische Einfluss. Byzanz muss sämtliche Rechte auf die kroatischen Küstenstädte abgeben. Auch kirchenpolitische Gründe verleiten Gregor VII. zur Krönung Demetrius Zvonimirs. Der Einfluss Roms in Kroatien bedeutet eine Ausweitung des päpstlichen Primatanspruchs gegen den Patriarchen von Byzanz.

Demetrius Zvonimirs Ehe mit der ungarischen Königstochter Jelena bleibt kinderlos und stürzt damit das Land in heftige Thronfolgewirren. Das benachbarte Ungarn nutzt das Machtvakuum aus, 1105 vereint der ungarische Herrscher Koloman I. Kroatien mit seinem Reich und erhebt sich auch zum König der Kroaten. Mit diesem Schritt schwindet die lange gehegte byzantinische Hoffnung, die dalmatinische Küste jemals zurückzuerobern.

1076: Der deutsche König Heinrich IV. schenkt die Burg Aigle (Schweiz) den Grafen von Savoyen, die ihrerseits die Barone von Allio damit belehnen.

1075

Damaskus fällt in türkische Hand

Der türkische Fürst Atsiz ibn-Abaq, ein Vasall des seldschukischen Herrschers Malik Schah, erobert die strategisch wichtige Stadt Damaskus. Byzanz verliert damit seine südlichste Festung.

Malik Schah hegt noch größere Pläne als sein Vorgänger Alp Arslan. Er möchte das seldschukische Großreich vom Mittelmeer bis nach China ausweiten. Dem Aufruf Malik Schahs folgend, zogen turkmenische Nomaden nach Kleinasien und schlugen ihre Zelte im anatolischen Hochland auf. Suleiman ibn-Kutulmisch, ein Vetter des Malik Schah, sah seine Stunde gekommen und bemühte sich in Kleinasien um die Gründung eines eigenen Sultanats. Auch andere turkmenische Fürsten brachen gen Westen auf und errichteten eigene Herrschaftsgebiete. Die türkisch-seldschukischen Eroberer verschonten die Städte weitgehend, isolierten aber die noch ansässigen oströmischen Statthalter. Die byzantinische Infrastruktur brach zusammen.

Gebetsnische in der Freitagsmoschee von Isfahan (Iran), einem der schönsten Bauwerke, das von den Seldschuken errichtet wurde

1077

Heinrich im Büßergewand – der Gang nach Canossa

König Heinrich IV. in einer heroisierenden Darstellung des 19. Jh. vor der Burg Canossa: Nach dreitägiger Buße löst Papst Gregor VII. ihn vom Kirchenbann (Gemälde von Eduard Schwoiser, 1862).

Im norditalienischen Canossa unterwirft sich der deutsche König Heinrich IV. Papst Gregor VII., der 1076 wegen eines Streits um die Besetzung des Bischofsstuhls von Mailand über den König und künftigen Kaiser den Bann ausgesprochen hat. Heinrich sieht sich zur Buße gezwungen, da viele deutsche Fürsten ihm die Unterstützung verweigern und die von ihm verfügte Absetzung Papst Gregors VII. auf der Wormser Synode nicht akzeptieren.

Konflikt spitzt sich zu

Anlass für die Auseinandersetzung zwischen Heinrich IV. und dem Papst war die Frage der Investitur des Erzbischofs von Mailand. Heinrich gab im Herbst 1075 das Amt an einen Mann seiner Wahl, den königlichen Kaplan Thedald, womit er seinen Anspruch auf Investitur betonte. Gregor verwahrte sich gegen den Eingriff in die Kirchenpolitik und verlangte die Unterwerfung Heinrichs. Darauf erklärte eine Bischofssynode im Januar 1076 unter Vorsitz Heinrichs die Absetzung des Papstes. Gregor verhängte drei Wochen später den Kirchenbann über Heinrich IV. und seine Anhänger. Mit diesem Bann stand Heinrich außerhalb der Kirchengemeinschaft. Seine Anhängerschaft schmolz dahin, und im Oktober 1076 stellten ihm die deutschen Fürsten schließlich das Ultimatum, binnen eines Jahres die Aufhebung des Bannes zu erreichen.

Um ein Treffen zwischen dem Papst und den deutschen Fürsten zu vermeiden, tritt Hein-

Illustration zum Investiturstreit: Heinrich IV. (o. l.) mit dem von ihm eingesetzten Gegenpapst Klemens III. (o. M.), Vertreibung und Tod des Papstes Gregor VII. (Miniatur, 12. Jh.)

rich IV. im Januar 1077 trotz des harten Winters eine demutsvolle Reise nach Italien an. Nach längeren Verhandlungen und nachdem Heinrich an drei aufeinanderfolgenden Tagen im Büßergewand vor der Burg Canossa erscheint, in der sich Gregor aufhält, erreicht der König die Lösung vom Kirchenbann. Über die Frage der Bischofsinvestitur wird in Canossa keine Vereinbarung getroffen.

Erneuter Investiturstreit

Die Lösung vom Bann bringt dem deutschen König zunächst nicht den gewünschten Erfolg: Im März 1077 wählt die deutsche Fürstenopposition Herzog Rudolf von Rheinfelden, einen Schwager des Königs, zum Gegenkönig. Heinrich kann diesen erst im Herbst 1080 in Thüringen besiegen.

1080 bannt der Papst Heinrich erneut, als dieser weiterhin von der Laieninvestitur Gebrauch macht. Dieser Bann bleibt jedoch wirkungslos, da die deutschen Bischöfe mit der Verschärfung der Kirchenpolitik Gregors VII. nicht einverstanden sind und sich somit auf die Seite des Königs schlagen, der noch im selben Jahr den Erzbischof von Ravenna als Klemens III. zum Gegenpapst erhebt. Heinrich bricht im Folgejahr zu seinem ersten Italienzug auf, erobert 1084 Rom und lässt sich von Klemens III. zum Kaiser krönen. Gregor VII. muss nach Salerno fliehen, wo er 1085 stirbt. Noch im selben Jahr verkündet Kaiser Heinrich IV. gemeinsam mit den deutschen Bischöfen auf der Synode von Mainz einen Gottesfrieden für das ganze Reich.

1077: Erzbischof Gebhard von Salzburg lässt an der Stelle einer kleineren Befestigungsanlage die Feste Hohensalzburg erbauen. Weitere Burgen entstehen in Werfen und Friesach. Der im Investiturstreit auf Seiten des Papstes stehende Erzbischof will König Heinrich IV. die Rückkehr von Italien nach Deutschland erschweren.

Die Seldschuken unter Suleiman I. gründen das Sultanat Rum in Anatolien.

INVESTITURSTREIT

Machtkampf zwischen Papst und Kaiser

Der Konflikt um die geistliche Investitur, die Einsetzung von Bischöfen und Äbten, vergiftet im 11. und 12. Jahrhundert das Verhältnis zwischen Kaiser und Papst. Erst nach fast 50 Jahren wird der Streit durch das Wormser Konkordat beigelegt.

Seit der Regierungszeit von Otto I. im 10. Jahrhundert stützten sich König und Kaiser auf die Reichskirche als Instrument der Machtausübung. Auf diese Weise wurden geistliche und weltliche Herrschaft unter der Führung des Königs eng miteinander verbunden. Dieses Zweckbündnis zerfällt im 11. Jahrhundert und schlägt in einen offenen Machtkampf um. Mit der an Einfluss verlierenden Reichskirche muss der Kaiser auf eine wesentliche Stütze seiner Macht verzichten. Die absehbare Folge: Die Macht des Kaisertums verblasst und die Unabhängigkeitsbestrebungen der geistlichen und weltlichen Fürsten nehmen zu.

Heinrich IV. bittet Hugo von Cluny und Gräfin Mathilde von Tuszien um Fürsprache beim Papst (Miniatur, 1114).

Rom fordert die Führung

Unter dem Einfluss der cluniazensischen Reformbewegung, die die Neubesinnung des Papsttums auf das Wesen der Kirche erst ermöglicht, wird die Laieninvestitur, die Übertragung eines kirchlichen Amtes durch einen weltlichen Herrn, untersagt. Auch die neue päpstliche Wahlordnung aus dem Jahr 1059 kündigt Unheil für den weltlichen Herrscher an, denn nach dem Willen Roms sollen fortan die Kardinäle den Papst ohne Zutun des Kaisers wählen. Dessen Macht gegenüber den geistlichen Herren des Reichs soll beschnitten werden und zugunsten des päpstlichen Einflusses auf die geistlichen Ämter – mitsamt ihren weitreichenden weltlichen Rechten – weichen.

Religion und Kirche sind für die Menschen des Mittelalters aber keine Privatangelegenheit. Christus allein gilt als der Herr der Christenheit. Aus dem Halbvers im Lukasevangelium »Hier sind zwei Schwerter!« schloss man ursprünglich, dass Christus zwei Gewalten zur Regierung der Welt vorgesehen habe: Das weltliche Schwert liegt in der Hand des Kaisers, das geistliche in der des Papstes. Gregor VII. – als einer der Hauptakteure des Investiturstreits – sieht die Kirche hingegen im Besitz beider Schwerter, wobei das weltliche gewissermaßen nur leihweise dem Kaiser überlassen sei, der es für und im Namen der Kirche führen soll.

Ein schwieriger Kompromiss

1075 tritt der Investiturstreit im Konflikt um die Besetzung des Erzbistums Mailand durch König Heinrich IV. in seine entscheidende Phase. Im selben Jahr proklamiert der »Dictatus Papae« den Vorrang einer allein von Gott gestifteten, irrtumsfreien Kirche und ihres alleinigen universalen Vorstehers mit uneingeschränkten Weihe-, Gesetzgebungs-, Verwaltungs- und Gerichtsbefugnissen, ohne jedoch selbst von jemandem gerichtet werden zu dürfen. Die grundsätzlichen Forderungen der Reformer sowie die dramatischen Auseinandersetzungen zwischen künftigem Kaiser und Papst wühlen viele Zeitgenossen auf. Der

Mit der Unterscheidung von Kirchenamt und Kirchengut (»Spiritualia« und »Temporalia«) sowie deren gesonderter Verleihung durch Kirche und Königtum wird der Weg zu einem differenzierten Kompromiss zwischen Papst und Kaiser aufgezeigt. Auch das Wormser Konkordat (1122) erweist sich als praktikable Regelung, die beiden Parteien eine eigenständige Reorganisation ihrer Positionen gestattet.

Ruine der Burg von Canossa; hier erreicht Heinrich IV. von Papst Gregor VII. die Lösung vom Kirchenbann.

Prinzipienkampf zwischen beiden lässt eine umfangreiche Streitschriftenliteratur entstehen. Durch die Unterwerfung in Canossa (1077) kennt der deutsche König und Anwärter auf das Kaisertum die päpstliche Strafgewalt über sich und sein Amt an und gibt den Anspruch auf die Gottunmittelbarkeit der höchsten weltlichen Herrschaft auf.

Die späteren Kämpfe zwischen dem Papsttum und dem Kaisertum haben nichts mehr mit dem Investiturstreit zu tun. In England verzichtet Heinrich I. schon 1107 auf die Investitur unter der Voraussetzung, dass die Bischöfe vor der Weihe den Lehnseid auf den Herrscher leisten. In Frankreich wird der Streit auf derselben Grundlage gelöst.

1077

Islam erhält Stützpunkt in Afrika

Filigran gearbeiteter Goldschmuck der Ashanti-Herrscher: Die Grundlage der großen Machtentfaltung des Ghanareichs ist seine herausragende Rolle als Drehscheibe des Gold- und Salzhandels.

Die Almoraviden erobern unter ihrem Führer Abu Bakr die Hauptstadt des Ghanareichs, Kumbi Saleh. Die seit Anfang des 11. Jahrhunderts muslimischen Almoraviden haben, angelockt durch den enormen Reichtum des Ghanareichs, um 1050 einen Heiligen Krieg gegen den Staat begonnen. Nach der Eroberung wird Ghana als Tributärstaat zwangsislamisiert, sodass sich trotz des Rückzugs der Almoraviden, die bereits um 1100 ihr Zentrum nach Marokko verlagern, der Islam nun auch von hier aus in Afrika verbreitet.

1077

Machtwechsel in Jerusalem

Nach mehrmonatiger Belagerung erobert der türkische Fürst und Vasall der Seldschuken, Atsiz ibn-Abaq, Jerusalem von den Fatimiden zurück. Damit festigen die Seldschuken ihre Vormachtstellung in Palästina.

Obwohl das Byzantinische Reich mit der muslimischen Fatimiden-Dynastie in Ägypten eine Allianz einging, die das seldschukische Kalifat im Osten im Zaum halten sollte, war der Eroberungsdrang der Türken nicht zu bremsen. Im Zuge der Ausdehnung des Seldschukenreichs unter dem Kalifen Alp Arslan Mitte des 11. Jahrhunderts übernahm der kampferprobte und risikofreudige Atsiz ibn-Abaq die militärische Führung bei dem Versuch, Syrien und Palästina den Fatimiden zu entreißen. Nach und nach gelang es ihm, ganz Palästina zu besetzen. Ohne viel Gegenwehr nahm er große Landstriche bis zur Küstenstadt Askalon ein. 1070 bemächtigten sich die Seldschuken Jerusalems.

Der Alltag der muslimischen Bevölkerung änderte sich durch die neuen Machthaber nur geringfügig. Lediglich am Ende der Freitagspredigt galten die üblichen Segenswünsche nun nicht mehr dem Fatimidenkalifen in Kairo, sondern dem Abbasidenkalifen in Bagdad. Doch die Fatimiden ließen ihre seldschukischen Erzfeinde nicht lange gewähren. 1076

1078: Im Auftrag von König Wilhelm dem Eroberer wird mit dem Bau des White Tower in London begonnen. Er bietet ein Beispiel des normannischen Burgenbaus: Wehrbau, Wohngemächer und Repräsentationsräume sind in einem einzigen turmartigen Gebäude zusammengefasst. Er ist die Keimzelle des heutigen Londoner Towers.

König Alfons VI. von León und Kastilien lässt in Santiago de Compostela, dem wichtigsten christlichen Wallfahrtsort nach Jerusalem und Rom, eine Kathedrale erbauen.

gewannen sie Jerusalem wieder für kurze Zeit zurück. Bei der erneuten Rückeroberung durch Atsiz ibn-Abaq fallen zahlreiche muslimische Bewohner einem blutrünstigen Massaker zum Opfer. Christen und Juden, die in einem ummauerten Stadtviertel leben, bleiben von den Ausschreitungen verschont.

Die Fatimiden ziehen weiter nach Damaskus und entreißen den Seldschuken die Stadt. Gemeinsam mit dem Kalifensohn Tutusch gelingt Atsiz ibn-Abaq auch hier die Rückeroberung. Mit der Zeit wird Tutusch die Eigenmächtigkeit seines Militärführers jedoch zu gefährlich, sodass er Atsiz ibn-Abaq 1079 ermorden lässt. Damit ist Tutusch unangefochtener Alleinherrscher über Palästina. Ortok, ein getreuer Gefolgsmann, wird Statthalter von Jerusalem.

Die Situation der christlichen Pilger bleibt von den Machtwechseln größtenteils unberührt. Anfang des 11. Jahrhunderts gestatteten die Fatimiden dem byzantinischen Kaiser, die während der vergangenen Jahrhunderte in Mitleidenschaft gezogene Grabeskirche wieder herzustellen. Die tolerante Haltung der Fatimiden war vor allem von wirtschaftlichen Interessen geleitet. So lebte in Jerusalem eine Kolonie christlicher Kaufleute aus der süditalienischen Stadt Amalfi, die Handel und Austausch zwischen Abendland und islamischer Welt beträchtlich belebten. Unter der Herrschaft der Seldschuken baten die Kaufleute um die Erlaubnis zur Errichtung eines Pilgerhospizes. Damit konnte die westliche Kirche in der Heiligen Stadt wieder Fuß fassen. Wesentlicher Antrieb für die abendländischen Christen, den beschwerlichen und kostspieligen Weg nach Jerusalem auf sich zu nehmen, ist die Aussicht auf Sündenvergebung. Die Anwesenheit an den heiligen Orten der Christenheit, so der verbreitete Glaube, verbinde auf besondere Weise mit Gott.

Jesus Christus beweint die Eroberung Jerusalems durch die Muslime (Miniatur aus dem Evangeliar Ottos III., 10. Jh.).

1079

Erste Basis für Stauferherrschaft

Heinrich IV. belehnt Friedrich von Büren, der sich mit der einzigen Tochter des Königs, Agnes, verlobt, mit dem Herzogtum Schwaben. Damit treten die Staufer, wie sich dieses Geschlecht nach ihrer neu errichteten Stammburg Hohenstaufen nennt, als Bundesgenossen des salischen Königtums in die Geschichte ein. Schwaben wird zum Ausgangspunkt der staufischen Machtentfaltung. Bis zu diesem Zeitpunkt gehörte Schwaben dem aufständischen Fürsten Rudolf von Rheinfelden, der 1077 von einer Gruppe oppositioneller Fürsten zum deutschen Gegenkönig proklamiert worden war. Doch die Machtstellung Rudolfs war von Anfang an nicht sehr stark. Nicht einmal sein eigenes Herzogtum stand geschlossen hinter ihm, und so konnte Heinrich IV. nach seiner Rückkehr aus Canossa den Kampf um den Thron mit wachsendem Erfolg aufnehmen. Er setzt den abtrünnigen Rudolf als Herzog ab und behält Schwaben zunächst bei der Krone.

1081

Komnenen regieren Byzanz

Alexios I. Komnenos vor Jesus Christus. Die Inthronisation des Militärführers beendet die Machtkämpfe in Konstantinopel (Miniatur, 12. Jh.).

Nach dem Sturz des Kaisers Nikephoros III. Botaneiates besteigt Alexios I. Komnenos den byzantinischen Kaiserthron und gründet die bis 1185 herrschende Dynastie der Komnenen. Die wesentlichen Probleme, mit denen sich Alexios auseinanderzusetzen hat, sind die Bedrohung durch die Normannen, der Kampf gegen die Seldschuken und Petschenegen, die zunehmende Geldknappheit sowie das Fehlen einer gut ausgerüsteten Kriegsflotte.

Zu Beginn seiner Regierungszeit versucht Alexios, durch eine Agrarreform den Adel und die Großgrundbesitzer auf seine Seite zu ziehen, um sich dann verstärkt der Außenpolitik zu widmen. Angesichts der Niederlage von Mantzikert (1071)

und der Bedrohung durch die Normannen, die nach der byzantinischen Krone streben, schließt Alexios ein Bündnis mit Venedig. Damit sichert sich die Lagunenstadt wichtige Märkte und Handelswege. Venedig darf eine Handelsniederlassung in Konstantinopel errichten und die noch unter der byzantinischen Herrschaft stehenden Adriahäfen nutzen. Außerdem garantiert Alexios I. den venezianischen Kaufleuten Zollnachlässe. Mit dem Abkommen festigt Venedig seine Stellung gegenüber den Konkurrenzhäfen Genua und Pisa. Obwohl Alexios I. als Gegenleistung den Beistand der mächtigen Flotte des Dogen erhält, bringt das Abkommen Byzanz Nachteile, da es die eigene Wirtschaft schwächt.

Nach der normannischen Eroberung Baris, des letzten byzantinischen Stützpunktes in Italien, verbündet sich Alexios schließlich mit Kaiser Heinrich IV. und zwingt damit die Normannen zur Rückkehr nach Sizilien. Zusätzliche Bedrohung erfährt das Byzantinische Reich durch die Petschenegen, die 1087 bis zum Marmarameer und 1090 sogar bis an die Mauern Konstantinopels vordringen. 1091 können sie von Alexios im Bund mit den Kumanen besiegt werden, bilden aber weiterhin einen Gefahrenherd für Byzanz.

Ansicht von Venedig mit Markusplatz, Dogenpalast und Campanile: Als Drehscheibe für den Handel zwischen Orient und Okzident entwickelt sich die Lagunenstadt zu einer der reichsten Mächte im Mittelmeerraum (Holzschnitt, Ende des 15. Jh.).

18.2.1080: Das 1057 geweihte Mariengnadenstift am Kölner Dom brennt nieder. Auch der Ostteil des Doms steht in Flammen. Eine zeitgenössische Chronik berichtet, das Feuer sei ohne große Schaden anzurichten erloschen, als die Kanoniker von Sankt Kunibert mit dem Leib ihres Stifterheiligen im Dom erschienen.

1084

Orden übt sich in Schweigen

Der Mönch Bruno gründet im abgeschiedenen Felsengebiet Chartreuse, nördlich von Grenoble, ein Kloster. In der ersten »Kartause« führen gleichgesinnte Glaubensbrüder ein Leben in Gebet, Schweigen sowie geistiger und körperlicher Arbeit. 1190 gründet Bruno in La Torre in Kalabrien eine Ordensniederlassung, in der er bis an sein Lebensende wirkt. In der Einsamkeit übersteht der Kartäuserorden unbeschadet die Reformation und kann bis heute von sich sagen: »cartusia numquam reformata, quia numquam deformata« (Kartause niemals reformiert, weil niemals deformiert).

31. März 1084

Normannen plündern Rom

Der vom deutschen König eingesetzte Gegenpapst Klemens III. krönt Heinrich IV. in Rom zum Kaiser. Aufgrund der Verschärfung seiner Kirchenpolitik geriet der von Heinrich IV. im Jahr 1080 für abgesetzt erklärte Papst Gregor VII. zunehmend in die Isolation. Neben den deutschen Bischöfen, die sich auf die Seite ihres Königs stellten, schlossen sich in Rom 13 Kardinäle der Gruppe von Abweichlern an, die Heinrich IV. am 21. März 1084 den Einzug in die Stadt

Die mächtige Engelsburg in Rom dient Papst Gregor VII. als Zufluchtsstätte vor dem deutschen Heer.

ermöglichte. Papst Gregor VII. floh vor den deutschen Angreifern in die Engelsburg. Seine ganze Hoffnung richtet sich nun auf die Hilfe der ihm ergebenen Normannen, die unter der Führung des päpstlichen Vasallen Robert von Guiscard mit großen Truppenverbänden anrücken. Angesichts der normannischen Übermacht bleibt dem kleinen Heer des deutschen Kaisers nur der Rückzug. Nachdem die Normannen Gregor VII. befreit haben, wollen sie jedoch nicht ohne Kriegsbeute abziehen. Mehrere Tage lang plündern sie Rom und brennen die Stadt schließlich nieder. Das römische Volk gibt Gregor VII. die Schuld an den Ausschreitungen. Inmitten der folgenden Tumulte zieht sich das normannische Heer zurück und nimmt Tausende Sklaven mit. Gregor VII. folgt ihnen ins Exil nach Salerno.

Rom erholt sich rasch von den Kämpfen, der Adel übernimmt wieder die Macht in der Stadt. Grafen verschiedener Familien errichten Festungen und versuchen die großen Ausfallstraßen sowie den Tiber gegen künftige Angreifer besser zu sichern.

1082: In Nordafrika gelingt es den Almoraviden, die Stadt Algier zu erobern.

1083: Das von muslimischen Mauren beherrschte Madrid fällt im Zuge der Reconquista an die christlichen Staaten.

6. Mai 1085

Toledo unter christlicher Herrschaft

Alfons VI. von Kastilien zieht nach monatelanger Belagerung in die Stadt Toledo, dem Sitz des arabischen Taifen, ein. Schon einmal, im Jahr 1072, hielt sich Alfons VI. in der Stadt auf. Damals floh er vor seinem Bruder Sancho, mit dem er um den kastilischen Thron stritt, an den Hof des tributpflichtigen Taifen.

Nach seinem Sieg über den maurischen Regenten dehnt Alfons VI. seinen Einfluss rasch auf die übrigen arabisch beherrschten Königreiche (Taifas) aus. Die Vorherrschaft der muslimischen Herrscher (Taifen) wird immer mehr beschnitten. Schwierigkeiten bereitet Alfons VI. nur der Machthaber von Sevilla, der die nordafrikanischen Almoraviden zu Hilfe ruft. Bertruppen, die im Juni 1086 in Algeciras landen, bereiten dem Heer von Alfons VI. am 23. Oktober 1086 nahe Badajoz eine vernichtende Niederlage. In den folgenden Jahren kämpft Alfons VI. zum größten Teil erfolglos gegen die Almoraviden. Auch das Bündnis mit dem spanischen Nationalhelden Rodrigo Díaz vermag die Vorherrschaft über die maurische Bevölkerung nicht dauerhaft zu festigen.

Die Durchmischung der arabischen und der westgotischen Kultur bringt auf der Iberischen Halbinsel die »mozarabische« Mischkultur hervor, in der sich europäische und maurische Formen verbinden.

1086

Englands Buch der Bücher

Auf Anweisung des Normannenkönigs Wilhelm I., des Eroberers, entsteht das sogenannte Domesday Book (engl. »Buch des Jüngsten Gerichts«). Das von acht normannischen Kommissionen zusammengetragene Gerichtstagebuch ist eine allgemeine Bestandsaufnahme des Landbesitzes in den 34 Grafschaften Englands. Dem Königtum dient das Dokument als Grundlage eines zentralistischen Verwaltungssystems.

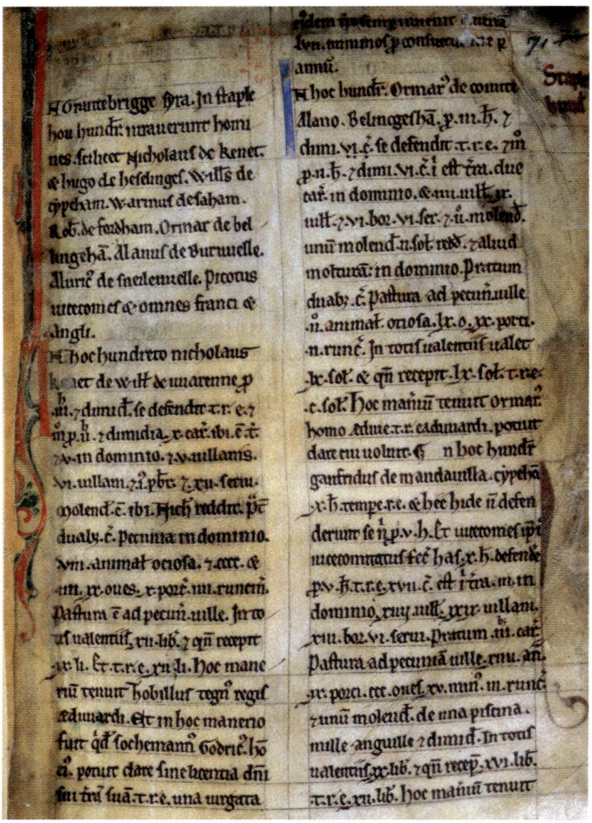

Seite aus dem Domesday Book: Das zu den ältesten Geschichtszeugnissen Englands zählende Werk ist eine katasterähnliche Bestandsaufnahme im Dienst der feudalen königlichen Finanzverwaltung.

Die Beauftragten des Königs befragen nahezu alle Einwohner des Landes zu ihren Besitzverhältnissen, über die Zahl der Landarbeiter sowie über den Wert, den Ertrag und das Kapital des jeweiligen Landgutes. Danach werden die Informationen zusammengefasst und aufgeschrieben, sodass der Besitz der Krone und der wichtigsten Lehnsherren jeder Grafschaft schnell zu überblicken ist. Die Gründlichkeit, die Klarheit sowie die Schnelligkeit, mit der das Domesday Book erarbeitet worden ist, machen es im mittelalterlichen Europa zu einem einzigartigen Dokument.

Der Name »Domesday Book« soll den Eindruck vermitteln, dass ein Eintrag in ihm so endgültig sei wie das Jüngste Gericht. Die Endfassung ergibt zwei Bände: Little Domesday (Norfolk, Sussex und Essex) und Great Domesday (das übrige England, jedoch ohne London und Winchester, für die keine Listen erhalten sind, sowie die nördlichen Grafschaften). Die so gewonnenen Erkenntnisse über den Wohlstand und die wirtschaftlichen Ressourcen des eroberten Landes helfen den normannischen Invasoren, das beschlagnahmte englische Eigentum zu ordnen und die Staatseinkünfte zu maximieren. Die Aufzeichnungen werden bis zum Ende des 17. Jahrhunderts in Winchester aufbewahrt und ursprünglich auch als »Book of Winchester« bezeichnet.

1086

Japans Kriegeradel im Aufwind

Die Kriegerfamilie der Minamoto erobert die nördlichen Regionen Japans von den dort herrschenden Clans. Die Minamoto gehören neben den Fudschiwara, den Taira und den Tachibana zu den vier großen Clans der japanischen Politik in der Heian-Zeit. Neben den Taira stellen sie den wichtigsten Kriegeradel des Inselreichs.

Der Minamoto-Clan handelt zwar noch im Auftrag der Regentenfamilie der Fudschiwara, die durch eine geschickte Heiratspolitik die Herrschaft über das Land an sich gerissen hatte, wird aber aufgrund seiner Macht ein immer stärkerer Konkurrent. Aus dem Kriegeradel entwickelt sich die Kriegerkaste der Samurai (»jemand, der dient«), die zum stärksten Machtfaktor in Japan werden.

»Minamoto No Yoshitsune« – der Idealritter des japanischen Mittelalters (Farbholzschnitt, 1850)

12. März 1088

Urban II. wird Stellvertreter Christi

Während in Rom der vom deutschen Kaiser Heinrich IV. bestimmte Gegenpapst Guibert herrscht, wählt die Konklave den Mönch und Legaten Odo von Châtillon zum rechtmäßigen Papst. Unter dem Namen Urban II. führt der Nachfolger des verstorbenen Viktors III. die von Papst Gregor VII. begonnene Kirchenreform fort.

Aus einer französischen Adelsfamilie stammend, entschloss sich Odo von Châtillon im Alter von etwa 35 Jahren, der Gemeinschaft des Reformklosters Cluny beizutreten. Schon bald wurde die römische Kurie auf den ungewöhnlich engagierten Kirchenmann aufmerksam. Papst Gregor VII. bestellte ihn als Kardinalbischof nach Ostia und sandte ihn 1084 als päpstlichen Legaten nach Frankreich und Deutschland. Inmitten des tobenden Investiturstreits vertrat er unnachgiebig das Anliegen Roms und sprach den weltlichen Herrschern sämtliche geistliche Privilegien ab. Wegen seiner Vehemenz ließ ihn Heinrich IV. sogar in den Kerker werfen. Nach seiner Freilassung unterstützte er Gregor VII. weiterhin tatkräftig im Kampf für eine unabhängige Kirche.

Um 1085: Das »Kathasaritsagara« (Ozean der Stürme) von Somadeva entsteht, eine Sammlung indischer Märchen in einer Rahmenerzählung.

1086: Herzog Wratislaw II. von Böhmen erhält vom deutschen Kaiser Heinrich IV. als Belohnung für die Unterstützung im Investiturstreit den Königstitel zuerkannt.

1088: Der chinesische Astronom Su Song entwickelt eine astronomische Uhr, die mithilfe von Wasserkraft betrieben wird.

1090

Geheimbund nutzt Attentate

Im Kampf gegen die als Usurpatoren betrachteten sunnitischen Herrscher gründet der aus Chorasan stammende Hassan As Sabbah den ismailitischen Geheimbund der Assassinen. Die radikalste Widerstandsgruppe der Schiiten errichtet ihr Hauptquartier in der Bergfestung Alamut im Nordwesten Persiens. Ihr Anführer nennt sich »Scheich ul Dschebal« (Der Alte vom Berg).

Hassan As Sabbah, der Begründer der Assassinen, bei einem Initiationsritus auf der Burg Alamut (flämische Miniatur, 15. Jh.)

Bis zu seiner Vernichtung durch die Mongolen 1256 erlangt der Bund durch gezielte Morde großen politischen Einfluss. Die Sekte der Assassinen – sie selbst nennen sich »Fedawi« (die sich Opfernden) – bildet eine der vielen religiösen Gruppen des Islams, die sich durch ihren Fanatismus auszeichnen. Der Begriff »Assassinen« leitet sich von dem arabischen Wort »Haschisch« her, jenem pflanzlichen Rauschmittel, das diejenigen Sektenmitglieder, die ein Attentat ausführen sollen, kurz vorher zu sich nehmen, um das »Paradies« zu erlangen.

Das Opfer des ersten folgenschweren Attentats, das die Sekte 1092 verübt, ist der seldschukische Großwesir Nizam Al Mulk. Er hatte den sunnitischen Glauben gefördert und die Sekte der schiitischen Ismailiten verfolgt. Nach seinem Tod zerfällt das blühende Reich der Großseldschuken allmählich. Die Assassinen breiten sich in den folgenden Jahren über ganz Persien, Syrien und den Libanon aus und entfalten von dort aus, vor allem zwischen 1105 und 1113, ihre terroristischen Aktivitäten. Ihr abwechselndes Paktieren mit Muslimen und Kreuzfahrern zerstört jedoch die anfängliche Sympathie innerhalb der Bevölkerung. Ihre Glaubwürdigkeit gegenüber ihren Anhängern leidet oft auch darunter, dass sie Morde gegen Bezahlung ausführen. Unter Hülagü gelingt es den Mongolen 1256, die Macht der Assassinen in Persien zu brechen. Sie erobern Alamut und töten den letzten Scheich sowie Tausende seiner Anhänger.

1090

Ganz Sizilien unter den Normannen

Der Normannenfürst Roger I. schließt die Eroberung Siziliens und Maltas von den Arabern ab. Seine tolerante Gesetzgebung ermöglicht ein friedliches Zusammenleben von Normannen, Arabern, Griechen und Italienern. Damit enden mehr als 30 Jahre Krieg um Sizilien.

Im Jahr 1058 aus der Normandie nach Italien gekommen, begann der jüngere Bruder von Robert Guiscard 1060 mit der Eroberung Siziliens von den Sarazenen. Im Jahr 1072 nahm er Palermo ein und wurde daraufhin von seinem Bruder als Vasall eingesetzt.

Wehrhaftes Normannenkastell in der Nähe von Catania auf Sizilien

8. Dezember 1093

Anselm begründet Scholastik

Titelbild von Anselms bedeutender Schrift »Cur deus homo« (»Warum Gott Mensch wurde«): der Erzbischof von Canterburry, auf den die Gotteshand weist, im Gespräch mit seinem Schüler Boso (Miniatur, 12. Jh.)

Die Bischöfe Englands weihen Anselm zum Erzbischof von Canterbury. Er gilt als Wegbereiter der Scholastik, der vorherrschenden Theologie des Mittelalters. Im Benediktinerkloster Le Bec in der Normandie, in das er eingetreten war, begründet er seine Hauptthese, wonach der Glaube zum rechten Gebrauch der Vernunft führt. Anselm setzt sich vehement für die Freiheit der Kirche von der Vormundschaft des englischen Königs ein.

Juni 1094

El Cid wird Nationalheld

Nach einjähriger Belagerung zieht der spanische Ritter Rodrigo Díaz de Vivar siegreich in Valencia ein. Er ernennt sich zum obersten Herrn der Stadt und versichert Alfons VI., dem König von León und Kastilien, seine Treue. Damit steht er auf der Höhe seiner Macht.

Sein Aufstieg ist von zahlreichen politischen Wechselfällen begleitet. Rodrigo stammt aus der niederen Adelsschicht. Von Anfang an lag sein Interesse darin, dem alten Adel in Kastilien und León gleichgestellt zu werden. Dies gelingt ihm mithilfe zweier Eigenschaften: Seine ausgeprägte Begabung für militärische Führung verbindet er virtuos mit einer klugen Bündnispolitik. Erzogen wurde Rodrigo im Haus des Infanten Sancho, des Sohnes von König Ferdinand I. Als Sancho 1066 den kastilischen Thron bestieg, ernannte er Rodrigo zu seinem obersten Waffenträger. Ausbrechende Thronstreitigkeiten zwischen Sancho II. und seinem Bruder Alfons VI. mündeten in der Belagerung der Stadt Zamora. Während der Belagerung, um die sich später viele Legenden ranken, wurde Sancho II. ermordet, die Kastilier mussten Alfons VI. als neuen König anerkennen. Obwohl Alfons VI. dafür sorgte, dass Rodrigo – nun sein Untergebener und Lehensmann – die Tochter von Alfons V. heiratete und so an Ansehen gewann, blieb er ein gefährlicher Gegner. Als Rodrigo im Frühjahr 1081 in das Gebiet des Taifen von Toledo einfiel, das unter dem Schutz von León stand,

1091: Die Beschreibung einer Mondfinsternis durch den Astronomen Walchers von Malvern gehört zu den frühesten Beobachtungen dieser Erscheinung in Westeuropa. Später erarbeitet der Astronom Mondtabellen für die Jahre 1036–1112.

1093: Konrad, der Sohn Kaiser Heinrichs IV., fällt von seinem Vater ab und lässt sich in Mailand mit der Langobardenkrone zum König von Italien krönen. Die kaiserliche Macht in Italien endet.

ergriff Alfons VI. diese Möglichkeit und verbannte ihn vom Hof. In den folgenden Jahren kämpfte Rodrigo für mehrere Herren, unter anderen zog er für den Taifen von Saragossa gegen Aragón und Navarra und besiegte den König.

Die Lage änderte sich, als die fanatisch religiöse Berbergruppe der Almoraviden, von den Mauren zur Hilfe gerufen, in Spanien einfiel: Alfons VI. söhnte sich mit Rodrigo aus. Nachdem der spanische Ritter ein zweites Mal bei Alfons VI. in Ungnade fiel, gibt ihm die Eroberung von Valencia die Möglichkeit, sich endgültig mit dem König zu einigen.

Schon früh entstehen Legenden um Rodrigo Díaz, der von den Mauren mit dem Beinamen El Cid (arabisch »der Herr«) geehrt wird und von den Spaniern El Campeador (»der Kämpfer«) genannt wird. Das um 1140 geschriebene Heldengedicht »Poema de Mío Cid« markiert den Beginn der spanischen Literatur. Der französische Dramatiker Pierre Corneille verarbeitet den Cid-Mythos 1636 in der Tragikomödie »Le Cid«.

Der Ritter El Cid ist die Lichtgestalt der Reconquista, um die sich viele Volkssagen ranken: Titelseite aus der Chronik des Cid (1498).

1094

Markuskirche erstrahlt im Glanz

In Venedig wird der Bau der Markuskirche fertiggestellt. Die fünfkuppelige Basilika verknüpft den Architekturstil eines typisch byzantinischen Kreuzkuppelbaus mit dem der Spätgotik abendländischer Kathedralen sowie mit venezianischer Dekorationslust.

Die imposante, säulenreiche Hauptfassade, die byzantinische, romanische und gotische Elemente aufweist, wird durch einen Balkon in zwei Hälften geteilt. Bemerkenswert sind die Mosaiken im Inneren der Kirche, die eine Fläche von 4200 m^2 bedecken. Das spärliche Licht, das durch die Rundbogenfenster eindringt, lässt den Goldgrund der farbigen Mosaiken magisch erglänzen. Die Kirche ist reich an Skulpturen, kunstvoll ist besonders die Pala d'oro, ein goldener, mit Emailmalereien geschmückter Altarvorsatz. Im Hochaltar befindet sich das Markusgrab, in dem der Legende nach die Gebeine des Evangelisten ruhen.

Dezember 1094

Byzanz – Hilfegesuch an den Papst

Während Konstantinopel von den Seldschuken belagert wird, verfasst der byzantinische Kaiser Alexios I. Komnenos ein Hilfegesuch an die westliche Christenheit. Um die Kirche vor dem Sieg der Muslime zu bewahren, bittet er darin um militärische Unterstützung. Da Kaiser Alexios I. seine ohnehin schlecht ausgerüsteten Truppen in Kämpfen mit den aggressiv vordringenden Normannen einsetzen muss, kann er den anstürmenden Seldschuken nicht viel entgegensetzen.

Seit dem Sieg über die Byzantiner bei Mantzikert im Jahr 1071 drangen Scharen türkischer Nomaden durch Kleinasien bis nach Anatolien vor. Seldschukenführer Malik Schah errichtete 1080 in Anatolien das Sultanat Rum.

Angesichts der bedrohlichen Seldschukengefahr erfolgt nach dem Schisma von 1054 erneut eine Annäherung der west- und oströmischen Kirchen, der Papst wird zu einem willkommenen Verbündeten. Bereits 1074 ersuchte Alexios I. den damaligen Papst Gregor VII. um die Entsendung westlicher Truppen. Da Gregors Kräfte im Machtkampf mit dem deutschen König so sehr gebunden waren, konnte er den Kreuzzugsplan nicht verwirklichen. In seinem neuerlichen Hilfsschreiben schildert Alexios I. nun in düsteren Farben die Situation der Christen. Obwohl es ihm eigentlich nur um eine Unterstützung in Kleinasien geht, führt er dem Papst die Befreiung Jerusalems von den Muslimen als weiteres Ziel vor Augen.

1094: Die Anhänger des im Jahr 1086 verstorbenen Reformers Wang Anshi werden aus der Verbannung wieder nach China zurückberufen. Ihre Gesetze erlangen erneut Gültigkeit.

1095: Der deutsche Kaiser Heinrich IV. gesteht Venedig weit reichende Handelsprivilegien und -monopole zu.

1095

Portugal wird eigenständig

Im Zuge der Reconquista, der Rückeroberung der Iberischen Halbinsel durch die Christen, gelingt unter König Alfons VI. der entscheidende Schlag: Die islamischen Mauren können hinter den Tejo zurückgedrängt werden. Als Belohnung für seine militärischen Dienste erhält Heinrich von Burgund die Grafschaft Portucalia zwischen den Flüssen Tejo und Minho im heutigen Nordportugal als Lehen. Nach seiner Heirat mit Teresa, der Tochter von König Alfons, bestimmt Heinrich Guimaraes zu seiner Residenz.

Die Belehnung durch König Alfons VI. leitet die staatliche Ausgliederung Portugals aus dem entstehenden Spanien ein. Die Grafschaft Portucalia – ursprünglich ein Grenzland – war mehrere Generationen lang im Besitz einer galicischen Adelsfamilie und dehnte sich nach der Eroberung der maurischen Stadt Coimbra durch Ferdinand I. (1064) weiter nach Süden aus. So entwickelt sich Portugal in der Zeit des 1. Kreuzzuges aus einem von Kastilien abhängigen Staat zu einer selbstständigen Grafschaft.

Die Bezeichnung »Portugal« geht – abgeleitet vom Namen des Hafens Porto Cale, der heutigen Stadt Porto – auf die zuerst im Jahr 841 überlieferte Bezeichnung für den Norden als »Provincia Portucalense« zurück; dokumentiert wird sie erstmals im Jahr 883.

Kathedrale von Porto: Die Hafenstadt an der Mündung des Douro in den Atlantik ist Namensgeberin von Portugal.

Blick auf die Kuppel der Alten Kathedrale von Coimbra: Von 1139 bis 1183 residieren die portugiesischen Könige in der ehemals von den Mauren gehaltenen Stadt.

27. November 1095

Urban II. fordert »Heiligen Krieg« gegen Muslime

26.2.1095: Der Seldschukenfürst Tutusch fällt in einer Schlacht im Gebiet des heutigen Irans. Damit entsteht ein Machtvakuum in Syrien und Palästina. Seine Söhne Ridwan und Duqaq teilen sich sein Herrschaftsgebiet.

Papst Urban II. ruft auf der Synode von Clermont in Südfrankreich mit glühenden Worten zum Kreuzzug gegen die Seldschuken auf, die seit 1071 Jerusalem besetzt halten. Im Frühjahr hatte ein Hilferuf des byzantinischen Kaisers den Papst erreicht. Für die politischen Absichten Urbans II. bot der Brief willkommene Schützenhilfe im Kampf gegen die weltliche Macht. Würde es ihm gelingen, den europäischen

Papst Urban II. auf der Synode von Clermont. Mit seiner flammenden Predigt leitet er die Kreuzzugsbewegung ein (französische Miniatur, 1490).

Adel unter seiner Führung zu einem gemeinsamen Kampf gegen die »Heiden« zu vereinen, könnte er die lang ersehnte politische Führungsrolle erlangen.

»Gott will es!«

Am 18. November traf Papst Urban II. in Clermont ein. Kurz vor Ende des Konzils lud der Papst sowohl die Teilnehmer als auch Adlige und das Volk zu einer Predigt ein, die Geschichte machen sollte. Die Kathedrale ist zu klein, um die Menschenmassen zu fassen. Kurzerhand wird die Versammlung auf ein freies Feld vor dem Osttor der Stadt verlegt. Nachdem er den Einfluss der weltlichen Fürsten auf die Kirche angeprangert hat, kommt Urban II. zum eigentlichen Zweck seiner Predigt. Bildreich und wortgewandt führt er den Zuhörern die Gräueltaten der »gottlosen Sarazenen« vor Augen. Sie verwehrten christlichen Pilgern den Zugang zu Jerusalem, würden Christen misshandeln und ihre heiligen Stätten schänden. Urban nennt auch einen Ausweg: Anstatt sich gegenseitig zu bekriegen, sollen die abendländischen Christen vereint gen Osten ziehen und ihre Glaubensbrüder von der muslimischen Bedrohung befreien. »Deus le vult« (»Gott will es«) bekräftigt der Papst mit glühendem Eifer sein Vorhaben. Laut und begeistert skandiert das Volk diese Parole.

Vergebung der Sünden

Urban II. verspricht den Teilnehmern des »Heiligen Krieges« nicht nur Landbesitz und Wohlstand im Orient. Wer in dieser Schlacht falle, dem werde die Vergebung aller Sünden zuteil. Bereits die bloße Mitwirkung am Kreuzzug ziehe den Nachlass der weltlichen Sündenstrafen nach sich. »Alle an diesem Unternehmen Beteiligten sollen das Zeichen des Kreuzes auf ihren Körpern tragen, das sie als ›Soldaten Christi‹ ausweise«, beendet er seine Kriegspredigt.

Urban II. führt das Reformpapsttum weiter (Holzschnitt aus der Schedelschen Weltchronik, 1493).

Die Reaktion auf Urbans Rede fällt unerwartet heftig aus, lebhafte Begeisterungsstürme brechen aus. Hunderte fallen auf die Knie und bitten um die Erlaubnis, am Kreuzzug teilnehmen zu dürfen. Vom überwältigenden Zuspruch, den er geerntet hat, ist der Papst selbst überrascht. Schneller als erhofft, kann er sich damit an die Spitze einer Bewegung setzen, der sich auch die weltlichen Ritter fügen wollen. Im Kampf zwischen Kaiser und Kirche sammelt er damit wichtige Vorteile.

ZEIT DER KREUZZÜGE

Motive sind nicht nur religiöser Natur

Eine Folge der vom Papsttum inspirierten Kreuzzugsbewegung, die sich militärisch als Fehlschlag erweist, ist die Rechtfertigung von Gewalt als legitimes Mittel zur Durchsetzung des Christentums. Die martialische Kreuzzugsrhetorik ist bis in die Gegenwart lebendig geblieben.

Die Kreuzzugsbewegung, die als Idee ganz Europa knapp zwei Jahrhunderte lang in ihren Bann zieht, ist mehr als der Versuch, die heiligen Stätten der Christenheit aus den Händen der »Ungläubigen« zu reißen. Sicher: Der Gedanke, Jerusalem, die Stadt Davids und Jesu, zudem oft stilisiert zum Bild der erhofften zukünftigen Welt, aus islamischer Gewalt zu befreien, ist ein entscheidendes Motiv für den Kriegszug ins Heilige Land. Gläubige waren seit dem 4. Jahrhundert zur Wiege des Christentums gepilgert. Der fromme Wunsch, einmal im »Tal der Tränen« die Nachfolge Jesu körperlich zu empfinden, war alt. Im Laufe der Geschichte verbindet sich diese Idee mit dem Gedanken des »Heiligen Krieges« gegen die Ungläubigen – eine Vorstellung, die seit Augustinus von Theologen entwickelt worden war. Und sprach nicht der Apostel Paulus in seinen Briefen von der »Ritterschaft Christi«? So unterscheidet sich der Kreuzfahrer vom herkömmlichen Pilger zunächst nur durch die Waffen, die er trägt: Sein Zug ins Heilige Land ist eine bewaffnete Wallfahrt.

Aussicht auf fette Beute

Die religiöse Idee allein aber kann den Siegeszug des Kreuzzugsgedankens nicht begründen. Ökonomische und soziale Probleme kommen hinzu. Die Bevölkerung wächst stetig, es gibt Hungersnöte, viele einfache Leute entfliehen der täglichen Not durch den Zug nach Palästina, und so mancher junge Ritter entzieht sich mit geistlichem Segen der straffen Aufsicht seines strengen Familienoberhauptes. Hinzu kommen Abenteuerlust und der Wunsch nach Bewährung, ein durch das aufsteigende Ritterideal zusätzlich gefördertes Denken. Und nicht zuletzt mag die erwartete Beute wirtschaftlichen Gewinn versprochen haben. Der Weg ins Heidenland gilt als gottgewollt und gottgefällig. Die »Kreuznahme«, wie der Zug ins Heilige Land genannt wird, verspricht einen Erlass kirchlicher Sündenstrafen.

Die Kirche als politische Führerin

Die Kirche übernimmt die Führung der die ganze christliche Welt erfassenden Bewegung, Wanderprediger tragen die Idee durch Europa, und das Papsttum nutzt die

Der französische König Ludwig IX., der Heilige, reist ins Heilige Land (Miniatur, 14. Jh.).

Gelegenheit, seine Vorherrschaft über die geistlichen und weltlichen Institutionen auf einem neuen Gebiet durchzusetzen. Während zwischen deutschem Kaiser und Rom noch der Streit um die Investitur geistlicher Würdenträger herrscht, verlässt Gottfried von Bouillon seine französische Heimat, um König von Jerusalem zu werden. Später, als

Statt Jerusalem fällt Konstantinopel: Kreuzritter erobern 1204 die byzantinische Hauptstadt (Miniatur, 1462).

die Stadt 1187 von Saladin erobert wird, lässt der greise Kaiser Friedrich I. Barbarossa, der als Jüngling bereits am 2. Kreuzzug teilgenommen hatte, das Reich unter der Obhut seines Sohnes Heinrich VI. und zieht an der Spitze des deutschen Kreuzfahrerheeres ins Heilige Land. Nach dem Tod Barbarossas, der unterwegs ertrinkt, löst sich das größte Kreuzfahrerheer in der Geschichte auf, Jerusalem bleibt in muslimischer Hand, das militärische Ziel wird verfehlt.

Es geht um Macht

Als Kreuzzug wird auch die Reconquista auf der Iberischen Halbinsel bezeichnet, die jedoch von Anfang an eine von Macht und Einfluss bestimmte Ausweitung der christlichen Herrscher gegen das islamische Spanien darstellt. Die spanische Conquista gegen die Indios in Mittel- und Südamerika erhält ebenfalls eine religiöse Legitimation, obwohl zunächst wirtschaftliche und politische Interessen ausschlaggebend sind. Viele Konquistadoren haben gegen die Mauren gekämpft und in diesen Kämpfen ihre Prägung erfahren. Die mittelalterlichen »Kreuzzüge« gegen die Albigenser – ein Beispiel für religiöse Konflikte innerhalb der Religionen – werden als Bestrafung von Häretikern propagiert, tatsächlich geht es aber nicht zuletzt um die Durchsetzung der Macht der französischen Krone.

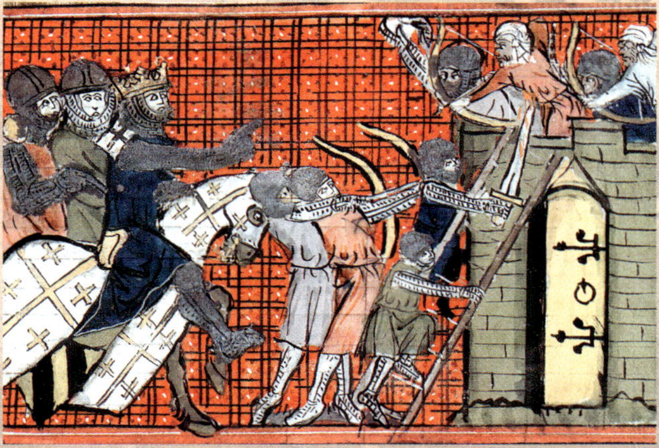

Gottfried von Bouillon belagert eine sarazenische Stadt (Miniatur, 14. Jh.).

April 1096

Mönch führt den Volkskreuzzug

Peter der Einsiedler (von Amiens) als Kreuzzugsführer. Die Kreuzzugspredigt Papst Urbans II. ist eigentlich nur an die Ritterschaft gerichtet, sie stößt jedoch auch im einfachen Volk auf großen Widerhall. Als erster Stoßtrupp macht sich ein Zug der Armen und Entrechteten überstürzt auf den Weg ins Heilige Land (Miniatur, 1311).

Peter der Einsiedler bricht mit einem rund 15 000 Menschen zählenden Volksheer in Richtung Jerusalem auf. Nur ein Teil seiner Anhänger trägt Waffen, auch Frauen und Kinder schließen sich dem Zug an. Es herrscht fromme Begeisterung, die jedoch jederzeit in Hysterie und Aggression umschlagen kann. Auf dem Weg ins Heilige Land lösen Plünderungen der wilden Volkshaufen immer wieder Gefechte aus. Nach einem halben Jahr findet der Volkskreuzzug sein Ende. Geschwächt durch Uneinigkeit und fehlende Autorität seiner Führer wird das Heer am 21. Oktober 1096 in der Schlacht von Civetot eine leichte Beute für die Türken.

15. August 1096

Ritter ergreifen das Kreuz

Das ritterliche Hauptheer unter Gottfried von Bouillon und seinem älteren Bruder Balduin von Boulogne bricht zum Kreuzzug nach Jerusalem auf. Den beiden Brüdern schließen sich zahlreiche gut ausgebildete Ritter aus Wallonien, Lothringen und Brabant an.

Neben diesem schlagkräftigen Heer machen sich ab Herbst 1096 drei weitere Hauptzüge auf den Weg ins Heilige Land. Die Südfranzosen werden von Graf Raimund IV. von Toulouse angeführt. Eine Gruppe, bestehend aus Nordfranzosen, Niederländern und Engländern, hört auf das Kommando von Robert II. von Flandern, Robert II. von der Normandie und Stephan von Blois. Bohemund und Tankred von Tarent befehligen schließlich die süditalienischen Normannen. Aus Versorgungsgründen – kein Landstrich kann solche Heermassen allein ernähren – marschieren die Ritter zeitlich gestaffelt auf verschiedenen Wegen. Gottfried von Bouillon führt seine Truppen ohne Zwischenfälle über Ungarn und Serbien ins Byzantinische Reich. Die Südfranzosen marschieren durch Norditalien, Dalmatien und Albanien. Nordfranzosen, Niederländer und Engländer ziehen bis nach Süditalien und setzen von dort über die Adria. Die süditalienischen Normannen folgen gleichfalls mit dem Schiff. Im Winter und Frühjahr 1097 treffen die Ritter nacheinander in Konstantinopel ein. Dort sind sie keineswegs so willkommen, wie sie angenommen hatten. Ihre militärische Macht wird vielmehr als Bedrohung der byzantinischen Souveränität gesehen. Nach langen Verhandlungen legen die Kreuzzugsführer einen Lehnseid gegenüber Kaiser Alexios I. ab, wonach alle Eroberungen, die sie in ehemals byzantinischen Gebieten machen, an Konstantinopel zurückfallen.

Mit dem Überqueren der Meerenge zwischen Europa und Kleinasien im Frühjahr 1097 beginnt für das nun vereinte Kreuzfahrerheer das eigentliche Abenteuer. Die Eroberung Nicäas im Mai 1097 ist der erste militärische Erfolg der Kreuzritter. In einem strapazenreichen Marsch durchquert das Heer im Sommer die kleinasiatische Halbinsel und steht im September 1097 vor dem Taurusgebirge.

Übergabe des Schlüssels von Tarsos: Balduin von Boulogne und Tankred von Tarent spalten sich vom Hauptheer ab und versuchen in Kilikien, auf eigene Faust Herrschaften zu begründen (Miniatur, 14. Jh.).

23. März 1098

Gründung der Zisterzienser

Schlichtheit wird zum Stilmittel: Umgangschor der 1140–1210 errichteten Klosterkirche Pontigny, die zur frühesten gotischen Zisterzienser-Architektur zählt.

Der aus der Champagne stammende Geistliche Robert von Molesme gründet in Burgund ein Kloster, in dem die Mönche unter rigoroser Befolgung der Benediktinerregel in eremitischer Abgeschiedenheit und Askese leben. Die Bewegung, deren Mitglieder nach dem Stammkloster Cîteaux (lateinisch Cistercium) Zisterzienser heißen, breitet sich rasch über ganz Europa aus. Mit dem Eintritt des Theologen und Kreuzzugspredigers Bernhard von Clairvaux im Jahr 1112 bekommt der Orden seine besondere geistliche Ausprägung.

Im 12. Jahrhundert entstehen auch die ersten Frauenklöster der sogenannten Zisterzienserinnen oder Bernhardinerinnen. Wirtschaftliche Basis des Ordens ist zunächst die Selbstversorgung. Die Zisterzienser legen besonderen Wert auf praktische Fertigkeiten. Sie bebauen ihren Boden und erzielen dank fortschrittlicher Agrartechnik und Wirtschaftsweise reiche Erträge. Neben ihrer Betätigung im Handwerk und Gewerbe üben sie auch Handel und Geldgeschäfte aus. Ihr Wohlstand erlaubt es ihnen, bedeutende Sakralbauten zu finanzieren.

Der Zisterzienserbaustil zeichnet sich durch den Verzicht auf Zierrat und schmückendes Beiwerk aus. Türme, Krypten und Bauglieder wie Emporen und offene Strebebogen fehlen, die Wände sind nicht bemalt, farbige Glasfenster und Skulpturen nicht vorgesehen. Beispiel für diesen Stil ist unter anderem die französische Abtei von Fontenay in Burgund.

Bald nach seiner Gründung findet der Zisterzienserorden seinen Weg nach Deutschland. Die erste Niederlassung wird 1123 in Altenkamp am Niederrhein gegründet. Mit der Anlage landwirtschaftlicher Mustergüter tragen die Zisterzienser maßgeblich zur Binnenkolonisation bei. Im 12. und 13. Jahrhundert beteiligen sie sich an der deutschen Ostbesiedlung. Die wirtschaftlich-kulturelle Durchdringung der seit der Völkerwanderungszeit von Slawen bewohnten Ostgebiete ist stark von der Aktivität der Mönche geprägt. Der ersten Klostergründung in Schlesien (1163 Leubus) folgen weitere in Brandenburg, Mecklenburg (1171 Doberan) und Preußen (1178 Oliva).

3. Juni 1098

Antiochia fällt an die Kreuzritter

Nach sieben Monaten Belagerung fällt den Kreuzfahrern durch Verrat die syrische Metropole Antiochia in die Hände. Ein Wachtturmkommandant namens Firuz, der mit Bohemund von Tarent im Bunde steht, lässt die Franken in die Stadt hinein. Der Normannenführer hat ein besonderes Interesse am Fall der Stadt: Entgegen der Abmachung mit Kaiser Alexios I., alle Eroberungen im ehemals byzantinischen Gebiet zurückzugeben, will Bohemund Antiochia für sich selbst in Besitz nehmen. Nachdem Firuz ihnen den Zugang ermöglicht, dringen binnen kurzem Scharen von Kreuzfahrern in die Stadt ein und richten unter der türkischen Bevölkerung ein Blutbad an.

Zwei Tage später erreicht Kerbogha, der Herrscher von Mosul, mit seinen Truppen Antiochia und belagert die Stadt. Ein kraftvoller Ausfall der Christen am 28. Juni 1098 macht der Belagerung Antiochias durch die Türken schließlich ein Ende. Die Kreuzfahrer errichten das Fürstentum Antiochia.

Kreuzfahrer stürmen und erobern die seit Oktober 1097 belagerte Stadt Antiochia (Miniatur, um 1490).

15. Juli 1099

Eroberung Jerusalems – Blutbad der Kreuzfahrer

Christliche Ritter bekämpfen Sarazenen: Die Gräuel von Jerusalem lösen in der muslimischen Welt dauerhafte Verstörung aus. Der Fanatismus der Kreuzfahrer wird mit ebenfalls blindem islamischem Eifer beantwortet. Allen Versuchen eines friedlichen Ausgleichs steht fortan die Erinnerung an das Gemetzel im Weg (französische Buchmalerei, 14. Jh.).

Nach fünf Wochen Belagerung erobern die Kreuzfahrer Jerusalem. Die Einnahme gelingt dank einer besonderen technischen Leistung der Belagerer: Sie haben Türme gebaut, die an die Stadtbefestigung herangerollt und von denen aus Enterbrücken auf die Mauerkronen herabgelassen werden können.

Erfolgreiche Belagerung

Am Morgen des 15. Juli 1099 legen die Kreuzfahrer Sturmleitern an die Mauern von Jerusalem und dringen bald in größerer Zahl in die Stadt ein. In den Straßen toben wilde Kämpfe, in denen sich die Christen behaupten können. Die muslimischen Truppen fliehen in den Tempelbezirk, wo sie versuchen, sich in der Al-Aqsa-Moschee zu verschanzen. Auf den Fersen folgt ihnen Tankred von Tarent. Er garantiert den Muslimen gegen hohes Lösegeld Schutz und dringt mit seinen Normannen in die Moschee ein, um ihre Schatzkammer zu plündern.

In der ganzen Stadt bricht Panik aus, die Einwohner laufen in die südlichen Viertel, wo inzwischen jedoch Raimund

Blick auf den Felsendom, den Gethsemane-Garten und die Altstadt: Jerusalem gilt Juden, Christen und Muslimen als Heilige Stadt.

von Toulouse vordringt. Am Nachmittag erkennt der muslimische Statthalter Ifthikar ad-Daula die ausweglose Situation und handelt mit Raimund die Übergabe der Zitadelle aus.

Christliche Gräueltaten

Die christlichen Eroberer von Jerusalem setzen ihr Morden selbst nach dem Erlöschen des organisierten Widerstands ungehemmt fort. Wie von Sinnen machen sie jeden nieder, der ihnen in den Weg kommt. Den Juden, die sich in der Hauptsynagoge versammelt haben, zünden sie als »Mörder Jesu« das Dach über dem Kopf an – sie sterben allesamt den Feuertod. Die Kreuzfahrer beenden das Blutbad von Jerusalem mit der Erstürmung der Al-Aqsa-Moschee. Die fanatischen Christen ermorden alle Muslime. Nach den Berichten der Chronisten steht das Blut im Tempelbezirk zwischen den Leichenbergen der Massakrierten knöcheltief. Vielerorts regt sich bei den Christen neben der fanatischen Mordwut auch Habgier. So nehmen sie Häuser in Beschlag und fahnden dort nach versteckten Reichtümern.

Anschließend schlägt die Stimmung der Kreuzfahrer um. Eben noch in Raserei und Blutdurst schwelgend, lassen sie sich nun von Bußfertigkeit überwältigen. In reine Gewänder gehüllt – mancher auch noch blutbespritzt –, ordnen sie sich zu einer Prozession, die zum Dankgottesdienst in die Grabeskirche und zu den anderen Orten zieht, die durch die Leiden Jesu geheiligt sind.

Der Blutrausch der Kreuzfahrer ändert die Haltung der geschockten Muslime: Waren sie bisher bereit, die christlichen Ritter als zusätzliche Macht zu akzeptieren, sind sie nun fest entschlossen, sie aus dem Heiligen Land zu vertreiben.

1099: Heimkehrende Kreuzfahrer bringen Zucker aus Kleinasien mit nach Europa. Ein Bericht belegt den Zuckerrohranbau in der Ebene von Tripolis (Libanon).

22. Juli 1099

Gottfried regiert Kreuzfahrer

Eine Versammlung der Kreuzfahrer wählt Gottfried von Bouillon, den Grafen von Antwerpen und Herzog von Niederlothringen, zum Oberhaupt der Kreuzfahrerherrschaft in Jerusalem. Da Gottfried sich in der Stadt, in der Christus die Dornenkrone getragen hat, keine Krone aufs Haupt setzen möchte, nennt er sich »princeps« (Führer, Fürst) oder »Advocatus Sancti Sepulcri« (Verteidiger des Heiligen Grabes). Nachdem Robert von Flandern und Robert von der Normandie zu erkennen gegeben haben, dass sie in die Heimat zurückkehren möchten und Raimund von Toulouse seine Wahl zum Herrscher nicht angenommen hat, blieb Gottfried von Bouillon als einziger Anwärter für das Führungsamt übrig.

Gottfried von Bouillon wird zur frommen Lichtgestalt des 1. Kreuzzuges. Als erster christlicher Herrscher über Jerusalem wird er in späteren Jahrhunderten idealisiert (kolorierte Fotoreproduktion nach dem Gemälde von Emile Signol, heroisierende Darstellung des 19. Jh.).

Raimund, der trotz seiner Absage über Gottfrieds Wahl zutiefst getroffen ist, bricht einen Streit mit dem neuen Herrscher vom Zaun. Er weigert sich, die Zitadelle zu räumen, die ihm vom früheren fatimidischen Statthalter Ifthikar ad-Daula persönlich übergeben worden war. Erst nach langen Verhandlungen, in die sich auch Robert von Flandern und Robert von der Normandie einschalten, sieht er sich gezwungen, die Zitadelle auszuhändigen.

Gottfrieds Autorität ist anerkannt, auch wenn über seine Frömmigkeit gespottet wurde: Man sagte ihm nach, er hätte Schwielen auf den Knien vom vielen Herumrutschen auf den Kirchenböden. Im Laufe des Kreuzzugsunternehmens wächst er jedoch in eine unangefochtene Führungsrolle hinein. Gottfried ist der einzige deutsche Reichsfürst, der in führender Position am 1. Kreuzzug teilnimmt. Da er Niederlothringen nicht als erbliches Lehen, sondern nur als Amt von Kaiser Heinrich IV. erhielt, muss er befürchten, dass es ihm bald wieder entzogen wird. Daher ist bei ihm die Bereitschaft groß, sein Glück im Heiligen Land zu versuchen.

1100

Troubadourdichtung breitet sich aus

In der Provence entsteht mit der Troubadourdichtung eine höfische Dichtkunst und Minnelyrik, die sich schnell im westlichen Mittelmeerraum verbreitet. Die Texte handeln von höfischer Liebe, Ritterlichkeit, Religion und Politik.

Im Gegensatz zu den berufsmäßigen, volkstümlichen Spielmännern (Jongleur) gehören die Troubadoure meist in den Ritterstand. Sie führen die strenge Silbenzählung und den obligatorischen Reim ein, schaffen lyrische Gattungen und entwickeln in wenigen Jahrzehnten einen hohen Stil. Die Hauptformen der Troubadourdichtung sind Kanzone und Sestine. Die ältesten überlieferten Lieder stammen von Wilhelm von Poitiers. Zu den bekanntesten Troubadouren zählen u. a. Herzog Wilhelm IX. von Aquitanien, Bernart de Ventadour und Bertran de Born.

Der deutsche Minnesänger Heinrich von Meißen und Spielleute mit verschiedenen Instrumenten; von den französischen Troubadouren übernehmen die deutschen Minnesänger anfangs Formen, Inhalte und teilweise auch Melodien (Miniatur aus der Manessischen Liederhandschrift, 14. Jh.).

Um 1100

Glocken mit Lehmkern

Der Benediktiner Theophilus beschreibt erstmals die Technik des Glockengusses mit Lehmkern. Auf den getrockneten Lehmkern wird ein Mantel aus Fett aufgetragen. Auf die Fettschicht wird Lehm aufgelegt, anschließend eiserne Reifen. Die Form wird in eine Gießgrube gesenkt. Dann schmilzt man das Fett mit heißem Wasser heraus und füllt den Hohlraum mit dem geschmolzenen Metall.

Um 1100

Kühlhäuser im Orient

In vielen muslimischen Ländern steht während des ganzen Sommers Eis zum Kühlen von Lebensmitteln bereit. Die Technik, Kühlkeller und Kühlhäuser zu bauen, ist im gesamten muslimischen Kulturkreis gebräuchlich. Beschickt werden die wärmeisolierten Vorratsräume mit Eis von Flüssen, vor allem aber mit zu Eis verdichtetem Stampfschnee, der den ganzen Sommer über nicht völlig schmilzt.

Um 1100

Das Rolandslied – ein Heldenepos

Im Todeskampf erschlägt Roland mit seinem Horn Olifant einen Heiden und übergibt dem heiligen Michael seinen Handschuh (Miniatur aus der Weltchronik des Rudolf von Ems, 14. Jh.).

Mit »La Chanson de Roland« entsteht das bedeutendste Werk der mittelalterlichen Heldenepik Frankreichs. Das zunächst mündlich tradierte Lied berichtet vom Kampf Karls des Großen gegen die Sarazenen. Der Titelheld Roland ist ein Neffe Karls. Die von ihm geführte Nachhut deckt den Rückzug des siegreichen Karolingerheers, wird aber von Rolands Stiefvater an den noch immer unbesiegten Sarazenenherrscher Marsilius verraten und in einen Hinterhalt gelockt. Da Roland sich weigert, mit seinem Horn Olifant Hilfe herbeizurufen, wird sein Trupp von den Feinden aufgerieben. Karl gelingt es schließlich, die Sarazenen endgültig zu besiegen.

Das von einem unbekannten Verfasser aufgezeichnete Epos wird in Deutschland durch die Übersetzung des Regensburger Pfaffen Konrad bekannt.

1101

Neue Längenmaße in England

König Heinrich I. von England ersetzt die bisher als Normalmaß übliche Elle (englische Bezeichnung »Gyrd«) durch die Länge seines Armes bis zur Spitze des Mittelfingers und bezeichnet diese neue Maßeinheit Yard. Ein Yard entspricht der Länge von drei Fuß (etwa 90 cm). Damit beginnt die Abspaltung des englischen Maßsystems vom kontinentaleuropäischen. Hier ist auch weiterhin die Elle in Gebrauch. Daneben existieren auf dem Festland noch andere Längenmaße. Alle diese Maßeinheiten – etwa Daumen, Handbreit, Spanne, Fuß, Schuh, Elle, Lachter, Klafter und Meile – sind »Naturmaße«, die sich auf Körperteile zurückführen lassen und somit je nach messender Person abweichende Längen ergeben.

1102

Venedig wird Handelsmacht

Eine von Venedig in den Vorderen Orient entsandte Flotte von 200 Schiffen bringt den Hafen Sidon und eine der beiden Hauptrouten in den Osten unter ihre Kontrolle. Diese von kaufmännischen Motiven geleitete Teilnahme an den Kreuzzügen begründet den Aufstieg Venedigs zur ersten Handelsmacht an der Adria.

Voraussetzung für den Machtzuwachs Venedigs waren der Aufbau einer großen Flotte und die enge politische Bindung an das Byzantinische Reich. Sie verschaffte den venezianischen Kaufleuten erhebliche Handelsvorteile. Schon im Jahr 1082 hatte Kaiser Alexios I. Komnenos die Seerepublik im gesamten Byzantinischen Reich von allen Handelssteuern befreit.

Als die Kreuzfahrer ihr Reich im Heiligen Land errichten, erhält Venedig Privilegien in den Häfen Palästinas. So wird ein Viertel von Akkon, das während der Kreuzzüge heftig umkämpft ist, venezianisch. Im Jahr 1123 erobern die Kreuzfahrer die mächtige phönizische Handelsstadt Tyros. Venedig unterstützt die Kreuzfahrer mit Schiffen und erhält dafür ein Drittel der Stadt.

Die Lagunenstadt Venedig dominiert bald den Welthandel: Die Flotte der mächtigen Handelsstadt stützt sich auf zahlreiche Handelsprivilegien. Eine im Jahr 1104 errichtete Schiffswerft, das Arsenal, konnte innerhalb kürzester Zeit Handelsgaleeren in Kriegsschiffe umrüsten.

KAMPF UMS MITTELMEER

Kreuzzüge verändern die Handelsbeziehungen

Zwei wesentliche Motive bestimmen den erbitterten Konkurrenzkampf verschiedener Mächte um die Vorherrschaft im Mittelmeer: auf der einen Seite kaufmännische Interessen, auf der anderen Seite militärisch-strategische.

Die italienischen Seerepubliken Venedig, Pisa und Genua wetteifern um die Hafenstädte an der östlichen Mittelmeerküste und machen sie zu Drehscheiben für den aufblühenden Handel mit dem Orient. Die traditionell guten Beziehungen mit dem Byzantinischen Reich verschaffen zunächst Venedig erhebliche Vorteile, es kontrolliert zu Beginn des 12. Jahrhunderts den europäischen Handel mit Kleinasien und Syrien. Mit ihrer Flotte greifen die Venezianer auch in den 2. Kreuzzug ein, im eroberten Akkon und in Tyros besitzen sie ganze Stadtteile. Die Beziehungen zu Byzanz

Der Hafen von Genua ist bereits in der Spätantike ein wichtiger Umschlagplatz (Gemälde von Grassi, 1480).

Venedig ist Drehscheibe im Mittelmeerhandel: Marco Polo segelt von hier aus nach China (Illustration, 14. Jh.).

verschlechtern sich um 1150. Zwar unterstützen venezianische Schiffe Kaiser Manuel I. Komnenos noch bei der Vertreibung der Normannen von Korfu (1147–1149), doch favorisiert der neue Kaiser bald Kaufleute aus Pisa und Genua. Venezien zerstört daraufhin Handelsniederlassungen der Konkurrenz, Byzanz wiederum erschwert den Handel der Venezianer und beschlagnahmt im Jahr 1171 ihre Besitzungen im Osten.

Auch Genua nimmt an den Kreuzzügen teil und erhält Kontore in den Metropolen des Vorderen Orients. 1220 steht ganz Ligurien unter Genuas Kontrolle. In der zweiten Hälfte des 13. Jahrhunderts befindet sich die Stadt auf dem Höhepunkt ihrer Macht. Sie erhält von Byzanz Handelsprivilegien am Schwarzen Meer, kontrolliert schließlich das Ende der Seidenstraße und besiegt die alte Rivalin Pisa 1284 in der Seeschlacht bei Meloria.

Sizilianische Vorherrschaft

Militärisch gewinnt das normannische Sizilien zunehmend die Oberhand im Mittelmeer. König Roger II. erobert mit einer neu gebauten starken Flotte die Küstenebene Nordafrikas von Tunis bis Tripoli. Im Osten fällt er in das Byzantinische Reich ein. Siziliens Hauptstadt Palermo entwickelt sich zu einem neuen Handelszentrum und wird Mittelpunkt einer blühenden Seidenindustrie. Ihr Reichtum ist in ganz Europa berühmt, 1155 sollen die Einkünfte der Stadt die des englischen Königreichs übertroffen haben. Nach Rogers Tod stagniert die sizilianisch-normannische Vorherrschaft im Mittelmeerraum, sein Enkel Wilhelm II. setzt zunächst die Expansionspolitik fort und fällt 1185 in Byzanz ein, eine Expedition nach Ägypten scheitert aber wenig später.

Lukrative Geschäfte mit dem Orient

Im 13. Jahrhundert kommt es zu einer bedeutenden Umwälzung des Wirtschaftslebens und der Handelsbeziehungen im Mittelmeerraum, nachdem das Kalifat der Abbasiden gestürzt und die Herrschaft der Mameluken in Ägypten errichtet wird. Die abendländischen Händler erlangen direkteren Zugang zu den Gütern und Märkten des Orients. Die italienischen Seestädte können ihre Handelsniederlassungen auf den gesamten Mittelmeerraum ausdehnen, die Gründung von Handelskolonien im Schwarzmeerraum öffnet den Europäern den Weg nach Asien. Abendländische Kaufleute exportieren Stoffe, Öl, Wein und Metallwaren in den Osten und importieren von dort in erster Linie Gewürze, Seide, Farbstoffe, aber auch Honig, Wachs und Pelze.

1102

Ungarn erweitert sein Territorium

Dalmatien erbittet die Hilfe Ungarns gegen die Einfälle der Normannen und Sarazenen. Zwischen beiden Reichen wird eine Union geschlossen. Ungarn erkennt zwar die Autonomie Dalmatiens an, beansprucht aber die Oberhoheit.

Damit setzt sich die territoriale Ausdehnung Ungarns unter König Koloman fort. Die Truppen des wegen seiner Gelehrsamkeit als Bücherfreund bezeichneten ungarischen Königs hatten 1097 bereits Kroatien in die Knie gezwungen, das sich unterwerfen musste. Die formelle Oberhoheit von Byzanz über Kroatien fällt allerdings erst in der Mitte des 12. Jahrhunderts.

Dalmatiens Abhängigkeit von Ungarn beginnt in den Jahren nach der Gründung der Union zunächst friedlich. Als Ungarn ab der Mitte des 12. Jahrhunderts jedoch große Teile des Landes erobert, wird Dalmatien zum Schauplatz der Interessensgegensätze von Venedig und Ungarn. Venedig ist zum Eingreifen bereit, weil es ein politisches und wirtschaftliches Aufblühen Ungarns verhindern will. Die dalmatinische Bevölkerung ist in der Unterstützung Venedigs oder Ungarns gespalten. Die Bauern und die Landbevölkerung unterstützen eher den mächtigen Nachbarn, die seefahrenden Kaufleute dagegen Venedig. Viele Städte zahlen Tribut an eine der beiden Mächte, ohne wichtige Rechte zu verlieren.

1102: In den chinesischen Städten Hangzhou und Ningbo werden Ämter für die staatliche Handelsmarine eingerichtet.

1103: Der römisch-deutsche Kaiser Heinrich IV. stellt die beim Durchzug von Kreuzfahrerheeren gefährdeten Juden unter seinen Schutz.

Um 1103: Auf deutschem und italienischem Gebiet werden erstmals Fahnenwagen (Karraschen) zum Transport segelgroßer Banner eingesetzt.

1104: In der südschwedischen Stadt Lund wird mit Gründung eines Erzbistums eine Kirchenprovinz für Dänemark und den gesamten Norden Europas eingerichtet.

Um 1106

Visionen einer Mystikerin

Die achtjährige Hildegard von Bingen wird von ihren Eltern in die Obhut des Klosters Disiboden an der Nahe gegeben. Schon als Dreijährige soll Hildegard die ersten prophetischen Visionen gehabt haben.

Die Mystikerin, Dichterin, Musikerin, Heilkundige, Gelehrte und Gesellschaftskritikerin hat sich immer als »einfache Natur« bezeichnet. Ihre Visionen hat sie zunächst aus Scham verschwiegen, zeichnet sie aber später auf. Es sind ungewöhnlich detaillierte Darstellungen des Sieges über den Satan, der Schöpfung und des Jüngsten Gerichts. Nachdem die Kirche ihre Schriften studiert und toleriert hat, wird sie von Päpsten, Kaisern und Gelehrten wie Bernhard von Clairvaux konsultiert.

Hildegard von Bingens theologisches Hauptwerk ist die Schrift »Liber Scivias« (Wisse die Wege), eine Glaubenslehre, die Kosmologie und Anthropologie mit der Theologie verbindet und den Ruhm der Mystikerin begründet. Auf der Trierer Synode hält Papst Eugen III. den »Liber Scivias« in den Händen und liest den Bischöfen öf-

fentlich daraus vor. Im Zentrum von Hildegards Schriften steht eine mystische Gotteserfahrung. Das Ziel ihrer Mystik sieht sie in der Abkehr vom Irdischen, um so Gott näher zu sein. Den Kosmos begreift Hildegard als einmalige Schöpfung Gottes, in der alles wohl geordnet und aufeinander bezogen ist. Dem Menschen als der »kostbarsten Perle« Gottes kommt eine besondere Stellung, aber auch eine besondere Verantwortung zu. Als Benediktineräbtissin verfasst Hildegard nicht nur theologische, sondern auch naturwissenschaftliche und medizinische Werke, darunter eine Abhandlung über Krankheitsursachen und Behandlungsmethoden (»Causae et curae«). Sie hat Empfängnis, Schwangerschaft und Geburt beschrieben und ihre tiefere Bedeutung in der Heilsgeschichte erläutert. Ihre Empfehlungen deuten auf eine umfangreiche Kenntnis der natürlichen Heilmittel. Nebenbei betätigt sich Hildegard als Komponistin und verfasst u. a. rd. 75 geistliche Gesänge.

Illustration aus Hildegards Schrift »Liber Scivias«: Die christlichen Tugenden vor der Mauer des Gesetzes des Alten Testaments (Faksimile aus dem Rupertsberger Codex, 12. Jh.)

Januar 1106

Heinrich V. setzt sich durch

Der Reichstag in Mainz erkennt Heinrich V. als deutschen König an. Sein Vater, Kaiser Heinrich IV., sitzt währenddessen in Ingelheim gefangen. Die neue Situation im Reich leitet das Ende des Investiturstreits um das Recht zur Einsetzung geistlicher Würdenträger ein.

Heinrich V., der letzte Salierkaiser, erzwingt die formelle Abdankung seines Vaters Heinrich IV. Die Darstellung Heinrichs V. ist keine naturgetreue Abbildung, sondern eine subjektive Ausdeutung des Künstlers (Kupferstich nach dem Gemälde von Paul Joseph Kiedrich, 19. Jh.).

Äußerer Anlass für die Rebellion des Sohnes gegen den Vater war ein Streitfall in Regensburg. Dort war ein Graf von Bürgern erschlagen worden, ein Mord, den der Kaiser nicht sühnte. Heinrich V. verließ heimlich das Heer seines Vaters und verweigerte ihm den Gehorsam. Er fand die Unterstützung einiger Fürsten, die im Investiturstreit gegen Heinrich IV. Partei ergriffen hatten. Heinrich V. gab sich als Vorkämpfer für die kirchlichen Interessen aus. Der Aufstand griff rasch um sich. Zunächst aber blieb Heinrich IV. seinem Sohn militärisch überlegen. Im Oktober 1105 standen sich beide Heere bei Regensburg kampfbereit gegenüber. Heinrich V. konnte jedoch einen Teil der kaiserlichen Truppen zum Abzug bewegen, es kam nicht zur Schlacht. Zu Weihnachten 1105 berief Heinrich V. einen Reichstag nach Mainz ein. In Anwesenheit päpstlicher Legaten sollte er über den Streit zwischen den Herrschern entscheiden. Heinrich IV. war zwar freies Geleit zugesichert worden, doch Heinrich V. setzte seinen Vater gefangen und zwang diesen, ihm die Reichsinsignien auszuliefern.

Nach dem scheinbar freiwilligen Thronverzicht erkennt der Reichstag Heinrich V. als König an. Heinrich IV. gibt jedoch nicht auf. Er entkommt, findet in Lüttich militärischen Beistand und zwingt seinen Sohn, mit Truppen gegen die Stadt zu ziehen. Der Angriff misslingt, die königlichen Truppen werden geschlagen. Ein neuer Kampf scheint unvermeidlich, als Heinrich IV. am 7. August 1106 stirbt. Zwar steht nun der deutsche König nicht mehr unter dem Bann des Papstes, doch Heinrichs Hoffnungen auf ein schnelles Ende des Investiturstreits trügen. Noch zu Lebzeiten seines Vaters hatte er mehrere Investituren vollzogen und gezeigt, dass er nicht ohne Weiteres auf seine königlichen Rechte verzichten wollte.

Überdies stehen in den ersten Regierungsjahren innerdeutsche Probleme im Vordergrund. Erst 1110 reist Heinrich zum Papst nach Rom. Nach der Gefangennahme Papst Paschalis' II. durch den deutschen König Heinrich V. bricht in Rom 1111 ein Aufstand aus. Heinrich muss fliehen, kann aber kurz darauf seine Kaiserkrönung erzwingen. Paschalis II. muss dem Herrscher das lang umstrittene Investiturrecht einräumen. Der Streit um dieses Recht bricht 1112 wieder aus.

September 1106

Muslime fürchten Weltuntergang

Im nach muslimischer Zeitrechnung beginnenden Jahr 500 kursieren in der islamischen Welt wilde Spekulationen über das nahe Weltende. Der Prophet Mohammed hatte verkündet, dass eine im Westen aufgehende schwarze Sonne das Ende der Zeiten einleiten würde. Barbarische Horden würden die arabischen Länder überrennen, danach erscheine Mahdi, ein von Gott geleiteter Mensch, der für die Muslime Gerechtigkeit herstelle. Vor dem endgültigen Sieg der Muslime könne kurzzeitig Jerusalem von den Christen erobert werden, am Ende würde jedoch der Islam Konstantinopel besiegen. Viele verängstigte Muslime sehen im blutrünstigen Treiben der Kreuzfahrer Anzeichen der Apokalypse.

Handschrift des Korans mit ornamentaler Schrift: Das muslimische Jahr 500 löst vielerorts apokalyptische Ängste aus (1389).

1106

Steiler Aufstieg der Babenberger

Markgraf Leopold III. von Österreich: Unter den Babenbergern erlebt Österreich seine erste wirtschaftliche und kulturelle Blütezeit (Ausschnitt aus dem »Babenberger-Fenster« im Zisterzienserkloster Heiligenkreuz).

Markgraf Leopold III. von Österreich vermählt sich mit Agnes, der Tochter des römisch-deutschen Kaisers Heinrich IV. und Witwe Herzog Friedrichs von Hohenstaufen. Leopold hat Heinrich V., den Bruder von Agnes, gegen dessen Vater Heinrich IV. unterstützt. Die reiche Mitgift aus königlichem Gut, mit der Agnes ausgestattet ist, und die verwandtschaftliche Bindung zum Herrscherhaus steigern das Ansehen des Babenbergers beträchtlich.

Leopold III. ist der Begründer des österreichischen Landesfürstentums. Er gründet die Stifte Klosterneuburg, Heiligenkreuz sowie Klein-Mariazell und wird später Heiliger und Landespatron von Österreich.

1108

Ludwig VI. festigt Königsmacht

Der Kapetinger Ludwig VI. (Ludwig der Dicke), Sohn von Philipp I., besteigt den französischen Thron. Seine Regierungszeit beschert dem französischen Königtum einen nachhaltigen Aufschwung. Streitbarer als sein Vater, der ihm schon 1101 Teile seiner königlichen Befugnisse übertragen hatte, bekämpft der neue Regent die rebellischen Vasallen und geht genauso energisch wie erfolgreich gegen die tyrannischen Raubritter im Reich vor. Es gelingt ihm, eine feste Königsmacht zu begründen.

Ludwigs Autorität beruht auch auf seiner persönlichen Ausstrahlung. Er ist zwar eher schlicht, wird aber vom Volk als Gnadenbringer verehrt. Hinzu kommt, dass der Papst auf seiner Seite steht, denn Ludwig unterstützt ihn in der Auseinandersetzung mit Kaiser Heinrich V. Als Heinrich V. Truppen mobilisiert, um Frankreich zu erobern, fordert Ludwig alle Edlen auf, mit ihm ins Feld zu ziehen, und zwingt den Kaiser kampflos zum Rückzug. Ludwig VI. stirbt 1137. Er ist in der Basilika Saint-Denis begraben.

1106: In Worms schließen sich die Schiffer zur ersten deutschen Zunft zusammen.

1107: Chinesische Gelehrte verfassen das »Bogutu«, einen illustrierten Katalog der Bronzen des Altertums aus der kaiserlichen Sammlung.

12. Juli 1109

Kreuzfahrer erobern Tripolis

Mit der Eroberung der Küstenstadt Tripolis durch die Kreuzfahrer endet die mehr als fünf Jahre dauernde Belagerung.

Bereits im Jahr 1103 ließ Raimund von Toulouse die Festung Mons Peregrinus direkt am Zugang zur Halbinsel errichten. Die muslimischen Bewohner zeigten eiserne Widerstandskraft. Im Herbst 1104 unternahmen sie unter Führung ihres Statthalters Fakhr el-Moulk einen Ausbruch und setzten die Kreuzfahrerburg in Brand. Raimund erlag im Februar 1105 den schweren Verbrennungen, die er sich bei diesem Angriff zugezogen hatte. Nach dem Abschluss eines halbherzigen Friedensvertrags reiste Fakhr el-Moulk im März 1108 nach Bagdad, um – jedoch ohne Erfolg – Hilfe zu erbitten. Als er im August zurückkehrte, war Tripolis den Fatimiden unterstellt. Emir al-Afdal hatte den Bewohnern ein riesiges Heer zur Befreiung versprochen.

Währenddessen nutzten die Kreuzfahrer das Machtvakuum und formierten ihre Heere zum entscheidenden Angriff. Nach der Kapitulation der Muslime sichert König Balduin I. von Jerusalem den Bewohnern freien Abzug zu. Wie zuvor in Akkon halten sich die verbündeten Genuesen nicht an die Absprache und plündern die Stadt.

Rekonstruktion des Kreuzfahrerkastells Mons Peregrinus, das fünf Kilometer landeinwärts von Tripolis liegt und die Stadt von den Landwegen abschneidet. Die Grafschaft Tripolis wird als letzter Kreuzfahrerstaat errichtet. Ihr Herrscher unterstellt sich als Vasall dem König von Jerusalem (Holzstich, 19. Jh.).

Oktober 1110

Ein Monarch als Kreuzfahrer

Unterstützt von einer Flotte des norwegischen Königs Sigurd I. beginnen die Kreuzfahrer mit der Belagerung der Küstenstadt Sidon. Als den Eingeschlossenen eine muslimische Flotte aus Tyros zu Hilfe eilt, entbrennt ein heftiger Seekampf. Die Norweger scheinen schon fast geschlagen, erhalten im letzten Augenblick jedoch Unterstützung durch ein venezianisches Geschwader. In seiner ausweglosen Lage ersinnt der Statthalter Sidons einen mörderischen Plan: Er besticht einen muslimischen Diener Balduins I. und beauftragt ihn, den König von Jerusalem zu töten. Die Verschwörung kann mithilfe der in Sidon eingeschlossenen Christen jedoch aufgedeckt werden. Sidons Widerstand ist gebrochen, die Stadt kapituliert am 6. Dezember. Obwohl Balduin der muslimischen Bevölkerung freien Abzug garantiert, rauben Norweger und Venezianer die Fliehenden aus und ziehen plündernd durch die Straßen. Als Kriegslohn erhält Venedig eine Kirche sowie Handelsrechte und Grundstücke in Akkon. Bescheidener sind die Forderungen des norwegischen Königs. Er gibt sich mit einer Reliquie – einem Stück Holz des »wahren Kreuzes Christi« – zufrieden.

In einem feierlichen Zeremoniell erhält ein Kreuzritter die Ausrüstung für den Zug ins Heilige Land. Sigurd I. ist der erste Monarch des Abendlandes, der den Kreuzfahrerstaat Jerusalem besucht (zeitgenössische Darstellung).

In seiner Heimat regiert Sigurd gemeinsam mit seinen beiden Brüdern. Als der norwegische König Magnus Barfuß 1103 bei einer Schlacht in Irland starb, hinterließ er das politisch stabile Land seinen drei Söhnen Olaf, Eystein und Sigurd. Letzterer fühlte sich mit der Herrschaft über die Orkney-Inseln unausgelastet und sah sich zu Heldentaten in der Ferne berufen.

Nach seinem Erfolg im Heiligen Land kehrt Sigurd auf dem Landweg nach Norwegen zurück. Von seinen Untertanen wird er mit Jubel willkommen geheißen. Begeistert verleihen sie ihm den Ehrentitel »Jórsalafari« (»Jerusalemfahrer«). Gestärkt in seinem Glauben widmet sich Sigurd der Festigung der Kirche und führt u. a. einen Kirchenzehnten ein, den die Gläubigen fortan entrichten müssen. Legenden berichten später von einem Vergleich mit seinen Mitregenten. Dabei wird Sigurds Kreuzzug dem friedlichen Wirken seines Bruders Eystein gegenübergestellt.

Um 1110: In Salerno verfasst die Ärztin und Lehrerin Trotula Lehrbücher über Entbindung, Arzneimittel und Kosmetik. In der dortigen Schule entsteht zudem eine Studie über die Anatomie des Schweines.

1112: König Stephan II. von Ungarn fällt in Niederösterreich ein. Diese Raubzüge beantwortet Markgraf Leopold III. von Österreich seinerseits mit Einfällen in Ungarn.

1113

Letzte Blütezeit des Kiewer Reichs

Wladimir II. Monomach wird zum Großfürsten von Kiew gewählt. Es gelingt ihm, zwischen den nach mehr Selbstständigkeit strebenden Fürstentümern zu vermitteln. Durch viele Feldzüge gegen die in die südrussische Steppe einfallenden Kumanen verschafft er Russland Sicherheit nach außen. Unter seiner Herrschaft entsteht Wladimir, eine Stadt im nordöstlichen Russland, die am Ende des 12. Jahrhunderts die bisherige Residenz Kiew als Regierungssitz des Großfürsten ablöst. Als Wladimir II. Monomach 1125 stirbt, beginnt der endgültige Niedergang Kiews: Seine Söhne geraten in Streit, die Kumanen fallen im Süden des Reichs ein, Kiew wird zur Grenzstadt.

Wladimir II. Monomach im Kreise seiner Berater; unter seiner Herrschaft erstarkt Kiew noch einmal als Mittelpunkt Russlands (Reproduktion nach zeitgenössischem Bildnis, 19. Jh.).

15. Februar 1113

Im Heiligen Land schützt der Papst die Johanniter

Papst Paschalis II. erkennt durch die Bulle »Pie postulatio voluntatis« das Hospital des heiligen Johannes in Jerusalem als unabhängige Einrichtung an und stellt es unter den apostolischen Schutz. Damit erhebt er die Brüder, die sich zur Betreuung der Pilger zu einer festen Gemeinschaft zusammengeschlossen hatten, zu einer päpstlich autorisierten Gemeinschaft. Als Orden werden die Johanniter allerdings erst rund 40 Jahre später anerkannt: 1154 bestätigt Papst Hadrian IV. die selbst erlassene Regel der Hospitaliter mit der Bulle »Christiane fidei religio« als Ordensregel.

Hilfe für den Bruder in Not

Die Gemeinschaft der Johanniter entstand im Jahr 1099. Vermutlich verschrieben sich fromme Männer, die nach der Regel des heiligen Benedikt lebten, im Hospital Santa Maria Latina dem Dienst an den Pilgern. Nach der Eroberung Jerusalems durch die ersten Kreuzfahrer wurde ein neues und größeres Hospital erbaut. Zudem erwarben die Brüder die benachbarte Kirche, die Johannes dem Täufer geweiht war. Bald nach der Gründung der Gemeinschaft entstanden in europäischen Pilgerorten weitere, vom Stammhaus in Jerusalem abhängige Hospitäler. Mit der Anerkennung durch den Papst werden die Hospitaliter, die sowohl im westlichen Europa als auch im lateinischen Osten reiche Landschenkungen erhalten, vom Benediktinerorden unabhängig.

Die Johanniter verehren den »heiligen Armen« und verstehen sich als »Diener der Armen Christi«. Ihr religiöses Bestreben – die Armen als Ebenbild Gottes zu ehren – verbinden die Ordensbrüder mit praktischen Hilfeleistungen. So wird ihr Hospital in Jerusalem beispielgebend für die Entwicklung des Hospitalwesens im gesamten Abendland. Bereits in der zweiten Hälfte des 12. Jahrhunderts sind die Johanniter in der Lage, in ihrem Stammhaus rund 2000 Menschen beiderlei Geschlechts aufzunehmen. In dem Hospital, das aus einzelnen Abteilungen besteht, arbeiten vier Ärzte sowie vier Wundärzte. Jede Abteilung verfügt über neun Pfleger. Um die spirituelle Betreuung der Kranken kümmern sich eigene Priester.

Geistlicher Ritterorden

Von Anfang an dürften die religiösen und karitativen Aufgaben des Johanniterordens eng mit militärischen Tätigkeiten verbunden gewesen sein. Vermutlich haben die Johanniter nicht nur kranke und geschwächte Pilger aufgenommen und gepflegt, sondern ihnen nach der Genesung auch bewaffnetes Geleit gegeben. Für die frühe

1113: Die Mönche des Klosters Klosterrade im Herzogtum Limburg betreiben als Erste Steinkohlenbergbau auf deutschem Gebiet.

Der Gelehrte Abälard eröffnet eine Schule für Rhetorik, Philosophie und Theologie in Paris.

In Kambodscha gibt Khmerkönig Suryavarman II. den Bau von Angkor Vat in Auftrag (heute UNESCO-Weltkulturerbe). Das 1153 fertiggestellte hinduistische Kloster ist das größte Bauwerk Südostasiens. Der fünfgipfelige Tempelbau symbolisiert den Weltenberg Meru, den Mittelpunkt des hinduistischen Universums. Das Khmerreich erreicht seine kulturelle Blüte.

Großmeisterpalast der Johanniter auf Rhodos: Nach dem Verlust seiner Besitzungen im Heiligen Land findet der Ritterorden im Jahr 1306 Zuflucht auf der Mittelmeerinsel.

Ausbildung eines militärischen Zweiges spricht die Tatsache, dass der König von Jerusalem den Johannitern bereits 1136 eine strategisch wichtige Burg im südlichen Palästina verleiht. Damit verbunden ist die Aufgabe, die in Askalon konzentrierten muslimischen Kräfte in Schach zu halten. Einige Jahre später übergibt der Graf von Tripolis den Johannitern die bedeutende Festung Krak des Chevaliers mit der dazugehörigen Grenzmark.

Die Entwicklung der Johanniter von einem überwiegenden Hospital- zu einem Ritterorden wird zudem durch die erstmalige Aufnahme eines Adligen als Mitglied der Bruderschaft im Jahr 1141 belegt. Drei Jahre danach ist der erste Ritterbruder in den Quellen bezeugt.

Obwohl der Papst diese Entwicklung missbilligt, nehmen die militärischen Aufgaben immer mehr Raum ein und drängen das Hospitalwesen immer mehr in den Hintergrund. Mit den 1206 verabschiedeten Statuten werden die Johanniter schließlich zu einem voll ausgebildeten Ritterorden.

1113

Mönche bauen Steinkohle ab

Die Mönche des Klosters Klosterroda im Herzogtum Limburg betreiben als Erste auf dem europäischen Kontinent den Steinkohlenbergbau. Es handelt sich wohl um die erste bergmännische Steinkohlengewinnung der Welt. Das blühende Handwerk der Schmiede und das expandierende Glasmachergewerbe verschlingen große Mengen an Brennholz. Nachdem weite Landstriche vollkommen gerodet sind, wird die Suche nach einem alternativen Feuerungsmaterial verstärkt. Die Mönche beginnen deshalb mit dem planmäßigen Steinkohlenbergbau unter Tage. Sie treiben nur etwa ein Meter hohe und 1,2 bis 1,5 m breite Stollen in Kohlenflöze, in denen sitzend jeweils ein Hauer arbeitet. Abgebaut wird mit dem Pickel. Schlepper fördern die gelöste Kohle aus den Stollen.

Graf Raimund Berengar III. erobert nicht nur die Balearen, durch die Ehe mit Douce von der Provence sichert er sich auch Südfrankreich (Reiterstandbild in Barcelona).

1114

Berengar erobert Mallorca

Raimund Berengar III., der Graf von Barcelona, ruft zum Kreuzzug gegen die muslimisch besetzten Balearen auf. Er kann dabei auf die Hilfe pisanischer Schiffe rechnen, die seine Soldaten auf die Inseln Mallorca und Ibiza übersetzen.

Das Reich unter Mubasir ibn Suleiman steckt zu dieser Zeit in einer schweren Krise. Nachdem der Herrscher die rund 40 Jahre zuvor ausgerufene Unabhängigkeit der Balearen aufgekündigt und sich den Almoraviden unterworfen hatte, lehnte sich die Bevölkerung gegen Suleiman auf. Somit kann Raimund Berengar die Hauptinseln im Sturm einnehmen und unter die Herrschaft Kataloniens stellen. Der Graf von Barcelona dehnt seinen Einfluss damit ganz erheblich aus. Der Seeweg ist nun frei für den Handel mit Pisa und Genua.

1115

Leitfigur der Zisterzienser

Zusammen mit zwölf Mönchen aus dem Zisterzienserkloster Cîteaux gründet der Geistliche Bernhard in einem wegen seiner Düsterkeit gefürchteten Tal das Kloster Clairvaux (»helles Tal«). Der Persönlichkeit Bernhards verdankt der Zisterzienserorden seine bedeutende Stellung im Mittelalter. Zu seinen Lebzeiten gewinnt das neue Kloster zwischen 700 und 800 Mitglieder. Er selbst ruft weitere rund 70 Tochterklöster in ganz Europa ins Leben.

Geboren in einer adligen Familie nahe Dijon, übernimmt Bernhard die Ideale des Feudalismus und der Ritterlichkeit seiner Schicht, ist aber zugleich ein Verfechter der Einfachheit klösterlichen Lebens. Die Satzungen seines Ordens betonen die Armut, die abgeschiedene Lage der Klöster und die regelmäßige praktische Arbeit. Bis zu seinem Tod bleibt er Abt in Clairvaux. Er wird zum ersten großen Mystiker des Mittelalters und Vorkämpfer eines neuen Geistes asketischer Einfachheit sowie persönlicher Frömmigkeit. Bernhard fördert die Ritterorden und setzt sich für die Wahl von Innozenz II. zum Papst ein. Als sein Schüler, Eugen III., den Papstthron besteigt, wächst sein Einfluss erheblich.

Seine Ansichten über die Rolle der Kirche sind radikal. Die Regierung der Welt sei eigentlich Sache des Papstes. Neben seinen kirchenpolitischen Aktivitäten tritt er durch seine mystische

Der bedeutende Theologe und berühmte Prediger Bernhard von Clairvaux übt durch die Erneuerung des kirchlichen Geistes bei Adel, Klerus und Volk großen Einfluss auf seine Zeit aus (Ganzfigur aus dem Triptychon von Dirck Bouts, um 1460).

Theologie hervor. Im Zentrum seiner Theologie steht der leidende und gehorsame Christus. In seinen Predigten entwickelt er in Form von Selbstzeugnissen den Weg der Seele zu Gott: Als Braut des göttlichen Wortes wird die Seele in der mystischen Hochzeit (Unio mystica) mit Christus vermählt.

1114: Im französischen Bar-sur-Aube und in Troyes finden die ältesten überlieferten Wirtschaftsmessen der Champagne statt.

1115: Mit der Verlegung des Sitzes der Grafen von Scheyern auf die Burg Wittelsbach beginnt die Geschichte des berühmten bayerischen Herrschergeschlechts.

1115

Rebellion in China

In der Mandschurei im Nordosten Chinas rebelliert das Tanguten-Volk der Dschurdschen gegen die Abhängigkeit vom Reich der Kitan. Nach seiner Loslösung übernimmt dort die Jin-Dynastie die Macht nach dem Vorbild der Kitan.

1116

Streit um Mathildes Güter

Heinrich V. zieht die Güter der verstorbenen Markgräfin Mathilde von Tuszien ein, die der Kirche zufallen sollten. Der Streit zwischen Kaiser und Papst um die mathildischen Güter wird erst 1213 zugunsten der Kirche beigelegt.

1118

Mauren verlieren Saragossa

Blick über den Ebro auf die Basilika Nuestra Señora del Pilar: Mit der Eroberung von Saragossa durch Alfons I. beginnt die entscheidende Phase der Reconquista.

Nach einem Kreuzzugsbeschluss, den Alfons I. auf einer Synode in Toulouse von Papst Gelasius II. eingeholt hat, greift der König von Navarra und Aragón mit einem großen Truppenaufgebot die Stadt Saragossa an. Die seit 1110 unter der Herrschaft der Almoraviden stehende muslimische Bevölkerung ergibt sich nach kurzem Kampf. Unter Alfons I., dem

Sohn Sanchos I., beginnt die langsame, aber stetige Zurückdrängung der Araber auf der Iberischen Halbinsel. Der König versteht sich als Vorkämpfer der Reconquista. Sein Ziel ist es, den Landweg nach Jerusalem freizukämpfen.

Saragossa nimmt eine Schlüsselstellung für die Beherrschung des Ebrotales ein. Nach der Eroberung bemüht sich Alfons I., das städtische Leben der rund 17 000 Einwohner zu sichern. Den eingesessenen Bewohnern gesteht er Bleiberecht zu und gestattet ihnen, weiterhin ihre Felder zu bestellen. Allerdings müssen sie den inneren Stadtbereich verlassen und sich im Vorort Curtidores ansiedeln. Als neuen Herrscher von Saragossa setzt Alfons I. den Vizegrafen Gaston von Bearn ein. Der königliche Lehnsmann ist zugleich Befehlshaber des Eroberungsheeres. Den prächtigen Palast »Aljaferia«, der im Nordwesten außerhalb der Stadt liegt, lässt Alfons I. zum Tagungsort des christlichen Kronrats von Aragón umbauen. Für die Neubesiedelung Saragossas wirbt der König christliche Ritter an. Seine Maßnahmen zeigen jedoch wenig Erfolg: Viele muslimische Einwohner ziehen aus der gesamten Region fort, während nur wenige neue Siedler angelockt werden und sich in der Stadt niederlassen.

Der Fall von Saragossa läutet einen Eroberungsfeldzug ein, in deren Verlauf Alfons I. – »der Kämpfer« – seinen Herrschaftsbereich auf Kosten der Mauren um das Doppelte ausdehnt. Zu Beginn des Jahres 1119 zieht der König mit seinen Truppen den Ebro entlang und nimmt Tudela ein. Von der stark befestigten Stadt aus kann das heftig umkämpfte Grenzgebiet Navarras zu Kastilien und Aragón beherrscht werden. Im Frühjahr 1119 fällt auch Tarazona, eine Stadt im westlichen Aragón, unter dem Ansturm der Christen. Ein Jahr später gelingt Alfons I. schließlich die Eroberung von Calatayud und Daroca.

Anschließend marschiert der König erneut Richtung Saragossa und wendet sich gegen die Burg Belchite, die im Südosten der Stadt liegt. Dort gründet er 1122 die sogenannte Belchite-Bruderschaft. Die Hauptaufgabe dieser geistlichen Ritterbruderschaft ist die Verteidigung von Saragossa gegen muslimische Angriffe aus dem Süden. Der Beitritt ist jedem Christen – egal ob Laie oder Kleriker – gestattet, der seinen Glauben verteidigen und sein Leben lang in den Dienst Christi treten will. Jedem, der dieser christlichen Miliz beitritt, werden nach der Beichte alle Sünden vergeben.

Die bisher äußerst erfolgreichen Eroberungszüge König Alfons' I. enden vor den Toren von Lérida. Die Stadt, auf die auch der Graf von Barcelona einen Anspruch erhebt, kann von dem Initiator der entscheidenden Phase der Reconquista nicht eingenommen werden, sie fällt erst im Jahr 1149.

1118: Nach einem abermaligen Einfall König Stephans II. von Ungarn führt Markgraf Leopold III. von Österreich einen Vergeltungsfeldzug durch. Das Burgenland wird dabei verwüstet.

Nach dem Tod Mohammeds Ibn Malik Shah beginnt unter seinem Sohn Sanjar die Auflösung des Seldschukenreichs.

1118

Dom von Pisa – Meisterwerk der toskanischen Architektur

Hauptportal der Kathedrale Santa Maria Assunta von Pisa. Während der Grundriss eher schlicht ist, strahlt die anmutig dekorierte Außenfassade in seltener Pracht.

Nach 55-jähriger Bauzeit weiht Papst Gelasius II. den Dom von Pisa, einen mit weißem Marmor verkleideten Bau von blendender Schönheit. Die Kirche mit ihrer eleganten Außendekoration – Einlegearbeiten in farbigem Marmor und filigrane Arkadengalerien – ist ein Beispiel für jene italienische Sonderentwicklung der Romanik, die durch Anklänge an antike Formen gekennzeichnet ist.

Wegen dieser Anknüpfung an das Erbe des antiken Roms, wie sie später, in der Epoche der Renaissance, programmatisch erfolgt, wird diese Entwicklung in der toskanischen Architektur und Plastik des 11. und 12. Jahrhunderts als Protorenaissance bezeichnet. Zwar sind die in diesem Stil errichteten Kirchen in ihrem Grundriss weniger ausgefeilt als die jenseits der Alpen gebauten, dies wird jedoch durch die anmutige Dekoration wettgemacht. Charakteristisch sind mehrfarbige Fassadenverkleidungen mit einer klassisch-klaren Gliederung, die an antike Säulenordnungen gemahnt.

Antike Anklänge

Die Bildhauerarbeiten von Nicola und Giovanni Pisano bezeugen, dass die Künstler die antike Reliefkunst gründlich studiert haben. Dies gilt für die Kanzlei des Vaters Nicola, die im Baptisterium in Pisa aufgestellt ist, wie auch für die des Sohnes Giovanni im Dom, die allerdings auch schon gotische Einflüsse zeigen: Die biblischen Szenen in den figurenreichen Relieffeldern sind ausdrucksstark gestaltet.

»Ohnegleichen ist der Tempel aus weißem Marmor, den wirklich und wahrhaftig das Talent von Buscheto geschaffen hat«, so lautet die Inschrift auf dem Sarkophag des Baumeisters, der in die Mauer des Doms eingelassen ist. Doch ihre überwältigende Außenwirkung erhält die fünfschiffige Basilika mit dreischiffigem Querhaus, deren Bau nach dem Sieg Pisas über

Der »Platz der Wunder« mit dem Dom und dem Campanile; der weltberühmte Schiefe Turm von Pisa ist zwischenzeitlich mehr als fünf Meter aus dem Lot geraten.

Palermo 1063 in Angriff genommen wurde, erst um 1270: Das Langhaus wird verlängert und die Westfassade mit vier horizontalen, rundbogigen Galerien geschmückt, von denen jede zweite, der Dachneigung folgend, abgeschrägt ist. Dieses Motiv der schlanken Arkadengalerien findet sich an einigen Kirchen in der Toskana, aber auch auf Sardinien, Korsika und in Apulien wieder.

Die Piazza dei Miracoli

Der Dom bildet das Zentrum eines Ensembles, das trotz der langen Bauzeit bis ins 14. Jahrhundert wegen des einheitlichen Baumaterials – überwiegend weißer, aber auch zartfarbiger und schwarzer Marmor – und der Wiederholung von Bauelementen geschlossen wirkt. Zu der Gebäudegruppe auf der Piazza dei Miracoli (Platz der Wunder), eines eindrucksvollen Beispiels repräsentativer mittelalterlicher Stadtbaukunst, gehören neben der Kathedrale der Campanile, der berühmte schiefe Glockenturm mit sechs umlaufenden Arkadengalerien, dessen Fundamente sich schon während des Baus zu neigen begannen, der Rundbau des Baptisteriums und der Campo Santo, ein im 13. Jahrhundert zur Bestattung vornehmer Bürger angelegter Friedhof, bestehend aus einem kreuzgangartig von Hallen umgebenen Hof.

1119

Templer gründen Ritterorden

Balduin II., der König von Jerusalem, überlässt dem Herrn von Montigny-Lagesse, Hugo von Payens, eine Wohnstatt in seinem Palast.

Siegel des Templerordens, der Gebet, Kampf und Arbeit als christliche Aufgaben miteinander vereint (12. Jh.)

Die Räume befinden sich in der Al-Aqsa-Moschee, die angeblich auf den Mauern jenes Tempels erbaut wurde, den Salomon errichtet hatte. Von dieser ersten Unterkunft erhalten die Ritter um Hugo von Payens den Namen »Templer«. Ihre Hauptaufgabe ist der Schutz der Pilger im Heiligen Land. Für seine Idee kann Hugo von Payens, der mit dem 1. Kreuzzug nach Palästina kam, so mächtige Herren wie Graf Hugo von der Champagne und Graf Fulco von Anjou gewinnen. Im Januar 1120 erkennt König Balduin II. den neuen Ritterorden, der sich nach der Augustinerregel richtet, offiziell an.

Da es den Herrschern der neu errichteten Kreuzfahrerstaaten in Palästina an regulären Truppen mangelt, entwickeln sich die Templer sehr schnell zu einem schlagkräftigen Teil der christlichen Streitkräfte. Neben der Absicherung der Pilgerwege beteiligen sich die Ordensritter auch aktiv an der Verteidigung des eroberten Landes gegen die Muslime.

Finanziell sind die Templer in den ersten Jahren schlecht gestellt, da der Orden ohne Anerkennung durch die Kirche keine Schenkungen entgegennehmen kann. Die Lage bessert sich erst, als Hugo von Payens ins Abendland reist und im Januar 1129 am Konzil von Troyes eine eigene Ordensregel aufstellt. Als einflussreicher Fürsprecher tritt dabei der Theologe Bernhard von Clairvaux auf. Der Zisterziensermönch verfasst eine Predigt, in der er eine Lobrede auf das neue Rittertum hält. Die Templerregel schreibt sowohl das Gebet als auch den Kampf im Heiligen Land als Grundaufgaben der Ordensritter fest. Damit steht die Regel im Widerspruch zu der am Beginn des 11. Jahrhunderts entwickelten

Theorie, die streng zwischen den drei Funktionen Gebet, Kampf und Arbeit unterscheidet. Durch die gregorianische Kirchenreform und das Wirken des Kreuzzugspredigers Bernhard von Clairvaux kommt es nun zu einer Vermischung dieser drei »Stände«.

Auf seiner Weiterreise durch Frankreich und England kann Hugo von Payens für seinen Orden Spenden sammeln. Zudem gelingt es dem ersten Großmeister der Templer, eine beachtliche Zahl von Anhängern zu rekrutieren, die ihm ins Heilige Land folgen.

20 Jahre nach ihrer Gründung verleiht Papst Innozenz II. den Templern mit der Bulle »Omne datum optimum« schließlich die Ordensprivilegien und unterstellt sie damit seiner Autorität. Im Jahr 1147 wird den Ordensrittern zudem das Recht zugesprochen, das rote Kreuz auf weißem Mantel zu tragen.

Die Anerkennung des Ordens durch die katholische Kirche führt dazu, dass die Templer innerhalb weniger Jahre zahlreiche Tochterkonvente im gesamten Abendland gründen. Vor allem West- und Mitteleuropa wird bald mit einem dichten Netz von Ordenseinrichtungen durchzogen. Besonders viele Niederlassungen errichten die Templer in Frankreich. Aber auch die Könige der Iberischen Halbinsel lernen den Kampfgeist der Templer rasch zu schätzen und binden sie zunehmend in die Schlachten der Reconquista ein. Zudem kümmern sich die Ordensritter um den Schutz der Grenzgebiete. Die portugiesischen Templer sind die einzigen, die das ursprüngliche Hauptziel des Ordens – die Verteidigung der christlichen Herrschaft im Heiligen Land – ganz aufgeben und sich nurmehr auf ihre Aufgaben in Portugal konzentrieren.

An der Spitze des Ordens steht ein Meister, der von einem Rat und hohen Würdenträgern unterstützt wird. Neben den Rittern und Kaplänen, den »frères de couvent«, die das Gehorsams-, Armuts- und Keuschheitsgelübde ablegen, kümmern sich die »frères de métiers« um die wirtschaftlichen Arbeiten.

1120

Norbertiner gegründet

Norbert von Xanten, Erzbischof von Magdeburg, gründet den Prämonstratenserorden (Norbertiner) mit dem Mutterkloster in Prémontré. Er erlangt große Bedeutung durch die Kolonisation der deutschen Ostgebiete.

1120

Einflussreicher Herzog

Herzog Konrad von Zähringen gründet die Stadt Freiburg im Breisgau. Konrad unterstützt König Lothar III. gegenüber den Staufern und wird mit der Wahrnehmung der königlichen Rechte in Burgund betraut.

1119: Der polnische Herzog Boleslaw III. erobert Pommern, das durch Bischof Otto von Bamberg anschließend christianisiert wird.

In der Mandschurei wird die Dschurdschenschrift eingeführt.

1121: Der arabische Gelehrte Alkhazini misst das spezifische Gewicht von Flüssigkeiten mittels eines Araeometers. Er erfindet zudem das Pyknometer, ein Wägefläschchen zur Dichtemessung von Flüssigkeiten.

23. September 1122

Das Wormser Konkordat beendet den Investiturstreit

Auf einer Rheinwiese bei Worms wird ein Vertrag zwischen dem Kaiser und dem Papst öffentlich verkündet, der weit reichende Konsequenzen hat. Er beendet den seit 50 Jahren schwelenden Streit um die Einsetzung von Bischöfen und Äbten in ihre Ämter. Das »Wormser Konkordat« – den Namen gab ihm im 18. Jahrhundert der Universalgelehrte Gottfried Wilhelm Leibniz – schlichtet den sogenannten Investiturstreit.

Kompromiss gefunden

Ein erster Versuch, in direkten Verhandlungen zwischen Kaiser und Papst zu einem Ergebnis zu gelangen, war am gegenseitigen Misstrauen gescheitert. Aus Angst, er könne gefangen genommen werden, war Papst Kalixt 1119 nach Reims geflohen. So übernahmen deutsche Fürsten die Verhandlungen.

Das neue Treffen in Worms zwischen zwei von Papst Kalixt II. entsandten Kardinälen – beide besteigen später selber den Papstthron – und einer Kommission deutscher Fürsten als Vertreter Heinrichs V. führt nun zum Erfolg. Der Vertrag besteht aus zwei Urkunden. In der einen verzichtet Heinrich V. auf die Verleihung geistlicher Würden mit Ring und Stab. Er gesteht allen Bistümern im Reich »kanonische Wahl und freie Weihe« zu. Außerdem verfügt er die Rückgabe allen kirchlichen Besitzes, der während der Auseinandersetzungen zwischen Papst und Kaiser in fremde Hände gelangt war. Neun geistliche und neun weltliche Fürsten unterzeichnen das Dokument.

In der Gegenurkunde gesteht Papst Kalixt II. dem Kaiser – den die Urkunde beim Namen nennt – zu, dass sein Erscheinen bei Bischofs- und Abtwahlen möglich sei. So wird Heinrich die Möglichkeit eingeräumt, seine Meinung zu äußern und womöglich einzugreifen. Dann soll der Kaiser den Erwählten im Rahmen der sogenannten Regalieninvestitur mit den weltlichen Hoheitsrechten (dem Münz-, Zoll-, Markt- und Gerichtsrecht) belehnen, indem er das Zepter übergibt. Die Zeremonie soll in Deutschland noch vor der Abts- und Bischofsweihe erfolgen, in Italien und Burgund jedoch erst innerhalb von sechs Monaten danach. Beide Seiten geloben sich in Worms Hilfe und Frieden.

Die Trennung zwischen geistlichen Funktionen und dem materiellen Besitzertrag kirch licher Ämter war von Ivo von Chartres ausgearbeitet worden und galt bereits in Frankreich, wo der Konflikt nie eskaliert war. Die Regelung bewährte sich auch in England, wo auf dieser Grundlage schon 1093 auf dem Londoner Reichstag mit Erfolg zwischen Krone und

1121: Ibn Tumart führt als Mahdi nordafrikanische Berberstämme zum Aufstand gegen die herrschenden Almoraviden. Er gilt als Begründer der islamischen Almohaden-Dynastie.

1123: Unter Huizong, der als großer Kunstkenner gilt, entsteht in China ein Katalog der 6400 Malereien und Bilder der kaiserlichen Sammlung.

Kirche vermittelt worden war. Die Sonderstellung des deutschen Herrschers liegt in seiner Nähe zu Rom begründet: Der Kaiser kann praktisch jederzeit vor den Toren der Stadt aufmarschieren. So hatte sich Heinrich V. 1111 mihilfe dieser militärischen Drohung das Recht verschafft, die Bischöfe vor ihrer Weihe unmittelbar nach der Wahl zu belehnen. Gegen die deutschen Vorrechte bildete sich in Rom eine starke Opposition, vor der Papst Paschalis II. sogar fliehen musste. Heinrich V. kam dem Papst daraufhin zu Hilfe, zwang ihn dann allerdings zur Kaiserkrönung.

Kaiser Heinrich V. und Papst Paschalis II. zur Zeit des Investiturstreits (Miniatur aus der Weltchronik des Frutolf von Michelsberg, um 1113)

Kaiser büßt Macht ein

Ist mit dem Wormser Konkordat der Investiturstreit wirklich beendet? Eine eindeutige Regelung wurde nicht getroffen. Gilt die Papsturkunde nur für Heinrich V. oder auch für seine Nachfolger? Auf welche Weise soll der Kaiser in Wahlstreitigkeiten eingreifen? Und welches Gewicht kommt bei einer kaiserlichen Entscheidung der Meinung der Bischöfe zu? Ungeklärte Fragen führen zu neuen Konflikten. Zwischen Kaiser Friedrich I. und Papst Alexander III. etwa entbrennt 1159 ein heftiger Streit. Friedrich will die Reichsfürsten auf einen Papst seiner Gunst einschwören, muss aber schließlich einlenken.

Seit Worms hat der Kaiser zwar gegenüber der Kirche in Deutschland mehr Rechte als z. B. der König in England. Doch in Burgund und in Reichsitalien sind die Kirchen seinem Einfluss faktisch entzogen. Zudem schwindet die Abhängigkeit der Bischöfe und Reichsäbte vom König. Sie sind nicht mehr Reichsbeamte, sondern Vasallen des Königs, die mit den weltlichen Fürsten eine Interessensgemeinschaft bilden und nach dem Ausbau ihrer weltlichen Macht streben. Auch gegenüber dem Papst, dessen Wahl der römisch-deutsche Herrscher lange Zeit wesentlich mitbestimmte, hat der Kaiser erheblich an Macht eingebüßt.

18. März 1123

Erstes Laterankonzil

In Rom kommen 300 oder mehr Bischöfe zu einer Synode zusammen, die Papst Kalixt II. einberufen hat. Es ist das erste allgemeine Konzil des Westens. Der wichtigste Punkt, den die kirchliche Versammlung regeln soll, bezieht sich auf die Einigung des Papstes mit dem deutschen Kaiser Heinrich V. im Wormser Konkordat. Als die Urkunde des Papstes verlesen wird, in der er der Forderung Heinrichs zustimmt, dieser solle bei jeder Wahl eines Bischofs anwesend sein, bricht lauter Protest aus. Wortführer sind vor allem die Gregorianer, strenge Gegner jedes weltlichen Einflusses auf die Kirche und Verteidiger ihrer Freiheit von jedem säkularen Herrscher. Kalixt versichert, er habe mit dem Kaiser nicht auf ewige Zeiten Frieden geschlossen, sondern lediglich einen Waffenstillstand auf unbestimmte Zeit. Daraufhin legt sich der Widerspruch.

Die Konflikte um die Bischofswahl mit dem deutschen Kaiser und die Bestätigung des Wormser Konkordats von 1122 sind jedoch nur ein Teil der rund sechs Wochen dauernden Konzilsberatungen. Grundsätzlich geht es darum, künftig in der Kirche bei Bischofswahlen die Simonie, also den Ämterkauf von Bischöfen, zu vermeiden. Außerdem soll die Synode sich zu Kalixt II. als dem rechtmäßigen Papst bekennen, denn kurz zuvor war Gregor VIII. nach Unruhen in Rom gleichfalls zum Papst gewählt worden. Dessen Weihen erkennt die Synode ab. Außerdem verschärfen die versammelten Bischöfe das Heiratsverbot der Priester (Zölibat) und verbieten den Diakonen und Subdiakonen die Ehe.

Besondere Beratungen widmen die Bischöfe der Situation der Kreuzfahrer. Sie bestätigen den Erlass der zeitlichen Sündenstrafen für jeden, der das Kreuz nimmt und ins Heilige Land zum Kampf gegen die Ungläubigen zieht. Neu ist die Forderung, die Familien der Kreuzfahrer sollten in der Zeit ihrer Abwesenheit einen besonderen Schutz der Kirche genie-

Das Laterankonzil gewährt Ablass: »Die Verdammten in der Hölle« (Emailkunst auf dem Verduner Altar, um 1180).

ßen, auch dürfe sein Eigentum nicht angetastet werden. Die übrigen Beschlüsse der Synode bestärken noch einmal den Primat des Papstes als dem obersten Herrn der Bischöfe und Priester des Abendlandes. Deren Einfluss auf die kirchlichen Ordnungen in ihren Gebieten wird unterstrichen. Die neu entstandenen Orden und mönchischen Gemeinschaften werden ausdrücklich in die Ziele der Reform der Kirche eingebunden. Ein entscheidendes Ergebnis der Synode ist: Das kirchliche Recht empfindet sich als über dem weltlichen stehend. Nach dem Waffenstillstand mit dem deutschen Kaiser kann Rom sich als Sieger fühlen.

Als »Laterankonzilien« werden die allgemeinen Konzilien der katholischen Kirche bezeichnet, die im Lateranpalast in Rom abgehalten werden. Bis 1308 war der Lateranpalast auch Amtssitz der Päpste. Auf den Mauern des Palastes der Familie Laterani entstand 312 der erste Monumentalbau der Christenheit in Form einer fünfschiffigen Säulenbasilika mit Querhaus und Apsis.

Singende Mönche im Chorgestühl: Die Orden werden von Rom als wichtiger Partner der Reformen angesehen (aus dem Psalter Heinrichs VII., um 1400).

1124

In Spanien finden Stierkämpfe statt

Bei der Hochzeit von König Alfons VII. von Kastilien und León mit Berengaria von Barcelona finden die ersten nachweislichen Stierkämpfe in Spanien statt. Archäologischen Theorien zufolge geht die Tradition des Stierkampfs bis auf die vorchristlichen Keltiberer zurück, die Hinweise auf diesen vermutlich kultischen Sport auf ihren bemalten Keramiken hinterlassen haben. Keltiberer sollen den Stierkult von ihren Handelspartnern aus Kreta übernommen haben.

1125

Christliche Kriegszüge in Spanien

1125: Die von Yuan Wu verfassten »Aufzeichnungen vom grünen Felsen« befassen sich mit den Gedichten und Lehrsätzen über den Meditationsbuddhismus, die im 11. Jahrhundert entstanden sind.

Im »Alexanderlied«, dem ersten weltlichen Epos in deutscher Sprache, werden auch Ballspiele der Bevölkerung erwähnt.

Ohne nennenswerten Widerstand der Almoraviden durchstreift König Alfons I. von Aragón und Navarra muslimische Gebiete in Andalusien und Valencia. Als Vorkämpfer der Reconquista versucht Alfons I., den Landweg bis Jerusalem in christliche Hand zu bringen. Obwohl er keine der großen Städte in Südspanien angreifen kann, verwirklicht er eines seiner Ziele: Er wirbt rund 10 000 Mozaraber (spanische Christen, die unter maurischer Herrschaft leben) an, um sie im Gebiet von Saragossa im Ebrotal neu anzusiedeln. Weniger erfolgreich gestaltet sich die Belagerung der Stadt Fraga. Jahrelang gelingt es Alfons I. nicht, die muslimischen Verteidiger zu besiegen. 1134 stirbt er schließlich bei einer Schlacht vor Fraga. In der Folge werden vom almoravidischen Herrscher im Gegenzug Mozaraber nach Marokko umgesiedelt.

13. September 1125

Kampf um den Königsthron

Das Siegel Lothars III. stellt den Kaiser mit Lilienzepter und Reichsapfel auf dem Thron sitzend dar.

Lothar III. von Supplinburg wird im Alter von 50 Jahren in Aachen zum deutschen König gekrönt. Der aus Ostsachsen stammende Graf von Supplinburg (Süpplinenburg) war ab 1106 Herzog von Sachsen.

1115 führte Lothar die aufständischen Sachsen gegen Kaiser Heinrich V. Seiner überraschenden Wahl bei der Versammlung in Mainz widersetzt sich eine staufische Opposition unter der Führung von Friedrich II. von Schwaben und Konrad von Hohenstaufen. Sie fordern die Königswürde als Geblütsrecht. Friedrich II., bei der Mainzer Wahlversammlung der Gegenkandidat des sächsischen Herzogs, erkennt zwar Lothars Wahl zunächst an. Auseinandersetzungen über die Übergabe salischer Güter an den König führen schließlich zur Reichsacht gegen Friedrich und Konrad. Die Staufer erheben 1127 in Nürnberg Konrad zum Gegenkönig. Obwohl er vom Papst und deutschen Bischöfen gebannt wird, zieht er nach Italien, um seine Hausmacht zu vergrößern. Erst 1130 kann Lothar III. sich endgültig durchsetzen.

In Rom herrscht ein Schisma, zwei Päpste – Innozenz II. und Anaklet II. – beanspruchen den Petrusthron. Während Roger II. von Sizilien Anaklet unterstützt, findet Innozenz II. Unterstützung bei Lothar, der 1133 im päpstlichen Namen einen Teil Roms erobert. Am 4. Juni 1133 nimmt Lothar im Lateran von Innozenz II. die Kaiserkrone in Empfang. Lothar III. setzt die Ostpolitik Ottos des Großen fort. Er sichert die Oberhoheit des Reichs über Polen, Böhmen sowie Dänemark und leitet die Ostsiedlung ein. Wegen neuer Unruhen zieht er im Jahr 1136 erneut nach Italien, wird jedoch von einer schweren Krankheit aufgehalten. Er stirbt 1137 auf dem Rückweg. Lothar III. ist in Königslutter beigesetzt.

1126

Dschurdschen dehnen ihr Reich aus

Die Truppen der Dschurdschen, eines tangusischen Nomadenstammes, erobern Kaifeng, die Hauptstadt des Songreichs. Sie führen Kaiser Huizong, der ein Jahr zuvor abgedankt hatte, in die Gefangenschaft. Unter ihrem Führer Aguda gliedern die Jin (»Gold«) den gesamten chinesischen Norden, das bisherige Songreich, in das Reich der Dschurdschen ein. Bereits im Jahr 1115 hatte Aguda sich zum Kaiser eines Staates erhoben, der den Namen Jin trug. Der Name geht vermutlich auf den ursprünglichen Sitz der Dschurdschen zurück, der an einem mandschurischen Fluss lag.

Als die Mongolen aus dem Norden nachdrängen, machen die Dschurdschen im Jahr 1147 Beijing zu ihrer Hauptstadt. Die Dschurdschen selbst bilden im neu errichteten Staat der Jin nur eine Minderheit. Eine Volkszählung, die im Jahr 1183 durchgeführt wird, ergibt, dass rund 85 Prozent der Bevölkerung Chinesen sind. Selbst die restlichen 15 Prozent sind nicht nur Dschurdschen, sondern setzen sich aus vielen Stämmen und Völkern zusammen. Eine straffe militärische Organisation hilft den Dschurdschen, ihre Herrschaft zu sichern.

Kerzenständer in Form eines Löwen aus der Jin-Zeit. Das Herrschaftsgebiet der Jin umfasst den gesamten Norden Chinas.

NEUER STAND DER RITTER

Beschützer des Friedens der Christenheit

Das 12. Jahrhundert erweitert die Aristokratie um den Stand des Ritters. Dieser hebt sich vom einfachen Volk durch seine Privilegien, das Wohnen in Burgen und einen gemeinsamen Ehrenkodex ab. Der Glanz des Ritterstandes verblasst erst im 15. Jahrhundert durch die wirtschaftlich erstarkenden Städte und durch neue Feuerwaffen.

Der Ursprung des Rittertums liegt vermutlich in den Kämpfen des aufstrebenden Frankenreichs, in denen neben dem Fußvolk der berittene Krieger immer wichtiger wurde. Er war beweglicher, konnte größere Entfernungen überwinden und erhöhte die Kampfkraft eines Heeres erheblich. Bereits Karl der Große hatte im Jahr 807 eine Heeresreform erlassen, der zufolge nur jene Freie zum Krieg ausrücken mussten, die über einen erheblichen Grundbesitz verfügten. Dies war der erste Schritt zur Ausbildung eines Rittertums, denn der Besitz von Pferden bedingte, dass der berittene Krieger aus wirtschaftlich guten Verhältnissen kam. Ab dem 10. Jahrhundert mussten die Lehnsleute ihrem Lehnsherrn als berittene Kämpfer ins Feld folgen. Die rechtlichen und wirtschaftlichen Grundlagen des Rittertums waren somit sehr eng mit dem Feudalismus verknüpft.

Alexander der Große, dargestellt als Ritter im Zweikampf (12. Jh.)

Denkmal zu Ehren des spanischen Ritters Rodrigo Díaz de Vivar (»El Cid«) in Burgos, der als Vorbild kriegerischer Tapferkeit und als Nationalheld gilt.

Zum Ritter geschlagen

Die Ritter, die den untersten Rang des Adels bilden und die weiterhin der Gerichtsbarkeit ihres Herrn unterworfen bleiben, entwickeln mit der Zeit einen eigenen Wertekatalog, der sie von anderen Gesellschaftsklassen unterscheidet. Ganz oben steht die Kampffähigkeit, vor allem der im Namen des Christentums gegen die Muslime und die Heiden geführte

Ideal des Rittertums: König Artus und die Ritter der Tafelrunde; ein Ritter legt den Eid ab (frz. Buchmalerei, 14. Jh.).

Krieg. Heldenlieder – etwa die »Chansons de Geste« in Frankreich – preisen die Tapferkeit der berittenen Kämpfer, ihre Treue gegenüber dem Herrn und die Bereitschaft, das eigene Leben aufs Spiel zu setzen.

Um diese Tugenden würdig zu verkörpern, muss der Ritter die richtige Herkunft und Ausbildung aufweisen. Ein durchdachtes Erziehungssystem löst den zukünftigen Standesvertreter bereits im Kindesalter aus seiner Familie und verdingt ihn in der Regel als Knappen an den Hof eines befreundeten Ritters. Dort soll er sich das seinem Stande entsprechende Verhalten aneignen. Später wird er im Gebrauch von Waffen geübt. Auch das richtige höfische Benehmen bei Festlichkeiten gehört mit zur ritterlichen Erziehung. Eine besondere Zeremonie, die sogenannte Schwertleite (ab dem 13. Jahrhundert der Ritterschlag), die geistliche und weltliche Elemente enthält, weiht den jungen Mann dann zum Ritter. In Deutschland und Frankreich gibt es unterschiedliche Zeremonien, wenn jemand zum Ritter geschlagen und geweiht wird. Sein kämpferischer und höfischer Lebensstil unterscheidet den Ritter deutlich von Bauern und Städtern. Zugleich wird die europäische Ritterschaft über die Landesgrenzen hinweg im Bewusstsein geeint, Teil einer einzigen großen Gemeinschaft zu sein.

Träger der höfischen Kultur

Der Ritterstand erlebt zur Zeit der Kreuzzüge eine Blüte. Nicht mehr der Kampf allein, sondern der Kampf im Namen Christi wird nun zum Ideal. Die ritterliche Hilfe bei der Befreiung der heiligen Stätten von der islamischen Herrschaft wird belohnt mit der Vergebung der Sünden und mit dem ewigen Heil, wenn der Ritter auf dem Schlachtfeld stirbt. Ritter werden zu dieser Zeit lehnsfähig und können damit Besitzungen verliehen bekommen oder erwerben.

Einen weiteren Höhepunkt in der Entwicklung des Rittertums stellt die Entstehung einer eigenständigen höfisch-ritterlichen Kultur dar. Im Mittelpunkt stehen repräsentative Kampfspiele, aus denen sich das streng reglementierte Turnier entwickelt. Die Ideale des ritterlichen Lebens spiegeln sich in den Dichtungen der Troubadoure, im deutschen Minnesang und in den Artusromanen wider. Selbst Kaiser, Könige und Fürsten empfinden es bald als Ehre, »Ritter« zu sein.

1127

Ritter messen ihre Kräfte im Turnier

Auf einem besonders eingerichteten Platz (»in den Schranken«) findet vor den Toren Würzburgs das erste nachweisliche Turnier auf deutschem Boden statt. Die Teilnehmer messen sich im Reiten, im Lanzenstechen und im Schwertkampf. Ein Schiedsrichter überwacht die Einhaltung der Regeln. Meist winkt dem Sieger ein Preis, immer bedeutender wird aber auch der Gewinn an Ehre.

Die Duelle bleiben dabei nicht immer spielerisch. Chroniken berichten von Verletzungen und tödlichen Unfällen. Auch von Fällen der Raserei wird berichtet, in denen aus dem Vergnügen tödlicher Ernst wird.

Die Kirche protestiert zunächst heftig gegen das blutige Zeremoniell. 1130 untersagt das Konzil von Clermont die »abscheulichen Märkte und Jahrmärkte, auf denen Ritter ihre Kräfte messen«. Trotzdem finden auf vielen fürstlichen Treffen große Turniere statt. Mitte des 13. Jahrhunderts ist das Turnier fester Teil des Hoflebens. Zu der Zeit fällt auch das Turnierverbot. Die Kampfspiele gelten als militärische Übung.

1130

Roger wird König von Sizilien

Christus krönt den sizilianischen Normannenkönig Roger II. (Mosaik aus der mittelalterlichen Martoranakirche in Palermo, 12. Jh.).

Roger II., ein Normanne, wird in Palermo zum König von Sizilien und Unteritalien gekrönt. Er folgte seinem Vater Roger I. nach dem Tod des älteren Bruders Simon auf den Herrscherthron. Die Königswürde für Sizilien erhält er vom Gegenpapst Anaklet II., den er in der Zeit des kirchlichen Schismas unterstützt.

Durch kluge Verwaltungs- und Rüstungspolitik führt Roger II. das Königreich zu einer bedeutenden Machtstellung. Er baut die Armee aus und erweitert die Flotte, die weite Teile des Mittelmeeres kontrolliert. Er setzt zur Verwaltung byzantinische und arabische Beamte ein, die den Staat straff organisieren. Sein Ansehen und Einfluss wachsen

Normannendom in Cefalù an der Nordküste Siziliens; Roger II. ist der Begründer des normannischen Großreichs im Mittelmeer und gilt außerdem als reichster Herrscher Europas.

derart, dass Innozenz II. 1139 seinen Königstitel anerkennt, nachdem sich Roger mit dem Papst ausgesöhnt hatte. Die Aufgeschlossenheit und religiöse Toleranz des Hofes zu Palermo zieht griechische, arabische und lateinische Wissenschaftler sowie Dichter an. Die kulturelle Vielfalt wird zum Vorbild der Renaissance in Italien. Das berühmte Mosaik der Martorana in Palermo, der Begräbniskirche Rogers II., zeigt Roger im Gewand eines byzantinischen Herrschers.

Um 1130

Igbo-Ukwu-Kultur in Afrika

Am Niger bildet sich die Igbo-Ukwu-Kultur heraus, die nach dem gleichnamigen Volk benannt ist. Die Kultur erreicht eine hervorstechende Perfektion im Bronzeguss. Erreicht wird die hohe Qualität durch den Einsatz von Wachsformen, die von Ton umhüllt werden.

13. Februar 1130

Zwei Päpste an der Macht

Nach dem Tod von Papst Honorius II. werden mit Innozenz II. und Anaklet II. zwei konkurrierende Päpste gewählt. Während der von der Mehrzahl der Kardinäle erhobene Anaklet Rom besetzt hält, kann Innozenz sich fast in der ganzen Kirche durchsetzen. Anaklet stirbt 1138.

14. September 1131

König von Jerusalem festigt Macht

Jerusalem im Mittelalter: Unter Fulco bleibt der König von Jerusalem oberster Lehnsherr der Kreuzfahrerstaaten (Miniatur aus dem »Livre de Voyage«, 15. Jh.).

Drei Wochen nach dem Tod König Balduins II. werden in Jerusalem Graf Fulco von Anjou gemeinsam mit Melisende, der Tochter Balduins, gekrönt. Unmittelbar nach der Krönung versucht Fulco seine Frau aus der Regentschaft zu verdrängen. Die fränkischen Fürsten, die Grafen von Edessa und Tripolis, insbesondere aber Alice, die Witwe Bohemunds II. von Antiochia und Tochter Balduins II., wollen die Gelegenheit nutzen, sich von der Jerusalemer Oberherrschaft zu befreien. Mit Waffengewalt verschafft Fulco sich schließlich die Anerkennung als König.

Fulcos Außenpolitik ist in den Jahren 1134 bis 1139 vom Kampf gegen das Vordringen des Emirs Zengi von Mosul bestimmt. Sein Versuch, mit Antiochia, Edessa und Byzanz eine große Koalition gegen den Machthaber von Mosul zu bilden, scheitert allerdings. Da Zengi jedoch durch innenpolitische Auseinandersetzungen gebunden ist, kann Fulco die Südgrenze des Kreuzfahrerstaates durch den Bau mehrerer Burgen sichern.

1132

Wiederbelebung der Plastik

Die Abtei- und Pilgerkirche der Cluniazenser in Vézelay wird fertiggestellt. Das Bogenfeld über dem Mittelportal des Narthex, das Thympanon, schmückt ein Relief, wie es insbesondere an den Kirchen Burgunds, aber auch in anderen Ländern Europas zu Beginn des 12. Jahrhunderts üblich wird. Bei dem Relief in Vézelay thront Christus in der Mitte, wobei sein Kopf den inneren Halbkreis des Bogens durchbricht, wie auch der unter ihm platzierte Johannes der Täufer den Türsturz überragt. Christus sendet die Apostel zur Bekehrung der Heiden aus.

Monumentale Steinbildwerke hat es seit dem Ende des Römischen Reichs in Europa kaum gegeben. Die Skulptur in Lebensgröße, eine der bedeutendsten künstlerischen Leistungen der Antike, ist in völlige Vergessenheit geraten. Insofern kennzeichnen die Reliefs in den Thympana und Gewänden der Eingangsportale eine Wiederbelebung der Plastik, die allerdings nicht einheitlich ist. Während etwa die Figuren der 1128 geweihten Kathedrale von Santiago de Compostela von einer kraftvollen Körperlichkeit sind, herrscht in den burgundischen Kirchen eine eher durchgeistigte Expressivität vor.

Charakteristisch für die Thympanonreliefs dieser Zeit sind die Darstellungen monströser Gestalten. So finden sich an den seitlichen Stützen des Thympanons der Abteikirche Souillac im Périgord (um 1125) grotesk aussehende Vögel mit verrenkten Hälsen und riesigen Schnäbeln. Andere Thympana zeigen inmitten der Szene des Jüngsten Gerichts Dämonen.

Thympanon des Hauptportals der Abtei Sainte-Foy in Frankreich; im 12. Jh. erfährt die seit der Antike vernachlässigte Bildhauerkunst eine neue Blüte.

1134: Die Vergabe der Nordmark und späteren Mark Brandenburg durch den deutschen Kaiser Lothar III. an Albrecht den Bären leitet die Hochphase der deutschen Ostkolonisation ein.

22. Dezember 1135
Bürgerkrieg in England

Nach der Krönung Stephans von Blois, des Neffen Heinrichs I., zum König von England bricht ein Bürgerkrieg aus. Heinrich I. hatte seine Tochter Mathilde als Herrscherin bestimmt, die vergeblich versucht, ihre Ansprüche durchzusetzen. Die Stände spalten sich in ihrer Unterstützung für Stephan von Blois oder Mathilde in zwei Lager. Die heftigen Kämpfe dauern über zwölf Jahre. Erst dann kann sich Stephan von Blois behaupten. Er erkennt Mathildes Sohn Heinrich II. Plantagenet schließlich als Thronerben an.

Ende Mai 1136
Lothars zweiter Italienzug

Zahlreiche Bischöfe und Äbte folgen dem Ruf Innozenz' II. zu einem Konzil nach Pisa. Der Papst sagt denjenigen die Kreuzfahrerprivilegien zu, die seinen Anspruch gegen die Normannen unter Roger II. von Sizilien – der den Gegenpapst Anaklet II. schützt – unterstützen. Der von Innozenz zu Hilfe gerufene deutsche Kaiser Lothar III. zieht mit einem großen Truppenkontingent über die Alpen. König Roger II. kapituliert vor dem Heer. Der Zug Lothars stärkt den Einfluss der Deutschen in Italien erheblich.

Sommer 1136
Kloster widmet sich Kranken

Der byzantinische Kaiser Johannes II. Komnenos gründet das Pantokratorkloster. Es ist das erste Kloster, das die »Basiliusregel« ganz erfüllt: Die von Erzbischof Basilius II. von Caesarea im 4. Jahrhundert aufgestellte Regel fordert von den Mönchen eine karitative Tätigkeit. So richtet das Kloster eine Speisung für die Armen ein, nimmt Pilger und reisende Kaufleute auf, gründet ein Altenheim und richtet ein Asyl für Geisteskranke ein.

Pantokratormosaik aus der Chorakirche im heutigen Istanbul. Christus wird in Kuppeln orthodoxer Kirchen häufig als Pantokrator (Weltherrscher) dargestellt.

Besondere Bedeutung gewinnt die neu gegründete Einrichtung, weil sie ein vollständiges Krankenhaus betreibt, in dem Pfleger die in einzelnen Betten liegenden Patienten betreuen und Ärzte nach den neuen Erkenntnissen der medizinischen Wissenschaft Krankheiten behandeln. Das Hospital verfügt über ein Bad, in dem bis zu sechs Menschen Platz finden. Es gibt sogar eine eigene Apotheke, die dem Pantokratorkloster angegliedert ist. Die Pfleger und

Das Pantokratorkloster ist nach seiner Gründung zugleich ein Krankenhaus. Es wird zum Vorbild für viele Hospitäler im Abendland.

Ärzte sind nicht Mitglieder der rund 700 Mönche umfassenden Klostergemeinschaft, sondern werden als normale Arbeitskräfte bezahlt. Im Unterschied zu den Landklöstern wird die Klosteranlage in der Hauptstadt nach ökonomischen Gesichtspunkten geführt.

Vom Pantokratorkloster aus findet das Hospitalwesen, vermittelt durch die Kreuzritterorden, seinen Weg ins Abendland. Das Kloster verdankt seinen Namen dem als Weltherrscher (»Pantokrator«) dargestellten Christus in der Südkirche, des größten Kreuzkuppelraums Konstantinopels. Der Überlieferung nach soll Kaiserin Eirene, Gattin Johannes' II., große Zuneigung zu den Armen in der Stadt empfunden haben. Kurz nach dem Regierungsantritt ihres Mannes hatte sie eine riesige Kreuzkuppelkirche in Auftrag gegeben. Doch der Bau überstieg ihre Kräfte. Unter Tränen soll sie ihren Mann gebeten haben, ihr Vorhaben fortzusetzen. Gerührt von der Schönheit des Gebäudes soll Johannes II. seiner Frau versprochen haben, das Kloster zum Schönsten der Stadt zu machen. Es sollte dem Pantokrator, dem es geweiht war, würdig sein. Die Anlage wird später zur Grablege der Komnenen- und der nachfolgenden Palaiologen-Dynastie.

Kurz vor ihrem Tod im Jahr 1124 soll sich Kaiserin Eirene unter dem Namen Xene in ein Kloster zurückgezogen haben.

1136

Erste Autobiografie entsteht

Grabplatte von Abälard und Héloise auf dem Pariser Friedhof Père Lachaise. Die grausame Rache ihres Onkels beendet die Liebesbeziehung der jungen Héloise zu ihrem Lehrer Abälard.

Der französische Theologe, Dichter und Philosoph Abälard schreibt seine »Historia Calamitatum mearum« (Geschichte meiner Leiden), eine der ersten Autobiografien der Geschichte. Mit großem Empfindungsvermögen schildert Abälard im Alter von 58 Jahren sein Leben, vor allem die tragische Liebe zu seiner Schülerin Héloise.

Héloise lebte in der Obhut ihres Onkels, des Kanonikers Fulbert. Schon als junges Mädchen war sie wegen ihrer außergewöhnlichen Bildung berühmt, neben Latein beherrschte sie Griechisch und Hebräisch. Fulbert engagierte Abälard als Privatlehrer für seine begabte Nichte. Héloise verliebte sich in den 22 Jahre älteren Abälard und wurde seine Geliebte. Sie heirateten heimlich, und Fulbert bemerkte das Verhältnis zwischen Abälard und seiner Schülerin erst, als Héloise den gemeinsamen Sohn Astrolabius zur Welt brachte. Voller Wut, dass Abälard sein Vertrauen so missbraucht hatte, ließ Fulbert seinen Schwiegersohn überfallen und entmannen. Dieser trennte sich daraufhin von Héloise und trat als Mönch ins Kloster St. Denis ein. Auf sein Drängen wurde Héloise Nonne und später Äbtissin des Klosters Nogent-sur-Seine.

Während Abälard sich theologischen und philosophischen Untersuchungen widmete, erschien Héloise das Leben sinnlos. Sie kann ihren Geliebten nicht vergessen. Bis zu seinem Tod 1143 schreibt sie ihm regelmäßig. Ihre Briefe bezeugen ihre innige Liebe: »Gott ist mein Zeuge, ich habe je und je in Dir nur Dich gesucht, Dich schlechthin, nicht das Deine, nicht Hab und Gut. Ein festes Eheband, eine Morgengabe – habe ich je danach gefragt? Du bist mein Zeuge, nicht meine Lust, nicht mein Wille war je mein Ziel, nein, nur Deine volle Befriedigung ...« Abälards Antworten lassen persönliche Zuwendung vermissen, sie gleichen einer theologischen Belehrung. Die Briefe von Héloise bezeugen aber nicht nur ihre innige Verbundenheit mit Abälard, sondern auch ihre hohe Bildung und Ausdruckskraft.

1137: In Montpellier entstehen mehrere Ausbildungsstätten im Bereich der Medizin.

Die ältesten erhaltenen geografischen Karten aus China werden in Stein graviert.

Juli 1137

»Heiliger Krieg« der Muslime

An der Spitze eines Heeres zieht der türkische Emir Zengi vor die Grenzfestung Montferrand, die den Kreuzfahrerstaat Tripolis vor Einfällen aus Syrien schützt. Raimund von Antiochia ruft König Fulco von Jerusalem zu Hilfe, der mit seinen Truppen in Eilmärschen nach Norden zieht. Zengi greift die erschöpften Soldaten an. Der König kann sich mit nur wenigen Leibwächtern in die Burg retten. In seiner Not bietet König Fulco die Übergabe an. Zengi gewährt freien Abzug. Die Geste zeigt, dass Zengi die Kreuzfahrerstaaten nicht fürchten muss.

Die Feldzüge von Zengi deuten auf eine Verschiebung der Kräfteverhältnisse im Heiligen Land. Ein arabischer Chronist vermerkt: »Es traf die Nachricht ein, der Emir Imad ad-din Atabeg Zengi sei ... in Aleppo eingezogen, mit der Entschlossenheit, den ›heiligen Kampf‹ (Dschihad) zu führen.«

Festung St. Gilles im Kreuzfahrerstaat Tripolis (im heutigen Libanon). Der Emir Zengi von Mosul eröffnet einen Glaubenskrieg gegen die Kreuzfahrer und bringt Tripolis in arge Bedrängnis.

1137

Merlin wird Teil der Artussage

In der »Geschichte der Könige der Briten« des Schriftstellers Geoffrey von Monmouth findet erstmals der Zauberer Merlin Erwähnung. Er ist der Beschützer und Weissager des Königs Artus. In der später vielfach ausgeschmückten Artussage holt Merlin Artus als Kind von seinen Eltern weg und lässt ihn durch seinen Freund Antor erziehen. Um 1150 verfasst Geoffrey ein weiteres Werk über Merlin, die »Vita Merlini«, in der er das Leben des Zauberers in der Einöde beschreibt.

1137

Königliche Ehekrise eskaliert

König Ludwig VII. von Frankreich heiratet Eleonore von Aquitanien (l.); Aufbruch zum 2. Kreuzzug (französische Buchmalerei, 14.Jh.)

Ludwig VII., Erbe des französischen Thrones, heiratet Eleonore, die 15-jährige Erbtochter des letzten Herzogs von Aquitanien, Wilhelm X. Die Chance, Frankreich zu vergrößern, verspielt Ludwig jedoch.

Eine Ehekrise eskaliert, als Eleonore ihren Mann auf dem 2. Kreuzzug begleitet. Gerüchten zufolge hat Eleonore ein Verhältnis mit ihrem Onkel Raimund, dem Fürsten von Antiochia. 1152 lässt Ludwig sich scheiden. Als Grund wird offiziell eine zu enge Blutsverwandtschaft angegeben. Eleonore heiratet drei Wochen später Heinrich Plantagenet, den Herzog der Normandie und Grafen von Anjou, der später englischer König wird. Durch die Ehe kommt fast ganz Westfrankreich an England, sodass der englische König größere Teile Frankreichs beherrscht als Ludwig. Gleichwohl stabilisiert König Ludwig VII. die Verhältnisse in seinem Reich durch zahlreiche Erleichterungen für die Gewerbetreibenden und durch Begünstigung der Städte. 1155 erlässt er einen zehnjährigen Frieden, an den sich auch Kirchenfürsten und der Adel halten müssen. 1179, kurz vor seinem Tod, lässt er seinen Sohn Philipp zum König krönen.

1138: Otto, der Sohn von Markgraf Leopold III. von Österreich und Abt des Klosters Morimond, wird zum Bischof von Freising berufen.

1138

Polen nach Thronfolgekrieg geteilt

König Boleslaw III. Schiefmund stirbt. Unter seinen Söhnen bricht ein Streit aus, der zum Bürgerkrieg führt. Dabei stehen sich der als Thronfolger eingesetzte älteste Sohn Boleslaws III., Wladislaw II., und ein jüngerer Sohn aus zweiter Ehe, Boleslaw IV., gegenüber. Eine Testamentsverfügung sollte die Söhne zwingen, das Reich zusammenzuhalten. Vergeblich: In der Folge zerfällt Polen in mehrere voneinander unabhängige Herzogtümer, unter denen das wichtige Krakowien (mit der Hauptstadt Krakau) unter Boleslaw IV. nur noch formell die Vormachtstellung innehat. Boleslaw IV. wird 1157 von Kaiser Friedrich I. Barbarossa zur Huldigung gezwungen.

Blick auf Krakau: Die Stadt an der Weichsel ist unter Boleslaw IV. das Zentrum des selbstständigen Herzogtums Krakowien.

7. März 1138

Stauferherrschaft beginnt

Konrad III. von Hohenstaufen wird von einer Minderheit der Fürsten auf dem Reichstag von Koblenz als Nachfolger Lothars III. zum deutschen König gewählt und wenig später durch einen päpstlichen Legaten in Aachen gekrönt. Konrad begründet das Königshaus der Staufer, gleichzeitig eskaliert der Streit mit den Welfen: Seine Wahl provoziert den Aufstand Heinrichs des Stolzen, des Führers des Welfenhauses.

Der Schwiegersohn Lothars III. hatte sich selbst bereits als künftigen König gesehen. Er war als Herzog von Bayern und Sachsen der mächtigste Fürst im Reich und besaß große Besitztümer in Schwaben, Bayern, Sachsen und Italien. Im Streit um die Rechte des Reichs gegen die Kirche stand Heinrich allerdings konsequent auf Seiten der Reichsvormacht, weshalb Papst Innozenz II. ihn ablehnte. Auch in Deutschland hatte Heinrich Widersacher. Da der Mainzer Erzbischofsstuhl unbesetzt war, lag die Zuständigkeit für die Königswahl in den Händen des Trierer Erzbischofs Alberos. Dieser beruft eilig seine Anhänger nach Koblenz ein, ohne den ursprünglich von den Fürsten geplanten Wahltermin zu Pfingsten abzuwarten.

Als Konrad gewählt ist, gibt Heinrich zwar die Reichsinsignien heraus, verweigert dem Staufer aber die Huldigung, da dieser unmittelbar nach der Wahl den Verzicht des Welfen auf eines seiner beiden Herzogtümer verlangt. Heinrich weigert sich und wird im Juli 1138 auf einem Reichstag in Würzburg geächtet. Die Herzogtümer werden ihm aberkannt, dennoch kann er sich aber in Sachsen weiter behaupten. Auch nach Heinrichs Tod 1139 tritt keine Entspannung ein. Sein unmündiger Sohn Heinrich (der Löwe) wird in Sachsen allgemein als Herzog anerkannt, seine Mutter Richenza, Witwe von Lothar III., gilt als Führerin der welfischen Angelegenheiten.

Die Regentschaft des Staufers Konrad III. ist durch die Auseinandersetzung mit dem Geschlecht der Welfen gekennzeichnet (Wandmalerei, um 1170).

Drei Jahre lang währt der offene Kampf beider Häuser. Konrad muss Sachsen, Holstein und südliche Gebiete in Schwaben zunächst aufgeben. Selbst der militärische Erfolg bei der Belagerung der Burg Weinsberg bringt keinen Frieden.

Erst 1142 gelingt eine Beilegung des Konflikts: Konrad erkennt Heinrich den Löwen als Herzog von Sachsen an. Das Herzogtum wird damit auch offiziell wieder den Welfen verliehen. Bayern dagegen fällt an den Babenberger Heinrich II.

1138: In Regensburg ist der erste deutsche Straßenname – »Inter Latinos« – nachgewiesen.

1139: Mongolische Truppen greifen das Jinreich in China an.

2. April 1139

Lateankonzil beendet Schisma

800 Bischöfe und Äbte, so berichten Quellen, versammeln sich im Lateran zu einem Konzil. In seiner Eröffnungsrede stellt Papst Innozenz II. fest, dass die Einheit der Kirche wiederhergestellt sei, nachdem sein Gegenpapst Anaklet im Januar 1138 gestorben ist.

Sein Hauptinteresse liegt zunächst in der Bestätigung der Vormacht des Papstes bei der Bestellung von Bischöfen. In 30 Entschließungen wird geltendes Recht wiederholt, daneben gibt es Mahnungen an die christliche Welt. So wird etwa vor dem Medizin- und Jurastudium gewarnt, da diese eine Gefahr für die Seelen darstellen könnten. Ergänzt wird das Gebot gegen die Zinsnahme. Die immer mehr Zulauf erhaltende Bewegung von religiösen Frauengemeinschaften wird verboten, ebenso die gemeinsamen Chorgebete von Mönchen und Nonnen. Ein Teil der Beschlüsse zeugt vom Bemühen, das gesellschaftliche Leben zu humanisieren. So geraten die Ritterturniere auf den Index, außerdem wenden sich die Geistlichen gegen den Gebrauch von Fernwaffen im Krieg. Insbesondere hat das Konzil dabei die Armbrust im Sinn, die durch technische Weiterentwicklung eine überaus gefährliche Waffe wurde.

Papst Innozenz II. fördert den Ausbau der Kirche als vom Staat getrennte, rein geistliche Institution (Ausschnitt aus einem Mosaik in der Chorapsis der Kirche Santa Maria in Trastevere in Rom, um 1140).

1140: Der Gelehrte Raymond von Marseille beschreibt in seiner Abhandlung »Liber Cursuum Planetarum« die Umlaufbahnen der Planeten.

Die ersten Zisterzienser- und Prämonstratenserklöster in Polen werden gegründet.

25. Juli 1139

Königreich Portugal gestärkt

Der portugiesische Graf Alfons-Heinrich nimmt nach seinem Sieg über die Mauren bei Ourique (Aulic) den Titel des portugiesischen Königs an und regiert von nun an als Alfons I. Henriques.

Die Reconquista, die christliche Rückeroberung der Iberischen Halbinsel, begann in Portugal von Norden ausgehend unter Ferdinand I., der seit 1035 als König von Kastilien und ab 1037 auch als König von León regierte. Ferdinand eroberte Teile Navarras, Portugals und der Maurenreiche. Die Grafschaft Portugal, die er aus den eroberten Gebieten geschaffen hatte, vermachte er einem seiner treuesten Gefolgsleute, dem Franzosen Heinrich von Burgund, als Lehen. Heinrichs Sohn Alfons-Heinrich, der zwei Jahre vor dem Tod seines Vaters geboren wurde, erbte die Grafschaft im Jahr 1112 im Kindesalter. Die Amtsgeschäfte und die faktische Herrschaft übte zunächst seine Mutter

Das Castelo de Almourol befindet sich auf einer kleinen Felseninsel inmitten des Tajo. Es wird 1171 zum Schutz gegen die Mauren errichtet.

aus, bis sich Alfons im Alter von 18 Jahren gegen sie erhob. Fortan setzte er nicht nur die Reconquista entschieden fort, sondern kämpfte auch um die Unabhängigkeit von seinem Cousin, König Alfons VII. von León, der sich im Jahr 1126 in der Thronfolge gegen seinen Stiefvater Alfons I. Henriques durchgesetzt hatte.

Um dem aragonischen Monarchen nicht Gefolgschaft leisten zu müssen, unterstellt Alfons I. im Jahr 1143 sein Land dem Schutz des Papstes und legt diesem einen Lehnseid ab. Zwar erkennt Alfons VII. daraufhin seinen Cousin als Souverän von Portugal an, doch das Lehnsverhältnis bleibt ungeachtet dieser Tatsache bestehen. Erst Alfons VIII., der Kastilien länger als ein halbes Jahrhundert regiert, befreit den portugiesischen König 1179 von der Lehnspflicht. Alfons I. erwirbt sich den Beinamen »der Eroberer«, weil er sein Herrschaftsgebiet in südlicher Richtung beträchtlich erweitert. Mit der Unterstützung einer Flotte von vor allem englischen und skandinavischen Kreuzrittern, die sich dem 2. Kreuzzug anschließen wollen, befreit er im Jahr 1147 Lissabon und den Unterlauf des Tajo von der maurischen Oberhoheit. Lissabon macht er an Stelle von Coimbra zur neuen Hauptstadt des Reichs.

Statue (19. Jh.) von Alfons I., dem Eroberer, im Castelo de Sao Jorge in Lissabon: Unter seiner Herrschaft konsolidiert sich das portugiesische Königreich.

Dezember 1140

Männer huckepack gerettet

Im Kampf der Welfen und Staufer um die deutsche Krone belagert Konrad III. Weinsberg. Der Legende nach wird nur den Frauen freier Abzug gewährt, mit allem, was sie tragen können. Diese lassen ihren Besitz zurück und nehmen ihre Männer auf den Rücken. Konrad lässt die listigen Frauen ziehen.

1140

Bund gegen Seldschuken

Die aus Asien bis nach Turkestan vorgestoßenen Kara-Khitai verbünden sich unter Yelü Dashi mit der Dynastie der Choresm-schahs gegen die Bedrohung durch die Seldschuken. Diese erleiden bei Qatwan, im Gebiet des zentralasiatischen Flusses Oxus (heute Amudarja) eine schwere Niederlage.

Um 1140

Ältester Glasmalereizyklus entsteht

Der Prophet Hosea verkündet mit seinem Spruchband: »Ich werde alle züchtigen, spricht der Herr« (Glasmalerei im Augsburger Mariendom).

Etwa 75 Jahre nach seiner Weihe erhält der im romanischen Stil errichtete Augsburger Mariendom seine farbigen Prophetenfenster. An der Hochwand des Langhauses bleiben fünf von ihnen der Nachwelt als Relikte des ältesten Glasmalereienzyklus der Welt erhalten. Manche Historiker datieren sie schon auf das späte 11. Jahrhundert, wahrscheinlicher aber ist, dass sie erst nach der teilweisen Zerstörung des Domes 1132 dem Bauwerk beigefügt wurden.

Gefertigt wird der Glasmalereienzyklus vermutlich im Kloster Tegernsee, wo Glasmalerei und Erzguss mit großer handwerklicher Fertigkeit ausgeübt werden. Gemeinsam ist den Figuren – Moses, Daniel, König David, Hosea und Jonas –, dass sie in jüdischer Tracht dargestellt und auf halber Höhe geteilt sind. Neben ihren symbolischen Erkennungsmerkmalen tragen sie auf der Vorderseite ihres Gewandes eine Banderole mit biblischen Aussprüchen. Der bärtige Moses trägt einen grünen Mantel, die Gesetzestafeln in der rechten und das Spruchband in der linken Hand: »Höre, Israel, die Gebote des Herrn.« Daniel spricht: »Zeige, Herr, Dein Angesicht über Deinem Heiligtum.«

1140

Gotik beginnt in Frankreich

Die neue Westfassade der Kathedrale von Saint-Denis, der Grablege des französischen Königs, wird vollendet. Vier Jahre später wird der Chor geweiht. Der unbekannte Architekt gilt als Schöpfer des Baustils der Gotik, der sich von der Île-de-France in Frankreich über ganz Europa ausbreitet.

1137 gab Abt Suger von Saint-Denis den Auftrag zum Umbau der Abtei aus dem 8. Jahrhundert. Das Langhaus wird erst im 13. Jahrhundert vollendet. Der Chor hat zwei Umgänge; an dem äußeren ist ein Kranz von Kapellen angelagert, die nicht wie in der Romanik als isolierte Rundungen ausgebildet sind, sondern in ihren wellenförmigen Ausbuchtungen mit dem Umgang verschmelzen. Im Unterschied zum Gruppenbau der Romanik ist ein Einheitsraum angestrebt, der für die gotische Kathedrale typisch wird. Im Chor von Saint-Denis finden sich zudem mit Rippengewölbe, Spitzbogen und Strebewerk Bauelemente, die zwar gelegentlich in romanischen Kirchen auftauchen, hier aber zu einem einheitlichen Stil werden.

Anders als Rundbogen können Spitzbogen bei gleicher Scheitelhöhe über verschiedene Spannweiten geführt werden. So kann man auch rechteckige Joche überwölben und damit die

Zahl der Stützpunkte vermehren sowie einzelne Stützpunkte entlasten. Die zur Verstärkung der Kreuzgrate verwendeten Rippen tragen allein die Last, sodass die Gewölbekappen nur Füllwände sind. Diese Rippen erhalten beim Chor von Saint-Denis wohl erstmals diese tragende Funktion.

Die Kreuzrippen gehen aus sogenannten Diensten hervor, Viertel-, Halb- oder Dreiviertelsäulen, die den Stützpfeilern zwischen dem Mittel- und den Seitenschiffen vorgelagert sind. Die Last des Gewölbes fließt so in die Pfeiler ab. Zu diesem inneren kommt das äußere Strebewerk – Strebepfeiler und -bogen, die Gewicht und Seitenschub von Dach und Gewölbe abfangen. Diese Konstruktion ist Voraussetzung für die Skelettbauweise. Da die Mauern statisch weitgehend entbehrlich sind, werden die Seiten durch größere Fenster geöffnet.

1140: Das Gedicht »Cantore Di Mio Cid« huldigt dem spanischen Nationalhelden Rodrigo Díaz de Vivar, der im 11. Jh. Valencia von den Arabern befreite.

König Roger II. veranlasst die Einführung der Seidenherstellung nach Sizilien. Seide ist ein bedeutendes Handelsgut.

Die Westfassade der Abteikirche Saint-Denis in Paris markiert den Beginn der Gotik.

1141

Heinrich II. stärkt Österreich

Der Babenberger Heinrich II. Jasomirgott, Sohn von Markgraf Leopold III., wird neuer Markgraf von Österreich. Der Schwager von König Konrad III. und vormalige Pfalzgraf bei Rhein wird damit zu einem wichtigen Verbündeten der Staufer im Reich und begründet gleichzeitig die zunehmende Bedeutung Österreichs.

Ein Ergebnis aus dem Streit zwischen dem Geschlecht der Welfen und dem staufischen König Konrad III. ist die Belehnung des Babenbergers mit dem Herzogtum Bayern, auf das Heinrich der Löwe im Ausgleich zu seiner Anerkennung als Herzog von Sachsen verzichten muss (1142). Heinrich Jasomirgott – sein Beiname ist erst ab dem 13. Jahrhundert belegt und stammt wahrscheinlich von der Verballhornung eines arabischen Ausdrucks – begleitet Konrad III. auf dem 2. Kreuzzug, wo er sich im Kampf auszeichnet und die byzantinische Prinzessin Theodora Komnenos, eine Nichte Kaiser Manuels I., zur Frau nimmt. Durch Heinrichs zweite Ehe – bis zu ihrem Tod 1143 war Heinrich mit Gertrud, der Tochter Kaiser Lothars III. verheiratet – wird der Handel mit dem Orient im großen Stil gefördert, die Wirtschaftskraft der österreichischen Markgrafschaft wächst erheblich.

Die Stadt Wien, die 1135 an die Babenberger gefallen war, macht Heinrich im Jahr 1156 zu seiner Residenz. Diese neue politische Bedeutung und die erstarkenden Handelsbeziehungen verhelfen Wien zu einer raschen Entwicklung als Drehscheibe für den Osten. Indem er iroschottische Mönche von Regensburg nach Wien beruft, begründet Heinrich auch in Religion und Kultur wichtige Neuerungen in der Stadt. Unter dem Namen »Schottenstift« gründet Heinrich ein Kloster für die nach Wien berufenen Mönche. Ebenfalls in die Regierungszeit Heinrichs II. fällt die Fertigstellung des Stephansdoms im Jahr 1147.

Herzog Heinrich II. Jasomirgott beteiligt sich am 2. Kreuzzug und zieht ins Heilige Land (Ausschnitt aus dem Stammbaum der Babenberger, um 1489).

Mai 1142

Staufer und Welfen wieder versöhnt

In Frankfurt tritt der Fürstentag zusammen. Er endet mit einem Friedensvertrag zwischen den konkurrierenden Herrscherhäusern der Staufer und der Welfen. Albrecht der Bär legt den Titel eines Herzogs von Sachsen ab und verzichtet auf das Herzogtum. Dafür erhält er seine bisherigen Besitzungen zurück. Heinrich der Löwe wird als Herzog von Sachsen offiziell anerkannt, muss aber im Gegenzug auf Bayern verzichten. Ein endgültiger Friede tritt dennoch nicht ein. Welf VI. erkennt den Verzicht seines Neffen Heinrichs des Löwen auf Bayern nicht an und setzt seinen Kampf gegen das Haus Babenberg in Süddeutschland fort.

Jesus krönt den Welfenherrscher Heinrich den Löwen und dessen Ehefrau Mathilda (Evangeliar Heinrichs des Löwen, um 1173).

10. November 1143

Festungsbau im Heiligen Land

Ein Jagdunfall beendet die Regentschaft von König Fulco von Jerusalem. Mit ihm stirbt ein fähiger Herrscher, der das Königreich Jerusalem nach innen und außen sicherte.

Dazu zählt etwa sein großangelegtes Festungsbauprogramm. Wenige Kilometer südlich von Lydda, an einer Stelle, die die Straßen von Askalon nach Jaffa und Ramleh beherrscht, ließ Fulco 1136 mit Ibelin die erste Festung im Süden des Landes erbauen. Die Burg dient nicht nur militärischen Zwecken, sie wird auch ein Mittelpunkt der Ansiedlung von Bauern, fördert den landwirtschaftlichen Anbau und repräsentiert die königliche Verwaltung. Südlich von Ibelin, an der Straße von Askalon nach Jerusalem, wird wenig später die Burg Blanche Garde erbaut. Die dritte Festung ist Beth Gibelin an der Straße von Askalon nach Hebron. Angriffe aus dem Süden können die meist schwach besetzten Burgen nicht ganz verhindern, doch ihr Hauptzweck ist es, Angreifer aufzuhalten. Zugleich werden sie zu Amtssitzen der Landesverwaltung. Es gelang Fulco, das Königreich auf diese Weise straff zu organisieren.

BURGEN DER KREUZFAHRER

Architektonische Anleihen bei Byzantinern und Muslimen

Um die Kreuzfahrerstaaten gegen Einfälle der Muslime zu sichern, errichten die Christen Wehrburgen. Insgesamt entstehen im Heiligen Land 75 Burgen, oft in Sichtweite voneinander, sodass eine rasche Nachrichtenübermittlung möglich wird.

Zunächst nehmen die Kreuzritter die abendländischen Vorstellungen einer Burg mit ins Heilige Land: In deren Zentrum steht der große, viereckige Bergfried, den die Normannen entwickelt hatten. Doch für die kriegerischen Auseinandersetzungen im Vorderen Orient erweist sich diese Konstruktion als unzureichend. Daraufhin machen die Kreuzfahrer Anleihen in der byzantinischen Burgbaukunst. Sie bringen eine Reihe von Steinnasen an, durch die flüssiges Pech auf die Angreifer gegossen werden kann. Bald wird der viereckige Turm durch einen runden ersetzt, weil dieser den Bombardements der Steinschleudern besser widersteht. Die ersten kleineren Burgen werden nach byzantinischem Muster erbaut, ein viereckiges Kastell mit Turm. Zusätzlich fügen die Kreuzritter ein Fallgatter hinzu, das seit den Tagen der Römer im Osten nicht mehr verwendet worden war. Für die Bogenschützen werden besondere Schießscharten konstruiert. Außerdem schaffen die Baumeister ein gewinkeltes Eingangstor, das bald von den Muslimen nachgebaut wird.

Reste der Kreuzfahrerburg Belvoir im heutigen Israel, die 1189 von Saladin erobert und 1220 zerstört wird

Außen wehrhaft, innen repräsentativ

Komplizierter werden die größeren Burgen angelegt. Eine Festung wie Karak im heutigen Jordanien muss auch als große Wohneinheit geplant werden: Der Grundherr und seine Familie, die Beamten und die Soldaten zur Verteidigung wollen angemessen untergebracht sein. Für gewöhnlich wird der Burgturm in einer leicht zu verteidigenden Ecke der Ummauerung aufgebaut. In der Mitte der Burg befinden sich meist die Kapelle und Lagerräume. Weitere auf den Mauern aufgebaute Türme enthalten Kasernenräume und Verwaltungsstuben. Der Anlageplan richtet sich vor allem nach dem Standort. Das äußere Mauerwerk ist massiv und unbearbeitet, aber die inneren Räume schmücken Verzierungen. Leider hat sich von der Innenausstattung des 12. Jahrhunderts nichts erhalten. Doch das Gemach des Großmeisters im Krak des Chevaliers, einer Burg in Syrien, hält den Vergleich mit bedeutenden abendländischen Bauten stand. Ein geripptes Deckengewölbe, schlanke Stützpfeiler mit schön gemeißeltem ornamentalem Stuckfries schaffen einen der schönsten Räume der Burg, der von einer intensiven archi-

Der Krak des Chevaliers, 1142 in Syrien von Johannitern erbaut, zeugt vom Ausmaß der imposanten Wehranlagen.

tektonischen Entwicklung zeugt. Der Raum ist im Stil der nordfranzösischen Gotik des 13. Jahrhunderts gehalten.

Wehranlagen gleichen Militärstädten

Im Verlauf des 12. Jahrhunderts ändert sich die Bauweise der Burgen. Sie werden immer gewaltiger. Die Zahl der Türme erhöht sich und mehr Pforten werden eingebaut. Die Burgen der Ritterorden gleichen reinen Militärstädten, die mitunter mehreren tausend Mann Besatzung als Wohn- und Kasernenraum dienen. Die Verteidigungsmauern werden doppelt gezogen. Zugleich verrät der Bauplan dieser Ritterburgen die geistliche Orientierung der Burgherren. Um den zentralen Innenhof werden ein Schlafraum, ein Wohnraum, eine Kapelle, die Küche und weitere Klosterräume eingerichtet. Nebengebäude bieten den Handwerkern Raum für ihre Werkstätten. Die Erfahrungen mit den Belagerungsmaschinen der Muslime fügt den traditionellen Mauerbauten eine weitere Besonderheit hinzu: Immer mehr Burgen werden mit Vorwerken ausgestattet, welche die Belagerungstürme und Steinwurfschleudern davon abhalten sollen, zu nahe an die Mauern heranzukommen.

Für die Verteidigung der Burg ist die Lage meist entscheidend. Die meisten Festungen werden auf steilen Anhöhen erbaut, nicht nur des guten Überblicks wegen, sondern auch deshalb, weil die Belagerungsmaschinen nur schwer steile Anstiege überwinden können. Mitunter werden alte byzantinische Befestigungsanlagen mitverwendet und ausgebaut. Festungen am Meer werden oft mit einer langen Mauer, die unmittelbar ins Meer ragt, gegen Angriffe gesichert.

Die mächtige Kreuzritterburg Kolossi auf der Mittelmeerinsel Zypern wird im 13. Jh. erbaut.

Ostern 1146

Aufruf zum 2. Kreuzzug

Im Beisein des Zisterziensers Bernhard von Clairvaux nimmt der französische König Ludwig VII. das Kreuz (Miniatur, um 1450).

Im Auftrag von Papst Eugen III. ruft der Zisterzienserabt Bernhard von Clairvaux in einer flammenden Predigt zum Kreuzzug auf. Vor den Toren des Wallfahrtsortes Vézelay wird dafür auf freiem Feld ein Gerüst errichtet, da die herbeiströmende Menschenmenge zu groß ist, um in der Kathedrale Platz zu finden.

Aufgeschreckt wurde Rom im Jahr 1144 durch die Einnahme der Stadt Edessa von den Truppen des Emirs von Mosul, Zengi. Edessa ist für die Kreuzfahrer ein sehr wichtiges Symbol. Die uralte christlich geprägte Stadt war die erste Festung der Kreuzfahrer im Orient, zugleich liegt sie wie ein Keil zwischen den osmanisch beherrschten Gebieten des heutigen Irans und Anatoliens.

Mit welchen Worten Bernhard von Clairvaux die Anwesenden in Vézelay, darunter zahlreiche Fürsten und Adlige, auffordert, das Kreuz zu nehmen, ist nicht überliefert. Doch in zahlreichen Briefen und anderen Predigten befürwortet er den Kreuzzug. An die Adligen wendet er sich mit den Worten: »Du tapferer Ritter, du Mann des Krieges, jetzt hast du eine Fehde ohne Gefahr, wo der Sieg Ruhm bringt und der Tod Gewinn ...

Nimm das Kreuzeszeichen, und für alles, was du reuigen Herzens beichtest, wirst du auf gleiche Weise Ablass erlangen.«

Mit Sicherheit verliest Bernhard ein päpstliches Schreiben, das zum heiligen Zug nach Osten auffordert und den Teilnehmern Absolution – die Erlösung von ihren Sünden – verspricht. Aufgepeitscht von den Worten Bernhards rufen die Männer nach Kreuzen für ihre Kleidung. Noch ehe die Sonne untergeht, ist alles Material verbraucht, aus dem Kreuze genäht werden können. Selbst aus dem Übergewand des Zisterzienserabts sollen Kreuze geschnitten worden sein.

Bei Frankreichs König Ludwig VII. stößt der Aufruf auf offene Ohren. Er hatte schon 1145 den Entschluss gefasst, nach Jerusalem zu ziehen. Als Bernhard, einer seiner wichtigsten Berater, vom Papst mit der Werbung betraut wird, findet Ludwig VII. genügend Gefolgsleute. Dem Papst hatte ursprünglich ein rein französischer Kreuzzug vorgeschwebt, aber Bernhard dehnt das Vorhaben aus. Nach mehreren Versuchen, den deutschen König Konrad III. zur Teilnahme zu überreden, legt dieser zu Weihnachten 1146 im Dom zu Speyer öffentlich das Gelübde dazu ab. Ihm schließen sich viele Adlige an.

1145: In China wird erstmals die Durchführung einer Autopsie überliefert.

Der Khmerherrscher Suryavarman II. erobert das Champareich in Kambodscha und unterwirft es seiner Autorität.

1146

Weltchronik des Otto von Freising

Bischof Otto von Freising schreibt an der »Chronica Sive Historia De Duabus Civitatibus« (»Über die zwei Reiche«), einer geschichtsphilosophischen Betrachtung der spirituellen wie der materiellen Welt. In der Tradition des Augustinus stehend, sieht Otto die Geschichte als Kampf zwischen dem Staat Gottes und dem des Teufels. In sieben Bänden wird die Weltgeschichte behandelt, im achten Band beschreibt Otto seine Sicht des Jüngsten Gerichts. Nach Ottos Tod 1158 setzt Otto von Sankt Blasien die Chronik fort. Sie gilt als Höhepunkt mittelalterlicher Weltchroniken.

Der Geschichtsschreiber Otto von Freising ist der Enkel Kaiser Heinrichs IV. und Halbbruder Konrads III. (Glasmalerei, Ausschnitt aus dem »Babenberger-Fenster« des Zisterzienserklosters Heiligenkreuz, 13. Jh.).

März 1147

Kreuzzug gegen die Wenden

Auf dem Fürstentag in Frankfurt erreichen die sächsischen Fürsten das Zugeständnis, einen Kreuzzug gegen die Slawen (Wenden) im Osten des deutschen Reichs unternehmen zu dürfen. Sie weisen Bernhard von Clairvaux darauf hin, dass sie eigene Grenzen zu den Heiden haben und entziehen sich so der Pflicht, ins Heilige Land ziehen zu müssen. Nachträglich billigt Papst Eugen III. den Plan und bestellt Anselm von Havelberg als päpstlichen Legaten.

Bis zum Wendenkreuzzug hatte Graf Adolf von Holstein eine mühsame Ansiedlungspolitik im Osten betrieben. Nun soll der Feldzug die ostelbischen Slawengebiete gewaltsam unterwerfen. Im Juli 1147 können Truppen in Richtung Osten aufbrechen. Das größte Heer unter der Führung Albrechts des Bären und Konrads von Meißen zieht Richtung Demmin und Stettin. Mit Fürst Ratibor von Stettin schließen die Wendenkreuzfahrer einen Vertrag ab, der die Christianisierung sichern soll, dann löst sich das Heer auf. Der Wendenkreuzzug endet im Oktober 1147 ohne direkten Erfolg, wie zeitgenössische Quellen berichten.

Zum ersten Mal richtet sich ein Kreuzzug nicht gegen die muslimische Herrschaft im Orient oder in Spanien. Stattdessen ist das Ziel, die »Heiden« im Allgemeinen zu christianisieren, mithilfe militärischer Aktionen, die vom Papst sanktioniert und deren Teilnehmer mit ähnlichen Privilegien versehen werden wie die Kreuzfahrer im Heiligen Land.

Modell Stellerburg, einer slawischen Befestigungsanlage in Teterow (Mecklenburg). Die Kreuzfahrererlaubnis wird auf einen Feldzug gegen die heidnischen Wenden ausgeweitet.

1147

Moskau wird schriftlich erwähnt

Der im Jahr 1495 vollendete Kreml und der davor gelegene Rote Platz mit der Basiliuskathedrale (r.) bilden heute das Zentrum von Moskau.

Eine Chronik erwähnt Moskau zum ersten Mal schriftlich. 1147 gilt somit als das Gründungsjahr der Stadt. Die bis dahin wenig bedeutende Siedlung, wohl Ende des 11. Jahrhunderts als Herrschaftssitz entstanden, wächst rasch und wird wenig später zur Hauptstadt eines Teilfürstentums. Als Moskau 1237 von den Tataren zerstört wird, ist es bereits eine Stadt mit zahlreichen Kirchen und Klöstern. Etwa ab 1300 steigt es mit der Einigung Russlands unter den Großfürsten von Moskau schnell auf und wird zur Hauptstadt des Reichs, bis diese von Peter dem Großen 1712 nach Sankt Petersburg verlegt wird.

1147

In Italien floriert das Geldwesen

Die ersten sogenannten Montes (lat.: Berge), Vorläufer heutiger Banken, entstehen in Oberitalien: Reiche Privatleute, die als Gläubiger gegenüber den italienischen Republiken auftreten, schließen sich zu Kapitalvereinigungen zusammen, um die Staatsanleihen zu verwalten. Diese »Montes profani« gehen allmählich dazu über, alle Zweige des Bankgeschäfts zu betreiben. Ihre Gewinne erzielen sie durch Zinsen, deren Höhe nicht selten an Wucher grenzt. Später werden, um dem Zinswucher der Kapitalvereinigungen entgegenzuwirken, gemeinnützige Leihhäuser gegründet. Diese »Montes pietatis« (französisch »Monts-de-Piété«) vergeben billige Kredite. Aus dem Italienischen leiten sich viele noch heute gültige Begriffe der Finanzwelt her (z. B. banca, cassa, giro und saldo).

Um 1146: Troubadoure wie Marcabrun dichten in der Sprache der Provence, die erst um 1400 durch das Nordfranzösische als Sprache der Dichtung abgelöst wird.

1147: Der normannische König Roger II. von Sizilien kann Korinth von den Byzantinern erobern.

1147

Almohaden erobern Nordafrika

Moschee von Tinmal in Marokko, erbaut 1153/54: Unter der Almohadenherrschaft werden Wissenschaften und Künste, vor allem die Architektur, gefördert.

Die Almohaden, eine von dem Berber Ibn Tumart gegründete religiöse Reformbewegung strenger Muslime, erobern Marrakesch. Damit stürzt die bis dahin in Marokko und Westalgerien seit fast 100 Jahren herrschende Berber-Dynastie der Almoraviden. Die Almohaden erobern bis 1160 ganz Nordafrika. Der Staat der Almohaden beruht auf einem ausgeklügelten Kontrollsystem von Räten, Predigern und Kommissaren. Die Almohaden schaffen das größte und glanzvollste Reich, das Berber je errichtet haben. Erst 1276 zerfällt ihr Staat.

1148

Niederlage der Kreuzfahrer

März 1148: Humbert III., der Heilige, wird nach dem Tod von Amadeus III. Graf von Savoyen.

1149: Das provenzalische »La Codi« ist die älteste landessprachliche Sammlung römischen Rechts.

Um 1149: In China entsteht das Werk »Chenfu nongshu« über die Landwirtschaft.

Vor Damaskus müssen sich die Heere des deutschen Königs Konrad III. und des französischen Herrschers Ludwig VII. zurückziehen. Damit scheitert der 2. Kreuzzug kläglich. Dieser Misserfolg schadet dem Kreuzzugsgedanken und belastet das Verhältnis zwischen Abendland und Kreuzfahrerstaaten auf Jahre hinaus.

Ausgelöst wurde der Kreuzzug durch die kritische Situation, in welche die christlichen Kreuzfahrerstaaten im Heiligen Land geraten waren. Die beiden Hauptheere der Franzosen unter Ludwig VII. und der Deutschen unter Konrad III. zogen im Jahr 1147 auf getrennten Wegen los und erreichten im Herbst Konstantinopel. Ihr Ziel war die Befreiung Edessas. Doch schon in Kleinasien wurde Konrads Heer im Oktober bei Doryläum von islamischen Truppen geschlagen. Der deutsche König erkrankte und kehrte nach Konstantinopel zurück, die Überreste seiner Armee schlossen sich den Franzosen an. Die vereinigten Truppen marschierten entlang der Küste, wurden jedoch fortwährend angegriffen und litten zudem unter dem Winter. Der Nachschub durch Byzanz war bei weitem nicht ausreichend. Als die Kreuzfahrer im Januar 1148 Attaleia erreichten, standen für die Überfahrt nach Antiochia zu wenig byzantinische Schiffe bereit. Der ungeduldige französische König schickte deshalb den größten Teil seiner Truppe auf den gefährlichen Landweg durch Kilikien. Nur knapp die Hälfte der Kreuzfahrer überlebte die Strapazen.

In Syrien gab Ludwig den Plan zur Eroberung Edessas auf und zog nach Jerusalem. Gemeinsam mit dem Adel des Kreuzfahrerstaates fasste er den Plan, Damaskus zu erobern. Am 24. Juli 1148 schlug das größte Heer, das die Franken im Orient je aufgestellt hatten, seine Zelte vor den Toren Damaskus' auf. Nach ersten Erfolgen der Kreuzfahrer zwang Emir Unur das christliche Heer, sich in die Ebene zurückzuziehen. Gleichzeitig verhandelte er mit der Führung. Unter den Fürsten entstand ein Streit über die Zukunft von Damaskus, der die Belagerung scheitern lässt. Der Kreuzzug endet im Desaster. Verbittert und enttäuscht tritt der französische König den Heimweg an. Für das katastrophale Scheitern des 2. Kreuzzugs machen westlichen Chronisten vor allem die Byzantiner verantwortlich: Neben der mangelnden Versorgung berichten sie von Irreführungen durch die byzantinischen Begleiter und verräterischen Absprachen mit den Türken. Byzantinische Chronisten hingegen werfen den Kreuzfahrern vor, mehrfach gegen den Rat der ortskundigen Byzantiner gehandelt zu haben. Der Kreuzzugsgedanke hat durch das Scheitern vor Damaskus nicht nur eine schwere Niederlage erlitten, er gerät im Abendland sogar regelrecht in Verruf. Kritiker bezeichnen die ihm innewohnende Hoffnung auf Seelenrettung nun als Trugschluss und der Nimbus der Unbesiegbarkeit der Kreuzfahrer ist nachhaltig zerstört.

Das Kreuzfahrerheer belagert Damaskus. Der Emir Unur kann die Uneinigkeit der Christen ausnutzen, die Kreuzfahrer ziehen sich schließlich zurück (Buchmalerei, 15. Jh.).

GLÜCK IN DER FREMDE

Probleme im Abendland, Chancen im Heiligen Land

Sowohl in Europa als auch in den Kreuzfahrerstaaten passen sich die Menschen den Veränderungen, die durch die Kreuzzüge entstehen, an. Von Beginn an fließen in die Kreuzzugsbewegung auch ganz handfeste irdische Motive mit ein.

Gewiss gibt die religiöse Stimmung den Ausschlag beim Entschluss, an einem der Kreuzzüge teilzunehmen. Ohne festen Glauben, tiefe Frömmigkeit und unermessliche Leidensfähigkeit hätten die Kreuzfahrer wohl kaum die ungeheuren Strapazen ausgehalten, die ein Marsch ins Heilige Land bedeutete. Aber auch alltägliche und private Gründe wie Armut, Perspektivlosigkeit und Zurücksetzung in der Erbfolge sind ausschlaggebend.

Rückkehr eines Kreuzfahrers: Der heimkehrende Ritter wird von seiner Frau begrüßt (Skulptur, 12. Jh.).

Motivation der Kreuzritter

Das Leben auf den Adelssitzen ist nicht immer bequem: Die Herren hausen in zugigen, ewig kalten und nassen Unterkünften, die nur spärlich erhellt sind. Hinzu kommen Unsicherheiten über die persönliche Situation vieler Adliger. Regelmäßig kommt es zu Auseinandersetzungen um die Nachfolge. Die Söhne streiten sich nach dem Tod des Vaters um die Verteilung des Erbes. Zahlreiche Ritter, die bei solchen Konflikten unterlegen waren, suchen nun in der Fremde ihr Glück.

In der Normandie hat sich das Erbrecht des Erstgeborenen fest eingebürgert. Das erklärt, warum die Kreuzzugswerbung bei den jüngeren Söhnen des normannischen Adels besonders Gehör findet. Das gleiche gilt für die Normannen, die von Süditalien und Sizilien aus ins Heilige Land aufbrechen. In Palästina winkt die Möglichkeit, Land zu erwerben und Lehnsherr zu werden. Und es gibt weitere ökonomische Argumente: Der Wallfahrer genießt Privilegien. Während seiner Abwesenheit ist sein Besitz geschützt, Schuldentilgung und Zinsleistung ruhen, Zölle und Steuern müssen nicht geleistet werden, anhängige Gerichtsverfahren werden aufgeschoben. Unter denen, die zum Kreuzzug aufbrechen, sind nicht wenige dabei, die auf diese Weise drückende Zahlungsverpflichtungen loswerden

Peter von Amiens führt 1096 den »Volkskreuzzug« der Armen und Entrechteten an (frz. Miniatur, Anfang 14. Jh.).

oder Verurteilungen aus dem Weg gehen. Nach der Errichtung der ersten Kreuzfahrerstaaten beginnen die Kreuzritter damit, sich im Heiligen Land einzuleben. Hatten Papst Urban II. und der byzantinische Kaiser Alexios I. die Muslime noch als unzivilisierte Horden dargestellt, belehrt die Wirklichkeit die Kreuzfahrer oft eines Besseren. Schnell lernen sie, dass es sich besser im Einvernehmen mit der heimischen Bevölkerung lebt. Dennoch ziehen die Kreuzfahrer klare soziale Grenzen. Muslime, Juden und byzantinische Christen werden auf eine niedrigere Stufe gestellt. Als Zeichen dieser Trennung müssen alle Nichtkatholiken andere Kleidung tragen als die christlichen Besatzer.

Innerhalb kurzer Zeit gleichen sich die Kreuzfahrer den örtlichen Gegebenheiten an. »Wer vorher Abendländer war, wurde nun Orientale, wer Römer oder Franke war, wurde hier Galiläer oder Palästinenser«, schreibt der Chronist Fulcher von Chartres. Weiter berichtet er von Kreuzfahrern, die Syrerinnen oder zum Christentum konvertierte Sarazeninnen heiraten. Bald entsteht ein Völker- und Kulturengemisch, in dem es auch keine sprachlichen Barrieren mehr zu geben scheint: »... sie sprechen verschiedene Sprachen und haben es doch alle schon fertiggebracht, sich zu verstehen. Die verschiedensten Mundarten sind jetzt der einen wie der anderen Nation gemeinsam, und das Vertrauen nähert die entferntesten Rassen einander an.«

Schicksal der wartenden Frauen

In den Heimatländern der Kreuzfahrer müssen die Ehefrauen während der Abwesenheit ihrer Männer mit der Ungewissheit über das Schicksal der Kreuzfahrer leben und sich um den Besitz der Familie kümmern. Aus Angst davor, dass sich die eigene Frau nach längerer Abwesenheit neu verheiratet, schicken nicht wenige Kreuzfahrer ihre Gattinnen in Klöster, versehen mit einer Mitgift. Das Fernsein der Männer bedeutet für viele Frauen jedoch auch mehr Freiheit. Sie können ihre Fähigkeiten unter Beweis stellen und verwalten selbstständig den Besitz. In manchen Familien sterben alle männlichen Verwandten, sodass die Frauen Alleinerbinnen werden.

Die Kreuzrittersiedlung Caesarea Philippi auf den Golanhöhen ist Teil des fränkischen Königsreichs Jerusalem.

Um 1150

Salerno entwickelt sich zum Zentrum der Medizin

Die Blütezeit der Medizinschule von Salerno beginnt. Während der bis 1180 dauernden Zeitspanne entsteht als eines der einflussreichsten Werke das Lehrgedicht »Regimen sanitatis Salernitanum«. Angeregt wird es u.a. von Kreuzrittern, die nach einer Verwundung in Salerno ärztlich versorgt werden. Sie bitten um eine allgemein verständliche Anleitung für ein gesundes Leben zu Hause.

Der Legende nach wurde die wohl älteste medizinische Hochschule im mittelalterlichen Europa von vier Magistern gegründet, von denen jeder in einer anderen Sprache lehrte: Salernus in Latein, Pontus in Griechisch, Adela in Arabisch und Elinus in Hebräisch. Diese Gründungslegende macht deutlich, dass in der Stadt südlich von Neapel ein besonders reger Kulturaustausch zwischen der lateinischen, griechischen, arabischen und jüdischen Wissenschaft möglich war. Wahrscheinlich ging die Schule um 850 aus einer Korporation von salernitanischen Ärzten hervor, die den Ehrentitel »civitas hippocratica« trug, da sie sich insbesondere dem hippokratischen Erbe verpflichtet hatte.

Seite aus dem »Kanon der Medizin« des Arztes und Philosophen Avicenna; arabische Medizinbücher revolutionieren die Heilkunst. Der »Kanon« bleibt in Europa bis ins 17. Jh. eines der Standardwerke der medizinischen Fachliteratur (Illustration, 14. Jh.).

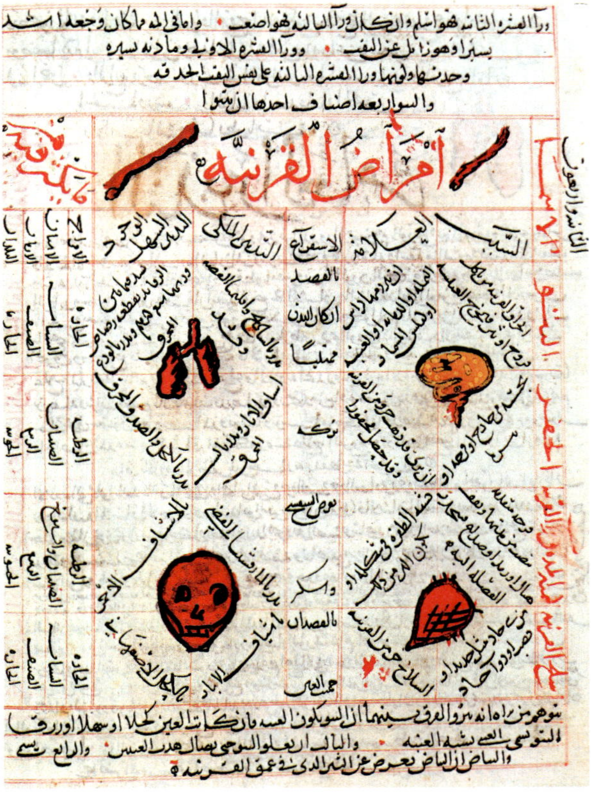

Arabische Einflüsse

Einer der einflussreichsten Gelehrten der Hochschule war Constantinus Africanus. 40 Jahre lang war der aus Karthago stammende Kaufmann als muslimischer Kräuterhändler im Mittelmeerraum unterwegs. Auf seinen Reisen kam er im Jahr 1075 nach Salerno, ließ sich taufen und trat als Laienbruder ins Kloster Montecassino ein. Er übersetzte arabische Medizinbücher ins Lateinische und schrieb ein Kompendium der arabisch-griechischen Medizin. Constantinus gilt als einer der ersten Vermittler grie-

Die Manuskriptseite aus einer französischen Übersetzung der »Chirurga Rolandina« zeigt verschiedene Behandlungsmethoden Rogers, eines bedeutenden Chirurgen der medizinischen Schule von Salerno im 12. Jh.

chisch-arabischen Wissens im lateinischen Raum und begründete den Ruf der Hochschule von Salerno.

Aufschwung der Chirurgie

Um 1170 werden in Salerno entscheidende Neuerungen in der Chirurgie eingeführt, darunter Schädelbohrungen sowie neue Techniken bei Bauchoperationen und Tumorbehandlungen. In der anatomischen Forschung werden Sektionen von Menschen und Tieren wieder gefördert. Auch die Einführung von Alkohol als vorteilhaftes Lösungsmittel für Medikamente wird in Salerno entwickelt.

Da die Lehrer der Medizinschule den Titel Magister tragen, wird Salerno auch als erste europäische Universität bezeichnet. Als beispielhafte Bildungsstätte hat es den normannischen König Roger II. beeindruckt, der im Jahr 1140 eine erste einfache Prüfungs- bzw. Approbationsordnung für Ärzte erließ. Unter Kaiser Friedrich II. wird die Schule von Salerno 1220 staatlich.

Um 1150: Auf aufwändig gearbeiteten Bildern und Einlegearbeiten beweist die Lackkunst in Japan ihr hohes Niveau.

Neuseeland erlebt die zweite polynesische Einwanderungswelle.

1150: König Géza II. von Ungarn teilt deutschen Siedlern Land zu (später »Siebenbürger Sachsen«).

1150

Wallfahrt und Heiligenkult

1150: In Paris schließen sich die geistlichen Schulen zur Universität zusammen.

Um 1150: Der indische Mathematiker Bhaskara führt in einer Abhandlung über Arithmetik die Quadratwurzel ein und erkennt die Unmöglichkeit, aus negativen Zahlen Wurzeln zu ziehen.

Die Kirche des heiligen Jakobus in der im Nordwesten Spaniens gelegenen Stadt Santiago de Compostela erhält ein Exemplar des »Liber Sancti Jacobi«. Die fünf Bücher dieses Werkes beschreiben das Leben des Apostels Jakobus, dem die Stadt ihren Namen verdankt (Sankt Jakob heißt auf spanisch Santiago). Das Werk stellt die dem Apostel zugeschriebenen Wunder vor, begründet die Überführung seines Leichnams von Jerusalem nach Compostela und enthält einen »Pilgerführer« zur Kathedrale und ihrer Umgebung. Die Pilgerfahrt wird dem mittelalterlichen Menschen zum Gleichnis für seine Pilgerschaft zur ewigen Heimat.

Christliches Leben im Mittelalter stellt sich wie folgt dar: Die Menschen leben vom Tode her. Über 35-Jährige gelten als alt, wer krank wird, ist auf das baldige Ende gefasst. Aber über den Krankheiten und Seuchen, über der Armut und Erbärmlichkeit des Alltags leuchtet die Ewigkeit, die Hoffnung auf himmlisches Leben. Während der kurzen Zeitspanne des mühsamen irdischen Daseins vollzieht sich das gemeinschaftliche Leben nach kirchlichen Vorschriften.

In großartiger Form entfaltet sich der Heiligenkult. Wallfahrten zu den Gräbern der Apostel und Märtyrer sind Höhepunkte im Leben eines Christen. Re-

Die Kathedrale von Santiago de Compostela ist die Keimzelle einer gut besuchten Pilgerstadt, die im Mittelalter beinahe Rom den Rang abläuft.

liquien der Heiligen werden in kostbaren Schreinen aufbewahrt. Ihre Verehrung verspricht Heilung von Krankheit oder den Sieg in einer Schlacht. Bestimmend sind religiöse Motive wie die Übernahme einer Buße, die Gewinnung von Ablässen oder Hoffnung auf den Lohn ewigen Lebens.

Diese Verheißung ist bedroht von der Schwachheit des Menschen. Verstöße gegen die Gebote oder moralische Verfehlungen ängstigen vor Gottes Gericht. Um der ewigen Verdammnis und ihren Qualen zu entrinnen, suchen die Menschen mit frommen Werken einen ständigen Schatz überschüssiger Verdienste zu erwerben.

Reliquienkästchen der heiligen Anna mit Abbildungen von Christus und dem heiligen Peter sowie den vier Evangelisten (Bronze und Emaille, frz. Schule, Kathedrale Sainte Anne in Apt/Provence, 12. Jh.)

Um 1150

Troubadourlyrik breitet sich aus

In Südfrankreich erlebt die Troubadourlyrik ihre Blütezeit, bei der die von Hof zu Hof ziehenden Dichter ihre eigenen Lieder vortragen. Bald erreicht sie auch Spanien, Italien und den Nordfrankreich.

Die Troubadourdichtung ist Teil der Unterhaltung, die an den Höfen des Adels, aber auch in den Städten geboten wird. Während manche Troubadours sich fest an einem Fürstenhof etablieren, ziehen andere mit weiteren Spielleuten umher. Die Troubadours stammen aus allen Gesellschaftsschichten. Bald schon bildet sich ein eigenes dichterisches Standesbewusstsein. Während die frühen Lieder eine vergleichsweise derbe Thematik zeigen, wird schon bald die Liebe im Sinne der Minne besungen.

Der französische Troubadour Bernart de Ventadour auf dem Pferd. (französische Buchmalerei, 13. Jh.).

1153

Vertrag regelt englische Thronfolge

Grabmäler Heinrichs II., Begründer der Dynastie Plantagenet-Anjou, und seiner Gemahlin Eleonore von Aquitanien (Abteikirche Notre-Dame-de-Fontevraud)

Stephan von Blois, der König von England und Enkel Wilhelms des Eroberers, stimmt im Vertrag von Winchester zu, dass die Thronfolge nach seinem Tod an den Sohn seiner Gegenspielerin Mathilde von England, Heinrich II. von Anjou, übergeht. Die Abmachung wird gelegentlich auch Vertrag von Wallingford genannt, benannt nach der Stadt Wallingford in Oxfordshire, die während Stephans Herrschaftszeit große Bedeutung hat. Der Vertrag von Winchester beendet den langen Bürgerkrieg, mit dem sich wichtige Adelsvertreter seit 1135 gegen die Wahl Stephans zum König aufgelehnt hatten. Stephan kann sich zwar durchsetzen, verliert aber die Normandie.

18. April 1154

Nureddin erobert Damaskus

Die Truppen von Nureddin, des islamischen Herrschers von Aleppo, lagern vor den Mauern von Damaskus. Dessen Herrscher Mudschir steht unter dem Schutz der christlichen Kreuzritter – ein Umstand, der Unruhe unter der islamischen Bevölkerung schafft.

Die Macht Nureddins wuchs unaufhaltsam und wird zur Bedrohung für die Kreuzfahrer. Wie sein Vater Zengi greift Nureddin den Gedanken des »Heiligen Krieges« gegen die Kreuzfahrer auf. Als die Eroberung von Damaskus im zweiten Kreuzzug scheiterte, gewann Nureddin dort Einfluss. So hatte der Herrscher von Aleppo Geleitzüge abgefangen, die Damaskus mit Korn aus dem Norden versorgen sollten. In der Stadt ließ er das Gerücht verbreiten, Schuld an der einsetzenden Lebensmittelknappheit sei Mudschir, der sich weigere, mit seinen islamischen Brüdern zusammen gegen die Christen zu kämpfen. Zudem schürte Nureddin den Verdacht, damaszenische Kreise planten einen Anschlag auf Mudschirs Leben. Dieser ging hart gegen die vermuteten Attentäter vor und verscherzte sich auf diese Weise die Sympathie vieler Bewohner von Damaskus.

So spielen sich bei der Belagerung der Stadt durch Nureddin lediglich kleinere Scharmützel ab. Nach vier Tagen lässt eine Damaszenerin einige Soldaten ins jüdische Viertel, bald danach öffnet die Bevölkerung die Stadttore. Mudschir flieht in die Zitadelle, ergibt sich aber nach wenigen Stunden. Nureddin, der seinen Truppen Plünderungen verbietet und stattdessen die Vorratskammern und Lebensmittelmärkte der Stadt füllen lässt, setzt einen Verwalter für Damaskus ein.

Sein Herrschaftsgebiet erstreckt sich jetzt über die gesamte Ostgrenze der christlichen Kreuzfahrerstaaten. Allerdings scheint Nureddin eine unmittelbare Konfrontation noch nicht zu suchen. Gemäß dem Bündnis von Damaskus mit Jerusalem entrichtet er 1156 ohne Widerspruch den fälligen Tribut an die Heilige Stadt. Seine Zurückhaltung ist durch die Rivalität zu den anatolischen Seldschuken begründet, deren Anteil an der Grafschaft Edessa er übernehmen will.

1151: Auf dem Rückweg aus dem Heiligen Land bringen die Kreuzfahrer die schwarze Ratte nach Europa, deren Flöhe Verbreiter der Pest sind.

19.12.1154: Heinrich II. von England wird zum ersten König der Plantagenet-Dynastie erhoben und herrscht auch über Teile von Frankreich.

Niederlage der Kreuzfahrer in der Muradsenke (1149) gegen ein muslimisches Heer. Der Emir von Aleppo dehnt seinen Machtbereich gegenüber den Kreuzfahrerstaaten weiter aus (Miniatur, 1490).

18. Juni 1155

Friedrich I. Barbarossa wird zum Kaiser gekrönt

Papst Hadrian IV. krönt Friedrich I. Barbarossa, der am 4. März 1152 von den Fürsten des Reichs zum deutschen König gewählt worden war, in Rom zum Kaiser. Den Beinamen erhielt der später mythenumwobene Herrscher in Italien wegen seines rotblonden Bartes.

Noch am Tag der Krönung bricht ein Aufstand in der Stadt aus, den das deutsche Heer, allen voran Heinrich der Löwe mit seinen Rittern, niederschlägt. Grund des Aufstands war, dass Friedrich sich zuvor gegenüber einer Gesandtschaft römischer Bürger geweigert hatte, an die Stadt eine Geldsumme zu zahlen und Rom alte Rechte und Privilegien zu bestätigen. Das römische Patriziat hatte ihm aus eigener Machtvollkommenheit die Kaiserkrone angeboten. Mit seiner Weigerung und der Niederschlagung des Aufstands kommt Friedrich dem Vertrag nach, den er am 23. März 1153 mit der Kurie in Konstanz geschlossen hatte. Darin hatte er sich verpflichtet, gegen die gemeinsamen Feinde, die Normannen in Sizilien und das römische Patriziat, vorzugehen. Zwar liefert Friedrich den Anführer des Aufstands, Arnold von Brescia, an den Papst aus und billigt seine Hinrichtung. Doch statt nun gegen die Normannen vorzugehen, kommt Friedrich dem Verlangen deutscher Fürsten nach und kehrt nach Deutschland zurück. Notgedrungen muss sich Hadrian IV., vom Kaiser im Stich gelassen, friedlich mit den Normannen einigen und im Vertrag von Benevent das Normannenreich endgültig anerkennen.

Streit mit dem Papst

Kaum ist Friedrich zurückgekehrt, nimmt das Zerwürfnis mit dem Papst seinen Fortgang. Auslöser ist der Überfall auf den schwedischen Erzbischof Eskil von Lund in Burgund, das durch Friedrichs Hochzeit mit Beatrix von Burgund an den Staufer gefallen war. Friedrich unternimmt zum Unwillen des Papstes nichts zur Befreiung des Erzbischofs. Auf dem Reichstag in Besançon (1157), auf dem Barbarossa die Huldigungen der geistlichen und weltlichen Würdenträger entgegennehmen wollte, erheben die päpstlichen Legaten Protest. In der scharfen Auseinandersetzung stellt ein päpstlicher Legat die provokante Frage: »Von wem hat der Kaiser das Kaisertum, wenn nicht vom Papst?« Unruhe entsteht, die Legaten müssen Burgund fluchtartig verlassen. Kurz darauf weist Friedrich I. in einem Schreiben an Hadrian IV. den päpstlichen Anspruch energisch zurück. Er besteht darauf, dass er das Kaisertum ohne päpstliche Vermittlung unmittelbar von Gott erhalten habe. Die deutschen Bischöfe bestätigen

1155: Eine Gruppe von Eremiten gründet auf dem Berg Karmel im heutigen Israel eine Einsiedlerkolonie, aus der 1247 der Karmeliterorden hervorgeht.

1156: Nach der Niederschlagung des Hogen-Aufstands entbrennt in Japan der Kampf der Sippen Minamoto und Taira um die Macht im Staat.

Friedrich I. Barbarossa mit seinen Söhnen Heinrich VI. und Friedrich von Schwaben. Sein Führungsanspruch führt zu Konflikten mit dem Papsttum. Zugleich muss Friedrich die deutschen Fürsten unter seine Herrschaft zwingen (Miniatur, um 1200).

diese Haltung. Hadrian erleidet damit eine schwere Niederlage. Er muss in seinem Machtanspruch zurückstecken und die Unabhängigkeit des Kaisertums vom Papsttum hinnehmen.

»Heiliges Reich«

Die Regierungszeit des Staufers Friedrich I. Barbarossa gilt als ein Höhepunkt in der Geschichte des deutschen Kaisertums. In seiner Gestalt und äußeren Erscheinung verkörpert er das Ideal des Ritters. So beschreiben ihn zeitgenössische Quellen. Seine Idee, die er 1164 in Aachen ausspricht, ist es, das Reich wieder zur einstigen Größe Karls des Großen emporzuführen – ein Ziel, das Friedrich nach außen demonstriert, indem er 1165 die Heiligsprechung Karls durchsetzt. Zum ersten Mal gebraucht er den Begriff »Heiliges Reich«, was bedeutet, dass Friedrich den deutschen Kaiser als dem Papst ebenbürtig in der Unmittelbarkeit zu Gott sieht.

1156

Österreich zum Herzogtum erhoben

Auf dem Reichstag zu Regensburg versöhnt Kaiser Friedrich I. Barbarossa durch die Urkunde »Privilegium Minus« Welfen und Babenberger. Der Streit ist um das Herzogtum Bayern und die Mark Österreich entbrannt. Friedrich trennt die Mark Österreich von Bayern ab und erhebt sie zum selbstständigen Herzogtum. Daraufhin verzichtet der Babenberger Heinrich II. Jasomirgott auf das Herzogtum Bayern, mit dem Friedrich bereits 1154 den Welfen Heinrich den Löwen belehnt hatte.

Die Urkunde beinhaltet einige für das Mittelalter ungewöhnliche Vorrechte für Heinrich II. Jasomirgott. So muss er nicht zu allen Hoftagen erscheinen und die Pflicht zur Heeresfolge gilt für das Herzogtum nur eingeschränkt. Beides ist sowohl ein politisches wie finanzielles Entgegenkommen dem neuen Herzogtum gegenüber. Außerdem kann Heinrich, vom Kaiser als Vasall mit dem Herzogtum belehnt, im Falle der Kinderlosigkeit selbst zusammen mit seiner Gattin Theodora entscheiden, an wen das Lehen nach seinem Tod fallen soll. Dieses Recht ist allerdings zeitlich begrenzt und gilt nur für Heinrich und Theodora, nicht aber für die nachfolgenden Generationen.

1157

»Waldemar-Zeit« in Dänemark

Herzog Waldemar von Schleswig kann seine Konkurrenten um den dänischen Thron aus dem Feld schlagen und setzt sich als Alleinherrscher durch.

Der größte Erfolg seiner langen, bis 1182 währenden Regierungszeit ist der Sieg im insgesamt zehn Jahre andauernden Kampf gegen die wendischen Piraten. Im Jahr 1168 zerstört er die bedeutende Kultstätte der Ostseeslawen in Arkona auf der Insel Rügen und zwingt ihnen das Christentum auf. König Waldemar erkennt die Oberhoheit Kaiser Friedrichs I. an und leistet Barbarossa 1162 den Lehnseid. Der Hintergrund dieser Entscheidung ist machtpolitischer Natur: Waldemar benötigt dringend die Hilfe des Kaisers in den Auseinandersetzungen mit seinem Nachbarn Heinrich dem Löwen. Den Sachsenherzog bedroht Waldemar durch seine erfolgreichen Vorstöße nach Pommern. Als Heinrich der Löwe im Jahr 1179 geächtet wird, festigt sich dadurch die Position Waldemars deutlich. In der Folgezeit dehnt Dänemark sein Gebiet auf Estland und die Grafschaft Holstein aus. Auch Lübeck kommt unter dänische Hoheit (1202). Die Herrschaft Waldemars I. und seiner beiden Söhne geht schließlich als »Waldemar-Zeit« in die Geschichte ein.

1157: Nach dem Tod seines Herrschers Sanjar löst sich das Seldschukenreich weiter auf. Neben den Ghuriden gewinnt in der Folgezeit das Reich des Choresmschah an Macht. In Kleinasien kann sich das Rum-Sultanat der Seldschuken allerdings auch weiterhin behaupten.

Durch die Vergabe von Handelsprivilegien an auswärtige Kaufleute entwickelt sich London zu einer bedeutenden überregionalen Handelsmetropole.

1158: An den königlichen Gerichten in England bildet sich das »Common Law« aus, das für alle Personen gleichermaßen geltende Recht.

1158

Bologna erhält Universität

Kaiser Friedrich I. Barbarossa verleiht der Rechtsfakultät in Bologna das Gründungsprivileg (»Authentica Habita«). Es befreit Studenten und Lehrer von der weltlichen Gewalt und gewährt der Universität eine gewisse Autonomie. Zu Beginn werden die Professoren von den Studenten bezahlt, die auch Teile des Lehrangebots und der Universitätsleitung bestimmen. Erst Mitte des 14. Jahrhunderts beginnt die Stadt Bologna, die Bezahlung der Universitätslehrer zu übernehmen.

Die erste Universität Europas geht aus einer um 1100 gegründeten Rechtsgelehrtenschule hervor und entwickelt sich im 12. Jahrhundert zum wichtigsten Zentrum der Studien des kirchlichen, aber auch des römischen Rechts. Dies ist eine wichtige Neuerung, denn zu dieser Zeit wird üblicherweise vorwiegend die kirchliche Rechtslehre gelehrt, während die antiken Wissenschaften und das römische Recht stark in den Hintergrund geraten. Gleichzeitig werden die kirchlichen Rechtstexte in einer Rechtssammlung stärker systematisiert. Im 12. Jahrhundert wird die Artistenfakultät gegründet (»Studium generale«), wenig später entsteht die medizinische Fakultät.

Vorlesung in Bologna: Der Lehrer Antonio da Budrio unterrichtet seine Schüler von der Kanzel herab (frühes 15. Jh.).

1159

Städte werden Machtfaktoren

Die Stadt Lübeck wird neu gegründet. Sie ist einer jener Orte, die neben den aus Kaufmannssiedlungen oder Klöstern gewachsenen alten Städten Mitteleuropas entstehen. Wichtig für den Aufstieg einer Stadt ist ihre Lage an Handelswegen, denn die Funktion als Warenumschlagplatz steht im Vordergrund. Die Stadtgründer treten Hoheitsrechte wie das Markt-, Handels- und Münzrecht an die Siedlungen ab. Sie erhalten politische Freiheiten und eine relative Selbstverwaltung.

Die Ermordung von Thomas Becket: Der Erzbischof von Canterbury tritt für die kirchlichen Freiheiten und die Rechte des Papstes ein (Buchillustration, 13. Jh.).

1164

Konflikt zwischen Krone und Klerus

Mit den »Constitutions of Clarendon«, einer Gesetzessammlung zum Verhältnis zwischen Krone und Kirche, schränkt der englische König Heinrich II. die Rechte und den Einfluss des Klerus ein. So muss bei kirchlichen Gerichten, die kriminelle Vergehen von Klerikern verhandeln, künftig ein weltlicher Richter anwesend sein. Bis dahin hatten die kirchlichen Gerichte meist geringere Strafen verhängt als die weltlichen.

Das führt zum Bruch mit Thomas Becket, dem Erzbischof von Canterbury, der sich der Vormacht der Krone widersetzt. Der Kleriker muss nach Frankreich fliehen. Die englischen Bischöfe stimmen der Gesetzessammlung zunächst zu, bis der Papst sie zurückweist.

Daraufhin erneuert Thomas Becket seine Kritik an den Regelungen. Die Verhandlungen ziehen sich über Jahre hin. Nach seiner Rückkehr im Jahr 1170 wird Becket von Rittern des Königs in seiner Kathedrale ermordet.

August 1164

Vollendung der Grabeskirche

Die Grabeskirche in Jerusalem bildet für viele Christen das irdische Zentrum ihres Glaubens. Errichtet über der Stelle, an der das Grab Jesu vermutet wird, spiegelt der Bau das Bemühen wider, dem heiligen Ort eine besondere Ehrung zu erweisen.

Der Chor der Kreuzfahrer wird in der Jerusalemer Grabeskirche erbaut. Symbolisch ist auf dem Fußboden, direkt unter der Kuppel des neuen Chores, der »Nabel der Welt« markiert. Er liegt nahe dem Platz, an dem der Leib Christi zum Begräbnis gesalbt worden sein soll. Das Gebäude ist ein wichtiger Teil des fünfschiffigen romanischen Neubaus der Kathedrale.

Den Ort des Grabes bestimmte Helena, die Mutter des römischen Kaisers Konstantin, die nach ihrer Taufe eine Pilgerreise unternahm und auf dem Jerusalemer Forum den Begräbnisort und einige Kreuze entdeckt haben soll. Der von Konstantin initiierte Urbau der Grabeskirche begann im Jahr 326. Die Omaijaden, die 638 die Herrschaft über Jerusalem antraten, garantierten den Christen Religionsfreiheit und ließen die Kirche unangetastet. Erst 1009 ordnete der Fatimidenkalif al-Hakim die Zerstörung der Grabeskirche an. Dem Kaiser von Byzanz wurde jedoch 20 Jahre später erlaubt, mit der Restauration der Kirche zu beginnen. Als die ersten Kreuzfahrer 1099 nach Jerusalem kamen, zog eine kleine Klostergemeinschaft in die Kirche ein. Da die Kirche die zahlreichen Pilger bald nicht mehr beherbergen konnte, begannen die Kreuzfahrer mit dem Ausbau des Gotteshauses.

1160: In Marokko beobachtet der arabische Philosoph und Wissenschaftler Averoes als erster Mensch Sonnenflecken.

In Uppsala fällt König Erich IX. von Schweden einem Mordanschlag zum Opfer. Er wird als Heiliger und Schutzpatron des Landes verehrt.

1165
»Roman de Brut« entsteht

Der als erster namentlich bekannte Dichter der französischen Literatur geltende Wace verfasst seine Reimchronik »Roman de Brut«, die die Tafelrunde des Königs Artus zum Thema hat. Sie ist eine Übertragung der lateinischsprachigen »Historia Regnum Britanniae« des Geoffrey von Monmouth in das Französische. Die Chronik ist in 32 Handschriftenexemplaren überliefert.

1166
Serben errichten ein Reich

Fürst Stephan Nemanja gründet das Serbenreich. 1170 wird er von Kaiser Manuel I. Komnenos als Großfürst anerkannt. Zehn Jahre später erklärt er die Unabhängigkeit von Byzanz und einigt die serbischen Fürstentümer. Als er 1196 abdankt, erhebt er seinen Sohn Stephan II. zum Großfürsten. Dieser lässt sich 1219 nach orthodoxem Ritus krönen und errichtet eine autonome serbische Kirche.

Frühjahr 1167

Städte trotzen Barbarossa

Einige oberitalienische Städte schließen sich gegen Kaiser Friedrich I. Barbarossa zusammen. Am 1. Dezember 1167 erweitert sich das Bündnis zum Lombardischen Städtebund, dem insgesamt 16 Kommunen angehören. Sein Ziel ist es, die kaiserlichen Herrschaftsansprüche abzuwehren und zugleich die alte Städtefreiheit wiederherzustellen.

Die Position Barbarossas, der nach der Eroberung Roms und der Flucht Papst Alexanders III. den neuen Städtebund mit der Reichsacht belegt hatte, ist zu dieser Zeit längst desolat: Nach

Sforzakastell (15. Jh.) in Mailand: Die lombardische Metropole nimmt im 12. Jahrhundert die Führungsrolle im antistaufischen Städtebund ein.

der Dezimierung seines Heeres durch die Malaria musste der selber erkrankte Kaiser froh sein, die Reste der Truppe nach Norden führen zu können. Zu einem Vorgehen gegen die Lombarden fehlt die Kraft.

Mittelpunkt des Bundes wird Mailand, das schon sieben Jahre zuvor ein Bollwerk des Widerstandes gegen den Kaiser gewesen war. Friedrich hatte es daraufhin belagert, und im März 1162 musste die Stadt kapitulieren. Barbarossa unterzog die Lombardenmetropole einem harten Strafgericht. Er ließ Mailand zerstören, seine Bewohner umsiedeln und sie der kaiserlichen Verwaltung unterstellen. Damit war zwar vorerst der Widerstand gebrochen, doch nach der Gründung des neuen Städtebundes kann Mailand sein Territorium zurückgewinnen und die Befestigungen wieder aufbauen. Die Kommunen bleiben erfolgreich. Barbarossa vermag seine Forderungen nicht durchsetzen.

Friedrich I. Barbarossa als sagenhafter Held am Kyffhäuser-Denkmal (Ende 19. Jh.): Der schlafende Kaiser soll aus dem im Norden Thüringens gelegenen Kyffhäusergebirge zurückkehren und das Reich wiederherstellen.

1168

Das Toltekenreich löst sich auf

Als Folge überregionaler Wanderungsbewegungen, die vermutlich durch eine lange Trockenperiode ausgelöst wurden, bricht das Reich der Tolteken in Mittelamerika zusammen. Die Tolteken, eines der wichtigsten Völker der Nahua-Gruppe, weichen nach Süden aus und gründen dort mehrere Kleinstaaten. Den Azteken, deren Kultur stark von den Tolteken beeinflusst worden ist, galt die Periode der Toltekenherrschaft als das »goldene Zeitalter«.

Aztekischer Sonnengott Tonatiuh auf einem Kalender nach dem astrologischen System der Maya

DIE ANASAZI-KULTUR

Geheimnisvolle Felsenbewohner in Nordamerika

Die Anasazi-Indianer im Südwesten Nordamerikas sind durch ihr unvermitteltes Verschwinden bis zum heutigen Tag rätselhaft geblieben. Die Anasazi kennen weder das Rad noch besitzen sie Lasttiere, dennoch begründen sie eine präkolumbische Kultur, die über eine hoch entwickelte Religion, Astronomie und Kunst verfügt.

Die Anasazi gelten als Vorfahren der Pueblo-Indianer, der Hopi und Zuni. Ihr Reich, zwischen den heutigen US-Staaten Utah, Colorado, Arizona und New Mexico gelegen, lässt sich bereits um 500 belegen. Um 1000 beherrschten sie ein rund 400 000 km² umfassendes Gebiet.

Die Anasazi leben in kleinen, bis zu 600 Menschen umfassenden Dörfern und wohnen zunächst in Grubenhäusern, bevor sie in mehrräumige oberirdische Lehm- und Steinkomplexe übersiedeln. Etwa ab 900 gipfelt ihre Baukunst in mehrstöckigen Dorfanlagen aus Sandstein, von denen viele im Schutz der gigantischen Felsüberhänge der Canyons angelegt wurden.

Tonschale der Anasazi mit einem Tiermotiv. Die Töpferei gehört zum Tätigkeitsbereich der Frauen.

Diese wirken mit ihren nahezu fensterlosen Außenmauern wie Festungen. Diese »Pueblos« genannten Wohnstätten bieten sowohl Schutz als auch Raum für Vorräte und für die Nahrungszubereitung. Die terrassenartig angelegten Kastenhäuser selbst sind nur mit Leitern und über Falltüren im Dach zugänglich. In den »Kivas«, den halb unterirdischen Zeremonialkammern, werden zugleich Arbeiten verrichtet und Kulthandlungen ausgeübt. Die berühmteste Felsenstadt, Cliff Palace, umfasst bis zu 200 Räume und 23 Kivas. Pueblo Bonito im Chaco-Canyon, eines der beeindruckendsten Felsendörfer und vermutlich zugleich auch »Hauptstadt« und religiöses Zentrum, beherbergt in seiner Blütezeit sogar mehrere tausend Bewohner.

Alltagsleben und Grabbeigaben

Ackerbau und Jagd bilden die Ernährungsgrundlage des Volkes. Mais sowie im Gartenfeldbau gezogene Melonen, Kürbisse, Paprika und Bohnen dienen den Anasazi als Nahrungsgrundlage. Als Haustiere halten sie Hunde und Truthähne, deren Federn sie zu Schmuckzwecken verwenden. Frauen und Kinder sammeln Wildfrüchte, die Männer bewirtschaften die bewässerten Felder auf dem Canyongrund. Zur Jagd ziehen sie mit Pfeil und Bogen oder der »Atlatl« genannten Speerschleuder. Die Männer widmen sich der hoch entwickelten Webkunst. Korbflechterei und Töpfern hingegen fallen in den Aufgabenbereich der Frauen. Außerdem fertigen sie die auf dem felsigen und dornigen Untergrund unentbehrlichen

Im Schutz mächtiger Felsüberhänge errichten die Anasazi Wohnkomplexe (Nationalpark Mesa Verde, Colorado).

Sandalen aus Yuccafasern, die auch für Seile verwendet werden. Ihre engmaschigen Körbe dienen durch das Eintauchen erhitzter Steine sogar als Kochgefäße. Ebenso kunstvoll sind ihre Keramiken mit den typischen geometrischen Mustern.

»Die Uralten«, wie die Navajo die Anasazi nennen, verfügen über bemerkenswerte kulturelle Riten. Grabbeigaben wie Sandalen, Nahrung und Waffen dokumentieren ihren Glauben an ein Fortleben nach dem Tod.

Rätsel über plötzlichen Untergang

Die Hochebene Mesa Verde im Südwesten Colorados, die bereits um 500 besiedelt wurde, ist das bekannteste Zentrum der Anasazi-Kultur. Die Bewohner dieser Hochebene nutzen ein Straßennetz von etwa 650 km Länge, das sich von den Rocky Mountains bis zu den Mogollen-Bergen erstreckt, sie verfügen über ausgedehnte Bewässerungssysteme und unterhalten Handelsbeziehungen mit den Kulturen Mexikos.

Das Schicksal der Anasazi, die ihre Behausungen Ende des 13. Jahrhunderts fluchtartig verlassen, erinnert an das mysteriöse »Abtauchen« der Maya in Mittelamerika. Ob sie zu diesem Schritt Dürrekatastrophen, wie sie etwa für die Jahre 1275 bis 1299 nachgewiesen sind, Bürgerkriege, räuberische oder gar kannibalistische Überfälle – bis vor kurzem verdächtigte man die Navajo oder Apachen – oder vielleicht eine religiös motivierte Weltuntergangsfurcht antreiben, wird sich vielleicht nie mehr klären lassen. Die Anasazi ziehen in südlichere Gebiete, wo sie sich mit den Hopi, den Zuni und anderen Pueblo-Indianern vermischen.

Verzierte Haushaltskeramik der Anasazi: Zahlreiche archäologische Funde geben Einblick in Kultur und Alltagsleben.

1170

Byzanz überwirft sich mit Venedig

Ohne Vorwarnung werden zahlreiche venezianische Kaufleute im Byzantinischen Reich festgenommen, ihre Güter, Schiffe und Waren konfisziert. Die Aktion auf Geheiß des Kaisers Manuel I. Komnenos beendet die bis dahin guten Beziehungen zu Venedig.

Bereits zuvor hatte Manuel den Ungarn die Länder Kroatien, Bosnien und Dalmatien entrissen und die Interessen Venedigs auf dem Balkan verletzt. Zudem war die Privilegierung venezianischer Kaufleute zur wirtschaftlichen Belastung für Byzanz geworden. Die Interessengegensätze ließen die Verbundenheit der beiden Staaten in Feindschaft umschlagen. Das antivenezianische Handeln der Byzantiner führt dazu, dass Venedig die Kreuzfahrer des 4. Kreuzzuges veranlasst, 1202 die dalmatinische Stadt Zara und 1204 Konstantinopel zu erobern. Venedig erhält dadurch einen wichtigen Stützpunkt am Bosporus sowie Besitzungen in Griechenland. Das sichert der Seerepublik Handelsvorteile und die Vorherrschaft im Mittelmeerraum.

1170

Christliches Heldenepos um Roland

Seite aus dem »Rolandslied«: Roland fällt mit seinen Gefährten durch Verrat einem Hinterhalt zum Opfer (Buchmalerei, 11. Jh.).

Am Hof des Bayernherzogs Heinrich des Löwen überträgt Konrad der Pfaffe das »Rolandslied« in mittelhochdeutsche Reimpaare.

Das um 1100 in Nordfrankreich entstandene Heldenepos besingt Kampf und Tod des legendären Neffen von Karl dem Großen, der im Kampf gegen die Mauren 787 gefallen ist. Konrad legt den Akzent auf die Sehnsucht nach der ewigen Heimat und fügt einen christlichen Grundton hinzu: »Karl lag im Gebet versunken / Bis in den frühen Morgen. / Da lädt er zu sich zwölf Herren, / Die die weisesten waren ... / Sie begehrten nichts anderes / Als in Gott zu sterben, / Das Himmelreich sich als Märtyrer zu erwerben.«

1170

Beginen bieten Zuflucht

Um den Priester Lambert de Bègue sammelt sich eine Gemeinschaft frommer Jungfrauen und Witwen, die nur ein Gelübde auf Zeit ablegen und ein klosterähnliches Leben führen. Diese sogenannen Beginen verpflichten sich für die Zeit ihres Zusammenlebens zu freiwilliger Arbeit, Keuschheit, Gehorsam, Gebet, Fasten und regelmäßigem Empfang der Sakramente. Die Gemeinschaften verbreiten sich vor allem in den Niederlanden, in Belgien, Frankreich und Deutschland.

Die vielgestaltige Armutsbewegung des Hochmittelalters erfasst alle Stände. Schon bald können die Reformorden des 12. Jahrhunderts und die neu entstandenen Nonnenklöster die wachsende Zahl von Frauen nicht mehr aufnehmen, die nach einem religiös geregelten Leben verlangen. So verschafft sich die von wirtschaftlichen (Frauenüberschuss, Armut) und religiös-mystischen Motiven getragene Frauenbewegung im Beginentum eine eigene Lebensform außerhalb des Klosters. 1216 erkennt Papst Honorius III. die Beginen mündlich an.

Beginenfigur in Brügge: Den Lebensunterhalt der Frauen sichern eingebrachtes Eigentum und Stiftungen, vor allem aber der Verkauf von Eigenprodukten (meist Textilgewerbe). Im Gegensatz zu Ordensschwestern ist es den Beginen erlaubt, wieder aus der Gemeinschaft auszuscheiden.

Beginenhof in Amsterdam: Die Beginenhäuser bieten den Frauen soziale Versorgung und geistlichen Lebensinhalt.

1171

Saladin als weiser Herrscher

Saladin (oder Salahaddin), Sohn des Kurden El Ajjub, übernimmt die Herrschaft in Ägypten. Der umsichtig regierende Herrscher wird zum Begründer der Ajjubiden-Dynastie. Durch den Aufstieg der Ajjubiden ist Ägypten für den sunnitischen Islam zurückgewonnen. Bis zu diesem Zeitpunkt stand das Land am Nil unter der Herrschaft der schiitischen Fatimiden.

Saladin war in seiner Jugend in den Dienst der Sengidenherrscher, der Sultane von Syrien, getreten und hatte sich als Offizier ausgezeichnet. 1169 war er als Befehlshaber von Truppen nach Ägypten gesandt worden. Er sollte die Fatimiden gegen die Invasion der Kreuzfahrer unterstützen. Dank seiner großen militärischen Erfolge gelingt es Saladin, die Macht zu ergreifen und die Fatimiden zu stürzen. Obgleich er formell unter der Oberherrschaft Sultan Nureddins steht, ist er praktisch unabhängig.

Als der syrische Herrscher wenig später stirbt und seine beiden Söhne der Vormundschaft Saladins unterstellt werden, entfernt dieser die Nachfolger vom Thron und ruft sich 1173 selbst zum Sultan von Ägypten und Syrien aus. Vom Kalifen von Bagdad als Herrscher Ägyptens anerkannt, dehnt er seine Macht schnell aus: nach Norden über Syrien und Mesopotamien, nach Süden bis zum Jemen. Damit steckt er das Einflussgebiet auch seiner Nachfolger ab. Sein Sieg über die Kreuzfahrer bei Hattin (1187) hat für das Abendland den Verlust Jerusalems und weiter Teile der Besitzungen in Syrien und Palästina zur Folge. Die militärischen Erfolge sichern Saladin in der arabischen Welt das Ansehen eines Vorkämpfers für den Islam. Trotz seiner kriegerischen Auseinandersetzungen erwirbt er durch eine kluge Verhandlungspolitik großes Ansehen auch im Abendland. Er schließt Verträge mit den italienischen Seehandelsmetropolen und erwirbt sich u. a. die Freundschaft des Staufers Friedrich II. Saladin ist das Vorbild des Sultans in Gotthold Ephraim Lessings

Saladins Ruhm strahlt bis ins Abendland. Von Zeitgenossen und späteren Generationen wird er als Held des Islams gefeiert, der zugleich für seine Toleranz gegenüber nichtmuslimischen Untertanen seines Reichs bekannt ist (Miniatur, um 1180).

Dieser Zweikampf zwischen einem Kreuzritter und einem Sarazenen wird auch als Darstellung eines Duells zwischen Saladin und dem englischen König Richard Löwenherz gedeutet (englische Buchmalerei, 14. Jh.).

Drama »Nathan der Weise«. Saladin organisiert seinen Staat nach militärischem Vorbild. Allerdings führt das Erstarken der Truppen, vor allem der Mameluken 1250 zum Ende der Ajjubidenherrschaft in Ägypten. Nach Saladins Tod (1193) wird sein Reich unter verschiedenen Angehörigen der Familie Ajjubs aufgeteilt. Neben Kairo entstehen neue Zentren in Damaskus und Aleppo. Nur zeitweise kann einer der Herrscher sich über die anderen Mitglieder der Dynastie erheben.

1172

Venedig erhält Großen Rat

In Venedig markiert die Gründung des »Rats der Weisen« den Übergang zur Stadtrepublik. Später wird das Gremium Großer Rat genannt.

Die Republik bleibt unter der Führung eines Dogen, der durch den Rat der Weisen beraten werden soll. Die Macht des Dogen wird jedoch durch den Rat erheblich beschnitten. Mehr als 100 Jahre später wird in einer Verfassung die Zusammensetzung des Rats auf die Mitglieder bestimmter, aristokratischer Familien beschränkt und der Große Rat damit zu einer Art Adelsparlament.

1172

Versepos über Tristan

Eilhart von Oberge verfasst das Versepos »Tristrant« um die heimliche Liebe von Tristan und Isolde. Es handelt sich um den ältesten und den am vollständigsten erhaltenen Tristanroman. Er ist in drei Manuskript-Fragmenten des 12. und 13. Jahrhunderts überliefert sowie in zwei späteren Bearbeitungen des 15. Jahrhunderts. Der Stoff selbst stammt aus französischen Quellen. Eilharts Versepos entspricht inhaltlich am ehesten einem Roman des altfranzösischen Dichters und Spielmanns Béroul (Bérol), der kurz zuvor entstanden ist.

1175

Waldenser predigen Armut

Petrus Waldes gründet eine nach ihm benannte religiöse Gemeinschaft, die u. a. Ablass, Fürbitten für Verstorbene, Besitz- und Pfründewesen der Kirche sowie den Kriegsdienst ablehnt (Xylografie, 19. Jh.).

Der Lyoner Kaufmann Waldes (der Vorname Petrus ist erst ab 1368 bezeugt), der sein Vermögen unter die Armen verteilt hat, schließt sich mit Gleichgesinnten zu einer Gruppe zusammen, die umherziehend Buße predigt. Die Verfassung dieser Gemeinschaft enthält mönchische Elemente, lehnt das Mönchsgelübde allerdings ab. Die Anhänger der die Armut idealisierenden Sekte nennen sich »Arme Christi« und werden von der römischen Kirche zunehmend als ernste Gefahr empfunden.

Der Legende nach vollzog sich die Bekehrung Waldes' in folgender Weise: Beeindruckt von dem Bericht eines Spielmanns über den heiligen Alexius, der in seiner Jugend Vaterhaus und Reichtum entsagte, später zurückkehrte und unerkannt neben dem Tor seines Elternhauses starb, holte sich Waldes bei einem Theologen Rat. Dieser verwies ihn auf die Einladung Jesu an den reichen Jüngling: »Willst du vollkommen werden, so gehe hin, verkaufe, was du hast, und gib's den Armen ... und komm und folge mir nach« (Mt 19,21).

Waldes' Ziel ist eine Erneuerung des christlichen Lebens in Kirche und Gesellschaft. Die Waldenser, die 1181 aus Lyon vertrieben und 1184 vom Papst exkommuniziert werden, finden in ganz Europa Anhänger. Sie bilden die erste von mehreren in scharfer Opposition zur Kirche stehenden Armutsgruppen.

Auf dem Wappen der Waldenser befindet sich die Legende »Lux lucet in tenebris« (»Das Licht leuchtet in der Finsternis«), ein Ausspruch aus dem Johannesevangelium.

Um 1175

Ein Muslimreich südlich der Sahara

Große Moschee in Djenne (Mali): Nachdem der erste Maliherrscher zum Islam konvertierte, begann es zu regnen und eine quälende Hungersnot endete – so der Bericht des arabischen Geschichtsschreibers Ibn Khaldun.

Das um 1100 am oberen Niger entstandene Reich Mali erlebt seine erste Blüte. Im 13. und 14. Jahrhundert wird es zum führenden Staatswesen in Westafrika. Es dehnt sich weit nach Norden und Osten aus.

Seinen sagenhaften Reichtum verdankt es lebhaften Handelsbeziehungen und vor allem der Kontrolle der Goldfelder von Wangara. Die Herrscher des Malireichs sind Muslime, seit sich zu Beginn des 11. Jahrhunderts einer ihrer Vorfahren zum Islam bekehren ließ. Schillernde Berichte gibt es von der legendären Pilgerfahrt des Königs Musa 1324 nach Mekka. Die arabische und europäische Welt erfährt so vom südlich der Sahara gelegenen Reich der Malinke. Musas Tod 1337 leitet den Untergang des Reichs ein.

29. Mai 1176

Politische Wende in Oberitalien

Kaiser Friedrich I. Barbarossa verliert bei Legnano nahe Mailand eine entscheidende Schlacht gegen das weit überlegene Heer des Lombardischen Städtebundes. Der Träger der Reichsinsignien wird getötet, auch Barbarossa gilt für einige Tage als gefallen.

Der Kaiser war nach Italien gezogen, um den Aufständen der lombardischen Kommunen ein Ende zu bereiten. Die Schlacht entwickelt sich zunächst aus einer Reihe von eher lokalen Kämpfen zwischen Bauern der Umgebung und der kaiserlichen Kavallerie. Obgleich durch die hinzustoßenden Truppen Brescias und Mailands nur ein Teil der kaiserlichen Armee geschlagen wird, kommt es nach der Schlacht von Legnano zu einer politischen Wende. Friedrich entschließt sich zu Verhandlungen mit den oberitalienischen Städten. Am 24. Juli 1177 wird im Friedensvertrag von Venedig ein Waffenstillstand zwischen dem Kaiser und dem Lombardischen Städtebund geschlossen. Friedrich I. Barbarossa erkennt darin die innere Autonomie der italienischen Kommunen an, diese ordnen sich weiterhin der formellen Oberhoheit des Kaisers unter.

1174: Der schottische König muss die Oberhoheit Englands anerkennen, die bis ins 14. Jahrhundert bestehen bleibt.

Um 1175: Der Mönch Fitzstephan berichtet von Ballspielen in London zwischen Handwerkern und Studenten (»Ludus Pilae«) zur Fastenzeit. Er erwähnt u. a. auch Eislaufen, Springen, Bogenschießen, Pferderennen und Bootsregatten als beliebte Sportarten der englischen Bevölkerung.

11. September 1176

Seldschuken schlagen Byzanz

Bei Myriokephalon werden die Truppen des byzantinischen Kaisers Manuel I. Komnenos von den Seldschuken vernichtend geschlagen. Mit der Niederlage endet die byzantinische Rückeroberungspolitik in Kleinasien, die unter Alexios I. begonnen hatte. Der hohe Verlust an Soldaten macht es Kaiser Manuel I. in Zukunft unmöglich, gegen Syrien zu ziehen. Politische Wirren in Byzanz hatten den Seldschuken, einer Herrscherdynastie der Türkenstämme aus dem Gebiet des heutigen Irans, ermöglicht, fast ganz Kleinasien zu erobern.

Byzantiner kämpfen gegen die Seldschuken (Buchmalerei aus der Chronik des Johannes Skylitzes, 2. Hälfte des 13. Jh.).

1176

Großer jüdischer Philosoph

Der Philosoph und Arzt Moses Maimonides beginnt sein Hauptwerk »Führer der Unschlüssigen«. Das arabisch verfasste, später ins Lateinische und Hebräische übersetzte Buch begründet seinen Ruf als einer der größten jüdischen Philosophen.

Maimonides versucht in seinem Werk Vernunft und Glauben miteinander auszusöhnen. Der »Führer der Unschlüssigen« richtet sich an eine jüdische Bildungselite, die zwar nach wie vor an Gott und seine Offenbarungen glaubt, hinsichtlich ihrer Verbindung zu Philosophie und Vernunft jedoch unschlüssig ist. Maimonides gibt in seinem Führer die gesuchten Hilfestellungen. Er versucht Gott und seine Offenbarungen rational erfassbar zu machen, lehrt einen vernunftmäßigen Zugang zur Tora, den fünf Büchern Mose. Hier orientiert er sich stark an der aristotelischen Philosophie der Vernunft. Er bringt sich somit aber in krassen Gegensatz zum Kabbalismus, der etwa zeitgleich in Südfrankreich und Spanien entstehenden jüdischen Bewegung der Mystik. Der »Führer der Unschlüssigen« löst bald nach seiner Übersetzung ins Hebräische den »Maimonidesstreit« aus, der nach dem Tod des Autors schärfste Formen annimmt: Die traditionalistischen Gegner verhängen gegen das Werk den Bann, die Maimonisten sprechen den Gegenbann aus. Mithilfe der christlichen Inquisition erreichen die Traditionalisten eine öffentliche Bücherverbrennung des Maimonides-Hauptwerks.

Großen Einfluss hat das Denken des jüdischen Religionsphilosophen Moses Maimonides auf die christliche Scholastik. So schöpfen Albertus Magnus und Thomas von Aquin aus der lateinischen Übersetzung des »Führers der Unschlüssigen« für ihre Werke (Sitzstatue im jüdischen Viertel seiner Geburtsstadt Córdoba).

Ende Juni 1179

Hartes Urteil gegen Welfenherzog

Der Reichstag in Magdeburg verhängt die Acht über Heinrich den Löwen, den Herzog von Sachsen und Bayern, und erkennt ihm die Reichslehen ab. Unmittelbarer Grund dafür ist, dass der Welfe sich mehrfach geweigert hatte, vor dem Reichstag zu erscheinen.

Im Januar 1176 hatte Heinrich in Selbstüberschätzung hartnäckig Friedrich I. Waffenhilfe in einem für den Kaiser entscheidenden Streit um das schwäbische Erbe verweigert. Zudem hatte sich Heinrich als mächtigster Fürst und ehemaliger kaiserlicher Günstling die Feindschaft der meisten deutschen Fürsten und Bischöfe zugezogen. Nach der Belegung mit der Acht werden Heinrichs Herzogtümer aufgeteilt: Sachsen verliert Westfalen an Köln und Ostsachsen an die Askanier, Steiermark und Istrien werden zu selbstständigen Herzogtümern erhoben, der Rest fällt an die Wittelsbacher. Heinrich leistet gegen das Urteil zunächst militärischen Widerstand. 1181 muss er sich geschlagen geben und im Sommer 1182 nach England in die Verbannung gehen.

1180

Siegeszug der Windmühlen

Windmühle in Castelnaudary (Frankreich); 900 Jahre lang nehmen Windmühlen neben der Wasserkraft eine zentrale Stellung als Energiequelle ein.

Die erste urkundlich sicher bezeugte Windmühle dreht ihre Flügel in Nordfrankreich. Ihr Konstruktionsprinzip setzt sich allgemein durch: Die Flügel stehen senkrecht, im Unterschied zu älteren Mühlen in Vorderasien, die sich horizontal drehen. Bald finden sich ähnliche Mühlen in Flandern, Südengland und Frankreich, später auch in Deutschland. Bis zur Mitte des 13. Jahrhunderts verbreiten sich die Windmühlen in den großen Ebenen Mittel- und Nordeuropas. Im Gegensatz zu den Mühlen im Orient sind die europäischen Windmühlen schwenkbar, sodass man ihre Stellung je nach Windrichtung verändern kann. Die wirtschaftliche Bedeutung von Windmühle und Müller schlägt sich in der Volkskultur in zahlreichen Sagen, Märchen und Liedern nieder.

1183

Ende der kaiserlichen Oberhoheit

In Konstanz unterzeichnen Kaiser Friedrich I. und Vertreter der oberitalienischen Städte des Lombardischen Bundes einen Friedensvertrag. Er bestätigt den 1177 in Venedig geschlossenen Waffenstillstand und sichert die Unabhängigkeit Mailands und anderer Städte vom Kaiser. Zwar wird diesem bei seinen Aufenthalten in Italien die oberste Autorität zuerkannt, doch die Städte dürfen Schutzmauern errichten, sie können sich selbstständig regieren, einen Bund bilden und »für immer« die Rechte wahren, deren sie sich »seit den ältesten Zeiten« erfreuen. Barbarossa lehnt das »Naturrecht« der Städte ab, erkennt aber ihre Freiheiten und Privilegien an. Für die Region wird durch den Vertrag ein Gleichgewicht zwischen der kaiserlichen und der bürgerlichen Gewalt hergestellt.

Um 1185

Roman über Ritterehre

Der aus einem armen Rittergeschlecht in Schwaben stammende Hartmann von Aue schreibt den Roman »Erec« und macht dadurch die Sagen um den legendären Gralskönig Artus mit ihren ritterlichen Idealen im deutschen Sprachraum heimisch. Hartmann bezieht sich auf das altfranzösische »Erec«-Epos des Dichters Chrétien de Troyes, das er in einem schnörkellosen Stil übersetzt und neu gestaltet. Im Mittelpunkt des Romans steht die Frage, ob ein Ritter die Pflichten, die ihm seine Ehre auferlegt, mit denen vereinen kann, die die Liebe zur Gattin fordert. Hartmann schildert sensibel die seelischen Konflikte, die sich so lösen: Erec gewinnt Ritterehre und Liebe zugleich, dank der gütigen Haltung seiner Frau Enite.

1180: König Heinrich II. von England lässt eine neue Handelsmünze, den »Easterling«, schlagen. Die Münze mit dem Raugewicht von 1,36 g gleicht dem Kölner Pfenning und wird nicht nur in England zur Handelsmünze. Die Bezeichnung wandelt sich später zu »Sterling«.

1181: Erstmals im Abendland erwähnt der Mönch und Lyriker Guiot de Provins aus der Champagne die schwimmende Magnetnadel zur Bestimmung der Himmelsrichtungen.

Der mittelhochdeutsche Dichter Hartmann von Aue verfasst neben den beiden epischen Werken »Erec« und »Iwein« auch Kreuzzugs- und Minnelieder sowie die Mirakeldichtung »Der arme Heinrich« (Miniatur aus der Weingartner Liederhandschrift, 14. Jh.).

1185/86

Zweites Bulgarenreich gegründet

Die Brüder Asen und Peter aus dem Geschlecht der Sisman entfachen in Bulgarien einen von der Stadt Tirnowo ausgehenden Aufstand. Er beseitigt die seit dem Jahr 1018 bestehende Oberherrschaft von Byzanz und begründet das zweite bulgarische Reich.

Das am Nordhang des Balkangebirges gelegene Tirnowo wird Zarenstadt. Die Dynastie der Aseniden beherrscht Bulgarien, das zeitweise führende Balkanmacht wird, unangefochten bis zur zweiten Hälfte des 13. Jahrhunderts. Die Aseniden knüpfen an eine ältere Zarentradition nach byzantinischem Vorbild an. 1330 gerät das Land unter serbischen Einfluss und löst sich in Teilreiche auf. Nachdem sich Serbien dem osmanischen Sultan Murad I. unterwerfen muss, wird Bulgarien im Jahr 1396 türkische Provinz.

4. Juli 1187

Niederlage der Kreuzritter

Auf dem Hügel »Hörner von Hattin« westlich des Sees Genezareth erliegt das Kreuzfahrerheer dem Ansturm der Truppen Saladins. Die lange Schlacht fordert unter den tapfer kämpfenden, aber vom Durst geschwächten Kreuzrittern zahlreiche Opfer. Als Gefangene betreten die Heerführer und Adligen Jerusalems, allen voran König Guido, sein

Die »Hörner von Hattin« im heutigen Israel sind der Schauplatz der Schlacht zwischen Sultan Saladin und den Kreuzfahrern.

Bruder Amalrich, Rainald von Châtillon, Humfried von Toron und der Großmeister des Tempelritterordens, das Zelt Saladins. Der Sultan begnadigt die hochgestellten Christen, nur Rainald von Châtillon, der wiederholt ungesühnt muslimische Karawanen ausgeraubt hatte, schlägt er eigenhändig den Kopf ab.

Die christlichen Ordensritter überlässt Saladin einer Horde fanatischer Sufis, die alle Templer und Hospitaliter erschlagen. Die gefangenen Christen schickt der Sultan nach Damaskus, wo die Edlen in bequemen Quartieren untergebracht werden. Die einfachen Soldaten trifft ein härteres Schicksal: Die meisten von ihnen werden auf dem Sklavenmarkt feilgeboten.

In Hattin wird das größte christliche Heer geschlagen, das vom Königreich Jerusalem je ins Feld geschickt wurde. Die Macht des christlichen Jerusalems ist gebrochen. Zudem fällt auch das Heilige Kreuz, das der Bischof von Akkon auf dem Feldzug mitführte, in die Hände der Muslime. Nach der Schmach von Hattin entstehen im Abendland viele Kreuzfahrerlieder, in denen die Fürsten aufgefordert werden, sich mehr als bisher zu engagieren.

1185: Die Familie der Freiherren Eschenbach-Schnabelburg-Schwarzenbach stiftet das Kloster Keppel am Albis (Schweiz), die erste deutsche Zisterzienserabtei.

1186: Die Heirat Heinrichs, Sohn von Kaiser Friedrich I. Barbarossa und Konstanze, Tochter König Rogers II. von Sizilien, bereitet den sizilianischen Erbfall der Staufer in Süditalien vor.

1187

Meisterhafter Reliquienschrein

Die Kölner Schule des Goldschmieds und Emailleurs Nikolaus von Verdun erhält den Auftrag, einen Schrein aus vergoldetem Silber für die Reliquien der Heiligen Drei Könige sowie der Heiligen Felix, Nabor und Gregor zu fertigen.

Das als dreischiffige Basilika konzipierte Kunstwerk hat durch längere Arbeitsunterbrechungen sowie spätere Restaurierungsversuche manches von seiner ursprünglichen Geschlossenheit eingebüßt. Die thronenden Apostel- und Prophetenfiguren weisen mit ihren individualisierten Gesichtern, der Dynamik ihrer Bewegungen und den Muldenfalten ihrer Gewänder über die Starre der romanischen Plastik weit hinaus. Das durchdachte Bildprogramm reicht von den Propheten und Königen des Alten Testaments über die Menschwerdung Christi und Szenen aus der Passion bis zum Jüngsten Gericht.

Frontalansicht des Kölner Dreikönigsschreins: Der 1230, nach fast einem halben Jahrhundert, vollendete Schrein gilt als das bedeutendste Erzeugnis der mittelalterlichen Goldschmiedekunst.

2. Oktober 1187

Saladin erobert Jerusalem ohne Blutvergießen

Am 27. Tag des Monats Radschab – nach muslimischem Kalender der Jahrestag, an dem Mohammed im Schlaf Jerusalem aufgesucht hatte und von dort in den Himmel getragen wurde – zieht Saladin an der Spitze seiner Truppen in die Stadt ein. Jerusalem wird friedlich den Muslimen übergeben. Lange Verhandlungen hatten dies möglich gemacht.

Die Christen kapitulieren

Die Belagerung dauerte nur zwölf Tage. Nachdem Saladin am 27. September mit dem Angriff begonnen hatte, schlugen seine Soldaten bereits zwei Tage später an derselben Stelle, an der die Kreuzfahrer 88 Jahre zuvor in die Stadt eingedrungen waren, eine Bresche in die Mauer. Die Christen konnten die Stelle zwar noch einmal verteidigen, aber Jerusalem befand sich insgesamt in einer aussichtslosen Lage. Als Erster riet der griechische Patriarch Heraklios zur Kapitulation, ihm schloss sich Balian von Ibelin an, der die Leitung der Verteidigung innehatte.

Balian begab sich am 30. September in das Lager Saladins, um die Bedingungen für die Übergabe auszuhandeln. Nach langem Feilschen zeigte Saladin sich schließlich großmütig, überdies wünschte er, dass Jerusalem so wenig Schaden wie möglich nehmen sollte. Balian einigte sich mit dem Sultan auf eine Summe von 30000 Dinaren, mit der 7000 Menschen freigekauft wer-

Der Fall Jerusalems versetzt das Abendland in Alarmstimmung und löst einen neuen Kreuzzug aus. Die beiden Hauptprotagonisten des 3. Kreuzzugs sind der englische König Richard I. Löwenherz (l.) und Sultan Saladin (Kachel, um 1250).

Saladin besiegt ein christliches Kreuzfahrerheer und raubt das Kreuz (Miniatur aus der »Chronica majora«, 1250).

den sollten. Da in der Stadt jedoch mehr als 20 000 Menschen lebten, gerieten über die Hälfte in die Sklaverei.

Lange Flüchtlingsströme

Als Eroberer tritt Saladin mit großer Milde auf. Im Unterschied zu den Christen, die bei der Einnahme Jerusalems ein Gemetzel angerichtet hatten, wird nicht ein Gebäude geplündert oder ein Mensch verletzt. Auf Befehl Saladins patrouillieren Wachen durch die Straßen und verhindern jeden Übergriff auf die Christen. Drei lange Züge von Flüchtlingen ziehen nach einigen Tagen aus der Stadt: der erste unter der Führung der Tempelritter, der zweite unter den Hospitalitern, der dritte unter Balian und dem Patriarchen. Die Vertriebenen suchen lange nach einem Zufluchtsort. Tyros nimmt nur kriegstüchtige Männer auf, Tripolis, das unter Lebensmittelknappheit leidet, schließt die Stadttore. Erst in Antiochia finden die Flüchtlinge einen Ruheplatz. Die orthodoxen Christen bleiben in Jerusalem. Sie hatten schon während der Belagerung durch Saladin signalisiert, dass sie ihm widerstandslos die Tore öffnen würden. Die Wohlhabenden unter ihnen kaufen die leer stehenden Gebäude, ebenso wie Muslime und Juden.

Als die Nachricht vom Fall Jerusalems Byzanz erreicht, schickt Kaiser Isaak Angelos einen Glückwunsch an Saladin und bittet ihn um die Rückgabe der heiligen Stätten an die Orthodoxie. Saladin zögert zunächst, dann stimmt er dem Begehren zu. Er verzichtet darauf, die Grabeskirche zu zerstören, da die Christen seiner Auffassung nach nicht das Gebäude, sondern die heilige Stätte verehrten. Allerdings wurde das Kreuz, das den Felsendom schmückte, herabgeholt, noch während die Christen in der Stadt weilten.

1188: Nach Abdankung Kilidsch Arslans wird das Seldschukenreich unter seine elf Söhne aufgeteilt.

1189

Löwenherz wird König

Die Gefangennahme von Richard I. Löwenherz in Österreich 1192 und seine Auslieferung an Kaiser Heinrich VI. (Miniatur, um 1200)

Der 32-jährige Richard, Sohn Heinrichs II. und der Eleonore von Aquitanien, wird in London zum englischen König gekrönt. Der seit 1172 in Poitiers residierende Herzog gilt als schillerndste Persönlichkeit des späten 12. Jahrhunderts. Erzogen wurde er als französischer Ritter, seine Neigung gilt der Dichtung und den Liedern, er selbst sieht sich als Troubadour.

Immer wieder erhebt er sich gegen seinen Vater, sogar im heimlichen Bund mit dem französischen König, doch immer wieder wird ihm verziehen. Als König setzt Richard zwar die väterliche Politik in seinem Reich fort, erhöht die Einnahmen der Krone durch eine neue Grundsteuer und genießt seinen ritterlichen Ruhm, der sich über ganz Europa verbreitet. Die Amtsgeschäfte aber überlässt er den Beamten seines Vaters. Weniger als ein Jahr seiner zehnjährigen Regierungszeit verbringt er in England.

Schon 1190 bricht Richard ins Heilige Land auf, erobert das byzantinische Zypern und leitet die Belagerung Akkons in Palästina. Hier kämpft er tapfer und erhält wegen seines Mutes und seiner Umsicht den Beinamen »Löwenherz«. Doch überwirft er sich mit dem österreichischen Herzog Leopold von Babenberg, der nach dem Tod Friedrichs I. Barbarossa die deutschen Kreuzfahrer anführt. Akkon fällt 1191, Richard zieht weiter nach Süden, besiegt Ägyptens Sultan Saladin bei Arsuf und erobert Jaffa. Als Jerusalem seiner Belagerung standhält, schließt Richard ein Abkommen mit Saladin und schafft so die Grundlage für den zweiten Kreuzfahrerstaat (1192). Auf dem Rückweg aus dem Heiligen Land wird er von Leopold in Österreich gefangen genommen. Leopold nimmt den gefangenen König mit nach Regensburg, um mit Kaiser Heinrich VI. einen Preis für die Übergabe auszuhandeln. Richard I. wird über ein Jahr auf der staufischen Reichsburg Trifels gefangen gehalten.

Heinrich VI. fürchtet ein Wiedererstarken des Welfen Heinrich des Löwen, der seine von Friedrich Barbarossa eingezogenen Gebiete mit nachhaltiger Unterstützung des englischen Königs wiederzuerlangen versucht. Deshalb fordert Heinrich, dass Richard ihn als Lehnsherrn anerkennt. Als Richard auf diese Bedingung eingeht und ein hohes Lösegeld zahlt, wird er 1194 freigelassen. Kaum ist Richard wieder in England, muss er gegen Aufständische in der Normandie und Aquitanien sowie Philipp II. August zu Felde ziehen. Bei Freteval schlägt er die Franzosen (1194), doch eine Verwundung kostet ihn 1199 vor den Mauern von Schloss Chalis im Poitou das Leben. Bis heute werden Richards Leben und Taten romantisch verklärt.

1188: Im spanischen Königreich Léon tritt die erste Cortés zusammen. Das Gremium repräsentiert verschiedene soziale Schichten und ist die Keimzelle der Ständeversammlungen in Europa.

10. Juni 1190

Barbarossa ertrinkt in Kleinasien

Friedrich I. Barbarossa stirbt in den Fluten des Flusses Saleph im anatolischen Kilikien (Miniatur aus einer mittelalterlichen Handschrift).

Auf dem Weg ins Heilige Land fällt Kaiser Friedrich I. Barbarossa beim Hineinreiten in den Fluss Saleph vom Pferd und ertrinkt. Andere Quellen behaupten, er sei beim Baden umgekommen. Was wirklich geschieht, wissen auch die Augenzeugen nicht zu sagen. Bis heute sind die genauen Umstände ungeklärt. Vermutlich aber erliegt der fast 70-Jährige einem Herzschlag.

Im Mai 1189 brach Friedrich mit einem großen Heer in Regensburg auf und leitete damit den 3. Kreuzzug ein. Nach dem Tod ihres Führers steht das ganze Kreuzzugsheer unter Schock. Friedrich von Schwaben ordnet eine mehrtägige Trauerfeier an. Ein großer Teil des Heeres tritt anschließend den Rückmarsch an, doch wird der Kreuzzug fortgesetzt.

1190

Papierherstellung in Mühlen

Das Innere einer Papiermühle: Gegen Ende des 12. Jh. wird die Papierherstellung auch im abendländischen Kulturkreis allgemein üblich. In China und der arabischen Welt ist das Herstellungsverfahren schon seit Jahrhunderten bekannt (Holzschnitt, 1689).

In Ravensburg wird die erste deutsche Papiermühle in Betrieb genommen. Die mechanischen Stampfer, die einen Papierbrei aus zerrissenen Fasern und Wasser herstellen, werden zumeist mit Wasserkraft angetrieben. Die feuchte Masse wird auf ein feines, in einen Holzrahmen eingespanntes Sieb aufgegossen. Durch saugfähige Zwischenlagen getrennt, werden mehrere solcher Blätter in Pressen geglättet. Danach wird das Papier gelegentlich chemisch behandelt, um die Aufnahmefähigkeit für die Tinte zu verbessern.

12. Juli 1191

Kreuzfahrer erobern Akkon zurück

Ohne das Einverständnis von Sultan Saladin kapituliert die Stadt Akkon vor dem Heer der Kreuzfahrer.

Nach der Eroberung Jerusalems schien der Kreuzfahrerstaat wehrlos. Unversehends begann Guido von Lusignan im August 1189 die Stadt Akkon zu belagern. Bald kam es zu einer Pattstellung. Erst durch die Ankunft der Galeere des englischen Königs Richard I. fasste das kleine Belagerungsheer des Königs von Jerusalem im Juni 1191 neuen Mut. Beherzt unternahmen die verstärkten Reihen der Kreuzfahrer neue Angriffe auf die erschöpfte Stadt, die vom Nachschub durch die Truppen des Sultans Saladin völlig abgeschnitten war.

Der Übergabevertrag sieht die Freilassung von 1500 gefangenen Christen, die Zahlung eines hohen Lösegelds sowie die Rückgabe des 1187 erbeuteten Heiligen Kreuzes vor. Neben Streitigkeiten zwischen dem Herzog von Österreich und Richard I. kommt es nach dem Einzug der Kreuzritter in die Stadt zu Unstimmigkeiten bei der Abwicklung der mit Saladin getroffenen Vereinbarungen. Als der Sultan ein Ultimatum verstreichen lässt, befiehlt Richard, der so schnell wie möglich nach Jerusalem weiterziehen will, ein kaltblütiges Massaker: Die rund 3000 Überlebenden der Besatzung werden an einer für das muslimische Heer gut einsehbaren Stelle hingerichtet.

1191: Der japanische Mönch Eisai kehrt aus China in seine Heimat zurück, wo er den Chan-Buddhismus verbreitet, der in Japan Zen-Buddhismus genannt wird.

1192

Gotik erreicht England

In der englischen Stadt Lincoln wird der Bau einer Kathedrale in Angriff genommen, die – neben der vor 1191 begonnenen Kathedrale in Wells – das erste englische Bauwerk der Gotik darstellt. Der neue Stil ist von französischen Baumeistern auf die Insel gebracht worden, verbindet sich dort jedoch mit eigenen, vor-gotischen Traditionen, sodass eine eigenständige Sonderform entsteht.

Die englischen Kirchen unterscheiden sich in ihrem Außenbau auf den ersten Blick von französischen Kathedralen, sind sie doch meist länger und breiter, aber weitaus flacher. Doppeltürme an der Westfassade sind selten, stattdessen wird die Vierung von einem gewaltigen, meist quadratischen und abgeflachten Turm gekrönt. Der Chor ist rechteckig abgeschlossen, wie überhaupt bei den englischen Kathedralen rechteckige Formen überwiegen. Im Innern setzt sich der Eindruck fort, dass die englischen gotischen Kathedralen nicht nach einem einheitlichen Raumprinzip angelegt sind, sondern dass sich in ihnen verschiedene Elemente aneinanderfügen.

Als besonders schöpferisch erweisen sich die englischen Baumeister in der Gestaltung der Gewölbe, die nicht mehr der Logik des Jochsystems folgen. So finden sich schon im Langhaus von Lincoln eine durchgängig über der Mittelachse des Hauptschiffs verlaufende Scheitelrippe sowie Nebenrippen, die in der Scheitelrippe enden, sodass der Eindruck eines Palmwedels entsteht (Sterngewölbe). Später kommen kompliziertere Formen mit Rippen hinzu, die weder eine Jochecke noch den Schlussstein berühren (Liernengewölbe).

Die Lincolnkathedrale läutet in England die Epoche der Gotik ein.

GOTISCHE KATHEDRALEN

Spitzbogen, Strebewerk und vielfarbige Glasfenster

Die Gotik nimmt in den europäischen Ländern einen unterschiedlichen Verlauf. Von Frankreich ausgehend, entwickelt sich der gotische Baustil in der Verbindung normannischer und burgundischer Elemente. Die Ursprünge reichen in die Mitte des 12. Jahrhunderts zurück, doch wird bis ins 16. Jahrhundert vielerorts gotisch gebaut.

Weit in den Himmel strebende Chöre und Türme, lichtdurchflutete Räume und der Reichtum filigraner Schmuckfassaden demonstrieren einen Wandel im Bewusstsein: Die königlichen Bauherren verstehen sich nicht nur als weltliche Herrscher, sondern auch als Wegweiser im Geistlichen. Nicht umsonst entsteht der erste Bau einer gotischen Kirche an der Stelle, an der die französischen Könige begraben werden: in St. Denis. Dort wird 1144 das erste Gotteshaus eingeweiht, dessen Gestaltung dem neuen Plan folgt: Die wuchtigen Mauern der romanischen Kirchen lösen sich in fein gegliederte, von vielen Fenstern und Bogen durchbrochene Bildwände auf. Der Baumeister nutzt die neuen statischen Erkenntnisse, die sich im 12. Jahrhundert herausgebildet haben: Es sind nicht mehr nur die starken Außenmauern, die das Dach tragen. Durch ein ausgeklügeltes System von Pfeilern, Wölbungen und Säulen sowie vor allem durch die Strebebogen wird die Last des Gewölbes im Innern auf die Säulen, nach außen auf das Strebewerk (Strebepfeiler und -bogen) abgeleitet. Die Architekten können wesentlich höhere Gewölbe bauen als zuvor, das in der Romanik noch massive Mauerwerk wird aufgelöst und ist von großen Fenstern durchbrochen. Diese Konstruktion ermöglicht die für die Gotik charakteristische Skelettbauweise.

Mit dem Bau der Kathedrale Notre-Dame in Reims tritt das Maßwerk seinen Siegeszug an.

Steil gen Himmel

Zwischen den Jahren 1140 und 1250 entstehen in Frankreich Kathedralen von immer größeren Ausmaßen. Zu den bedeutendsten zählen die Gotteshäuser in Paris (1163), Chartres (ab 1194), Reims (ab 1211), Amiens (ab 1220) sowie Beauvais (ab 1247). Dass die architektonischen Schwierigkeiten nicht gerade leicht zu überwinden waren, zeigt z. B. die 1272 vollendete Kathedrale von Beauvais: Ihre steile und weit in die Höhe strebende Statik ist so waghalsig angelegt, dass die Gewölbe bereits 1290 einstürzen.

Die riesigen Fenster gotischer Kathedralen sind – dies bedingen die technischen Möglichkeiten der damaligen Glasproduktion – aus vielen kleinen, von Bleirahmen gehaltenen Scheiben zusammengesetzt. Die in kräftigen Farben gestalteten, aus vielen Facetten bestehenden Bilder stellen Propheten, Apostel und Szenen aus dem Leben Jesu oder der Heiligen dar und lassen das Kircheninnere bei Tage in einem magisch-mystischen Licht erscheinen. Über den Portalen am Mittel- und Querschiff werden häufig große Fensterrosen eingefügt, die durch das typische gotische Maßwerk, ein geometrisches Bauornament, gegliedert sind. Sie stellen symbolisch die Sonne dar, ein Abbild von Christus oder Maria. Die Kirche wird zunehmend als einheitliches, lichtdurchflutetes Ganzes begriffen. Das Licht soll nach Ansicht der Baumeister der Erleuchtung der Gläubigen dienen. Die Außenfassaden der Kathedrale sind mit vielen Skulpturen geschmückt. Die neuen theologischen Vorstellungen finden nicht zuletzt im reichen Skulpturenschmuck der Portale ihren Ausdruck. Anders als die Halbreliefs der romanischen Bildhauerkunst treten die Figuren nun ganz aus dem Mauerwerk hervor und entwickeln gleichsam eine eigene Körpersprache.

Innenraum von Sainte-Chapelle in Paris: filigrane Formen der Durchfensterung

Ausbreitung in Europa

In England entwickelt sich ein eigener gotischer Stil mit vielgestaltigen Schmuckformen. In Deutschland wird der gotische Baustil hingegen zunächst nur zögernd aufgenommen. Die ersten Übergangsformen finden sich in Magdeburg (ab 1209) und Marburg (Elisabethkirche ab 1235). Höhepunkte des gotischen Kirchenbaus sind die großen Kathedralen in Straßburg (ab 1236) und Köln (ab 1248). In Italien bleiben viele gotische Neubauten der älteren italienischen Architektur verpflichtet. Einzig der Mailänder Dom, von nordischen Baumeistern errichtet, strebt mit seinem gewaltigen Wölbungsbau den großen französischen Vorbildern nach.

Kathedrale von Canterbury: Den Außenbau prägt ein reiches Baudekor.

1192

Shogune herrschen in Japan

Der Shogun Yoritomo stammt aus der mächtigen Kriegerkaste der Samurai, die einem strengen Ehrenkodex unterliegen. Dieser verlangt u. a. stoische Todesverachtung (japanische Malerei, Nationalmuseum Tokio, 1900).

Yoritomo, das Oberhaupt der Minamoto-Familien, einer einflussreichen Samuraigruppe, bekommt den Titel eines »Shogun« verliehen. Der Titel legitimiert die militärischen Vollmachten Yoritomos durch den Kaiserhof, bezeichnet aber faktisch den wahren Beherrscher des Inselreichs.

Der Verleihung war eine lange kriegerische Auseinandersetzung mit der Gruppe der Taira-Familien vorangegangen. Der sogenannte Gempei-Krieg (1180 bis 1185) hatte im Kanto-Gebiet begonnen und sich rasch nach Zentral- und Westjapan ausgebreitet. Aufgrund des für diesen Waffengang charakteristischen Kampfstils, bei dem schwer bewaffnete Krieger ihre Gegner zu heroischem Einzelkampf herausforderten, wurden manche Episoden des Gempei-Kriegs später in Literatur und Bühnenstücken romantisiert. Als der Sieg der Minamoto 1185 in einer Seeschlacht endgültig errungen wird, errichtet Yoritomo die erste Militärhegemonie auf nationaler Ebene. Er baut fern von Kyoto, dem Sitz des Kaiserhofes, ein gesondertes Militärhauptquartier auf. Sein Ziel ist es nicht, den Kaiserhof zu beherrschen. Vielmehr schöpft er alle Militär- und Polizeivollmachten aus, die der Hof nur zu gern einem Führer überlassen hatte, der scheinbar den Frieden im Land erhalten konnte. So bedeutet die Einrichtung eines Shogunats durch Yoritomo keineswegs eine Machtanmaßung, sondern lediglich das Ausschöpfen gegebener Möglichkeiten. Yoritomo erhält den zweithöchsten Rang am Hof verliehen. Er wird Eigentümer von 16 Provinzen. In diesen Herrschaftsbereichen ist er befugt, Gouverneure, Zivilbeamte und Verwalter einzusetzen. In anderen Gebieten erhält er das Recht, zwei neue Arten von Beamten zu ernennen: Militärgouverneure (Shogu) und militärische Landverwalter (Jito).

Yoritomo verteilt die Militärgouverneure über alle Provinzen, wo sie die Militär- und Polizeimaßnahmen überwachen. Mit den Jito werden Amtsträger eingestellt, die den Gutsverwaltern bei der Einziehung der Abgaben behilflich sind und Militärsteuern erheben. Auf diese Weise schafft der Shogun ein dichtes Verbindungsnetz über das ganze Land. Das macht Yoritomos Hauptquartier in Kamakura zu einer zentralen nationalen Verwaltungsbehörde. Bei seinem Aufstieg hat Yoritomo behauptet, er diene dem Kaiserreich als Beschützer, nicht als dessen Zerstörer. Jeden seiner Schritte lässt er vom Kaiserhof legitimieren. Dennoch wird seine Organisation bald mächtiger als der erschlaffende kaiserliche Regierungsapparat.

Aus europäischer Sicht beginnt mit der Errichtung des Shogunats in Japan ein Zeitalter des Feudalismus. Die zentrale Bedeutung der alten Kaiserstadt Kyoto nimmt im Laufe der Zeit immer mehr ab.

1192: Im italienischen Volterra entsteht das erste Alaunwerk Europas.

Auf dem 1183 von Byzanz abgefallenen Zypern begründet das französische Adelsgeschlecht der Lusignan eine Dynastie, die die Insel für fast drei Jahrhunderte beherrscht.

Um 1193: Das mittelfränkische Spielmannsepos »Orendel« entsteht in Trier.

1194

Wikinger landen auf Spitzbergen

Die Wikinger entdecken Spitzbergen. Sie nennen die Inselgruppe »Svalbard«, was so viel bedeutet wie »kalte Küste«. Mit ihren Langbooten haben die Wikinger zwar schon lange zuvor das Nordkap entdeckt und auch umrundet, doch in die nördlicheren Breiten stoßen sie erst im 12. Jahrhundert vor. In dieser Zeit gehen viele Wikingerzüge von Island aus, weshalb die Entdeckung Spitzbergens in der sogenannten Island-Chronik Erwähnung findet. Die Langboote der Wikinger erreichen bei dieser Fahrt einen Breitengrad, der 1500 km nördlicher als Islands Nordküste liegt.

Für das übrige Europa bleibt Spitzbergen wie viele der anderen Wikingerentdeckungen in dieser Zeit noch völlig unbekannt. Erst im Juni 1596 wird es von den Holländern Willem Barents und Jakob van Heemskerck wieder entdeckt werden. Im Jahr 1611 folgen schließlich holländische und englische Walfänger, sie teilen sich mit den später eintreffenden Franzosen und Dänen die Küste. Erst 1715 erreichen die ersten Russen die Küste von Spitzbergen.

Die durch Fjorde stark gegliederte, gebirgige Inselgruppe Spitzbergen liegt im nördlichen Eismeer.

8. Januar 1198

Papsttum auf der Höhe seiner Macht

Mit Innozenz III. wird der Machtkampf zwischen weltlicher und geistlicher Autorität vorübergehend zugunsten Roms entschieden (Fresco in der Unterkirche von Sacro Speco, Subiaco, 13. Jh.).

In Rom wird noch am Beisetzungstag seines Vorgängers Coelestin III. der 37-jährige Lothar Segni zum Papst gewählt. Unter dem Namen Innozenz III. führt der Neugewählte das Papsttum zu einem Höhepunkt seiner Macht. Unmittelbar nach seiner Inthronisation zwingt das neue Kirchenoberhaupt den vom Kaiser eingesetzten römischen Stadtpräfekten zum Vasalleneid. Den Kirchenstaat erweitert er durch Rückgewinnung verlorener Gebiete und Durchsetzung alter Rechte. Als er 1216 stirbt, trennt der Kirchenstaat den Norden Italiens von Sizilien. Das »Haupt der Christenheit« sieht sich als Oberlehnsherr der christlichen Völker des Abendlandes.

September 1198

Deutscher Orden gegründet

Statuten des Deutschen Ordens (Pergamenthandschrift aus dem Jahr 1442)

Der König von Jerusalem und der Papst erkennen den Deutschen Orden, eine Vereinigung von Rittern und Helfern, als neuen Ritterorden an. Die beiden erstgegründeten Ritterorden, die Templer und die Johanniter, hatten nur wenige Deutsche in ihren Reihen. Erst während des 3. Kreuzzugs schließen sich deutsche Ritter zu einer Bruderschaft zusammen, aus der sich der neue geistliche Ritterorden bildet.

Die Anfänge des Deutschen Ordens gehen auf das Jahr 1190 zurück. Während der Belagerung der Stadt Akkon hatten einige Kaufleute aus Bremen und Lübeck improvisierte Zelte aus den Segeln ihrer Schiffe aufgestellt. Nach dem Vorbild des St.-Johannes-Hospitals in Jerusalem dienten sie dazu, deutsche Pilger und verletzte Kreuzfahrer zu versorgen. Das Feldlazarett unter den Segeln wurde der Heiligen Jungfrau geweiht. Als der deutsche Kreuzzug nach dem Tod Friedrich Barbarossas zusammenbrach, kehrten einige der Kreuzritter nicht mehr in ihre Heimat zurück, sondern schlossen sich den Samaritanern an. Nach der Eroberung Akkons wurde ein Gartengrundstück innerhalb der Stadtmauern erworben und darauf ein Hospital und eine Kirche erbaut.

Als sich die Bruderschaft vom Hospital in Akkon in einen Ritterorden verwandelt, werden die Regeln der beiden älteren Orden weitgehend übernommen. Die Tracht des Deutschen Ordens besteht aus einem weißen Mantel mit schwarzem Kreuz. Nach ihrer Anerkennung widmen sich die Deutschordensritter überwiegend militärischen Aufgaben. König Amalrich von Jerusalem überlässt dem neuen Orden einen befestigten Turm innerhalb Akkons. Zahlreiche Spenden und Schenkungen ermöglichen es den Ordensrittern, die Burg Montfort zu kaufen; sie erhält den Namen »Starkenburg« und wird zur Residenz des Hochmeisters, der dem Orden vorsteht und vom Generalkapitel auf Lebenszeit gewählt wird.

Über die ersten drei Hochmeister des Deutschen Ordens ist nichts Näheres bekannt. Erst unter dem vierten, dem aus Thüringen stammenden Hermann von Salza, nimmt der Orden an Bedeutung zu und dokumentiert seine Geschichte genauer. Kaiser Friedrich II. bedient sich des Ordens später als Berater und Stütze seiner Politik gegenüber dem Papst, was den Rittern ein großes Ansehen verschafft. Da der Orden nach seiner Anerkennung durch den Papst über den Kreuzzugsablass verfügen kann und ihm bald eine Reihe prominenter Adliger beitreten, wächst ihm auch außerhalb des Heiligen Landes, vor allem in Deutschland, ein beträchtlicher Besitz zu.

Hochmeister des Deutschen Ordens (l.) und ein Schwertbruder: Der Deutsche Orden wird zu einer wichtigen Stütze der kaiserlichen Machtpolitik und treibt u. a. die Erweiterung des deutschen Reichs nach Osten voran (Farbholzstich, 19. Jh.).

1198

Urbild des Minnesängers – Walther von der Vogelweide

Der Minnesänger Walther von der Vogelweide, dessen Lieder und Gedichte heute als Inbegriff deutscher Poesie im Hochmittelalter gelten, nimmt seinen Abschied vom Wiener Hof der Babenberger und wendet sich der Spruchdichtung zu. Seine Sprache und Verskunst weisen dem Minnesang des 13. und 14. Jahrhunderts in Deutschland den Weg. Von Wien aus zieht der Dichter zunächst als fahrender Sänger durch die Lande und findet Aufnahme bei Philipp von Schwaben. Dort ergreift er dessen Partei in den Auseinandersetzungen mit Otto IV. um den Kaiserthron. Von Walthers Aufenthaltsorten sind lediglich die Höfe des Landgrafen von Thüringen (auf der Wartburg) und des Grafen von Meißen belegt. 1224 schenkt der Kaiser dem Dichter ein Lehen in der Nähe Würzburgs.

Walther von der Vogelweide (Buchmalerei aus der Weingartner Liederhandschrift, um 1330)

Politische Propaganda

Als ausgewiesener Vertreter höfisch-antiklerikaler Propaganda bezieht Walther in seiner Spruchdichtung immer wieder zu politischen Themen Stellung, etwa zum Thronstreit zwischen Welfen und Staufern oder zu dem die innere Ordnung des Reichs bedrohenden Dauerkonflikt zwischen Kaiser- und Papsttum, auch im Zusammenhang mit dem Kreuzzug, den Friedrich II. mehrmals verspricht und wieder aufschiebt. In seinen »Kreuzzugssprüchen« befürwortet Walther ihn nachdrücklich.

Auch in seinen Minneliedern pflegt Walther wiederholt die Auseinandersetzung mit literarischen und gesellschaftlichen Konventionen, besonders mit einem zur Formel erstarrten Begriff der hohen Minne ohne

Der Dichter besingt »Die Freuden der Liebe«: Einige von Walthers Liebesliedern zählen zu den bewegendsten Gedichten des Mittelalters (Manessesche Handschrift, 14. Jh.).

Realitätsbezug. Walther sieht dieses Ideal, wenngleich in künstlerisch vollendeter Form, in der Gedankenlyrik Reinmars von Hagenau verwirklicht, dem er am Babenberger-Hof in Wien begegnete. Gemäß traditioneller Interpretation, die Walthers Lieder in eine hypothetische thematische und chronologische Reihenfolge bringt, gipfelt ihre Rivalität in der sogenannten Reinmar-Fehde. Walther setzt dessen schematischer Virtuosität eine Alternative entgegen, die spontane Minne, die sich an »würdige« Frauen wendet.

Die »ebene« Minne

In seinen der niederen Minne gewidmeten »Mädchenliedern«, in die Elemente der Vagantenlyrik und der vorhöfischen Pastorelle als Gegensatz zur höfischen Welt einfließen, feiert Walther von der Vogelweide fast provokant die beglückende, »fröiden« schenkende Minne zu einem Mädchen niederer Herkunft, in der auch erotische Befriedigung Raum findet. Darin zeigt sich besonders der Einfluss Heinrichs von Morungen, der nicht wie Reimar das Objekt der Minne überhöht, sondern in einer bilderreichen Sprache die Person der Geliebten auch physisch greifbar werden lässt.

Der Versuch, sowohl Spiritualisierung als auch Sinnlichkeit miteinander zu versöhnen, mündet in Walthers Idee der »ebenen« Minne mit dem Ideal der »friundîn unde frowen in einer waete« (Gefährtin und Geliebten in einer Gestalt).

1198: Papst Innozenz III. lässt im Hospital Di Santo Spirito in Rom eine drehbare Lade für Findlinge einrichten, um der Kindestötung entgegenzuwirken. Gleichzeitig wird den Armen der Stadt die Möglichkeit gegeben, ihre nicht zu ernährenden Säuglinge der Einrichtung anzuvertrauen. In zahlreichen anderen Städten entstehen im 13. Jahrhundert Findelhäuser.

1199: Die Ghuriden erobern Bihar in Bengalen. Nach der Einnahme des Landes und dem Mord an buddhistischen Mönchen ist der Einfluss des Buddhismus gebrochen und der Höhepunkt der Islamisierung Indiens erreicht.

Um 1200

Andenstaat entwickelt sich

Im heutigen Peru ist das Königreich Chimú auf dem Weg zur kulturellen Hochblüte. An der Spitze des ersten bedeutenden Andenstaats stehen die Erben des Herrschers Tacaynamo, der die aus Lehmziegeln erbaute Siedlung Chanchan gründete. Handwerkszünfte sowie eine Verwaltungs- und eine Militärhierarchie organisieren den Staat. Das Reich erstreckt sich von Túmbez im Norden bis vor Paramonga im Süden. Ein hoch entwickeltes Bewässerungssystem macht Chimús Anbaufläche fruchtbar und sorgt dafür, dass auch in vollkommen trockenen Tälern zwei- bis dreimal pro Jahr Mais geerntet werden kann. Eine weitere Existenzgrundlage sind ausgedehnte Handelsbeziehungen mit den Stämmen des Hochlandes.

September 1202

Mathematik erreicht Abendland

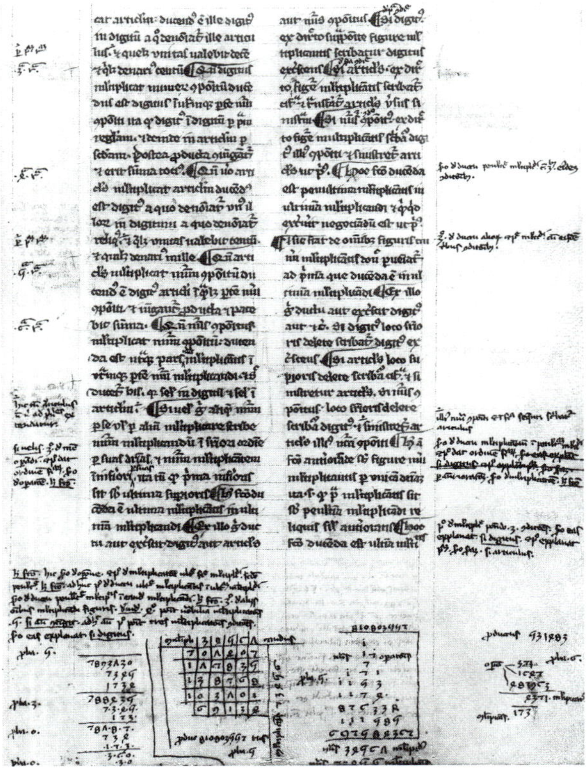

Das Abendland rechnet mit arabische Zahlen: mittelalterliches Manuskript mit mathematischen Anmerkungen.

Das mathematische Werk »Liber abaci« des Leonardo Fibonacci (Leonardo von Pisa) erscheint. Der Sohn des pisanischen Kaufmanns Guglielmo Bonaccio erlernte im algerischen Bugia das arabische Zahlensystem und machte es durch seine Veröffentlichungen in Italien populär.

Das »Liber abaci« führt das System des Rechnens mit den indoarabischen Ziffern ein. Behandelt werden die Grundrechenarten mit zahlreichen praktischen Anwendungen, etwa das Umrechnen von Geldeinheiten und Zinsrechnungen. Leonardo führt die arabische Bezeichnung für die unbekannte Größe in Gleichungen ein, in einem zweiten Werk behandelt er geometrische Fragen, u. a. die Berechnung und Teilung von Flächen und Figuren. Er gilt als erster bedeutender Mathematiker des Abendlandes.

14. November 1202

Venedig lenkt Kreuzzug um

Nach einem wütenden Sturmangriff von venezianischen Truppen und Kreuzfahrern muss sich die Hafenstadt Zara an der dalmatinischen Küste nach dreitägiger Belagerung ergeben. Die seit 1181 zum ungarischen Königreich gehörende Stadt wurde wegen ihrer Schlüsselstellung für die Beherrschung Dalmatiens zum Zankapfel zwischen Venedig und dem ungarischen König.

Im September 1202 versammelte sich das Kreuzfahrerheer in Venedig, um Schiffe in Richtung Ägypten zu besteigen, die die Lagunenstadt zur Verfügung stellen sollte. Da die Kreuzfahrer das vereinbarte Geld allerdings nicht aufbringen konnten, waren sie den Bedingungen des Dogen Enrico Dandalo ausgeliefert. Dieser lenkte das Heer zunächst an die dalmatinische Küste, um dort seine Interessen durchzusetzen.

Während der Plünderung von Zara kommt es zu Schlägereien zwischen den Venezianern und den Teilnehmern des 4. Kreuzzugs. Der Frieden zwischen beiden Seiten kann nur mühsam wiederhergestellt werden. Als die Nachricht von der Eroberung und Plünderung Zaras Papst Innozenz III. erreicht, ist dieser außer sich. Der Gedanke, dass ein Kreuzfahrerheer entgegen seinem Wunsch sich dazu missbrauchen lässt, die Stadt eines Rom treu ergebenen Königs zu erobern, ist ihm unerträglich. Er belegt den Kreuzzug mit dem Kirchenbann. Als er erfährt, dass die Kreuzfahrer zu diesem Kriegszug von den Venezianern als Gegenleistung für die Schiffspassage erpresst worden waren, nimmt er den Bann gegen sie zurück, erhält ihn aber gegen Venedig aufrecht. Dandalo bleibt gelassen und verhandelt mit dem Führer des Kreuzzugs, Bonifaz von Montferrat, bereits über den Feldzug gegen Konstantinopel.

Donatuskirche in Zara (kroatisch Zadar): Mithilfe des französischen Kreuzfahrerheers erobern Venezianer die von den Ungarn besetzte Hafenstadt an der dalmatinischen Küste.

13. April 1204

Kreuzritter plündern Byzanz

Im Sturmangriff erobern die Kreuzfahrer Konstantinopel. Die beiden wichtigsten Führer des 4. Kreuzzugs, der Doge von Venedig Enrico Dandalo und Bonifaz von Montferrat, erlauben ihren Soldaten, die Stadt am Bosporus drei Tage lang zu plündern. Schon lange hatten die Venezianer darauf gedrängt, Konstantinopel im Sturm zu nehmen und einen Kaiser aus dem Abendland einzusetzen. Sie konnten sich bisher jedoch auf keinen Kandidaten einigen.

Anlass zum Sturm auf Konstantinopel gab ein Volksaufstand, in dessen Folge Kaiser Alexios IV. abgesetzt und erdrosselt wurde. Alexios IV. hatte zuvor die Vereinigung von West- und Ostkirche in Aussicht gestellt, wenn die Kreuzfahrer seinen Onkel und Konkurrenten Alexios III. vom Thron

»Die Eroberung von Konstantinopel«: Die Kreuzfahrer zerstören die Metropole des östlichen Christentums. Die Stadt, die neun Jahrhunderte die Hauptstadt der christlichen Zivilisation war, liegt in Trümmern (Gemälde von Domenico Tintoretto, 16. Jh.).

vertreiben würden. Der Vater und Mitregent von Alexios IV., Isaak II., starb wenige Tage nach seinem Sohn. Daraufhin bestieg Alexios V., ein Schwiegersohn von Alexios III., den Thron. Er versuchte in aller Eile die Befestigungen der Stadt zu verstärken, doch dem Angriff der Kreuzfahrer konnte nichts mehr standhalten.

Die dreitägige Plünderung ist eines der furchtbarsten Ereignisse der gesamten Kreuzzugsbewegung. Christen ermorden ihre Glaubensbrüder und schänden Klöster und Kirchen. Die Venezianer raffen alle kostbaren Gegenstände an sich, Franzosen und Flamen zerstören alles, was sie nicht wegtragen können, metzeln Kinder und Greise nieder und vergewaltigen Frauen. Selbst die Sarazenen, so meint der Geschichtsschreiber Niketas, wären barmherziger gewesen. Niemals, so schreibt ein anderer Chronist, sei in einer einzigen Stadt so viel erbeutet worden. Die Beute wird einem Vertrag zufolge zwischen den Kreuzfahrern, den Venezianern und dem künftigen Kaiser geteilt.

1204

Die Normandie fällt an Frankreich

König Philipp II. August von Frankreich erobert die Normandie. Damit verliert England einen Eckstein seines mächtigen Reichs. Ermöglicht wird die Eroberung durch schwere politische Fehler des englischen Königs Johann Ohneland. Besonders die Durchsetzung seiner Königswürde, bei der er vor dem Mord an seinem Neffen Arthur von Bretagne nicht zurückschreckte, hat Johann schwer geschadet. Diese Tat entzweite den englischen Adel. Philipp hat mit seinen Truppen somit leichtes Spiel.

Die Normandie, bis dahin eines der bestorganisierten Fürstentümer Europas, verliert den Status eines Herzogtums und wird künftig von den Beamten des französischen Hofes verwaltet. Die Einsetzung dieser Königsbeamten geht auf Philipp II. August zurück, mit dem die Erbmonarchie in Frankreich die Wahlmonarchie ablöst.

Küstenort Arromanches: England verzichtet erst im Vertrag von Paris 1259 offiziell auf die Normandie.

In den Kurzbiografien werden die grundlegenden Lebensdaten und die Bedeutung derjenigen Persönlichkeiten dieses Bandes nachgezeichnet, die den Verlauf der Geschichte wesentlich beeinflusst haben.

Peter Abälard ▸

Adelheid ▸▸

Peter **Abälard**

französischer Philosoph und Theologe der Frühscholastik, *1079, Palais, †21. April 1142, bei Chalon-sur-Saône. Er wurde mit seiner Schrift »Sic et non« beispielgebend für die scholastische Methode. Der Ethik verlieh er neue Maßstäbe, indem er Gesinnung und Gewissen als die ausschlaggebenden Kriterien bezeichnete. Einige seiner theologischen Lehren wurden kirchlich verurteilt. Abälard führte ein unstetes Wanderleben und wurde u.a. durch die Beziehung zu seiner jungen Schülerin Héloise bekannt.

Abulcasis

arabischer Mediziner, *um 939, Zahra, †um 1013, Córdoba. Abulcasis wirkte als Leibarzt der Kalifen Abd Ar Rahman III. und Hakam II. in Córdoba. Er verfasste die 30-bändige medizinische Enzyklopädie »At Tasrîf« (Die Verordnung). Darin beschrieb er u.a. die Physiologie seiner Zeit, die davon ausging, dass die Welt mit ihren vier Elementen im Mikrokosmos des Menschen und seinen vier Körpersäften ihre Entsprechung habe. Mischung und Temperierung der Säfte wurden als ausschlaggebend für Gesundheit oder Krankheit angesehen. Am bekanntesten wurde sein letztes Buch, »Über die Chirurgie«. Operations- wie Schmerzbekämpfungsmethoden werden hier ausführlich erläutert. Bemerkenswert sind auch die Abbildungen chirurgischer Instrumente.

Adelheid

Königin (951–999) und römisch-deutsche Kaiserin (962–999), *931, †16. Dezember 999, Selz; eine der bedeutendsten Frauengestalten ihrer Zeit. Nach dem Tod ihres ersten Gemahls, König Lothar II. von Italien (950), fürchtete dessen Nachfolger Berengar II., die Witwe könnte nach langobardischer Tradition die Königswürde ihrem nächsten Ehemann übertragen. Adelheid wurde gefangen genommen, worauf sie den deutschen König Otto I. um Beistand bat. Otto, seit 946 verwitwet, zog im September 951 nach Italien, heiratete Adelheid und wurde König der Langobarden. Adelheid machte er zu seiner Mitregentin. Auf ihren Sohn Otto II. hatte Adelheid großen Einfluss, bis sie sich mit ihm entzweite und 978 den kaiserlichen Hof verließ. Den Höhepunkt ihrer politischen Macht erreichte Adelheid nach dem frühen Tod Ottos II. im Jahr 983. Bis zur Volljährigkeit ihres Enkels Otto III. übernahm sie für ihn energisch die Regentschaft. Als Otto III. mündig wurde, zog sie sich ins Kloster Selz im Elsass zurück.

Abu Zayd **Al Balkhi**

arabischer Geograf und Philosoph, *um 850, †um 940. Nach Studien der Philosophie und Theologie widmete sich Al Balkhi vollständig der geografischen Arbeit. Er optimierte ihre wissenschaftliche Genauigkeit und schuf mit seinem Hauptwerk »Gestalten der Gegenden« eine Kombination aus Atlas und Landesbeschreibung.

Alexios I. Komnenos

(Alexeios I.) Kaiser von Byzanz (1081–1118), * 1048 Konstantinopel, † 15. August 1118 Konstantinopel. Alexios, der aus kleinasiatischem Offiziersadel stammte, stürzte den byzantinischen Kaiser Nikephoros III. und begründete die Dynastie der Komnenen. Er stabilisierte das niedergehende Byzantinische Reich und führte es zu einer letzten Blüte. Im Bündnis mit Venedig und dem Sultan von Nikaia schlug er die Normannen unter Robert Guiscard zurück (1081–1085) und wehrte mithilfe der Kumanen einen Angriff der Petschenegen auf die Hauptstadt Konstantinopel ab. Gegen den Vasalleneid gestattete er dem 1. Kreuzzug den Durchmarsch durch das Byzantinische Reich und gewann dadurch Nikaia und das von den türkischen Seldschuken beherrschte westliche Kleinasien zurück.

Alfons VI.

König von León (1065–1109) und Kastilien (1072–1109), * 1040, † 30. Juni 1109, Toledo. Als Sohn König Ferdinands I. erbte Alfons VI. das Königreich León. Nach der Ermordung seines Bruders Sancho II. (1072) wurde er auch von Kastilien als König anerkannt. Als erfolgreicher Vertreter der Reconquista (christliche Rückeroberung der Iberischen Halbinsel von den Arabern) nannte er sich »Kaiser von ganz Spanien« und gab sich nach der Einnahme des maurischen Toledos (1085) den Titel »Imperator Toledanus«. Das Eingreifen der muslimischen Berberdynastie der Almoraviden von Nordafrika aus konnte er jedoch nicht verhindern und unterlag den Angreifern 1086 und 1108. Dennoch konnte er seine Herrschaft weitgehend sichern.

Alfred der Große

angelsächsischer König von Wessex (871–899), * 849, Wantage, † 26. Oktober 899, Winchester. Alfred erneuerte das angelsächsische Staats- und Bildungswesen und schuf so die Grundlage für ein einheitliches Reich. Er verhinderte die vollständige Eroberung der Britischen Inseln durch die Wikinger. 878 besiegte er die Dänen bei Edington. Acht Jahre später eroberte er London zurück und machte es zur Hauptstadt. Alfred errichtete Festungen, reorganisierte das Heer und begann mit dem Bau einer ersten englischen Flotte. Damit schuf er die Voraussetzungen zur Rückeroberung des den Dänen verbliebenen Siedlungsgebiets unter seinen Nachfolgern. Durch den Aufbau einer Grafschaftsverfassung und die Sammlung der englischen Gesetze von Wessex, Mercia und Kent reformierte er das Gerichts-, Finanz- und Verwaltungswesen. Zu Alfreds bedeutendsten Leistungen gehören seine Bemühungen um

◂◂ Alexios I. Komnenos

◂ Alfred der Große

◂◂ Alfons VI.

die englische Kultur: Er ließ wichtige lateinische Schriften ins Englische übersetzen und förderte das Schulwesen.

Anselm von Canterbury ▸▸

Al Kindi
arabischer Philosoph, *um 800, Basra, †870, Bagdad. Als Sekretär des Kalifen Al Mamun eignete sich Al Kindi eine umfassende Bildung an. Seine Erkenntnisse auf den Gebieten der Mathematik, Optik, Medizin, Musik und Psychologie hielt er in ungefähr 200 Schriften fest. Er betrieb astrologische Forschungen und entwickelte eine Geschichtstheorie, in der er annahm, dass bestimmte Sternkonstellationen historische Entwicklungen beeinflussen.

Al Masudi
arabischer Forschungsreisender, Geograf und Historiker, *um 890, †um 955. Al Masudi durchwanderte in seiner Jugend zahlreiche Gebiete des arabischen Reichs, bereiste Asien bis Indien und Ceylon und gelangte schließlich bis an die Küsten Afrikas. Er verfasste eine 30-bändige Weltgeschichte, in der er die Zeitspanne von den alten ägyptischen Kulturen bis zur Blüte des Araberreichs behandelte.

Alp Arslan ▸

Alp Arslan
(Mohammed Ibn Daud), zweiter Seldschukensultan in Bagdad (1063–1072), *um 1030, †1072; leitete den Aufstieg des Seldschukenreichs zum mächtigsten Staat im Vorderen Orient ein. Er eroberte Armenien und bereitete Byzanz in der Schlacht von Mantzikert 1071 eine vernichtende Niederlage. Zentralkleinasien gelangte endgültig unter türkische Herrschaft und die Seldschuken festigten ihre Macht in Anatolien.

Anselm von Canterbury
Erzbischof von Canterbury (1093–1109), *1033 Aosta, †21. April 1109 Canterbury; gilt als »Vater der Scholastik«. Der Religionsbegriff des Geistlichen, dass der Glaube nach vernünftiger Einsicht verlange, wurde bedeutsam für die Entwicklung der scholastischen Theologie, die Vernunft und Glauben verbindet. Sein Hauptwerk ist das bedeutende »Cur Deus Homo« (»Warum Gott Mensch geworden ist«). Die Werke des Geistlichen beeinflussten die neuere Philosophie bis Hegel.

Arpad
erster Großfürst der Magyaren (890–907); Begründer der Arpaden-Dynastie und Stammvater der Ungarn. Arpad führte die von ihm vereinigten sieben Stämme der Magyaren aus Südrussland an die untere Donau und 896 unter dem Druck der nachdrängenden Petschenegen nach Pannonien. Er zwang die Bulgaren zum Tribut, unterwarf große Teile Kroatiens sowie Slawoniens und eroberte 896–899 Mähren und Pannonien. Auf einem Reichstag zu Szegedin 898 ordnete er Regierung und Rechtspflege.

Basileios I. Makedon
byzantinischer Kaiser (867 bis 886), *um 812, bei Adrianopel, †29. August 886; einer der tatkräftigsten Herrscher von By-

zanz. Der Sohn eines Bauern gelangte nach seiner Entführung durch Bulgaren nach Konstantinopel, wo er zunächst kaiserlicher Stallknecht war. 866 stieg er zum Mitkaiser Michaels III. auf, nachdem er dessen Onkel Caesar Bardas umgebracht hatte. Indem er auch Michael III. ermordete (867), machte er sich zum Alleinherrscher und erwies sich in der Folge als fähiger Potentat. Auf der achten ökumenischen Synode 870 erreichte er die Unterstellung Bulgariens unter die byzantinische Kirche. Seinem Feldherrn Nikephoros Phokas gelang gegen das Kalifat von Bagdad der Vormarsch bis zum Euphrat (873). In Kleinasien unterwarf Basileios die Sekte der Paulikianer und erkannte die Unabhängigkeit Armeniens unter der Dynastie der Bagratiden an. Basileios verlor Syrakus an die Sarazenen (878), konnte diese jedoch aus Unteritalien vertreiben (880), verletzte dadurch aber die Interessen Kaiser Ludwigs II. Im Inneren des Reichs sorgte Basileios für die Neuordnung von Rechtsprechung und Verwaltung.

Thomas **Becket**

Erzbischof von Canterbury (1162–1170), *21. Dezember 1118, London, †29. Dezember 1170, Canterbury (ermordet); Kanzler von König Heinrich II. Becket trat für die kirchlichen Freiheiten sowie die Rechte des Papstes und der Geistlichkeit ein, geriet mit seinen Forderungen in Gegensatz zum König und wurde von königstreuen Rittern erschlagen; im Jahr 1173 wurde er heiliggesprochen.

Bernhard von Clairvaux

französischer Ordensgründer, *um 1090, Fontaines, †20. August 1153, Clairvaux; bedeutender Kirchenpolitiker und Theologe. 1115 erster Abt des Zisterzienserklosters Clairvaux-sur-Aube, gründete Bernhard 68 neue Klöster seines Ordens. Der Gegner Abälards übte durch die Erneuerung des kirchlichen Geistes bei Adel, Klerus und Volk großen Einfluss auf seine Zeit aus. Bernhard begründete die mittelalterliche Mystik und gewann 1146 König Konrad III. zur Teilnahme am 2. Kreuzzug. 1174 wurde er heiliggesprochen, 1830 zum Kirchenlehrer erhoben.

Boleslaw I. Chrobry

(Boleslaw der Tapfere), erster König (1025), davor Herzog (992–1025) von Polen, *966, †1025; vollendete die staatliche Einigung Polens. Der Sohn Herzog Mieszkos I. trug dazu bei, dass Kaiser Otto III. auf einer Pilgerfahrt zum Grab des Märtyrers Adalbert die Errichtung des neuen Erzbistums Gnesen bekannt gab (1000). Die Kirchenprovinz stabilisierte den jungen polnischen Staat und trug zur Emanzipation Polens vom deutschen Reich bei. Herzog Boleslaw tauschte mit dem Kaiser Reliquien aus und wurde von ihm zum Verbündeten und Freund erhoben. Nach dem Tod Ottos III. versuchte dessen Nachfolger Heinrich II. jedoch, Boleslaw lehnsabhängig zu machen. 1002–1018 führte der Polenherzog Kämpfe gegen Heinrich, in denen er die Lausitz und Mähren gewann. 1025

◂ Boleslaw I. Chrobry

◂◂ Thomas Becket

wurde Boleslaw in Gnesen zum ersten König der Polen gekrönt. Kurz darauf starb er. Mit der staatlichen Einigung Polens konnte er vollenden, was sein Vater Mieszko als erster Herzog Polens begonnen hatte. Boleslaws Nachfolger wurde sein Sohn Mieszko II.

El Cid ▸▸

Einhard ▸

Eleonore von Aquitanien ▸▸

Eduard der Bekenner

angelsächsischer König (1042 bis 1066), *um 1003, Islip (Oxfordshire), † 5. Januar 1066 London. Der in der Normandie aufgewachsene Sohn des vertriebenen Königs Aethelred II. bestieg den englischen Thron, ohne das Land zu kennen, das er regierte. Eduard holte normannische Familien ins Land, betätigte sich als Reformer und großzügiger Förderer von Kirchen und Klöstern. Er ließ Westminster Abbey neu erbauen, die durch sein Grab später zum Nationalheiligtum wurde. Auf seinem Totenbett designierte er Harold Godwinson zu seinem Nachfolger, der als Earl of Wessex mächtigster Vertreter der angelsächsischen Aristokratie war.

Einhard

fränkischer Gelehrter, *um 770, † 14. März 840, Seligenstadt am Main. Der aus fränkischem Adel stammende Einhard wurde in der Fuldaer Klosterschule erzogen und kam als Schüler Alkuins früh an den Hof Karls des Großen. Er erwarb die Gunst des Herrschers, der ihn zum Aufseher der kunstgewerblichen Stätten in Aachen, zum Baumeister und Gesandten ernannte. Seine Lebensbeschreibung Karls des Großen (»Vita Caroli Magni«) ist die erste Herrscherbiografie des Mittelalters und eine historische Quelle von herausragendem Rang. Auch Ludwig der Fromme schätzte ihn als Berater und vertraute ihm die Erziehung Lothars I. an. 830 zog Einhard sich mit seiner Gattin Imma auf seinen Besitz im Odenwald zurück.

El Cid

(eigentlich: Rodrigo Ruy Díaz de Vivar) spanischer Nationalheld, *um 1043, bei Burgos, † 10. Juli 1099, Valencia. Der von den Arabern »El Cid« (Herr) und von den Spaniern »El Campeador« (Kämpfer) genannte Edelmann war einer der bekanntesten Helden der Reconquista. Zunächst war der Cid ein Kampfgenosse des späteren kastilischen Königs Sancho II., der mit seinem Bruder Alfons VI. um das Erbe stritt. Nach dem Tod Sanchos trat er in die Dienste Alfons' VI. 1081 kam es zum Bruch, und der Cid kämpfte auf Seiten der maurischen Fürsten von Saragossa. Nach einjähriger Belagerung eroberte er 1094 Valencia und schuf sich dort ein eigenes Reich. Erfolgreich verteidigte er die Stadt gegen die maurischen Almoraviden. Der Cid wurde zum Mittelpunkt der spanischen Heldendichtung und Symbol für die Einheit der Nation.

Eleonore von Aquitanien

Königin von Frankreich (1137 bis 1152) und von England (1154–1173), *um 1122, † 1. April 1204, Fontevrault-L'Abbaye; bedeutendste Herrscherin ihrer

Zeit. Am 25. Juli 1137 heiratete Eleonore den französischen Thronfolger Ludwig VII. Als Erbtochter Wilhelms X. von Aquitanien brachte sie Aquitanien, Poitiers und die Gascogne in die Ehe mit ein. Eleonore zog 1147 mit Ludwig nach Jerusalem. Der Kreuzzug misslang, es kam zum Bruch zwischen den Eheleuten. 1152 wurde die Ehe annulliert. Zwei Monate später heiratete Eleonore den englischen Thronanwärter Heinrich II. Plantagenet. 1154 bestieg das Paar den englischen Thron. Durch diese Ehe kam fast ganz Westfrankreich an England. Eleonore herrschte an der Seite ihres Mannes, bis sie 1173 einen Aufstand ihrer Söhne, Richard I. Löwenherz und Johann Ohneland, gegen Heinrich II. unterstützte. Bis zum Tod ihres Mannes wurde sie inhaftiert. Erst als Richard Löwenherz 1189 den Thron bestieg, nahm sie erneut wesentlichen Einfluss auf die Politik.

Firdausi

(eigentlich: Abul Kasim Mansur) persischer Dichter, *um 941, bei Tos, † 1020, Tos; größter persischer Epiker. Der Sohn einer adeligen Familie begann um 960 mit einem Epos der persischen Herrschergeschichte von den mythischen Anfängen bis zur Eroberung durch die Araber 651. Das Werk trug durch die Einfachheit seiner Sprache sowie den spärlichen Gebrauch arabischer Fremdwörter entscheidend zur Entstehung der persischen Literatursprache bei. Im Auftrag des persischen Sultans Mahmud von Ghasna vollendete Firdausi 1010 das persische Nationalepos »Buch der Könige«. In etwa 60 000 Doppelversen erzählt es die Geschichte des Perserreichs. Von seinem Auftraggeber erhielt der Dichter seinen Ehrennamen Firdausi (»der Paradiesische«). Als Firdausi jedoch Satiren auf den Sultan verfasste, musste er fliehen. 1015 kehrte er verarmt und verbittert in seine Heimatstadt Tos zurück.

Friedrich I. Barbarossa

römisch-deutscher Kaiser (1155 bis 1190) und deutscher König (1152–1190), *1122, † 10. Juni 1190 in Kleinasien ertrunken. Als Herzog von Schwaben wurde Friedrich 1152 zum deutschen König gewählt. Bei seinem ersten Italienzug 1154/55 wurde er zum König von Italien und von Papst Hadrian IV. zum Kaiser gekrönt. 1156 legte er den staufisch-welfischen Gegensatz bei, indem er seinem welfischen Vetter, dem Sachsenherzog Heinrich dem Löwen, auch Bayern wieder zusprach. In den folgenden Jahren geriet Friedrich in Gegensatz zur Kurie, die 1157 einen Vorstoß gegen die kaiserliche Vormachtstellung unternahm. Friedrich beanspruchte dagegen auf seinem nächsten Italienzug (1158–1162) energisch die kaiserlichen Rechte in Ober- und Mittelitalien. Den vierten Italienzug musste Friedrich nach der Eroberung Roms 1167 wegen des Ausbruchs einer Seuche abbrechen. Erst nach dem weiteren Ausbau der Königsmacht in Deutschland konnte er sich wieder nach Italien wenden. Trotz seiner Niederlage

◂ Friedrich I. Barbarossa

◂◂ Firdausi

1176 gegen ein Lombardenheer festigte sich die kaiserliche Position. 1177 schloss er mit dem Papst Frieden. Der erneute Konflikt mit Heinrich dem Löwen führte auf Friedrichs Betreiben 1180 zum Verlust seines Reichslehens. Friedrich teilte Sachsen auf und übergab Bayern den Wittelsbachern. 1189 brach er als Führer des 3. Kreuzzugs zur Befreiung Jerusalems auf. Unterwegs ertrank er im Fluss Saleph in Kleinasien.

Gregor VII. ▸

Gregor VII.

Papst (1073–1085), *um 1021, Toskana, †25. Mai 1085, Salerno; bedeutender geistiger Führer des Mittelalters. Papst Leo IX. rief den Benediktinermönch Hildebrand von Cluny 1049 nach Rom, wo er seit 1059 die Politik der Kurie mitbestimmte. Als Papst Gregor VII. setzte Hildebrand mit der gregorianischen Reform den Kampf gegen Simonie (Kauf kirchlicher Ämter), Priesterehe und Laieninvestitur (Vergabe von Kirchenämtern durch weltliche Fürsten) fort. Die Macht der Kirche konzentrierte er beim Heiligen Stuhl, wobei er den Widerstand vieler Bischöfe zunächst mithilfe der Fürsten zu überwinden versuchte. Er geriet mit dem deutschen König Heinrich IV. in einen heftigen Streit darüber, ob Bischöfe wie bisher durch weltliche oder durch geistliche Herrscher bestimmt werden sollten. Die Auseinandersetzung spitzte sich zu, als Gregor 1075 behauptete, die weltliche Herrschaft sei dem Papsttum untergeordnet. Auf dem Höhepunkt des Konflikts (1076) exkommunizierte und bannte Gregor König Heinrich IV., der sich ihm 1077 in Canossa unterwarf. Nach einem zweiten Bann 1080 nominierte Heinrich jedoch Klemens (III.) zum Gegenpapst, eroberte Rom und setzte Gregor in der Engelsburg gefangen (1084). Vom Normannenherzog Robert Guiscard befreit, starb der Geistliche im Exil.

Harald Blauzahn ▸▸

Harald Blauzahn

(Harald Blaatand), dänischer König (um 940–985), *um 910, †um 986 auf der Jomsburg (Dänemark). Mit der Taufe Haralds, des Sohns Gorms des Alten, begann um das Jahr 960 die Christianisierung Dänemarks. Harald unterwarf Norwegen, musste es jedoch nach einer Niederlage gegen Kaiser Otto II. (974) wieder preisgeben. Daraufhin trieb ihn sein Sohn Sven Gabelbart in die Verbannung und baute als neuer Dänenkönig die Macht seines Landes aus.

Hartmann von Aue ▸▸

Hartmann von Aue

mittelhochdeutscher Minnesänger und Epiker, *um 1160, †nach 1210. Hartmann von Aue war vermutlich 1189 bis 1192 Kreuzzugsteilnehmer. Er schrieb außer Minne- und Kreuzzugsliedern sowie einem Dialog von Seele und Leib (»Büchlein«) vier epische Werke: als freie Bearbeitungen französischer Artusstoffe »Erec« (um 1185) und »Iwein« (um 1200) sowie die Versnovellen »Gregorius auf dem Stein« (1189/90 oder 1197/98) und »Der arme Heinrich« (um 1195).

Heinrich I.

König des ostfränkischen (deutschen) Reichs (919–936), *um 875, † 2. Juli 936, Memleben. Der Herzog von Sachsen aus dem Geschlecht der Liudolfinger (»Ottonen«) ging als erster »deutscher« König in die Geschichte ein. Trotz seines Konfliktes mit dem Franken Konrad I. wurde Heinrich von diesem zum Nachfolger designiert. 919 wählte ihn der Adel der Franken und Sachsen in Fritzlar zum König des ostfränkischen Reichs. Er lehnte jedoch die kirchliche Salbung bei der Krönung ab. Von den mehrfach einfallenden Ungarn erlangte Heinrich 926 gegen Tributzahlungen einen neunjährigen Waffenstillstand. Während dieser Zeit baute er eine schlagkräftige Reitertruppe auf und ließ befestigte Plätze (Burgen) anlegen. So gerüstet, unterwarf er 928/29 die Slawen, eroberte Brandenburg und gründete die Burg Meißen. 933 schlug er mit einem Heer aus allen deutschen Stämmen die Ungarn vernichtend bei Riade an der Unstrut. 934 besiegte er die Dänen und erneuerte die alte dänische Mark zwischen Eider und Schlei. Heinrich knüpfte an die hegemoniale Politik der ostfränkischen Karolinger an.

Heinrich III.

deutscher Kaiser (1046–1056) und deutscher König (1039 bis 1056), * 28. Oktober 1017, † 5. Oktober 1056, Pfalz Bodfeld. Aus der Salier-Dynastie stammend, wurde der Sohn Konrads II. 1026 zum deutschen König designiert, 1028 gekrönt und 1039 Nachfolger seines Vaters. Trotz einer gefestigten Stellung hatte Heinrich Auseinandersetzungen im Reich zu bestehen, besonders mit den Herzögen von Lothringen. 1041 sicherte er sich die Lehnsabhängigkeit Böhmens und die Oberhoheit über Ungarn. Er verstärkte die Bindung zwischen Reichskirche und Königtum und förderte die Kirchenreform. Auf seinem Feldzug nach Italien entmachtete Heinrich drei rivalisierende Päpste und setzte den deutschen Papst Klemens II. ein. Nach Klemens ließ er noch drei weitere deutsche Päpste folgen, mit denen er die Kirchenreform vorantrieb.

Heinrich XII. der Löwe

Herzog von Sachsen (1142–1180) und von Bayern (1156–1180), *um 1129/30, † 6. August 1195, Braunschweig. Der Sohn Herzog Heinrichs X. von Bayern und Sachsen erhielt von Kaiser Friedrich I. Barbarossa, der damit den staufisch-welfischen Gegensatz beseitigen wollte, 1156 das seinem Vater entzogene Herzogtum Bayern zurück. Die Folge war eine Periode gegenseitiger Unterstützung des Kaisers und des mächtigsten Herzogs des Reichs. Heinrich der Löwe trieb die Ostsiedlung und den Handel im Ostseeraum voran, errichtete die Bistümer Ratzeburg, Oldenburg und Mecklenburg neu und förderte die Städte. Seine Weigerung, den Kaiser 1176 in Oberitalien militärisch zu unterstützen, erneuerte den welfisch-staufischen Konflikt und führte zu seinem Sturz. Er wurde 1179/80 geäch-

◂ Heinrich XII. der Löwe

◂◂ Heinrich I.

◂◂ Heinrich III.

tet und als Herzog von Sachsen und Bayern abgesetzt, sodass Heinrich nur sein Hausbesitz Braunschweig-Lüneburg verblieb. Nach Rückkehr aus der Verbannung versöhnte er sich 1194 mit den Staufern.

Hildegard von Bingen ▸

Johannes Scotus ▸▸

Hildegard von Bingen

deutsche Mystikerin und Naturheilkundige, * 1098, Bermersheim, † 17. September 1179, Kloster Rupertsberg. Hildegard trat früh in das Benediktinerkloster Disibodenberg ein und gründete um 1150 das Kloster Rupertsberg. In ihren bis heute stark beachteten Schriften, deren bekannteste das »Liber Scivias« (Wisse die Wege) ist, legte Hildegard ihre mystischen Erfahrungen, ihre Tugendlehre sowie ihre medizinischen und naturwissenschaftlichen Kenntnisse nieder. Als Komponistin hinterließ sie 77 Gesänge nach dem liturgischen Kalender und das geistliche Schauspiel »Ordo virtutum« mit 82 Melodien im syllabischen Stil.

Hugo von Payens

Gründer des Templerordens, * 1070, † 1136. Hugo von Payens stiftete 1119 den ersten geistlichen Ritterorden. Er legte zusammen mit sieben anderen französischen Rittern vor dem Patriarchen von Jerusalem die drei Ordensgelübde der Armut, der Keuschheit und des Gehorsams ab. Hugo verpflichtete sich zum Schutz der Pilger vor sarazenischen Räubern und Wegelagerern. König Balduin II. von Jerusalem räumte für die Ritter einen Teil seines Palastes, der angeblich auf der Stelle des salomonischen Tempels erbaut worden war. So erhielt der Orden seinen Namen.

Johann von Salisbury

englischer Philosoph und Theologe, * um 1115, † 1180, Chartres. Der Vertreter der Frühscholastik war Sekretär des Kanzlers und Erzbischofs Thomas Becket in Canterbury. Durch Abälard und die Schule von Chartres geformt, schrieb Johann die erste Staatstheorie des Mittelalters (»Policraticus«) und eine Verteidigung der Logik und Metaphysik (»Metalogicon«). Seine Schriften sind wichtige Quellen der englischen Geschichte.

Johannes Scotus

irischer Theologe und Philosoph, * um 810, Irland, † um 877; wichtigster Philosoph des lateinischen Christentums zwischen dem 5. und 11. Jahrhundert. Johannes Scotus floh vor den Wikingern aus Irland in das Frankenreich und wurde um 845 als Lehrer an die Hofschule Karls des Kahlen nach Paris berufen. Hier verfasste er im Auftrag Karls die erste lateinische Übersetzung der theologischen Schriften des Pseudo-Dionysios Areopagita aus dem 5./6. Jahrhundert. Sein zwischen 862 und 866 geschriebenes Hauptwerk »De Divisione Naturae« schildert die stufenweise Entfaltung der Vielheit aus der Einheit und die Rückkehr in diese. Da sowohl Albigenser als auch Pantheisten sein Hauptwerk als Autorität anführten, wurde es 1210 und 1225 verurteilt und die Rezeption im Spätmittelalter untersagt.

Johannes I. Tzimiskes

byzantinischer Kaiser (969 bis 976), *um 925, Hierapolis (Armenien), † 10. 1. 976, Konstantinopel. Als General armenischer Abstammung ermordete er 969 in einer Palastrevolte Kaiser Nikephoros II. Phokas. Zu dessen Nachfolger erhoben, vollzog er einen Wandel der Politik gegenüber dem ostfränkischen Reich: Er bot Kaiser Otto I. den Frieden und die lang ersehnte Zustimmung zu einer Eheschließung zwischen dessen Sohn Otto II. und einer byzantinischen Prinzessin an. Der oströmische Kaiser erkannte den weströmischen Herrscher Otto I. als Bruder und Kaiser der Franken an. 971 hatte Johannes I. Tzimiskes als Feldherr den nach Bulgarien eingefallenen Großfürsten von Kiew, Swjatoslaw I., geschlagen. Es gelang ihm, Teile Bulgariens und Syriens (Antiochia) sowie Palästina zu erobern.

Karl II. der Kahle

fränkisch-römischer Kaiser (875 bis 877) und fränkischer König (843–877), * 13. Juni 823, Frankfurt am Main, † 6. Oktober 877, Avrieux bei Mondane. Sein Vater, Ludwig der Fromme, brach 829 nach bereits vollzogener Erbfolgeregelung in der »Ordinatio Imperii« diese zugunsten seines jüngsten Sohnes Karl. Er vermachte ihm Schwaben, Rätien und das Elsass. Dies führte zur Erhebung der drei aus erster Ehe stammenden Kaisersöhne Lothar, Ludwig und Pippin gegen den Vater und – nach dessen Tod 840 – schließlich zum Bruder- und Bürgerkrieg mit Karl. Nach einem gemeinsamen Krieg mit Ludwig dem Deutschen gegen Kaiser Lothar I. (840–843) sicherte sich Karl 843 mit dem Friedensvertrag von Verdun Aquitanien, Septimanien, die Spanische Mark, Burgund, Neustrien, die Bretagne und Flandern. Nach dem Tod Lothars I. 855 fielen auch die Provence und Südburgund an Karl. 869 starb König Lothar II. Das nach ihm benannte Lotharingien wurde zwischen Ludwig dem Deutschen und Karl aufgeteilt. Damit herrschte Karl ab 870 über die gesamte westliche Hälfte des Frankenreichs. 875 empfing er vom Papst die Kaiserkrone, die auch sein älterer Bruder, Ludwig der Deutsche, beanspruchte. Unter Karl, dessen Reich als Vorform des späteren Frankreichs gilt, erlebte die karolingische Kunst und Kultur eine späte Blüte.

Karl III. der Dicke

fränkisch-römischer Kaiser (881 bis 887) und fränkischer König (876–887), *839, † 13. Januar 888, Neidingen. Der Sohn König Ludwigs des Deutschen erhielt 876 bei der Teilung des fränkischen Ostreichs nach dem Tod seines Vaters Alemannien und das östliche Lotharingien. Sein Bruder Karlmann trat 879 den Königstitel über Italien an ihn ab. 881 wurde er zum fränkisch-römischen Kaiser gekrönt. Nachdem er 882 Ludwig III. um dessen Reichsteile beerbt hatte und 885 vom westfränkischen Adel zum König gewählt worden war, herrschte Karl der Dicke für kurze Zeit über nahezu das gesamte ehe-

◂ Karl III. der Dicke

◂◂ Karl II. der Kahle

Karl III. ▸

Knut der Große ▸▸

Konstantin VII. ▸▸

malige Reich Karls des Großen. Allerdings gelang es ihm nicht, die plündernden Normannen abzuwehren. Machtlos gegenüber dem Hochadel und zudem an Epilepsie leidend, wurde er im November 887 zur Abdankung gezwungen.

Karl III.

(Karl der Einfältige) westfränkischer König (898–923), * 17. September 879, † 7. Oktober 929, Péronne. Dem Sohn Ludwigs II. gelang nach dem Tod seiner Halbbrüder Ludwig III. (882) und Karlmann (884) lediglich der Erwerb des Landes zwischen Seine und Maas. Nach dem Tod Graf Odos von Paris 898 wurde er Alleinherrscher im Westfrankenreich. Nach dem Aussterben der ostfränkischen Karolinger mit dem Tod Ludwigs des Kindes (911) stand das ostfränkische Reich vor der Alternative, sich den Westfranken anzuschließen oder einen Nicht-Karolinger zum König zu wählen. Die Erhebung Konrads I. zum ostfränkischen König bedeutete eine Entscheidung gegen Karl den Einfältigen. Nach Konflikten um Lotharingien kam es 921 zwischen Karl und dem ostfränkischen König Heinrich I., dem Nachfolger Konrads, zum Abschluss des Vertrages von Bonn. Die Herrscher erkannten sich gegenseitig an und bestätigten die Grenzen ihrer Reiche. Karl III. akzeptierte somit als erster Karolinger einen Fremden als gleichberechtigten Frankenkönig. Der westfränkische Herrscher, der sich nicht gegen die weltlichen und geistlichen Fürsten in seinem Reich durchsetzen konnte, wurde zwei Jahre später in der Schlacht von Soissons besiegt und gefangen gesetzt.

Knut der Große

König von England (1016 bis 1035), Dänemark (1018–1035) und Norwegen (1028–1035), * um 995, † 12. November 1035, Shaftesbury. Knut schloss die von seinem Vater Sven Gabelbart begonnene Eroberung im Norden Englands 1015 ab. Ein Jahr darauf wurde er als König ganz Englands anerkannt. Er unterwarf Dänemark und Norwegen und ließ sein Reich christianisieren. Knut pflegte freundschaftliche Beziehungen zum deutschen Herrscher Konrad II., den er gegen Polen unterstützte. Für den Verzicht Konrads auf das Gebiet zwischen Schlei und Eider verheiratete er seine Tochter Gunhild mit Konrads Sohn Heinrich III.

Konstantin VII.

byzantinischer Kaiser (913 bis 959), * 905, Konstantinopel, † 9. November 959, Konstantinopel. Der Sohn und zweite Nachfolger Kaiser Leons VI. stand 913 bis 945 unter der Vormundschaft seiner Mutter Zoe, später unter der seines Schwiegervaters. Im Kampf gegen die Araber stieß Konstantin bis über den Euphrat vor. Er ist weniger als Kriegsherr denn als Förderer der Wissenschaften hervorgetreten: Er verfasste Werke über Verwaltung, Zeremoniell und Geschichte des byzantinischen Staates, die noch heute grundlegende Quellen sind.

Leif Eriksson

norwegischer Seefahrer und Entdecker, *um 975, †um 1020. Als erster Europäer entdeckte Eriksson das nordamerikanische Festland. Der Sohn Eriks des Roten fuhr um das Jahr 1000 von Grönland aus südwärts und landete bei Labrador und Neufundland an der Nordostküste des amerikanischen Kontinents. Das Land, das er vorfand, nannte er »Vinland« (Weinland).

Leo IX.

Papst (1049–1054), *21. Juni 1002, Egisheim, †19. April 1054, Rom. In seiner Amtszeit begann die bis heute anhaltende Trennung zwischen West- und Ostkirche. Leo berief hervorragende Reformer nach Rom, u. a. Hildebrand, den späteren Papst Gregor VII., und Friedrich von Lothringen, den späteren Papst Stephan IX. Für die Kirchenreform und die Bekämpfung von Simonie (Käuflichkeit von Kirchenämtern), Priesterehe und Laieninvestitur stritt er auf verschiedenen Synoden. Leos Kampf gegen die unteritalienischen Normannen endete mit seiner Gefangennahme durch Robert Guiscard (1053). Nach seiner Freilassung starb er 1054 in Rom. Auf sein Geheiß legte eine Gesandtschaft im selben Jahr eine Bannbulle auf dem Altar der Patriarchatskirche Hagia Sophia in Konstantinopel nieder, die das bis heute bestehende sogenannte Morgenländische Schisma (Kirchenspaltung zwischen der West- und Ostkirche) auslöste.

Ludwig der Deutsche

ostfränkischer König (843–876), *um 806, †28. August 876, Frankfurt am Main. In der Reichsteilung von 817 erhielt Ludwig, dritter Sohn Ludwigs des Frommen, das Unterkönigtum Bayern, das er ab dem Jahr 825 von seiner Residenz Regensburg aus regierte. 829 erhob er sich gegen den Vater, als dieser die vorherige Erbregelung zugunsten Karls des Kahlen revidiert hatte. Nach dem Tod Ludwigs des Frommen kämpfte Ludwig II. gegen seinen ältesten Bruder Lothar I., der eine Vormachtstellung innerhalb des ererbten Reichs anstrebte. Im Vertrag von Verdun erhielt Ludwig 843 die Gebiete östlich des Rheins. Die einfallenden Normannen und Ungarn wehrte er erfolgreich ab. 870 teilte er im Vertrag von Meersen nach dem Tod Lothars II. dessen Mittelreich Lotharingien zwischen sich und Karl dem Kahlen auf. Ludwigs Herrschaftsbereich fasste erstmals die ostfränkischen Stämme als Einheit zusammen. Sein Reich gilt als Vorform des späteren Deutschen Reichs.

Ludwig II.

fränkisch-römischer Kaiser (850–875) und König der Langobarden (844–875), *um 822, †12. August 875, bei Brescia. Der älteste Sohn von Lothar I. wurde von seinem Vater 844 zum Unterkönig von Italien und König der Langobarden erhoben. Im Jahr 850 von Papst Leo IV. zum Kaiser gekrönt, wurde seine Herrschaft nach Lothars I. Tod 855 durch Erb-

◂◂ Leif Eriksson

◂◂ Leo IX.

◂ Ludwig II.

Nikolaus I. ▸▸

Maimonides ▸

Mathilde von Tuszien ▸

teilung auf Italien beschränkt, er behielt jedoch den Kaisertitel. Nach dem Tod seines Bruders Karl, des Königs von Burgund (855–863), bekam er 863 die Provence und das burgundische Jura. Der »italienische Karolinger« bekämpfte in mehreren Feldzügen erfolgreich die Sarazenen, eroberte 871 Bari und unterwarf die langobardischen Fürsten Süditaliens. Seine Autorität in Italien konnte er behaupten, fand jedoch in Papst Nikolaus I. einen mächtigen Konkurrenten um den Führungsanspruch.

Maimonides

jüdischer Religionsphilosoph und Arzt, *30. März 1135, Córdoba, † 13. Dezember 1204, Fustat; bedeutender jüdischer Denker des Mittelalters. Maimonides versuchte eine Systematisierung der jüdischen religiösen Überlieferung mithilfe der aristotelischen Philosophie. Sein 1240 übersetztes Hauptwerk »Führer der Unschlüssigen« wurde vielfach rezipiert. Als Arzt formulierte er den »Eid des Maimonides«, in dem der Gelehrte sich verpflichtete, »in dem Patienten niemals etwas anderes als ein leidendes Mitgeschöpf zu sehen«.

Mathilde von Tuszien

Markgräfin von Tuszien (Toskana; 1076–1115), *1046, † 24. Juli 1115, Bondeno. Die von ihrem Gatten Herzog Gottfried III. von Niederlothringen getrennt lebende Mathilde war eine getreue Stütze des Papstes im Investiturstreit. Auf ihrer Burg Canossa fand 1077 die Unterwerfung König Heinrichs IV. unter Papst Gregor VII. statt. 1082 wurde Mathilde von Heinrich geächtet. Ihr Eigengut schenkte sie der Kurie, bot aber mit der Einsetzung Kaiser Heinrichs V. zum Erben ihres Hausguts 1111 den Anlass für den jahrzehntelangen Streit zwischen Kaiser und Papst um die Mathildischen Güter.

Nikolaus I.

Papst (858–867), *um 800, Rom, † 13. November 867, Rom. Nikolaus I. galt als kaisertreu, wollte jedoch die Stellung des Papsttums stärker zur Geltung bringen. So zwang er 861 Erzbischof Johannes VII. zur Anerkennung der römischen Rechte an der italienischen Ostküste und strich auch gegenüber Erzbischof Hinkmar von Reims den Vorrang päpstlicher Entscheide heraus. Im Ehestreit König Lothars II. betonte er die Zuständigkeit Roms und verbot dem König, erneut zu heiraten. Im Konflikt mit Byzanz exkommunizierte er 863 den Patriarchen Photios von Konstantinopel, da dieser aus römischer Sicht kirchenrechtswidrig zum Patriarchen erhoben worden war. Photios antwortete 867 mit der Zurückweisung des päpstlichen Primats und setzte seinerseits Nikolaus I. ab. Diese Spaltung der Kirche dauerte bis 869/70 an. Nikolaus' I. Versuch, die 865 zum orthodoxen Christentum übergetretenen Bulgaren Rom zu unterstellen, scheiterte.

Nithard

fränkischer Geschichtsschreiber und Staatsmann, † 844.

Der Enkel Karls des Großen war Abt von St. Riquier sowie Feldherr Ludwigs des Frommen und Karls des Kahlen. Während der Streitigkeiten zwischen den Söhnen Ludwigs des Frommen kämpfte Nithard auf Seiten Karls des Kahlen, u. a. am 25. Juni 841 in der blutigen Schlacht von Fontenoy nahe Auxerre. Für Karl dokumentierte er die Auseinandersetzungen in seiner »Historiae«. Darin sind in volkssprachlicher Fassung die »Straßburger Eide« enthalten, mit denen Ludwig der Deutsche und Karl der Kahle einen Bündnisschwur gegen Lothar I. ablegten.

Norbert von Xanten

deutscher Ordensgründer, *um 1080, Xanten, †6. Juni 1134, Magdeburg. Der 1115 zum Priester geweihte Grafensohn gründete nach Aufgabe seines Wanderpredigerlebens 1120 in Prémontré bei Laon ein nach der Augustinerregel organisiertes Kloster, in dem der Prämonstratenserorden entstand, der 1126 anerkannt wurde. Im selben Jahr wurde Norbert von Xanten Erzbischof von Magdeburg, von wo aus er sich der Missionierung Norddeutschlands und des Ostens widmete. Als Reichskanzler für Italien verschaffte er Papst Innozenz II. im Schisma mit dem Gegenpapst Anaklet die Unterstützung König Lothars III. von Supplinburg.

Olga

Großfürstin von Kiew (945 bis 969), *um 890, †969, Kiew. Nach ihrer Heirat mit Großfürst Igor wurde Olga 912 Fürstin von Kiew. Nachdem ihr Mann 945 beim Steuereintreiben erschlagen worden war, übernahm sie die Regentschaft für ihren unmündigen Sohn Swjatoslaw I. Sie trat in Kontakt zu Kaiser Otto I. und dem Byzantinischen Reich. 957 reiste sie nach Konstantinopel und ließ sich als erste russische Fürstin taufen, ohne jedoch das Christentum in Kiew einzuführen.

Otto der Große

römisch-deutscher Kaiser (962 bis 973) und deutscher König (936–973), * 23. November 912, † 7. Mai 973, Memleben. Der Sachsenherrscher aus liudolfingischem (ottonischem) Haus gab dem deutschen Königtum eine feste Grundlage und begründete 962 mit der Übernahme der römischen Kaiserwürde die bis 1806 währende Tradition des römisch-deutschen Kaisertums, das er auf eine später kaum wieder erreichte Höhe führte. In der Tradition seines Vorbildes, Karls des Großen, in Aachen zum König gekrönt, musste sich Otto zunächst in bürgerkriegsähnlichen Kämpfen gegen Angehörige des Königshauses, Fürsten und Bischöfe durchsetzen. Die Reichseinheit sicherte er, indem er Stammesherzogtümer mit engen Verwandten besetzte oder sie der Krone unterstellte. Als zweite Stütze der königlichen Reichsverwaltung begründete er das System der ottonischen Reichskirche, indem er die geistlichen Würdenträger mit weltlichen Herrschaftsbefugnissen versah und sich dafür das Recht sicherte,

◂ Otto der Große

◂◂ Olga

Otto II. ▸▸

Otto III. ▸▸

sie selbst einzusetzen. Im Osten sicherte Otto die Grenzen durch Einrichtung zweier Marken gegen die Slawen. Böhmen unterwarf er 950. Er förderte energisch die Slawenmission und errichtete mehrere neue Bistümer im Norden und Osten. Im Westen behauptete er seinen Einfluss durch zwei Feldzüge (940 und 946). 951 zog er über die Alpen und erlangte die langobardische Königswürde, die er durch seine Heirat mit der Witwe König Lothars II. von Italien, Adelheid von Burgund, zusätzlich legitimierte. Damit gewann Otto zugleich die Lehnsherrschaft über Burgund. Nachdem er sich gegenüber der Herzogsopposition in seiner Sippe durchgesetzt hatte (953/54), wurden seine Bemühungen, die rivalisierenden Fürsten zu befrieden, vom Sieg auf dem Lechfeld gekrönt, mit dem Otto 955 die Epoche der Ungarneinfälle beendete. 960 rief ihn Papst Johannes XII. gegen Berengar II. zu Hilfe, den Otto auf seinem ersten Italienzug 952 mit dem lombardischen Königstitel belehnt hatte. Nach dessen Vertreibung ließ sich Otto 962 in Rom zum Kaiser krönen. Im Krönungsvertrag sicherte Otto der Kurie den Schutz des territorialen Besitzes zu, während der Papst dem Kaiser die Mitsprache bei der Papstwahl einräumte und die Treuepflicht erklärte. Als Papst Johannes XII. diese Zusage brach, ließ ihn Otto absetzen und Leo VIII. zum Papst wählen. Auf seinem dritten Italienzug (966–972) erweiterte Otto seine Herrschaft nach Süditalien.

Otto II.

römisch-deutscher Kaiser (973 bis 983) und deutscher König (961–983), *955, † 7. Dezember 983, Rom. Der Sohn Ottos des Großen wurde 961 zum Mitkönig erhoben, 967 erfolgte in Rom die Krönung zum Mitkaiser. Ein Jahr nach seiner Eheschließung mit der byzantinischen Prinzessin Theophanu (972) regierte Otto II. allein. Bei seinem Regierungsantritt sah Otto II. sein König- und Kaisertum von allen Seiten bedroht. Nach fünf Jahren setzte er sich im Inneren durch und konnte die Kämpfe mit aufständischen Herzögen beenden. Nach Feldzügen gegen den Dänenkönig Harald Blauzahn und die Herzöge von Böhmen konnte der Kaiser einen Angriff des westfränkischen Königs Lothar auf Aachen zurückdrängen und bis vor Paris vordringen (978). Der im Mai 980 geschlossene Friedensvertrag besiegelte den Verzicht des Karolingers Lothar auf Lothringen. Im selben Jahr brach Otto II. auf einen Hilferuf der römischen Kurie hin nach Italien auf. Bei der Wiedereinsetzung des vertriebenen Papstes Benedikt VII. war der Kaiser erfolgreich. Seine Versuche, die nach Kalabrien vorgedrungenen Sarazenen zu vertreiben, endeten dagegen am 13. Juli 982 in der Entscheidungsschlacht bei Crotone mit einer vernichtenden Niederlage.

Otto III.

römisch-deutscher Kaiser (996 bis 1002) und deutscher König (983–1002), *980, bei Kleve,

†23./24. Januar 1002, Paterno. Der Sohn und Nachfolger Ottos II. wurde mit drei Jahren in Verona zum König gewählt und im selben Jahr in Aachen gekrönt. Bis 994 stand Otto unter der Vormundschaft seiner Mutter Theophanu, nach deren Tod 991 unter der seiner Großmutter Adelheid. Nach längerem Widerstand erst 995 anerkannt, zog er 996 nach Rom, erhob seinen Vetter Bruno von Kärnten als Gregor V. zum ersten deutschen Papst und ließ sich von diesem zum Kaiser krönen. Nach der Vertreibung Gregors durch den römischen Stadtadel eroberte Otto 998 Rom und erhob 999 seinen Freund Gerbert von Aurillac als Silvester II. zum Papst. Otto strebte nach Erneuerung des Römischen Reichs und förderte die christliche Mission. Er stiftete im Jahr 1000 während einer Reise nach Polen zu Boleslaw I. Chrobry das Erzbistum Gnesen, unterstützte Bischof Adalbert von Prag und förderte die Kirchenpolitik König Stephans I. von Ungarn.

Otto von Freising

Geschichtsschreiber und Bischof, *um 1114, †22. September 1158, Morimond. Der Enkel von Kaiser Heinrich IV. wurde 1132 Abt des Zisterzienserklosters Morimond bei Dijon und 1138 Bischof von Freising. Er beteiligte sich 1147 am 2. Kreuzzug. Seine zwischen 1143 und 1146 verfasste Chronik »Über die zwei Reiche« gilt als herausragend unter den mittelalterlichen Weltchroniken. In der Tradition Augustinus stehend, sah er die Geschichte als Kampf zwischen dem Staat Gottes und dem des Teufels. Auf Anregung seines Neffen Friedrich I. Barbarossa schrieb er die »Gesta Friderici« (»Die Taten des Kaisers Friedrich«).

Photios

Patriarch von Konstantinopel (858–867 und 877–886), *um 820, Konstantinopel, †6. Februar 891, in Armenien; bedeutender byzantinischer Theologe. Photios erhielt eine umfassende Bildung und wurde Sekretär des byzantinischen Kaisers Michael III. 858 wurde er von diesem zum Nachfolger des vertriebenen Patriarchen Ignatios ernannt. Durch die Förderung der Missionstätigkeit bei den Chasaren und Bulgaren geriet Photios in Konflikt mit Papst Nikolaus I., der diese Missionsgebiete für Rom beanspruchte. Photios' kirchenrechtswidrige Erhebung gab Anlass für eine Kirchenspaltung, in der Papst Nikolaus I. den Patriarchen 863 absetzte und den römischen Führungsanspruch gegenüber der Ostkirche postulierte. 867 exkommunizierte Photios daraufhin seinerseits den Papst, wurde aber wenig später von Kaiser Basileios I. vertrieben, sodass das achte Ökumenische Konzil (869/70) die Kircheneinheit wiederherstellen konnte. 877 wurde Photios erneut Patriarch und auch von Papst Johannes VIII. anerkannt, 886 jedoch von Kaiser Leon VI. endgültig verbannt. Sein Sammelwerk »Bibliotheke« stellt eine der wichtigsten Quellen griechischer theologischer Literatur dar.

◀◀ Otto von Freising

Richard I. Löwenherz ▸

Roger II. ▸▸

Saladin ▸▸

Richard I. Löwenherz

König von England (1189 bis 1199), *8. September 1157, Oxford, †6. April 1199, Chalus. Der dritte Sohn Heinrichs II. Plantagenet nahm am 3. Kreuzzug (1189–1192) teil und geriet auf der Rückfahrt in Gefangenschaft des mit ihm verfeindeten Herzogs Leopold V. von Österreich, der ihn an Kaiser Heinrich VI. übergab. Richard musste daraufhin diesen als Lehnsherrn anerkennen. Nach Lösegeldzahlung 1194 in die Heimat zurückgekehrt, brach er sogleich zu Kriegszügen nach Frankreich auf, wo er bei der Belagerung von Chalus tödlich verwundet wurde.

Robert Guiscard

Normannenherzog von Apulien, Kalabrien und Sizilien (1059–1085), *um 1015, †17. Juli 1085, Insel Kephallenia. Als Führer der Normannen eroberte er Unteritalien, das er 1059 von Papst Nikolaus II. als Lehen erhielt. Mit seiner Eroberung von Bari 1071 fiel die letzte byzantinische Bastion in Italien. Robert Guiscard scheiterte jedoch mit dem Versuch (seit 1081), durch Übergriffe in Dalmatien und Griechenland auch die Kontrolle über die Ägäis zu erhalten. Zwischenzeitlich mit Papst Gregor VII. überworfen und von diesem 1074 gebannt, stellte er sich im Investiturstreit auf die Seite des Papstes gegen Kaiser Heinrich IV. und befreite ihn 1084 aus der Engelsburg in Rom. Dabei ließ er jedoch die Stadt plündern. Nach erneuter Aufnahme des Kampfes gegen Byzanz erlag er einer Seuche.

Roger II.

König von Sizilien (1130–1154), *22. Dezember 1095, †26. Februar 1154. Der Sohn von Roger I. dehnte nach dem Tod Robert Guiscards und dessen Erben seine Herrschaft von Sizilien über Unteritalien (1122 Kalabrien, 1128 Apulien) aus. Mit seiner starken Flotte griff Roger II. wiederholt das Byzantinische Reich an. Durch die Ehe seiner Tochter Konstanze mit Kaiser Heinrich VI. kam Sizilien an die Staufer und damit zum Reich. Roger II. war der eigentliche Begründer des normannischen Großmachtstaats, der sich u. a. durch seine Gesetzgebung auszeichnete.

Saladin

(Salah Ad Din, Jusuf Ibn Aijub) Sultan von Ägypten und Syrien (1173–1193), *1138, Takrit, †3. März 1193, Damaskus; Begründer der Dynastie der Ajjubiden. Vom Sengidensultan Nureddin nach Ägypten entsandt, stürzte Saladin 1171 den letzten Fatimidenkalifen. Vier Jahre später eroberte er Syrien, 1187 Jerusalem und große Teile des Gebiets der Kreuzfahrer. Durch die Kämpfe mit den Kreuzrittern (3. Kreuzzug) und durch die ihm nachgesagte Großzügigkeit wurde er eine der berühmtesten Herrschergestalten des islamischen Orients.

Sancho I. Garcés

(Garcia), König von Navarra (905–925), †11. Oktober 925. Der aus dem französischen Baskenland stammende Sancho I. Garcés begründete 905 das Reich Navarra. Das zuvor zur Spanischen Mark des Frankenreichs gehörende Gebiet erweiterte er nach Süden bis ins Ebrotal und machte Pamplona zu seiner Hauptstadt.

Sancho III. Garcés

(Sancho der Große, Sancho der Ältere), König von Pamplona (Navarra) (1000–1035), *um 992, † 18. Oktober 1035. Der Sohn König Garcias II. widmete sich im Zuge der Reconquista dem Ausbau der Macht des baskischen Pamplona, das er als Königreich Navarra zur stärksten christlichen Macht auf der Iberischen Halbinsel machte. Durch Eroberungszüge, die Realisierung von Erbansprüchen und diplomatische Aktivitäten erweiterte er seinen Besitz erheblich. Zwischen 1016 und 1019 eroberte er die alten fränkischen Grafschaften Sobrarbe und Ribagorza. Durch seine Heirat mit der Tochter des Grafen von Kastilien fiel 1029 Kastilien an Pamplona. Um seine Vormachtstellung zu unterstreichen, nahm Sancho nach der Eroberung von Léon 1034 den Kaisertitel an. Sein christliches Reich bestand jedoch nur bis zu seinem Tod. Mit der Aufteilung unter seine vier Söhne schuf er den Ausgangspunkt für die Königreiche Navarra, Kastilien, Aragón und Sobrarbe-Ribagorza (Barcelona).

Silvester II.

Papst (999–1003), *um 945, bei Aurillac, † 12. Mai 1003, Rom. Der Gelehrte Gerbert von Aurillac wurde 991 Erzbischof von Reims. Da ihm nach Angriffen auf das Papsttum jedoch die päpstliche Anerkennung verweigert wurde, kam es zu langwierigen Auseinandersetzungen mit der römischen Kurie. Um 997 berief Kaiser Otto III. Gerbert als Lehrer zu sich, 998 übertrug er ihm das Erzbistum Ravenna. Im Folgejahr gelangte Gerbert auf Betreiben seines Freundes Otto III. als Papst Silvester II. auf den Heiligen Stuhl. In seine Amtszeit fiel die Ausstellung eines berühmten Diploms (1001), das die Beziehung des Kaisers zu den Päpsten definierte. Weiterhin organisierte Silvester II. im Einvernehmen mit Kaiser Otto III. die Kirche in Ungarn und Polen. Er gründete die Erzbistümer Gnesen und Gran. Seinen Zeitgenossen galt der Geistliche als bedeutender naturwissenschaftlicher Gelehrter, der sich insbesondere um die Vermittlung des arabischen Wissens im Abendland verdient machte.

Stephan I.

König von Ungarn (1000 bis 1038), *um 975, † 15. August 1038, Esztergom. Der aus der Arpáden-Dynastie stammende ungarische Fürst trat zum Christentum über und ließ sich im Zusammenhang mit der Gründung des Erzbistums Gran 1001 durch Kaiser Otto III. krönen. Er heiratete die bayerische Prinzessin Gisela, eine Schwester des späteren Kaisers Heinrich II. Stephan organisierte Verwaltung, Rechtspflege und Kirche nach fränkischem Vorbild und schaffte zudem den nach Stammesprinzipien organisierten Landbesitz zugunsten des Lehnswesens ab. Der König

◂ Stephan I.

◂◂ Silvester II.

forcierte die Christianisierung der Magyaren und machte aus dem neuen Königreich Ungarn einen abendländisch-christlichen Staat.

Theophanu

römisch-deutsche Kaiserin (983–991) und deutsche Königin, *um 955, †15. Juni 991, Nimwegen. Die byzantinische Prinzessin und Verwandte des Kaisers Johannes Tzimiskes wurde 972 in Rom mit Otto II. vermählt. Diese Verbindung mit dem Sohn und Mitkaiser Ottos des Großen besiegelte die Anerkennung des abendländischen Kaisertums durch Byzanz. Otto II. machte seine Frau zur Mitregentin und Teilhaberin an Reich und Herrschaft. Als ihr Mann 983 starb, übernahm die politisch einflussreiche Kaiserin nach einigen Auseinandersetzungen gemeinsam mit ihrer Schwiegermutter Adelheid die Regentschaft für ihren noch minderjährigen Sohn Otto III. Als die größten Leistungen der Herrscherin gelten der Ausgleich mit dem Bayernherzog Heinrich dem Zänker sowie die Friedenswahrung an der Ost- und Westgrenze des Reichs. Der Einfluss der byzantinischen Kunst und Kultur auf das deutsche Reich vergrößerte sich während ihrer Regentschaft.

Turgeis

König in Irland, *um 800, †um 850. Der Wikinger verließ mit seinen Anhängern die norwegische Heimat und fiel in Irland ein. 839 gelang es Turgeis, mit der Unterstützung der in Irland ansässigen Normannen einige Teile der Insel unter seine Kontrolle zu bringen. Er führte weitere siegreiche Kämpfe gegen die irische Bevölkerung, gründete 841 Dublin und machte es zur Hauptstadt seines Reichs.

Petrus Waldes ▸▸

Petrus **Waldes**

französischer Begründer der Waldenser, *um 1140, Lyon, †um 1206. Der reiche Kaufmann trennte sich 1175 von seinen weltlichen Gütern. Mit gleichgesinnten Männern und Frauen, die sich »Arme von Lyon« oder »Arme Christi« nannten, zog er durch das Land und predigte Buße. Papst Alexander III. billigte das Armutsgelübde, die Sittenpredigten jedoch nur unter Aufsicht des Klerus. Waldes' Ziel war eine Erneuerung des christlichen Lebens. Er schuf eine Gemeinschaft, deren Verfassung mönchische Elemente enthielt, die das Gelübde allerdings ablehnte. Der Gegensatz zum Klerus führte 1184 auf der Synode zu Verona zur Verurteilung.

Walther von der Vogelweide ▸▸

Walther von der Vogelweide

mittelhochdeutscher Dichter, *um 1170, in Österreich, †um 1230, bei Würzburg; bedeutendster Vertreter der damaligen Lyrik. Walther lernte den Minnesang am Wiener Hof der Babenberger und führte anschließend ein Wanderleben als fahrender Ritter. Er war an verschiedenen Höfen tätig, bis er von Kaiser Friedrich II. 1220 ein kleines Lehen bei Würzburg erhielt. Walther brachte den höfischen Minnegesang zu höchster Vollendung und überwand die Stilisierung der Minnelyrik. Er hinterließ 140 Sang-Spruchstrophen und ungefähr 75 mehrstrophige Lieder.

Wenzel I.

(Vaclav), Herzog von Böhmen (921–929), *um 903, †28. September 935, Jungbunzlau. Wenzel wurde nach dem Tod seines Vaters zum Herzog gewählt, stand jedoch bis 924 unter der Regentschaft seiner Mutter Drahomira. Seine anfängliche Anlehnung an die bayerischen Luitpoldinger gab er auf und schlug sich auf die Seite des ostfränkischen Königs Heinrich I. Wenzel förderte das Christentum. 929 zwang Heinrich I. ihn dazu, sich dem Reich zu unterstellen. Anlässlich der Erneuerung der Tributpflicht durch Heinrich I. wurde Wenzel 935 während eines Aufstandes von seinem heidnischen Bruder Boleslaw I. ermordet.

Widukind von Corvey

Geschichtsschreiber und Mönch im Kloster Corvey (Weser), *um 925, †nach 973, Corvey. Der aus dem Verwandtenkreis von Mathilde, der Ehefrau des Ottonen Heinrich I., stammende Widukind begann um 940 sein mönchisches Leben. Seine drei Bücher umfassende Sachsengeschichte gehört zu den wichtigsten historischen Quellen des deutschen Mittelalters.

Wilhelm I., der Eroberer

Herzog der Normandie (1035 bis 1087) und König von England (1066–1087), *um 1027, Falaise, †9. September 1087, Rouen. Wilhelm musste sich zunächst gegen den Widerstand einzelner Adelsgruppen im Inneren durchsetzen, bevor er 1066 die normannische Invasion in England durchführen konnte. Nach dem Sieg über den angelsächsischen König Harold in der Schlacht bei Hastings ließ er sich zum englischen König krönen. Auf der Insel führte Wilhelm normannische Gepflogenheiten ein. Seine Gefolgsleute stattete er reichlich mit angelsächsischem Landbesitz aus. Sie wurden dem König durch eine straffe Lehnshierarchie untergeordnet. Ihre Verpflichtungen ließ er im berühmten »Domesday Book« niederlegen (1086). Auch die Kirche unterstellte Wilhelm durch Neubesetzung von Bistümern und Abteien sowie Reformen nach kluniazensischem Vorbild seiner Herrschaft.

Wladimir I.

Großfürst von Kiew (um 978 bis 1015), *um 956, †15. Juli 1015, Berestowa bei Kiew. Der Sohn des Großfürsten Swjatoslaw I. setzte sich nach dessen Tod gegen seine Brüder Jaropolk und Oleg mithilfe von Warägern aus Skandinavien durch. Später führte er die Expansionspolitik seines Vaters fort, indem er die Herrschaft Kiews über alle ostslawischen Stämme ausdehnte. Vom byzantinischen Kaiser Basileios II. gegen den Gegenkaiser Bardas Phokas zu Hilfe gerufen, schlug der Großfürst den Usurpator (988) und gewann so die Hand der Schwester des Basileios. Bedingung für die Heirat war die Taufe Wladimirs, der damit die Christianisierung des Kiewer Reichs nach orthodoxem Ritus einleitete.

◂◂ Wenzel I.

◂◂ Wilhelm I., der Eroberer

In diesem Register sind die wichtigsten Begriffe sämtlicher Artikel und Jahreseinträge sowie Namen von Personen erfasst. Kursive Seitenzahlen verweisen auf Abbildungen, Seitenzahlen mit (M) auf Informationen in der Randspalte.

A

B

C

H

I

J

K

L

M

N

O

P

Q

R

S

T

BILDNACHWEIS

akg = akg-images, Berlin
dpa = dpa Picture-Alliance GmbH, Frankfurt
IFA = IFA-Bilderteam GmbH, Ottobrunn
Mau = Mauritius Images GmbH, Mittenwald
IF = Interfoto, München
Top = TopFoto, Kent
wmv = Wissen Media Verlag GmbH, Gütersloh
DV = Document Vortragsring e.V., München
Corbis = Corbis GmbH, Düsseldorf
aisa = aisa Media, Barcelona
bpk = Bildarchiv Preußischer Kulturbesitz, Berlin

o. = oben
u. = unten
M. = Mitte

2: akg/Lessing **3 M.:** akg **3 o.:** IFA/Schüller **3 u., 4/5, 6/7, 8/9, 10/11 o.:** akg **4/5, 6/7, 8/9, 10/11 u.:** Corbis/Rossenbach/zefa **13:** Mau/SuperStock **15:** akg **16:** IFA/Raga **19:** aisa **21:** dpa/Strünkelnberg **22:** Top **23:** IF/Wirth **24:** Corbis/Orti **26:** IF/Bridgeman **28, 29:** akg **30, 31:** Österr. Nationalbibliothek, Wien **30:** Bayer. Staatsbibliothek, München **32:** akg **33:** Schleswig-Holstein. Landesmuseum f. Vor- und Frühgeschichte, Schleswig **34:** akg **37:** Bibliothéque Nationale de France, Paris **38/39:** IF **38:** akg **39:** IF **40:** IF/aisa **41:** Biblioteca Apostolica Vaticana, Citta del Vaticano **042/43:** wmv **42:** akg **43 o.:** Caro Fotoagentur GbR, Berlin/Blume **43 u.:** akg **44:** IF **47:** bpk **48:** akg **49:** IF/Bridgeman **50:** IF/aisa **51:** akg **52:** IF/TG **53:** akg/Dumontier **54:** Mau/CuboImages **57:** akg/Visioars **58/59:** akg **58:** IF/aisa **59 o.:** akg **59 u.:** akg/Lafranchis **60:** IF/Bridgeman **61:** akg **62:** Verkehrsverein der Insel Reichenau **63:** DV/Matthäi-Latocha **64:** akg/British Library **65:** akg **67:** DV/Matthäi-Latocha **69:** akg **70:** Mau/Russian picture service **71:** DV/Matthäi-Latocha **72/73:** T op **72:** IF **73:** Top **75:** IF/Sofia-Press **76, 78, 79, 81, 82:** akg **83:** IF/Nowosti **84:** akg **87:** akg/Degeorge **88:** wmv **90:** bpk **91:** akg **92:** istockphoto.com/Angelika Stern **93:** IF/Karger-Decker **94. 95, 96:** akg **97:** IF/aisa **99:** DV/Blasy **101:** IF/aisa **102:** IFA/Nägele **103:** akg/Forman **105:** akg **106:** IFA/Barnes **107:** IF/Evans **109:** fotolia.com/Diener **110:** akg **111:** Mehmet Biber, Annandale **112:** akg **113 o.:** IF/aisa **113:** Top/Ann Ronan Picture Library/HIP **114:** Daniel Drünkler **115:** Corbis/Spiegel **116:** bpk/Buresch **118/119:** akg **118:** IF/Bridgeman **119:** akg **120:** dpa/Lubenos **121:** IF/Klammet **123:** akg **125:** IFA/Diaf **126:** dpa/Dedert **127:** shutterstock.com/Markowitz **128:** Corbis/Vanni **129:** akg **130/131:** wmv **130:** akg/Baguzzi **131, 133:** akg **134:** Mau/Rossenbach **135:** akg **137:** IF/Hansmann **138/139, 138, 139:** akg **140:** Mau/Harscher **141:** Mau/Harscher **142:** akg/Hilbich **143 o.:** aisa **143 u.:** akg **144:** DV/Haberland **145, 146:** wmv **147:** aisa **148:** IF/Teuffen **149:** akg/Sotheby's **150:** IF/Hansmann **151:** DV/Trobitzsch **152:** IF/Schneiders **153, 154:** akg **155:** IFA/Picture Finders **156:** Top/Forman **157:** akg **158:** Mau/Vidler **159:** IFA/Jon Arnold Images **160 l., 160 r., 160/161:** akg **161:** akg/Lessing **162:** istockphoto.com/Dan Mason **163 o.:** Municipality of Gniezno town **163 u.:** Bildarchiv Foto Marbug, Marbug **164:** akg/Kalmár **165:** DV/Trobitzsch **166:** akg **167:** IFA/Rose **168/169:** IF/aisa **168:** dpa/Melville **169 o., 169 u.:** IF/aisa **170:** shutterstock.com/Gee **171:** akg/Lessing **172:** DV/Utzerath **173, 174:** akg **175:** mev; Augsburg **176:** IFA/Schösser **177:** akg/Mermet **178/179:** Corbis/Almasy **178:** DV/Oswald **179 o.:** Corbis/Almasy **179 u., 180:** akg **181:** IF/Bridgeman **182:** IF/Schneiders **183:** akg/Forman **184:** akg **185:** dpa/Bianchi **186:** IF/Zill **187:** IF/Hansmann **188:** akg/Lessing **189:** akg/Champollion **191:** IFA/Otto **192 l.:** akg/Korall **192 r.:** DV/Blasy **192/193, 193 o., 193 u.:** aisa **194:** akg/Dumontier **195:** DV/Blasy **196:** akg **197:** IF/aisa **198/199:** Corbis/Freeman **198:** IF/aisa **199, 201:** akg **202:** Corbis **203:** Prof. Dr. Dieter Kuhn, Heidelberg **204:** akg/Lessing **205:** dpa/Försterling **207:** akg **208:** Bayer. Staatsbrauerei Weihenstephan **209:** IFA/Schüller **210:** akg **211:** akg/British Library **212/213:** IFA/Schösser **212:** aisa **213 o.:** mev, Augsburg **213 u.:** dpa7Neetz **214:** IF/Koch **215:** B en U, Diemen **216:** akg **217:** akg/Degeorge **218 l.:** akg **218 r.:** IFA/Jon Arnold Images **218/219:** IFA/Jon Arnold Images **219:** akg/Sotheby's **220:** Mau/Pigneter **221:** DV/Haverland **222:** akg/Visoars **223:** Klaus Körber, Dortmund **223:** wmv **224:** Mau/Vidler **226 o., 226 u.:** Top **227:** akg **228:** Corbis/Burstein Coll. **229:** footage – Thomas Höfler, Hüsingen **231:** IF **232:** aisa **233:** akg **234:** aisa **235:** Mau/Mayer **236, 237:** akg **238/239:** dpa/Strünkelnberg **238:** akg **239:** dpa/Strünkelnberg **240:** Corbis/Forman **241, 242:** IF **243:** akg **244:** dpa **246:** Top/British Library/HIP **247:** akg **248:** IF/Bridgeman **249 o.:** IF/Bridgeman **249 u.:** IF **250:** Museen der Stadt Köln **251:** bpk **253 l.:** IFA/Barnes **253 r.:** IFA/Fried **254:** Top/Ann Ronan Picture Library **255:** IF **256/257, 257 o.:** Bibliothéque de l'Arsenal, Paris **256:** Bibliothéque Nationale de France, Paris **257 u.:** Top/Art Media HIP **258:** Top/British Library **259:** akg/Lessing **260:** DV/Blasy **261:** IF **262:** akg **263:** Top/TIW **264:** akg **265:** Universitätsbibliothek Heidelberg **266:** bpk/Schacht **267:** aisa **268 o.:** Top/HIP/Oxford Science Archive **268 u., 268/269, 269 o.:** aisa **269 u.:** Top/HIP/Oxford Science Archive **271:** akg/Lessing **272, 273 o.:** akg **273 u.:** IF/Hansmann **274:** akg/Lessing **275:** akg **276:** IF/Karger-Decker **277:** IF/Bridgeman **279:** aisa **280:** akg/Hilbich **281:** IFA/Hauck **282:** IFA/Index Stock **284, 285:** aisa **286:** IF/Bridgeman **289:** Corpus Christi College, Cambridge **290:** mediacolor's, Zürich/Lessing **291:** akg/British Library **292:** IF/Hansmann **293:** IF/V&A **294 o.:** akg **294 u.:** aisa **294/295, 295:** akg **296:** aisa **297:** Klammet Europa-Farbbildarchiv, Ohlstadt **298:** Bibliothéque Nationale de France, Paris **299:** akg **300:** B en U, Diemen **301:** Corbis/Hellier **302:** IF/Karger-Decker **303:** akg/Degeorge **304:** akg **305:** Mau/Schnürer **306:** IF **307:** akg/Champollion **308:** aisa **309:** akg/Raible **311:** Top/Roger-Viollet **312:** akg/Lessing **313:** akg **314/315:** akg/Nou **314:** akg **315 o.:** akg/Nou **315 u.:** IF/Garth **316:** IF **317:** akg/Lessing **318:** bpk/Kraft **319:** Caro Fotoagentur GbR, Berlin/Muhs **320:** Gerhard Huber, Graz **321:** IF **322/323:** dpa/Sorges **322:** akg **323 o.:** IF/Bridgeman **323 u.:** dpa/Sorges **324:** IF/Bridgeman **325:** British Library, London **326:** Mau/Pigneter **327 o.:** Bridgeman Art Library, London **327 u., 328:** akg **329, 331:** IF **333:** Biblioteca d'Arte Beato Angelico, Rom **334:** IF/Bridgeman **335:** IF **336:** Bildarchiv Steffens, Mainz/Bridgeman **337 o.:** Okapia KG, Frankfurt/Gottschalk **337 u.:** T op/Walker **338/339:** IFA/Jon Arnold Images **338:** akg **339 o.:** Corbis/Cooke **339 u.:** IFA/Jon Arnold Images **340:** Universitätsbibliothek, Bonn **341 o.:** IFA **341 u.:** B en U, Diemen **342:** IF **343:** akg **344 o.:** IF/Karger-Decker **344 u.:** akg **345:** Corbis/Wheeler **346:** akg **347:** wmv **348:** DV/Blasy **349:** IF/Hansmann **350, 351:** akg/Lessing **352:** Top/British Museum **353:** Top **354:** IF **355:** IF/Karger-Decker **356:** akg **357:** shutterstock.com/Bontrager **358/359:** Top/HIP/Spectrum **358:** DV/Blasy **359 o.:** aisa **359 u.:** Mau/Vidler **360:** akg **361:** laif, Köln/Modrow **362 o.:** Top/Roger-Viollet **362 u., 363, 364:** akg **365:** Mau/SuperStock **366:** akg **367:** IFA/Aberham **368:** akg **369:** Corbis/zefa **370 o., 370 u.:** IF **371 o., 371 u.:** akg **372 M.:** Museen der Stadt Köln **372 o.:** akg **372 u.:** Bridgeman Art Library Ltd., London/Edinburgh University Library **373 M.:** IF **373 o.:** IF/Bridgeman **373 u.:** Bridgeman Art Library Ltd., London/Museum of London **374 M.:** dpa/Lang **374 o.:** aisa **374 u.:** IF **375 M.:** akg **375 o.:** akg/Sorges **375 u.:** istockphoto.com/Stephan Hoerold **376 M.:** wmv **376 o.:** akg **376 u.:** IF/Hansmann **377 M.:** IF **377 o.:** akg **377 u.:** IF **378 o.:** Top/Walker **378 u.:** IF/Evans **379 o.:** IF **379 u.:** akg/Dumontier **380 M.:** Bridgeman Art Library Ltd., London/Centre Historique des Archives Nationales, Paris/Lauros/Giraudon **380 o.:** akg/Britsh Library **380 u.:** akg **381 o.:** KNA-Bild, Bonn **381 u.:** IF/Karger-Decker **382 M.:** T op/AAAC **382 o.:** KNA-Bild, Bonn **382 u., 383 o.:** akg **383 u.:** dpa/Tommaso **384 o., 384 u.:** akg **385:** IF/IFPA **386 M.:** akg/Champollion **386 o.:** akg/Lessing **386 u.:** IF **387 o.:** IF/Wirth **387 u.:** KNA-Bild, Bonn **388 o.:** IF/Karger-Decker **388 u.:** Corbis/Bognar **389 o.:** wmv **389 u.:** IF